Ted Anton
Der Mord an Professor Culianu

Rekonstruktion eines Verbrechens

Mit einem Nachwort von Umberto Eco

Aus dem Englischen von Ferdinand Leopold

Insel Verlag

Die Originalausgabe erschien 1996
unter dem Titel *Eros, Magic, and the Murder of Professor Culianu*
bei der Northwestern University Press, Evanston, Illinois
© Ted Anton 1996
© Umberto Eco: »Mord in Chicago« 1997

Für die deutsche Ausgabe wurden die Korrekturen der rumänischen Ausgabe
berücksichtigt: *Eros, magie și asasinarea profesorului Culianu,* Ediție românească revăzută și adăugită, Traducere de Cristina Felea, Prefață de Andrei
Oișteanu, București: Editura Nemira & Co. 1997

Erste Auflage 1999
© der deutschen Ausgabe Insel Verlag Frankfurt am Main und Leipzig 1999
Alle Rechte vorbehalten, insbesondere das des öffentlichen Vortrags sowie der
Übertragung durch Rundfunk und Fernsehen, auch einzelner Teile. Kein Teil
des Werkes darf in irgendeiner Form (durch Fotografie, Mikrofilm oder andere
Verfahren) ohne schriftliche Genehmigung des Verlages reproduziert oder unter
Verwendung elektronischer Systeme verarbeitet, vervielfältigt oder verbreitet
werden.
Druck: Graphischer Großbetrieb Pößneck GmbH
Printed in Germany

Inhalt

Der Mord an Professor Culianu

> Imaginäre Welten sind um so vieles schöner als diese einfältig gebaute wirkliche.
>
> Godfrey Harold Hardy, *A Mathematician's Apology*[1]

Danksagung

Während meiner fast fünfjährigen Nachforschungen bin ich unzähligen Menschen begegnet, die mir bereitwillig Auskunft über Leben und Werk von Ioan Petru Culianu gegeben haben. Ihnen bin ich zu tiefem Dank verpflichtet. Zunächst der Familie von Ioan Petru Culianu. Tereza Culianu-Petrescu und Hillary Wiesner widmeten diesem Projekt lange, geduldige Stunden und boten umfassende Hilfe. Ich danke auch Elena Bogdan und Dan Petrescu in Rumänien; Nikki Wiesner und Dorothy und Kurt Hertzfeld in den Vereinigten Staaten sowie Carmen Georgescu und ihrem Sohn, Andrei Westerink, in Holland. Drei Familien in drei Ländern haben mich nicht nur als Forscher, sondern auch als Freund aufgenommen.

Entwürfe des Manuskripts oder Teile davon haben gelesen: Andrei Codrescu, Mircea Sabău, Dorin Tudoran, Norman Manea, Vladimir Tismăneanu, Dumitru Radu Popa, Mircea Răceanu, Sorin Antohi, Carlin Romano, Ilinca Zarifopol-Johnston, Mac Linscott Ricketts, Ken Starck, Jim Fairhall, Anne Calcagno, Ara A. Şişmanian, Andrei Oişteanu, Greg Spinner, Michael Allocca und Gwendolyn Barnes. Sie äußerten Kritik, halfen mir bei Übersetzungen und ermutigten mich. Zu denjenigen, die diesem Buch ihre Zeit geopfert haben, gehören auch Umberto Eco und John Crowley.
Meiner Forschungsassistentin Eileen Murphy und mehreren Übersetzern bin ich zu großem Dank verpflichtet. Mac Linscott Ricketts übersetzte Culianus politische Aufsätze. Andere Übersetzer waren Marian Stan, Olga Ştefan, Anne François-Nizou, Cristina Bellu, Viorica Seceleanu, Alexander Cepeda, Clement Mârza, meine rumänischen Studenten während meines Fulbright-Stipendiums und Virgil Ştefănescu, der inzwischen verstorben ist. Mein ganz besonderer Dank gilt Jacqueline Renowden.
Dem Information Service der Vereinigten Staaten und seinem Fulbright-Programm möchte ich für finanzielle Unterstützung

danken, insbesondere Raluca Vasiliu, sowie dem Fund for Investigative Journalism und dem DePaul-University Summer Research Program. Besonderen Dank schulde ich meinen Freunden von der DePaul-Universität, besonders Gerald Mulderig, Richard Jones, Eileen Seifert und Stan Damberger, die mich, wenn es nötig war, ermutigten, meine Forschungen fortzusetzen.

Aus dem Freundeskreis Ioan Culianus möchte ich Miron Bogdan, Şerban Anghelescu, Silviu Angelescu, Gustavo Casadio, Elémire Zolla, Grazia Marchianò, Gianpaolo Romanato, David Brent, Jennifer Stevenson, Michel Meslin und Stelian Pleşoiu meinen Dank aussprechen; ebenso David Funderburk, Jonathan Rickert, Matei Călinescu, Cristina Illias, Leon Volovici, Victor Ivanovici, Moshe Idel, Horia R. Patapievici, Anca Giurescu, Peter Gross, Willem Noomen, Cicerone Poghirc, Nestor Rateş, Vasile Bouleanu, Ion Coja, Petre Băcanu, Ion Mihai Pacepa, Liviu Cangeopol, Alexander Ronnett, Mircea Marghescu, Jean Ancel, Gabriela Adameşteanu und Cornel Dumitrescu. Zu denjenigen, die mir geholfen haben, gehören ferner Petre Roman, Dan Petreanu, Dana Şişmanian, Carmen Sabău, Dorothy Margraf und Sorin Avram.

Unter den Religionswissenschaftlern möchte ich Jerald C. Brauer, Michael Fishbane, John Collins, Lawrence E. Sullivan, Carol Zaleski, David Tracy, Franklin Gamwell, W. Clark Gilpin, Alan F. Segal, Anthony C. Yu und Wendy Doniger danken. Und in der ganz besonderen Welt von Culianus Chicagoer Studenten bin ich Nathaniel Deutsch, Joel Sweek, Karen Anderson, Jim Egge, Karen Silvia de Leon-Jones, Margaret Arndt-Caddigan, Alexander Arguelles, Stephanie Stamm, Liz Wilson, Elise La Rose und anderen zutiefst verpflichtet.

Mein Dank gilt besonders Cathy O'Leary und Erika Schluntz dafür, daß sie mir ihre Erinnerungen erzählten.

Von den Polizeibeamten haben mir Police Detective Robert A. McGuire, Captain a. D. Frederick Miller, der inzwischen verstorbene Robert Stein und die FBI-Spezialagenten Paul Dimura und insbesondere John L. Bertulis geholfen. Allen denen, die mir ihre Zeit zur Verfügung stellten, spreche ich meinen Dank aus. Und ich weise den Leser darauf hin, daß allein ich für etwaige Fehler die Verantwortung trage.

Für die Unterstützung dieses Projekts danke ich den Zeitschriften *Chicago* und *Lingua Franca* sowie ihren Herausgebern Gretchen Reynolds und Margaret Talbot. Der größte Dank geht an meine Lektorin Susan Harris mit einem besonderen Dank an Angela Ray. Meinem Verleger Nicholas Weir-Williams bin ich außerordentlich dankbar, genauso wie meiner Agentin Ellen Levine, ihren Mitarbeitern und meinem langjährigen Mentor Sam Vaughan.

Mein Dank gilt schließlich auch meinen graduierten Studenten an der DePaul-Universität, die Teile des Manuskripts gelesen haben.

Am meisten möchte ich all jenen danken, die während dieser vergangenen fünf Jahre viel Geduld mit mir hatten. Meine Eltern, Bertha und Gus Anton, halfen bei mir zu Hause, als ich nach Rumänien reiste. Mit tief empfundener Liebe danke ich meiner Frau Maja für ihr Verständnis, ihre Kritik und ihre Unterstützung.

Bemerkung zur Methode

Im Juli 1991 begann ich an der Geschichte Ioan Culianus zu arbeiten. In viereinhalb Jahren zeichnete ich 150 Gespräche und Interviews in fünf verschiedenen Ländern auf Tonband auf und führte viele andere mehr. Eine Arbeit, die sich auf das Gedächtnis der Teilnehmer stützt und Gespräche zitiert, bei denen der Autor nicht anwesend war, wirft natürlich besondere Fragen auf: Wie kann man wissen, was eine Person gedacht oder was jemand in einem Gespräch über zwanzig Jahre vor dem Interview gesagt hat?

Ich verließ mich in vielen Fällen auf persönliche Interviews, verglich das, was ich hörte, mit Aussagen anderer Gesprächsteilnehmer und mit veröffentlichten Quellen. Gerade weil die individuellen Erinnerungen von den Launen der Wahrnehmung oder dem Zeitverlauf beeinträchtigt werden können, habe ich immer wieder mit so vielen Personen wie irgend möglich gesprochen – von Regierungsvertretern bis hin zu Familienangehörigen –, um widersprüchliche Versionen jedes einzelnen Ereignisses aufzudecken.

Gelegentlich widersprachen sich die Erinnerungen verschiedener Menschen oder die Berichte über historische Ereignisse. In solchen Fällen habe ich versucht, mehr als nur eine Interpretation des jeweiligen Ereignisses vorzulegen. Auch habe ich die Namen von zwei Nebenfiguren und einige Einzelheiten ihres Lebens geändert, um ihre Privatsphäre zu schützen. Was folgt, ist mein Versuch, eine Überschneidung historischer, intellektueller und persönlicher Kräfte zu erklären, die derart verwikkelt ist, daß sie letztlich die Frage aufwirft: Was ist Wahrheit? Dieses Buch vermag diese Frage nicht zu beantworten. Es kann allerdings die Leser dazu auffordern, eine Geschichte aus Religion, Politik und Leidenschaft zu erforschen und ihre eigenen Schlüsse daraus zu ziehen.

Bei meinem Ziel, mit jedermann zu sprechen, mußte ich eine wichtige Ausnahme machen: Ioan Culianu selbst. Er hat zwar sehr ausführliche Aufzeichnungen seiner Gedanken und Gefühle von seiner Jugend bis zu seinem Tod hinterlassen, schärfte seinen Studenten jedoch ein, daß, wenn Sprache eine Welt konstruiert, jede Geschichte in Teilen künstlich und irreführend sei. Um mein Porträt zu zeichnen, stützte ich mich sowohl auf seine Briefe, Tagebücher, wissenschaftlichen Schriften und autobiographischen Erzählungen als auch auf Zeugnisse von Menschen, die ihn kannten. Ein solches Material hat seine Stärken und Grenzen, aber es war hilfreich, daß Ioan Culianu bis zu seinen letzten Tagen Aufzeichnungen gemacht hatte, ohne damit zu rechnen, daß andere sie lesen würden. Er ging dabei spielerisch vor, um sein Verständnis des eigenen und unseres Lebens auf die Probe zu stellen. Diese Schriften erhellten seine innere Reise so deutlich, als hätte man sie selbst erlebt.

Ich bin Ioan Culianu nie begegnet. Ich habe ihn auf Video gesehen, auf Tonband gehört, Hunderten von Erzählungen über ihn zugehört, unzählige kritische Analysen seiner wissenschaftlichen Arbeit und seines Unterrichts gelesen, sein eigenes Werk gelesen und wiedergelesen. Mein Abstand zu diesem Mann, der von verschiedenen Menschen zu verschiedenen Zeiten sehr verschieden wahrgenommen wurde, ließ mich ihn nicht durch eine bestimmte Linse betrachten, sondern vielmehr durch so viele Linsen, wie mir irgend möglich war. Indem ich ein mit Zweideutigkeiten und Widersprüchen erfülltes Porträt zusammensetzte, wandte ich mich einer Wissenschafts- oder Geschichtstheorie zu, die Komplexität genannt wird und die Culianu als Vertreter einer neuen Generation von Wissenschaftlern verfocht. Während ein Traditionalist rückwärtsgerichtet ist, das Ende kennt und jedes Stück in ein Puzzle einfügt, das es erklärt, wägt ein Komplexitäts-Wissenschaftler die unterschiedlichen Perspektiven der Mitspieler ab, vorwärts ausgerichtet, um jede Handlung als eine Wirkung des Zufalls und sich unaufhörlich verschiebender Optionen zu erkennen. Dieses Buch handelt davon, wie Wahrnehmungen Geschichte gestalten, wie die Zeit die Wahrheit enthüllt und Fälschungen sich selbst entlarven. Ioan Culianu hat zeitlebens untersucht, in welchem Maße Wahrheit und Fiktion sich unseren Vorstellungen entgegensetzen können. Mein Ziel ist es, die Fragen über ihn ebenso gewissenhaft aufrechtzuerhalten, wie ich meine Antworten ausleuchte.

Prolog

Aus der Stereoanlage kam »Dirty Mind« von Prince, die Luft war verqualmt, und es roch nach Wein. Die dunklen Wände des Wohnzimmers waren mit Eiche vertäfelt; die Wohnung lag im Hyde Park-Viertel von Chicago, in einem Luxusgebäude, das schon bessere Tage gesehen hatte. Die Gesichter der Partygäste wurden von einem riesigen, von Holzsäulen flankierten Spiegel eingefangen. Inmitten einer kleinen Gruppe von Studenten stand Professor Culianu. Sein Spezialgebiet waren die unterschiedlichen Praktiken der Wahrsagerei. Einige der Studenten wollten sich von ihm die Zukunft vorhersagen lassen. Immer wieder schüttelte er den Kopf. Sie ließen nicht locker. Nein, nein, sagte er, das würde euch nicht gefallen. Schließlich gab er nach. Er würde ihnen die alte islamische Kunst der Geomantie vorführen. Ein paar Studenten folgten ihm ins Schlafzimmer, wo sie sich auf den Fußboden und auf den Futon hockten, auf den die Gäste ihre Jacken und Mäntel geworfen hatten. Alle waren etwas aufgeregt. Aus seinem legeren, europäisch geschnittenen Jackett zog Culianu einen Satz Karten. Er streifte seine Schuhe ab und setzte sich im Schneidersitz auf den Fußboden. Sein Verhalten auf der Party war von Anfang an so locker gewesen, daß kein Außenstehender ihn für einen Professor gehalten hätte.
Die Karten habe er von einem Trödler in Paris, sagte er und erklärte, daß man bei der Geomantie normalerweise Punkte und Linien in den Sand zeichne. Diese Kunst stamme aus dem Mittleren Osten, sei im Spätmittelalter neu entdeckt worden und habe ihre Blüte im Italien der Renaissance erreicht. Als Philosophen in Florenz das Denken hinter der modern anmutenden Geomantie aufgriffen – daß nämlich der Kosmos von unsichtbaren Mustern durchzogen wäre und Ereignisse aufgrund von einfachen, wiederholten mathematischen Schritten vorausgesagt werden könnten –, habe eine Glanzzeit der Magie begonnen, die dem Aufstieg der Wissenschaften in nichts

nachgestanden habe. Die Karten waren etwa zehn Zentimeter hoch. Auf den Rückseiten funkelten Sterne vor einem dunkelblauen Hintergrund, die Vorderseiten waren mit ein oder zwei schwarzen Punkten bedruckt.

Culianu war ein schüchterner Mann mit einem komischen Akzent, der kaum von sich erzählte, obwohl er einer der wenigen Professoren war, die sich auch privat mit den Studenten unterhielten. Wenn er lächelte, bekam er Grübchen. Er hatte dunkle Augen, die durch einen hindurchzublicken schienen, wenn er sprach. Er war blaß, hatte auffallend hohe Wangenknochen und eine sanfte, begeisterungsfähige, offene Art. In seinen Lehrveranstaltungen schweifte er oft ab; andere Hochschullehrer bereiteten ihre Studenten besser auf die Prüfungen vor. Doch für viele Studenten war Culianu – Verfasser von dreizehn Büchern, die in fünf Sprachen übersetzt worden waren – der einzige Gelehrte, der Religion als etwas wirklich Lebendiges, als eine Antriebskraft im Leben der Menschen untersucht hatte.

Im History of Religions Club der Divinity School hatte er einmal einen Vortrag gehalten. »Was ist Religion?« hatte er gefragt. »Warum glauben vernünftige Menschen immer noch daran? Warum weisen alle Religionen der Menschheit zu allen Zeiten verblüffende Ähnlichkeiten miteinander auf?« Die meisten zeitgenössischen Gelehrten vermieden derart weitreichende Fragen und suchten statt dessen nach kulturellen Unterschieden, die bestimmte Glaubensvorstellungen beeinflußten. Culianu dagegen vertrat die Ansicht, daß erst solch weitreichende Fragen »die Disziplin der Religionsgeschichte ins Leben gerufen« hätten. Der Grund für die Ähnlichkeiten zwischen den Religionen liege, so behauptete er, in der »Einheit der Operationen des menschlichen Geistes«. Aus dieser Theorie ergab sich, daß jede »Veränderung im System der Religion sofort Auswirkungen auf alle anderen Systeme hat, aus denen die Geschichte besteht«. Der Geist gestalte das Handeln, die Religion programmiere den Geist.

Im Schlafzimmer saß Culianu zwischen Greg Spinner und Michael Allocca. Sie hatten ihn gebeten, noch in diesem Quartal eine Übung über Wahrsagerei abzuhalten. Zu ihrer Überraschung hatte er zugesagt, dabei jedoch eine Bedingung gestellt: Um einen Schein zu bekommen, müßten sie zum Abschluß des Kurses selbst einmal die Zukunft vorhersagen. Deshalb hofften vor allem sie, daß er etwas Richtiges weissagen würde. Das wäre der absolute Höhepunkt der Party.

Er begann mit der Gastgeberin, die sehr gespannt war. Er bat sie, sich auf eine Frage zu konzentrieren, die ihr besonders am Herzen lag, und ein paar Karten zu ziehen. Bedächtig verteilte er sie auf dem Boden. Er hielt inne und konzentrierte sich. »Du hast Angst, daß jemand, der viel Einfluß auf dein Leben hat, dir weh tun könnte«, sagte er. »Du brauchst dir keine Sorgen zu machen.«

Ihr Herz klopfte. Ihr war, als wisse sie ganz genau, welchen Professor er meinte.

»Ich brauche eine Zigarette«, sagte sie.

Er las auch anderen die Karten, manchen eindrucksvoll, anderen nicht. Als er etwa die heimliche Angst eines Studenten vor den Abschlußprüfungen enthüllte, war niemand überrascht. Das hätte jeder sagen können. Doch schließlich bat ihn eine neue Studentin, die sich bisher zurückgehalten hatte, es bei ihr zu versuchen. Auch sie forderte er auf, sich auf die Frage zu konzentrieren, die ihr am meisten am Herzen lag. Spinner und Allocca saßen hinter ihm und sahen ihm über die Schulter, während er ihre Karten auslegte und betrachtete. »Bist du sicher, daß du andere dabeihaben möchtest?« fragte er. Sie zuckte die Achseln und lachte nervös. »Ich glaube, wir sollten die anderen hinausschicken«, sagte er.

»Nein, nein, mein Leben ist ein offenes Buch«, erwiderte sie.

»Okay, macht die Tür zu.« Er wandte sich an Greg Spinner, Michael Allocca und die anderen, die anwesend waren. »Was hier gesagt wird, verläßt nicht diesen Raum.« Sie lächelten unsicher. Dann fing er an. »Du erniedrigst dich«, sagte er. »Das ist wirklich schmerzhaft, und es wird immer schlimmer.«

»O je.«

»Du steckst in einer Dreiecksbeziehung, und das beeinträchtigt dein Leben. Da mußt du raus.«

Ihr Gesicht wurde kreidebleich. Verstört schaute sie sich um. Seine Genauigkeit »verschlug mir den Atem«, sagte sie später. Greg beugte sich vor, um die Karten zu prüfen. Aber Culianu unterbrach ihn, noch bevor er etwas sagen konnte.

Als die Party zu Ende ging, sah Greg, wie Culianu sich die Schuhe anzog, um zu gehen. »Ioan!« rief er. »Komm schon, wie funktioniert es?«

»Es funktioniert, weil es funktioniert.«

»Das meine ich nicht. Du hast diese Karten genauso gelesen, wie sie ausgelegt waren.«

»Es ist der Geist. Alles spielt sich im Geist ab.«

Greg Spinner wollte sich mit dieser Antwort nicht zufriedengeben, wenn er sie auch schon oft gehört hatte. Sein Lehrer sagte das immer mit einem leicht schelmischen Lächeln. Einmal, als sie zusammen im Auto unterwegs waren, fragte Spinner völlig unvermittelt: »Und wenn ich dir in den Kopf schieße, spielt sich das dann auch alles im Geist ab?«

»Na ja«, lächelte Culianu, »ja und nein.«

Sie wußten nie, woran sie mit ihm waren, wann er spielte und wann er das war, was er zumeist war – ein ernsthafter Wissenschaftler an einer der führenden religionswissenschaftlichen Fakultäten der Welt. Seine Karriere hatte er als Schüler des legendären Mircea Eliade begonnen, eines der führenden Religionshistoriker des 20. Jahrhunderts. Culianu war nun dabei, selbst ein bedeutender, wenn auch umstrittener eigenständiger Denker zu werden. In seinen Büchern regte er einen Paradigmenwechsel für das Studium der Geschichte und der Ideen an. Vor allem in Europa meinte man, er biete einen wichtigen neuen Ansatz. Andere, sogar Fakultätskollegen, kritisierten seine Methoden und rieten den Studenten davon ab, seine Veranstaltungen zu besuchen. Die Spannung an der Fakultät sei so offenkundig gewesen, daß man nicht darüber geprochen habe, bemerkte ein Student. Aber soviel war klar: Wer sich mit dem Lehrkörper gut stellen wollte, arbeitete besser nicht mit Culianu.

Gleichwohl verkörperte Culianu für eine auserwählte Gruppe von Studenten und Wissenschaftlern den Inbegriff höherer Bildung. Um eine Sache wirklich zu begreifen, sagte er, müsse man sie praktizieren. Er interessierte sich für das Okkulte, weil es für ihn häufiger am Werk war, als rational erklärt werden konnte. Er wollte verstehen, warum das so war, aber das war nur ein kleiner Teil dessen, was er anstrebte. Er wollte die logischen Systeme *hinter* Prophezeiungen und religiösen Bewegungen verstehen, ihren Einfluß auf die Ereignisse und die Gründe der Gläubigen, daran festzuhalten. Er erinnerte seine Studenten daran, daß die Wissenschaften in ihren Anfängen als okkulte Künste gegolten hätten. So war es das Weltbild der Renaissance-Magier, nach dem Ereignisse durch Theoreme manipuliert werden könnten und welches Galilei den Weg geebnet hatte.

»Er war auf der Suche«, so drückte es die Studentin Karen Anderson aus, »nicht auf einer akademischen, auf einer echten Suche.«

Aber glaubte er wirklich an das Zeug? Das fragten sich alle. Oder war alles doch nur ein Spiel?

I Das Verbrechen, 21. Mai 1991

> Ich erwartete, zu Hause aufzuwachen und meine
> gute Mutter zu sehen, wie sie sich schützend über
> mein Bett beugt. Und so wird es bis zuletzt blei-
> ben, und von ihrer kühlen und zarten Hand
> werde ich noch in der Stunde meines Todes er-
> warten, daß sie das Böse bannt.
>
> I. P. Culianu und H. S. Wiesner, *Das Smaragd-
> spiel*

1 Die Religion als System

Hin und wieder macht der Frühling Chicago das Geschenk
eines funkelnd hellen, warmen Tages. Die Luft ist dann kühl
und duftet nach Pappeln, Präriewind und nach den Weißfi-
schen aus dem Lake Michigan, der die Sonne mit einer An-
deutung ihrer Unsterblichkeit reflektiert und derart scharf
geschnittene geometrische Muster auf die Skyline wirft, daß
die Stadt auf geradezu surreale Weise smaragdgrün erscheint,
so als beanspruche sie noch immer den romantischen Zauber
alter Zeiten – als sie noch die Metropole der Natur, der Inbegriff des Gangstertums und ein Zentrum für Kunst, Litera-
tur- und Wirtschaftswissenschaften war.
Wenn es einen Ort gab, von dem Chicago im Jahre 1991 neuen
Zauber erhoffen konnte, dann war es der Campus der University of Chicago. Die hundert Jahre alte Hochschule konnte 64
Nobelpreisträger, 113 Mitglieder der American Academy of
Arts and Sciences, ehemalige Studenten wie Philip Glass und
Susan Sontag und Professoren wie Enrico Fermi und Leon
Lederman aufweisen. In der Umgebung des Campus im Süden
der Stadt gab es mehr Institute pro Quadratkilometer als ir-
gendwo sonst auf der Welt.
Der Grund für diese Fülle von Instituten war die Divinity
School, Wirkungsstätte von Gelehrten wie Paul Tillich, der für

seine Vision des christlichen Glaubens im Atomzeitalter warb, Paul Ricœur, dem französischen Intellektuellen, der eine hermeneutische Philosophie entwickelt hatte, und Mircea Eliade, dem rumänischen »Exilanten aus der Ewigkeit«, wie ihn die *New York Times* genannt hatte. Niemand hatte die verlorene Macht des ›Heiligen‹ oder die tieferen Schichten des Lebens in der Moderne scharfsinniger untersucht als der Verfasser so erfolgreicher Bücher wie *Das Heilige und das Profane* und *Der Mythos der ewigen Wiederkehr.*

Am 21. Mai stand die Divinity School ganz im Zeichen der Aufregung, die der alljährliche Bücherverkauf und die Vorfreude auf die bevorstehenden Ferien mit sich brachten. Vor der neugotischen Swift Hall räkelten sich Studenten auf den Steintreppen oder standen in Gruppen beieinander und plauderten. Unter einer dichten Eiche sprach ein Tutor mit einer Gruppe von High-School-Anfängern und deren Eltern über die Sicherheit auf dem Campus.

In Raum 202 der Swift Hall beendete Ioan Culianu gerade sein Seminar über die »Grundlagen der vergleichenden Religionswissenschaft«. Thema der heutigen Sitzung war die Gnosis. Er erörterte die Nagᶜ Ḥammādī-Texte, die 1945 wiederentdeckt worden waren. »Wie in einem klassischen Kriminalroman wurden diese Schriftrollen jahrhundertelang versteckt gehalten, weil sie Lesarten der Bibel boten, die der Wahrheitsvorstellung der christlichen Kirche widersprachen«, erklärte er. Die Gnostiker hätten das Leben als Sabotage und Rebellion, als Flucht vor den unwissenden Göttern betrachtet, die die Welt beherrschten. »Der Sinn gnostischen Wissens«, schloß er, »bestand darin, es zu *nutzen.* Es sollte die Welt verändern. All dies ist eine Weihgabe an eine ideale Ordnung, die vollständig über das Leben, wie wir es kennen, hinausgeht.« Er las aus dem Prolog des *Thomas-Evangeliums* vor: »Wer die Erklärung dieser Worte findet, wird den Tod nicht kosten.«

Nach dem Unterricht gingen Culianu und ein paar seiner Studenten hinunter zum Bücherverkauf. Für Hyde Park war es ein regelrechtes Ereignis, das Studenten, Lehrende, emeritierte Professoren, Wissenschaftler und andere anzog, die in den Büros und Labors der Universität arbeiteten oder in der Umgebung wohnten. Die Menge schob sich in das Auditorium der Swift Hall, dessen Eichenholzvertäfelung einen schier erdrükken konnte. Bücher aus zweiter Hand, wie Kenneth Clarks *Der Akt* und Herbert Marcuses *Der eindimensionale Mensch*, stapelten sich auf Tischen, Stühlen und auf dem Fußboden. Aus Lautsprecherboxen dröhnte Ice-T und schüttelte den Staub von den ehrwürdigen Bildnissen ehemaliger Dekane.

Alexander Arguelles kam auf Culianu zu. Am Nachmittag sollte Arguelles seine Dissertation vor der versammelten Fakultät verteidigen, und jetzt fragte er seinen besten Freund unter den Hochschullehrern um Rat. »Ich bin ziemlich aufgeregt«, sagte er.

»Das ist doch nur ein Übergangsritus.« Culianu lächelte und klopfte ihm auf die Schulter. »Davor brauchst du keine Angst zu haben, du wirst das sehr gut hinbekommen. – Wir sehen uns in ein paar Stunden.«

Arguelles sah ihm nach, wie er die Treppen hinaufging, und versuchte, sich etwas ruhiger zu fühlen.

Culianu lief die Haupttreppe hoch. Seit mehreren Wochen saß er an einem Dutzend verschiedener Projekte. Anfang der Woche hatte er eine internationale Tagung über Reisen ins Jenseits geleitet, die erste religionswissenschaftliche Tagung auf dem Campus seit Jahren. Sie hieß »Andere Welten: Neueste Forschungen zu Tod, Ekstase und außerweltlichen Reisen«. Die Teilnehmer kamen vom Barnard College, von der Hebräischen Universität, von Princeton, Notre Dame und anderen Hochschulen. Ihre Vorträge trugen Titel wie »Der Aufstieg des Visionären« und »Transzendenz des Todes«. Greg Spinner und Michael Allocca organisierten Speisen und Getränke für das Abschlußessen der Tagung. »Er deutete auf die weltweiten Kontinuitäten in Berichten über außerweltliche Reisen und verlangte nach einer Erklärung dafür«, sagte ein Rezensent, der später Culianus Buch zu diesem Thema besprach. Ein Universitätsverlag hatte vor, einen Band mit den Tagungsbeiträgen herauszubringen.

Drei seiner Bücher befanden sich gerade im Druck: das Buch

über außerweltliche Reisen, eines über Gnosis und ein Handbuch der Religionen. Eine ganze Reihe anderer Publikationen stand kurz vor Vertragsabschluß, darunter eine mehrbändige Enzyklopädie der Magie für Oxford University Press. Er gab zwei Seminare, eines über außerweltliche Reisen und übersinnliche Erfahrungen sowie das Seminar über die Grundlagen der vergleichenden Religionswissenschaft. Er betreute mehrere Doktoranden und plante seine erste Reise nach Rumänien seit neunzehn Jahren. Außerdem hatte er vor zu heiraten.

Seine Verlobte war Hillary Wiesner, Promotionsstudentin an der religionswissenschaftlichen Fakultät von Harvard, eine ruhige und zurückhaltende Frau, die in ihrer Beziehung ausgesprochen aufgelebt war. An zweien der Bücher, die sich im Druck befanden, war sie beteiligt, sie hatte an zahlreichen seiner Kurzgeschichten mitgewirkt und wollte ihn nun nach Europa begleiten, um seine Familie kennenzulernen. »Das wird ein Riesenfest!« rief er aus, wenn er sich auf die Reise freute. Er wollte ihr Siebenbürgen und vor allem seine Geburtsstadt Iaşi zeigen, wo sein Großvater und sein Urgroßvater die älteste Universität des Landes geleitet hatten. Seit der Revolution von 1989 hatten sie oft über solch eine Reise gesprochen.

Nachts führte Culianu lange Telefongespräche mit seiner Schwester. Sie drängte ihn, nach Hause zu kommen. Immer wieder änderte er seine Meinung. Vor drei Tagen hatte er ihr gesagt, daß er von einer rechtsextremistischen Gruppierung bedroht werde, mit der einer seiner ehemaligen Professoren eng verbunden war. Sie spielte die Gefahr herunter: Menschen würden ständig bedroht. Also behielt er die Flugtickets. Doch er war stärker beunruhigt, als er sich anmerken ließ.

»Wir wissen nicht, *wo* diese Reisen nach dem Tode stattfinden«, hatte er in seinem Schlußwort zu der Tagung gesagt. »Obwohl wir den Erlebnisraum des Geistes in diesen Erzählungen noch immer mit dem Raum außerhalb des Geistes verwechseln, erfahren wir, daß jener nicht weniger machtvoll ist als dieser. Identität, Macht und historische Wahrheit wurzeln in diesen imaginierten Welten. Jedes Individuum denkt einen Teil der Tradition und wird daher durch sie gedacht, was uns gestattet, die dunklen Wurzeln der Geschichte zu sehen, die zu den Anfängen des *Homo sapiens* zurückgehen. Die Erforschung unseres geistigen Raumes jedoch steckt erst in den Anfängen.«

Daneben hatte Culianu auch seinen Spaß. Anfang des Monats war er als Vertreter der Wissenschaft Gast einer Science-fiction-Tagung in Schaumburg, Illinois, gewesen. Er hatte dort einen Vortrag über die Renaissance gehalten und an einer Podiumsdiskussion teilgenommen, auf der es um Fragen ging wie »Ist Magie immer böse?«. Er hatte magische Praktiken verteidigt: »In der Magie geht es nicht um Regellosigkeit«, hatte er gesagt. »Im Gegenteil, sie stellt ein friedliches Nebeneinander von Bewußtem und Unbewußtem wieder her, wenn dieses in Frage gestellt wird.«

Culianu hatte auf Einladung des Science-fiction-Schriftstellers John Crowley an der Konferenz teilgenommen. Crowley hatte Culianus Buch *Eros and Magic in the Renaissance* gelesen und wollte unbedingt dessen Verfasser kennenlernen. Obwohl das Buch ein wenig unzugänglich war, hatte es Crowleys Phantasie angeregt: »Culianu nahm an, daß durch Mittel, die in der Renaissance als ›magisch‹ bezeichnet wurden, die wir jedoch ›psychologisch‹ nennen würden, eine Art Massenhypnose bewirkt werden konnte, und zwar mit Hilfe erotisch aufgeladener Bilder.« Die beiden waren sich ein Jahr zuvor begegnet und hatten sich sofort angefreundet. »In meinem ganzen Leben habe ich noch keine so intensive und plötzliche Freundschaft erlebt«, meinte Crowley. Für Culianu, der insgeheim am liebsten Fantasy-Schriftsteller gewesen wäre, war die Tagung sehr anregend. Die Leute, die an seinen Sitzungen teilgenommen hatten, waren von ihm ebenso fasziniert. Die Veranstalterin Jennifer Stevenson sagte, Culianu wirke »mit einer solchen Wucht auf Menschen, daß die Welt durch ihn irgendwie reicher und rätselhafter erschien, als man sich je vorgestellt hatte«.

Am letzten Abend der Tagung – in einer Suite mit dem Spitznamen Dharma Buns Café – hatte Culianu zum ersten Mal in Amerika einer gespannten Zuhörerschaft eine seiner Kurzgeschichten vorgelesen. Er hatte sie gemeinsam mit Hillary geschrieben; sie hieß »The Language of Creation« (›Die Sprache der Schöpfung‹) und sollte in Andrei Codrescus Zeitschrift *The Exquisite Corpse* veröffentlicht werden. Hauptfigur und Ich-Erzähler der Geschichte ist ein Wissenschaftler, der Culianu nicht unähnlich ist: Er ist »vierzig Jahre alt, wohnt in einem bewachten Hochhaus an einem See« und lehrt an einer »grauen und namhaften Universität des Mittleren Westens«. Ihm widerfahren eine Reihe merkwürdiger Zufälle, die fast ausnahmslos auf realen Erfahrungen beruhen. Dem Gelehrten fällt eine uralte Spieldose in die Hände, von der er annimmt, sie berge einen Schlüssel zu der Sprache Gottes, der Sprache der Schöpfung. Jeder der drei Vorbesitzer dieser Spieldose ist allerdings einem Mord zum Opfer gefallen.

Der Erzähler versucht vergebens, hinter das Geheimnis der Spieldose zu kommen. Mit der Zeit fühlt er sich jedoch von seltsamen Erscheinungen bedroht, die anscheinend mit der Spieldose in einem Zusammenhang stehen: Sie scheint ihm mysteriöse Fähigkeiten oder »Charismata« zu verleihen, zum Beispiel die, die Zukunft vorherzusagen – wenngleich es sich dabei lediglich um unbedeutende Ereignisse handelt wie etwa, ob sich der Portier in seinem Haus den Schnurrbart abrasieren wird –, oder ein »Charisma der unangebrachten Liebe«, das bestimmte Studentinnen dazu bringt, sich in ihn zu verlieben, ohne daß er es will. Culianu las vor: »Irgendwann wurde meine Überzeugung, daß es eine okkulte Beziehung zwischen den Charismata und der Spieldose gab, so stark, daß ich überlegte, ob ich ihre Kräfte gegen ein unerträgliches politisches Regime auf die Probe stellen sollte.« Jedoch: »Die Vorstellung, daß mir das Schicksal der früheren Besitzer unmittelbar bevorstehen könnte, ließ mich endlich nicht mehr los.« Nach einigem Hin und Her läßt der Erzähler die Spieldose auf einem Flohmarkt liegen und befreit sich so von dem, was ihr Geheimnis zu einem geistigen Gefängnis hat werden lassen.

Nach der Tagung fiel Hillary auf, daß ihr Verlobter furchtbar geistesabwesend war. Er schloß die Autoschlüssel in ihrem Mietwagen ein, während der Motor noch lief. Er vergaß, wann sie sich das nächste Mal treffen wollten. Er versuchte sie zu überreden, zu bleiben und nicht nach Cambridge zurückzufahren. Als er sie zum Chicagoer O'Hare-Flughafen brachte, sah er so traurig aus, wie sie ihn noch nie zuvor gesehen hatte, so als hätte er die Last der ganzen Welt auf seinen Schultern zu tragen. Er braucht dringend einmal Urlaub, dachte sie.

Etwa um Viertel vor eins an diesem 21. Mai saß Culianu in der Kellermensa der Swift Hall – einer kleinen, überfüllten und stickigen Cafeteria, wo es plastikverpackten Kuchen, aber guten Kaffee, Falafel und ein lebhaftes Stimmengewirr gab. Dort unterhielt er sich mit einigen Studenten. Anschließend ging er, immer zwei Stufen auf einmal nehmend, über die Haupttreppe zurück in den dritten Stock.

Er schaute kurz bei seiner Sekretärin am Ende des Ganges vorbei. Hier war es stiller. Der Unterricht lief noch, die Türen der Seminarräume waren zu. Er fragte, ob es irgendwelche Nachrichten für ihn gebe, nahm seine Post an sich und ging in sein Büro.

Gwen Barnes, die Sekretärin, hatte Kopfhörer auf und tippte nach dem eintönig brummenden Diktat eines anderen Fakultätsmitglieds ein Kapitel für dessen nächstes Buch. Sie arbeitete oft in der Mittagspause. Nur so konnte sie mit ihren Aufgaben Schritt halten. Von den drei Professoren, für die sie arbeitete, mochte sie Ioan Culianu mit Abstand am liebsten. Sie war im Schwarzenviertel im Süden Chicagos aufgewachsen und mochte ihn gleich, als sie sich zum ersten Mal begegneten. Er begrüßte sie morgens mit einem strahlenden »Guten Morgen, Gwendolyn!« und behandelte sie wie eine Kollegin. Er hatte sie zur Redaktionsassistentin der von ihm herausgegebenen Vierteljahresschrift *Incognita. International Journal for Cognitive Studies in the Humanities* ernannt. Er lud sie zum Mittagessen ein und dachte an ihren Geburtstag. Er ermutigte sie, ihren Magister zu machen. Nach zwölf Jahren als Sekretärin an der Universität kannte sie die akademische Welt gut genug, um zu wissen, daß seine Haltung ihr gegenüber nicht typisch war.

Sie sah, wie eine Kollegin auf der gegenüberliegenden Seite des Zimmers ihre Lippen bewegte. Gwen Barnes nahm den Kopfhörer ab. »Wie bitte?«

»Hast du das gehört?«

»Da hat ein Auspuff geknallt«, sagte die dritte Sekretärin im Raum.

»Es klang wie ein Chinaböller. Nur schriller.«

Professor Jerry Brauer, Spezialist für Puritanismus, saß in seinem Eckbüro und bereitete sich auf seine nächste Vorlesung vor. Er trug eine Fliege, sein Markenzeichen. Die hohen Bleiglasfenster hatte er geöffnet, um auf den sommerlichen Innenhof schauen zu können, während er einen schon leicht vergilbten Vorlesungsentwurf durchsah und sich konzentrierte. Er spürte, daß er bald austreten mußte. Erst wollte er jedoch fertig werden.

Es war kurz nach eins, als er den lauten Knall vernahm. Er arbeitete weiter, aber seine Gedanken schweiften ab. Er überlegte, was wohl ein derartiges Geräusch verursacht haben mochte: Die Fehlzündung eines Autos? Nein, unmöglich, die Straße war viel zu weit entfernt. Ein Schuß? Nein, unmöglich. Swift Hall, kurz nach eins.

Höchstens fünf Minuten später entschied er, daß er nicht mehr warten könne. Er mußte zur Toilette. Er ging durch die Schwingtür und über die steile Diensttreppe nach oben. Seine Schritte gaben einen lauten Widerhall. Unten, neben einer Tür, die sich zur Eingangshalle öffnete, stand ein überquellender Abfalleimer; oben war eine weitere Schwingtür. Das Treppenhaus war menschenleer. Vor der Herrentoilette im dritten Stock stand ein schlaksiger junger Mann, den Brauer nicht erkannte. Brauer drückte die Tür auf. Der Student packte ihn am Arm. »Gehen Sie nicht da hinein, Professor Brauer.«

Brauer hatte die Tür bereits weit genug aufgeschoben, um einen Blick in den vertrauten Waschraum mit seinen blauen Kabinen, gelben Fliesen und Leuchtstofflampen werfen zu können. Ein Student starrte auf die zweite Kabine vom Fenster. Es war totenstill. Unter der Kabinentür war eine Hand zu

sehen; zusammengekrallte weiße Finger, die aus einem türkis-
blauen Hemdsärmel guckten. Blut bildete auf dem Fußboden
eine kleine Lache.

»Es ist etwas Schreckliches passiert«, sagte der Student.

»Das sehe ich! Wir müssen helfen!« sagte Brauer.

»Wir haben schon Hilfe gerufen.«

Der Student drehte sich zu Brauer um. Er war klein, blond und
hatte große Angst. Es war Jim Egge. Er war kreidebleich. »Dr.
Brauer!« sagte er. »Er ist tot.«

»Wer? *Wer* ist tot?«

»Ich bin mir nicht sicher.«

Plötzlich kamen ein paar Feuerwehrmänner, Sicherheitsleute
der Universität und Sanitäter den Flur heruntergerannt. Zunächst waren es vielleicht fünf Personen, gefolgt von einer
zweiten Gruppe, bei der sich auch ein Sergeant der Chicagoer
Polizei und zwei Streifenpolizisten befanden. Alles ging blitz-
schnell. Nach wenigen Minuten rollte ein Sanitäter eine Trage
herein. Einen Augenblick später betraten zwei Chicagoer Kriminalbeamte die Herrentoilette. Auf dem Flur war in der
Zwischenzeit ein Menschenauflauf entstanden. Clark Gilpin,
der gegenwärtige Dekan, war auch da. »Jerry! Was ist los?«
Brauer schob ihn zu einem der Kriminalbeamten. »Das ist
unser Dekan«, sagte er. »Was geht hier vor? Wir müssen wissen, wer es ist.«

»Sicher, aber nicht jetzt. Wir sind beschäftigt.«

Sie gingen hinaus. Die Sanitäter folgten direkt hinter ihnen mit
der Trage. Eine Sauerstoffmaske bedeckte das Gesicht des Op-
fers. Gilpin bat darum, ihn sich ansehen zu dürfen. Der
Sanitäter entfernte die Maske. Das Gesicht des Toten war grau
angeschwollen und ausdruckslos. Er sah aus wie ein fünfzig
oder sechzig Jahre alter Mann. Kein blutiges Loch und keine
klaffende Wunde ließen den gewaltsamen Tod erkennen. Gilpin wandte sich an Brauer. »Ich kenne ihn nicht«, sagte er.

Jerry Brauer ging in den Seminarraum zurück, wo die Studenten schon auf ihn warteten, aber niemand wollte über die
amerikanische Erweckungsbewegung sprechen. Vor der Tür
hörten sie immer wieder Schritte und ein leises Gewirr von

Stimmen. Der Bücherverkauf ging indessen weiter. Brauer dachte später: Warum war niemand herbeigeeilt, als der Schuß gefallen war? Warum hatte die Polizei so lange gebraucht, um die Ausgänge des Gebäudes abzusperren? Hätte er nur nicht erst seine Aufzeichnungen zu Ende durchgesehen, vielleicht wäre ihm der Mörder ja über den Weg gelaufen. Dieser Gedanke ging ihm nicht aus dem Kopf.

Gwen Barnes hatte den Schuß überhaupt nicht gehört. Eine andere Sekretärin erzählte ihr davon. Obwohl ihr Büro nur knapp zwei Meter von den Toiletten entfernt war, wären sie nie auf die Idee gekommen, den Knall für einen Schuß zu halten. Ein junger Mann rannte herein und rief, sie sollten die Universitätspolizei anrufen. Es kam ihr so vor, als bräuchten die Sicherheitsleute eine Ewigkeit. Sie rief noch einmal an. Nachdem sie aufgelegt hatte, zögerte sie eine Weile, ging dann aber nachsehen. In die Herrentoilette schien vom Hof her die Sonne herein. Das Blut auf dem Fußboden glänzte im Licht der Neonröhren. Für einen langen Augenblick war sie von der Szene wie gebannt – die gelb und schwarz gesprenkelten Fliesen, die Hand und eine ungewöhnliche Opaluhr, die ihr irgendwie bekannt vorkam. Ein lautes Rauschen schreckte sie auf – die automatische Spülung der Urinbecken. Sie ging weg. Später sah auch sie die Leiche auf der Trage. Trotz der Khakihose, des türkisgestreiften Hemdes, der gelben Krawatte, der braunen Socken und der Armbanduhr, erkannte sie nicht, wer es war. Es war kurz vor zwei, als ein Polizist darum bat, ihr Telefon benutzen zu dürfen. Während sie sich mit einer anderen Sekretärin unterhielt, hörte sie ihn einen Namen buchstabieren.
»C – u – l – i – a – n – o, äh, n – u – u, nein, U!«
Wie von einer Welle getragen, rannte sie die Haupttreppe hinunter, Tränen liefen ihr über das Gesicht, und sie hörte gar nicht, wie sie schrie: »O Gott, o Gott. Es ist Mr. Culianu! Nein, nein, nicht Mr. Culianu! Nicht Mr. Culianu!« Auf dem Flur verstummten die Gespräche. Gwen stürzte in das Arbeitszimmer von Dekan Gilpin. »Es ist Mr. Culianu!« schrie sie.

»Nein, nein, das ist er nicht.«
»Doch, das ist er! Doch, das ist er!«

Um halb vier, in der Pause seines Seminars, eilte Jerry Brauer hinunter zum Arbeitszimmer des Dekans. Inzwischen verbreitete sich das Gerücht, daß jemand Selbstmord begangen habe, vielleicht Ioan Culianu. Die meisten Studenten waren mißtrauisch. Culianu? Einer der glücklichsten Professoren hier? Kleine Gruppen liefen ziellos in der Eingangshalle und auf den Treppen vor dem Gebäude umher. Die Besucher des Bücherverkaufs gingen weiterhin ungehindert ein und aus; die Lautsprecherboxen verkündeten laufend die Konzerttermine des Monats. Ein paar Polizisten drehten in der Swift Hall ihre Runden, während die Kriminalbeamten Ellen Weiss und Al McGuire einen Studenten verhörten, der, vor Angst hyperventilierend, den Fehler gemacht hatte anzurufen, um zu fragen, ob das Gerücht wahr sei.

In seinem dunklen Arbeitszimmer saß Gilpin regungslos in einem Drehstuhl. Sein Gesicht war aschfahl. Zwischen zwei Telefonaten nahm er sich einen Moment Ruhe. Er starrte Brauer an. »Es war Ioan Culianu, Jerry«, sagte er. »Und ich habe ihn nicht einmal erkannt...«

»Was ist passiert?«

»Na ja, die Polizei glaubt, es könnte Selbstmord sein.«

»Haben sie die Waffe gefunden?«

»Nein, nein, es gibt keine Waffe.«

»Was glauben die, wo die Waffe ist?«

»Sie meinen, er hatte vielleicht einen Freund ... der sie weggenommen hat.«

»Und sich in so etwas verwickeln lassen würde? Selbstmord? Er hat doch gerade seine Green card erhalten, er wollte seine Familie besuchen, heiraten ... War er nicht in der Kabine?«

»Mmh, ja.«

»Ich bitte dich, niemand würde auf die Toilette gehen, eine Waffe nehmen und sich an den Hinterkopf halten! Was für Typen sind das!?«

»Nun, es könnte Mord sein.«

»*Könnte* sein?«

Der Bericht über den Selbstmord stand in den Zeitungen und wurde im Fernsehen ausgestrahlt. Vierundzwanzig Stunden später allerdings, als der medizinische Untersuchungsbericht eintraf, gab es keinen Zweifel. Es war Mord.

Greg Spinner und Michael Allocca sahen einen Krankenwagen vor der Swift Hall stehen, als sie die Lebensmittel für das wöchentliche Mittwochs-Mittagessen für die Studenten und den Lehrkörper der Divinity School auspackten. Beim Tischgespräch dieser Woche sollte es um die Theologie der Fernsehserie *Twin Peaks* gehen. Nachdem sie fertig waren, traf Greg Patty Mitchell vor dem Gebäude.

»Greg? Hast du schon gehört?«

»Was denn?«

»Ioan hat sich umgebracht.«

»Ioan? Sei nicht albern. Ich hab ihn erst heute morgen gesehen. Er ist der letzte Mensch auf der Welt, der Selbstmord begehen würde.«

Während Greg über den Hof zur Regenstein-Bibliothek lief, dachte er schon kaum mehr an Pattys Gerücht. Ihm fiel ein, daß er sich in seinem Kalender notieren müsse, Ioan anzurufen; sie hatten schon vor längerer Zeit verabredet, sich zu treffen, sobald Culianu weniger Streß hätte. Nachdem er es sich in seiner Leseecke bequem gemacht hatte, kam ein anderer Kommilitone, Jason Gerber, auf ihn zu. Jasons Augen waren rot. »Greg«, rief er, »Ioan hat sich umgebracht!«

»Wer verbreitet bloß dieses Gerücht? Ich habe es gerade erst von Patty Mitchell gehört. Das ist lächerlich. Ioan hat sich nicht umgebracht: Er würde das nie tun.« Dennoch stand Greg langsam auf und ging zurück, um herauszufinden, was eigentlich los war.

Draußen im Innenhof dachte Greg nach. Ohne daß er sich dessen bewußt war, spulte er eine Reihe von Schlußfolgerungen ab, nach einem Schema, das Ioan auf die Geschichte einer Idee oder einer Religion angewandt hatte. Erstens: Ioan würde nicht Selbstmord begehen. Zweitens: Ein Krankenwagen war dagewesen, und jetzt standen Streifenwagen da. Drittens: Zwei Personen hatten erzählt, daß Ioan tot sei. Wenn Ioan wirklich tot war, dann mußte es Mord sein. Wenn es Mord war ... Wer würde Ioan ermorden? Vor einem Jahr hatte er Greg erzählt, daß er sich bei einigen Schriften auf ein »gefährliches Gebiet« vorgewagt habe ... Aber welche Schriften sollten das sein? Greg rannte jetzt über den Hof. Sein Blick fiel auf Gwen Barnes' niedergeschlagenes Gesicht, und seine klare Gedankenkette riß jäh ab.

Später an jenem Tag trafen Culianus Studenten sich auf den Treppen der Swift Hall. Sie weinten und versuchten, einander zu trösten. »Wir saßen einfach da und haben uns umarmt. Wir konnten nicht sprechen«, erinnerte sich Greg. Andere Studenten kamen dazu, jeder wollte Neuigkeiten haben. Aber es gab kaum welche. Keine Waffe, kein Geld gestohlen, keine Anzeichen, die auf einen Kampf deuteten.
Am Abend gingen sie zu Jimmy's, einer beliebten Studentenbar, wo sie nach dem Unterricht oft mit Ioan gesessen hatten. Ein paar Tische weiter in dem dunklen, heruntergekommenen Vorderraum saß Nathaniel Deutsch, ein Schüler von Culianu und Mitherausgeber von *Incognita*. Er beteiligte sich weder an ihren Erinnerungen noch an ihren Spekulationen. Nathaniels Mutter stammte aus Osteuropa, und zum Teil aus diesem Grund hatten Culianu und er sich besonders gut verstanden. In der Dunkelheit hörte Nathaniel den anderen zu und starrte ausdruckslos auf die eingestaubten Baseball-Lexika und -Jahrbücher, die griffbereit im Regal standen, um Streitfragen in der Bar klären zu können. Er legte den Kopf auf die Arme und begann um Verwandte zu weinen, die er durch den Holocaust verloren hatte. Er wußte selbst nicht genau, warum.

In Cambridge, Massachusetts, lag Culianus siebenundzwanzigjährige Verlobte in tiefem Nachmittagsschlaf. Ioan hatte sie oft angerufen, wenn er von einem Nickerchen erwacht war, um ihr einen Traum zu schildern, in dem genau das vorkam, was sie gerade tat, oder um ihr etwas Bedeutsames über sein nächstes Publikationsvorhaben oder über irgendeine obskure kosmogonische Theorie zu erklären. Für ihn gehörte so etwas zum Leben dazu. Vor Ioan hatte Hillary kaum mit einem Mann Händchen gehalten. Ihre Freundinnen beschrieben sie als ernsthaft und vergeistigt, dabei eine der intelligentesten Frauen vom Radcliffe College. Unglaublich witzig. Aber Männer? Nein, keiner, nicht vor Ioan.

Als das Telefon klingelte, schreckte sie auf. Ihr Schlaf war traumlos gewesen. Sie saß kerzengerade da und fror. Es war Wendy Doniger, Ioans Kollegin, Inhaberin des Mircea Eliade-Lehrstuhls an der Divinity School, ein mächtiges Mitglied des Instituts. »Hillary? Hillary, du setzt dich besser irgendwo hin. Sitzt du?«

»Was?«

Wendy Doniger zögerte ein bißchen. »Ich muß dir leider sagen, daß . . . Ioan ist umgebracht worden.«

»Was?«

»Ich . . ., ich . . . Hillary, die Polizei fragt, ob dir jemand einfällt, der so etwas tun würde. Es tut mir schrecklich leid . . .«

Etwa eine Minute lang konnte sie nicht atmen. Vielleicht waren es zehn Minuten. Oh, dachte sie schließlich. Sie weinte nicht. Sie starrte die Wand an, die mit Fotos von ihm bedeckt war – Bilder aus Mailand, Madrid, Kairo, von der Metra-Bahn in Chicago, aus Rom und Courmayeur und Paris. Er, grinsend, mit der riesigen amerikanischen Flagge, die sie für ihn gekauft hatte und »die über dem Capitol geweht hat«, wie er Besuchern gerne erzählte. Er, wie er mal wieder die Finger zu einem Victory-Zeichen spreizte. Er war wahrscheinlich Amerikas größter Patriot . . . Bedächtig nahm sie nach und nach die Fotos von der Wand.

Sie rief ihre Mutter auf der Arbeit an, im Büro des Kuratoriums von Amherst College. Ihre Mutter sagte, sie komme sofort. Nachdem sie wieder aufgelegt hatte, fing Hillary an zu packen. Sie zog ihren Koffer hervor, an dem immer noch die O'Hare-Flughafenplakette von ihrem letzten Treffen hing. Langsam kam es ihr zu Bewußtsein, wie wenn man ein schwieriges mathematisches Problem erfaßt hat und sofort weiß, daß die Lösung korrekt und wahr ist, geradezu unabwendbar. Sie hatte schon öfter darüber nachgedacht, sie hatte versucht, sich darauf vorzubereiten, hatte es sogar mit ihren Freundinnen besprochen: Jeder braucht einen Mythos für sein Leben, hatte er ihr einmal gesagt, eine Geschichte, von der man entdeckt hat, daß man nach ihr leben und an der man sich in den finstersten Stunden seines Lebens festhalten kann. Und jetzt, nach so langer Zeit, als für sie beide alles so wunderbar zu sein schien, erinnerte sie sich daran: Sie hatte sich nie die Zeit genommen, einen eigenen Mythos zu finden.

> Mnemosyne, sagten die Griechen, ist die Mutter der Musen; wenn wir die Geschichte dieser grundlegenden und schwer faßbaren menschlichen Fähigkeit untersuchen, werden wir den Boden unter den Füßen verlieren.
>
> Frances A. Yates, *Gedächtnis und Erinnern*[2]

2 Die Folgen

Täglich legten Studenten frische Blumensträuße und einzelne Blüten, Rosen und Lilien vor Culianus Arbeitszimmer nieder. Ellen Weiss und Al McGuire von der Chicagoer Polizei blieben in den ersten Nächten stets bis nach Mitternacht, prüften Zeugenaussagen, Indizien und widersprüchliche Gerüchte. Anscheinend war der Mörder an Culianus Kabine vorbei- und in die nächste Kabine hineingegangen, war auf den Toilettensitz gestiegen und hatte mit der Waffe nach unten auf den Kopf des Professors gezielt. Nach Einschuß- und Austrittswinkel der Kugel zu urteilen, schien der Mörder Linkshänder zu sein.
Das Polizeirevier ›Area One‹ an der Chicagoer South Side hatte im Durchschnitt etwa zweihundert Mordfälle im Jahr zu bearbeiten; die meisten davon standen im Zusammenhang mit Drogenkriminalität und Jugendgangs. Bei diesem Mord je-

doch war alles ganz anders. Es gab nicht einen brauchbaren Hinweis. Die Kriminalbeamten fanden einen Zettel, auf dem stand, daß die Tür zu Culianus Arbeitszimmer nicht abgeschlossen werden solle; seine Sekretärin sagte ihnen, daß der Professor das Auswechseln der Türschlösser in Auftrag gegeben hatte. In Culianus Schreibtisch fanden die Beamten drei Walnüsse vom Hof seiner Familie in Rumänien; nur ein Hinweis auf eine enge Bindung an einen fünftausend Meilen entfernten Ort. In Culianus Wohnung kam ein Fax vom Büro des rumänischen Exilkönigs an: Ihr Paket ist angekommen, hieß es darin, aber es war geöffnet und leer. Was haben Sie geschickt?

Auch der Bericht des Gerichtsmediziners lieferte nur wenig Anhaltspunkte. Bei der Autopsie wurden keine Schmauchspuren an der Einschußstelle gefunden, und so lag der Schluß nahe, daß aus einer Entfernung von mindestens einem halben Meter geschossen worden war – und das mit einer ungewöhnlich kleinen Waffe, einer Beretta Kaliber 25. »Jemanden mit einem einzigen Schuß aus einer 25er aus dieser Entfernung zu töten, ist nicht leicht«, sagte Robert Stein, Pathologe am Cook County Hospital. Er sprach von einem »fachmännisch ausgeführten Schuß, wie eine Hinrichtung in der Unterwelt«.

Im Fernsehen und in den Zeitungen äußerten Culianus Freunde und seine Familie die Ansicht, es handele sich bei diesem Verbrechen um den ersten politisch motivierten Mordanschlag auf einen Hochschullehrer in den USA. In Berichten in Italien und Amerika und in Sendungen der BBC wurde hervorgehoben, daß Culianu die Revolution von 1989 in seiner Heimat als bittere Enttäuschung bezeichnet und die neue rumänische Regierung mit beinahe prophetischem Scharfblick angegriffen habe. Wie andere Schriftsteller auch habe er Morddrohungen erhalten. Er habe sie dem neuen rumänischen Rechtsextremismus zugeschrieben, der mit der alten Staatssicherheitspolizei, der Securitate, in Verbindung stand.

Doch bei den Ermittlungen wurden keine Aufzeichnungen dieser Drohungen gefunden. Culianu hatte sie weder dem FBI noch der Polizei gemeldet. Auch hatte er niemandem irgend-

welche Briefe gezeigt. Die Flugtickets und die Mietwagenre-
servierung für seine Europareise waren nicht storniert worden. Der Mord stellte die Polizei vor ein Rätsel. Das FBI ließ
eine rumänischsprechende Agentin namens Gabriella Burger
einfliegen. Der Mord *sah aus* wie ein Attentat, aber er entsprach keinem dem FBI geläufigen Schema. Ein Profikiller
hätte ein größeres Kaliber, einen weniger öffentlichen Tatort
gewählt und mehrere Schüsse abgegeben. Es hätte nicht einmal
ein »er« sein müssen: Die 25er hätte in jede Damenhandtasche
hineingepaßt.

Wenn der Mord einen politischen Hintergrund hatte, dann
lautete die Hauptfrage: Warum? Ioan Culianu war dabei, sich
in einem internationalen Kreis von Wissenschaftlern einen Namen zu machen, aber in der Politik spielte er keine herausragende Rolle. Das Verbrechen gab, wie Culianu es genannt
hätte, ein Ludibrium auf, ein in der Hochrenaissance verbrei-
tetes Rätsel, bei dessen Entwirrung ein Weltgeheimnis offenbart wird. Wem hätte ein Religionshistoriker und angehender
Fantasy-Schriftsteller, der davon träumte, einen Bestseller zu
schreiben, gefährlich werden können?

Während das FBI sich auf die These von einem politischen
Mord konzentrierte, arbeiteten Ellen Weiss und Al McGuire
an eigenen Theorien: War der Mörder ein verbitterter Student
oder ein mißgünstiger Kollege, ein Okkultismus-Fanatiker
oder ein homosexueller Liebhaber, war es ein Raubüberfall
oder steckte ein geplatzter Drogendeal dahinter? Sie fanden
heraus, daß Ioan Culianu unmittelbar vor seiner Ermordung
von seinem Büro aus irgend jemanden in Medellín in Kolumbien angerufen hatte. Das Gespräch hatte eine Minute gedauert.

Culianu war ein sehr begeisterungsfähiger und einfühlsamer
Freund gewesen, erfuhren die Kriminalbeamten außerdem, ein
bahnbrechender Denker, der sich auf Dualismus, Astralreligion und die magischen Gedächtniskünste der Renaissance,
auf ihre »Mnemonik«, spezialisiert hatte, insbesondere auf die
von dem Philosophen Giordano Bruno verfeinerte Variante.

Man pries seine Kreativität, seine Kühnheit und seine Sprachkenntnisse. »Er hatte die seltene Fähigkeit«, erinnerte sich Clark Gilpin, »eine Verbindung zwischen seiner Arbeit und der seiner Studenten auf der einen und bedeutsamen Ereignissen in der Außenwelt auf der anderen Seite herzustellen.« Seine Vorlesungen und Seminare waren sehr beliebt. Die Studenten schwärmten für ihn. »Er war einer der wenigen Professoren, die sich einfach auch mal mit den Studenten unterhielten«, erklärte Karen Anderson. »Er stand an der Tür zum Seminarraum und begrüßte uns mit Namen«, sagte Michael Allocca. Greg Spinner ergänzte: »Jemanden wie ihn werde ich nie wieder kennenlernen.« Nathaniel Deutsch erinnerte sich daran, daß sein Lehrer ihm immer das Frühstück bezahlen wollte: »Er war einfach ein *Mensch*.«

Als Lehrer war er offen, witzig und streitbar, als Freund dagegen verschlossen und schwer zugänglich. Er schien etwas zu verbergen. »Er war wirklich sehr kompliziert, sehr schwer zu durchschauen«, sagte ein Fakultätskollege, der ihn für einen vollendeten akademischen Blender hielt. Man verdächtigte ihn, Studentinnen zu verführen oder die drogeninduzierten Ekstasen, über die er schrieb, selbst auszuprobieren. »Ein paar seiner Kollegen haben ihn richtiggehend gehaßt«, sagte ein Student, der anonym bleiben wollte. »Er hatte gerade erst einen festen Lehrstuhl bekommen. Mein erster Gedanke, als er ermordet wurde, war: Jetzt sind die bestimmt glücklich.«

Für manche war Culianu ein ›Yuppie-Exilant‹ und ein Selbstdarsteller. Er hinterließ äußerst widersprüchliche Eindrücke darüber, wer er eigentlich war. Er war ein charismatischer einundvierzigjähriger rumänischer Emigrant, der sechs Sprachen fließend beherrschte, drei Doktortitel erworben hatte, darunter das doctorat d'état der Sorbonne. Seine Anhänger hielten sein Werk für glänzend und originell, für »einen richtungweisenden Beitrag über die Geschichte des hermetischen [d. h. magischen] Denkens«, wie Umberto Eco es nannte. Sein Leben war eine geistige Suche, die ihn von Rumänien nach Italien, Frankreich, in die Niederlande und die USA führte. Er suchte einen Schlüssel zu den universalen Mustern des alltäg-

lichen Lebens. Diesen Schlüssel behauptete er in der Imagination gefunden zu haben. Als Dekan der Divinity School hielt
Clark Gilpin bei der Gedächtnisfeier der Universität am 3. Juni
1991 eine Ansprache, in der er auch auf das Verbrechen ein-
ging. Vor den Studenten, Freunden und Angestellten der Universität, die sich in die Rockefeller-Kapelle drängten, sprach
Gilpin nicht über Politik oder über Motive, sondern von der
Beziehung zwischen Denken und Welt: »Wir sind hilflos angesichts einer Gewalt, die vom Denken nicht vorausgesehen,
nicht abgewehrt, nicht begriffen werden kann. [...] Die Frage
nach der Beziehung des menschlichen Denkens zu der geheimnisvollen Macht im Zentrum der Schöpfung stellt sich mit
neuer Dringlichkeit. Gibt es überhaupt eine dauerhafte Verbindung zwischen den menschlichen Ideen, denen die Universitäten verpflichtet sind, und einer ewigen Weisheit, die am
Uranfang da war, als Gott ›einen Kreis zog über den Fluten der
Tiefe‹?«[3]

Weltweit löste das Verbrechen eine Vielzahl von Telefonaten
zwischen Culianus Freunden und Mitexilanten aus, darunter
Andrei Codrescu und Saul Bellow. Ihr Verdacht richtete sich
auf die exkommunistische Geheimpolizei Rumäniens. Andere
verdächtigten die rumänischen Faschisten, zu denen einst wohl
auch Mircea Eliade, Culianus liebenswürdiger, angesehener
Mentor gezählt haben dürfte. Viele Mitglieder der Eisernen
Garde hatten sich im Mittleren Westen Nordamerikas niedergelassen und entzogen sich so ihrer Verantwortung für ihre
fast unbekannt gebliebenen Verbrechen. Ioan Culianu hielt
überall auf der Welt Vorträge über die Macht der Vergangenheit und verhielt sich so, als sei jemand aus der Vergangenheit
ihm stets auf den Fersen. Was auch immer das Tatmotiv gewesen sein mochte, der Mord erinnerte an einen seiner Fan-
tasy-Romane, an ein Rätsel, das auf unheimliche Weise vom
Opfer selbst vorhergesehen wird.
Wie sein Mentor, wie die Mystiker oder die Dichter der Ro-
mantik, so spürte auch Culianu, daß es die Kleinigkeiten und
Zufälle in unserem Leben sind, die eine Antwort auf die grund-

legende Frage geben können, wer wir eigentlich sind. Die prophetische Qualität seiner Erzählungen und seiner politischen Kommentare gaben seiner Geschichte eine höchst merkwürdige Dimension. Er schrieb über politische Ereignisse, die Monate oder Jahre später tatsächlich eintrafen, er beschrieb Mordfälle, die seinem eigenen bemerkenswert ähnlich waren. In den Kapiteln, die er kurz vor seinem Tod schrieb, schien er geradezu die Vielfalt der Theorien über seinen Mord vorwegzunehmen. Ein Kapitel in *The Tree of Gnosis* beginnt mit der Geschichte eines berühmten Gangsters aus dem Chicago der dreißiger Jahre, der jede seiner wichtigen Entscheidungen durch das Werfen einer Münze zu treffen pflegte. Culianu verglich seine Vorstellung von geschichtlichen Bewegungen, die sich in immer neue Permutationen verzweigen, mit der Entscheidungsmethode des Gangsters. Er nannte diesen Prozeß »Multiplikation der Theorien«. Er behauptete, die Faszination des 20. Jahrhunderts für »Archetypen, Formalismus und Strukturalismus« sei Ausdruck einer inneren Gewißheit, daß wir in Zeiten des Umbruchs, wie zum Beispiel einer Revolution, sehr deutlich sehen, daß tiefere Prozesse in der Geschichte wirksam sind. Er schrieb, daß derartige Erschütterungen Denksysteme aufdeckten; jedes dieser Denksysteme funktioniere fast wie »ein Objekt, das *von außen* kommt und unseren Raum auf eine scheinbar zusammenhanglose Weise durchkreuzt, in der eine verborgene Logik liegt, die wir nur dann zu enthüllen vermögen, *wenn wir aus unserem Raum hinaustreten können.*«

Andere Wissenschaftler fanden derartige Formulierungen entweder anregend und tiefsinnig oder dubios und bizarr.

Binnen weniger Monate wurden zwei Verdächtige ausfindig gemacht, und viel später auch ein junger Mann, der am selben Tag wie Ioan Culianu Geburtstag hatte und der nach einer Reihe von sonderbaren Erlebnissen in der Lage zu sein schien, einige Hinweise zu geben. Es gab jedoch niemanden, der den Hintergrund eines Lebens erfaßte, das über zeitliche und geographische Grenzen hinausging, die Erfahrungswelt, der Culianus Denken entsprang.

II Jugend, 1950-1972

> Die Welt ist ein *chiaroscuro*: Es gibt hinreichend
> Spuren und Zeichen einer höheren Gegenwart,
> um sie erträglich zu machen.
>
> I. P. Culianu, *Eros and Magic in the Renaissance*

3 Gedächtnis und Erinnern

Culianu war in einem einstmals schönen Haus auf einem Hügel in der östlichen Moldau zur Welt gekommen. Er entstammte dem gelehrtesten Zweig einer rumänischen Bojarenfamilie aus Iaşi (Jassy), einem kulturellen und wissenschaftlichen Zentrum unweit der ehemaligen sowjetischen Grenze. Wenn sein Leben durch außergewöhnliche Einheitlichkeit gekennzeichnet war, so siedelten dessen Motive in einer Landschaft mit »riesigen Bergen, die ihre Gipfel in den Wolken verbergen, wo Quellen entspringen und Bäche sich hurtig ergießen, in ihrem unaufhörlichen Lauf rätselhaft raunend«, wie der moldauische Schriftsteller Ion Creangă schrieb.[4]

Rumänien ist ein fruchtbares Land, das lange von großen Imperien unterdrückt wurde, vom Römischen bis zum Sowjetischen Reich. »Die Geschichte Rumäniens«, ist in einer amtlichen Touristenbroschüre zu lesen, »ist zweifellos eines der unruhigsten Kapitel der europäischen Geschichte.« Das von Bulgarien, Serbien, Ungarn, der Ukraine und Moldavien umgrenzte Land ist ein Außenposten – ein romanisches Volk im östlichsten aller romanischen Länder, ein europäisches Volk am Rande Europas. Mit ihrer zwischen dem Orient und dem Westen schwebenden Kultur zählen die Rumänen in den Worten des Historikers István Deak »zu den großen Praktikern der Kunst des Überlebens«.

Zunächst von fremden Mächten beherrscht, dann einem korrupten einheimischen Regime unterworfen, überlebten die

43

Rumänen als Volk vor allem durch die gemeinsame Erfahrung des Geschichtenerzählens. »Unsere Waffen der Sabotage waren Zweideutigkeit, Humor, das Rätselhafte, die Dichtung, Lieder und Magie«, schreibt Andrei Codrescu. Der im Westen wohl berühmteste Rumäne ist Graf Dracula, eine Romanfigur, die auf Vlad Ţepeş, ›Vlad den Pfähler‹, zurückgeht, einen Fürsten aus dem 15. Jahrhundert, der eine Schwäche für das Pfählen seiner Gegner hatte. Für viele Rumänen ist jedoch eher die Geschichte des Zauberlämmchens Miorița, das die Ermordung seines geliebten Hirten durch zwei Neider vorhersieht, das zentrale nationale Sinnbild. Statt sich seinem Schicksal zu widersetzen, weist der Schafhirt Miorița an, seine Tragödie in einen mythischen Triumph zu verwandeln. »Lämmchen, dem Mütterlein, / sollst du ein Tröster sein, / sag ihm getreu: / Daß ich vermählet sei / mit einer stolzen Frau / in des Himmels Au.«[5] Der rumänische Dichterphilosoph Lucian Blaga stellte den Schäfer in einen »mioritischen Raum«, in eine Welt der Imagination, die kein Eroberer schänden könne. Mircea Eliade deutete ihn als nationale Flucht aus der Geschichte. Im Westen würde man den Schäfer wohl für wahnsinnig halten.

Culianus Heimatstadt Iaşi war eine Provinzhauptstadt, das Zentrum des »heiligen Landes des Nationalismus«, mit Kopfsteinpflasterboulevards und Oberleitungsbussen, einer Synagoge und Standbildern von Helden wie Ştefan dem Großen (1457-1504). Dominiert wurde Iaşi von der prächtigen weißen Metropolitankirche, der kunstvoll ausgemeißelten Dreihierarchenkirche (Trei Ierarhi) und dem phantastischen Kulturpalast. Daneben bot die Stadt einige der großen Literaturinstitutionen sowie die älteste Universität des Landes, der Culianus Großvater und Urgroßvater einst vorgestanden hatten.

Die Culianus waren 1721 vor der osmanischen Verfolgung von Griechenland nach Rumänien geflohen. In Iaşi trafen sie auf die Welt der großgrundbesitzenden Bojaren und der kleinen Bauern, der Kirchenprivilegien und sozialen Ungleichheiten, mit schmalen zerfurchten Wegen, nebelverhüllten Tälern, steilen Bergen und weiten melancholischen Ebenen. Fast vier

Fünftel der Bevölkerung waren Kleinbauern, die zumeist keinerlei Bildung genossen hatten. Ihre Karren holperten die Berge herunter wie seit Jahrhunderten, von Männern gelenkt, die Schaffellmützen und -jacken trugen und deren Frauen in Lammfell gehüllt an ihrer Seite saßen. Im Winter roch das umliegende Flachland nach Wind, Schnee und Holzkohle.

Culianus Urgroßvater Neculai Culianu war im 19. Jahrhundert einer der Gründer der literarischen Gesellschaft Junimea gewesen, einem Zusammenschluß von jungen Konservativen aus der Oberschicht. Ihre Mitglieder waren an der lange überfälligen Debatte beteiligt, ob ihr Land dem westlichen oder dem östlichen Modell folgen sollte. Die Junimisten entschieden sich für den Westen und trugen, während viele ihrer Väter sich noch immer in türkische Paschagewänder kleideten, Pariser Hemden mit steifen Kragen. Sie schlugen ein demokratisches Programm zur Förderung der nationalen Künste vor, das gleichzeitig ihre Privilegien sicherte. Während seiner Amtszeit als Rektor der Universität Iaşi zwischen 1880 und 1898 fuhr Neculai (›Papa‹) Culianu fast täglich die fünf Straßen von seinem Haus bis zur Universität feierlich in seiner Kutsche entlang und demonstrierte damit einem rückständigen Bauernvolk die Vorrechte und die Macht des Gebildeten.

Für die Bojaren waren es gute Zeiten. Zu Weihnachten füllten sich die Straßen mit Zigeunern, den Roma. Sie spielten die Trommel, Akkordeon und Flöte und ließen Bären dazu tanzen. Mitunter kam ein niedliches sechsjähriges Romamädchen ins Wirtshaus, stellte sich entschlossen hin und spielte auf einer winzigen Geige eine betörende Weise. Regelmäßig standen Weihnachtssänger vor der Tür und sangen übersinnlich klingende Lieder wie »Moş Crăciun cu plete dalbe« (›Weihnachtsmann mit weißer Mähne‹). Heiligabend fiel reichlich Schnee, und ein Wohlgeruch von Lamm- oder Schweinebraten, von ţuică, einem Pflaumenschnaps, Weihrauch und Herdfeuer stieg in den Sternenhimmel.

Zu Beginn des 20. Jahrhunderts waren einige Culianus hochangesehene Köpfe in den Bereichen Physik, Chemie, Mathematik und in den Rechtswissenschaften. Sie schickten ihre

Kinder auf die Universitäten von Bonn und Paris. Sie herrschten über ausgedehnte Ländereien, trieben Landwirtschaft, handelten mit Pferden und beteiligten sich am Aufbau einer modernen naturwissenschaftlichen und juristischen Infrastruktur. Sie waren mit führenden Persönlichkeiten verwandt oder bekannt, etwa mit dem Schriftsteller Garabet Ibrăileanu, dem Literaturhistoriker Paul Zarifopol, mit König Carols umstrittener Mätresse und erster Ehefrau Zizi Lambrino sowie mit dem Schriftsteller Mihail Sadoveanu. Obwohl er in einem kommunistischen Land aufwuchs, lernte Ioan Culianu schon früh, daß er einer ehrwürdigen Tradition angehörte, in einem Land, in dem Intellektuelle als politische Führer gewirkt hatten.

Sein Großvater mütterlicherseits, der Physiker und Chemiker Petru Bogdan, war dagegen der verwaiste Sohn eines Kleinbauern; er hatte sich seine Karriere mit Hilfe seiner Begabung, seiner Risikobereitschaft und den richtigen Beziehungen erarbeitet. Bogdan heiratete die Tochter eines orthodoxen Popen, eine schöne Frau, die sich in Paris zur Pianistin hatte ausbilden lassen. Sie hatten sieben Kinder, die alle Mediziner, Naturwissenschaftler oder Rechtsanwälte wurden. Professor Bogdan, ein ehrwürdiger Herr mit einem großen weißen Schnurrbart und Patrizierbauch, hatte an der Berliner Universität promoviert und bekleidete 1927 ebenfalls das Amt des Rektors der Universität von Iaşi.
Sein viertes Kind war ein fröhliches, sehr begabtes Mädchen. Elena Bogdan war schmächtig, dunkel und anmutig, und sie war eine zuverlässige Tochter, Schwester und Freundin. Sie erwarb einen Doktortitel, habilitierte sich in anorganischer Chemie und war außerdem eine begeisterte Fotografin. Ihre Alben zeigten Bilder von Ausflügen in die Wiesen des Jiu-Tales, zu dem mittelalterlichen Schloß von Hunedoara und zu den Stränden am Schwarzen Meer. Ihre Freundinnen posierten in hochgezogenen Kleidern oder Arm in Arm mit gutaussehenden jungen Männern in weißen Flanellanzügen. Auf Halbtonbildern hielt sie das Haus der Familie mit dem verschnörkelten Verandageländer und den unzähligen Zimmern fest, das im

Schatten von Eichen und Walnußbäumen stand. In diesem Haus hatte früher angeblich die Dichterin Veronica Micle gewohnt, die Geliebte des Nationaldichters Mihai Eminescu. Der Garten, in dem sich das Dichterpaar heimlich traf und den beide in ihren Liebesgedichten verewigten, lag nur wenige Straßen weiter.

Die zwanziger Jahre waren eine Zeit der Freiheit, der Aufbruchsstimmung und des wachsenden Wohlstandes. Nach dem Zusammenbruch des österreichisch-ungarischen Kaiserreiches verdoppelte Großrumänien sowohl die Zahl seiner Einwohner wie auch sein Territorium und strebte nun nach der führenden Rolle, auf die es so lange gewartet hatte. Die Oligarchie finanzierte den Bau von Eisenbahnlinien und Fabriken, während die Kleinbauern, die gerade erst Land erhalten hatten, unter drückenden Zinsen litten. Eine Avantgarde von Künstlern und Schriftstellern, wie der Bildhauer Constantin Brâncuşi, der Dramatiker Eugène Ionesco und der junge Romancier Mircea Eliade, pries Rumäniens einzigartige, stürmische Vergangenheit und katapultierte die Kultur des Landes in das 20. Jahrhundert.

Demokratische Traditionen konnten dennoch nicht Fuß fassen. Zu den Problemen zwischen der Vielzahl ethnischer Minderheiten, die sich in diesem neuen Staat wiederfanden, kam noch der rumänische Antisemitismus. An der Universität von Iaşi gründete ein charismatischer Student namens Corneliu Zelea Codreanu eine der ersten faschistischen Bewegungen Europas. Zunächst nannte sie sich die Legion des Erzengels Michael, später die Eiserne Garde. Sie rief nach einer neuen Politik und nach einem ›neuen Menschen‹ von ethischer und ethnischer Reinheit. Viele der jungen Intellektuellen, die einen gesellschaftlichen Verfall zu beobachten meinten, darunter etwa die Schriftsteller Emil Cioran und Mircea Eliade, fühlten sich von dem mystischen Nationalismus dieser Bewegung angesprochen. Die Eiserne Garde entwickelte nach den Worten des Politologen Vladimir Tismăneanu »die krasseste Form des nationalen Antisemitismus in Osteuropa«, wobei eine ihrer Methoden das »temporäre Bündnis von Mob und Elite« war.

Als Rektor der Universität wurde Petru Bogdan innerhalb des Lehrkörpers und der Studentenschaft zunehmend mit dem Einfluß der Eisernen Garde konfrontiert; er versuchte, bei den immer gewalttätigeren Zusammenstößen zwischen den Anhängern Codreanus und den sozialistischen und kommunistischen Studenten zu vermitteln. Zweimal mußte die Universität geschlossen werden. Zu der Zeit, als das Land ein Bündnis mit den Achsenmächten erwog, bekämpfte Bogdan die nationalistische Politik des Numerus clausus[6] und wurde auch dafür bekannt, daß er eines Tages einigen jüdischen Bürgern von Iaşi beigestanden hatte, indem er seinen Spazierstock mit dem Elfenbeinknauf gegen ihre Angreifer schwang.

Vor diesem angstbeladenen Hintergrund begann Elena Bogdan mit dem Sohn der führenden Familie von Iaşi auszugehen. Sergiu Culianu war eine zarte Erscheinung, er hatte eine militärische Haltung und trug eine starke, eulenhafte Brille. Nach seinem Jura-Examen hatte er an der Pariser Sorbonne ein Studium der Mathematik aufgenommen. Wegen seiner angeschlagenen Gesundheit kehrte er jedoch bald wieder heim. Er litt an Asthma, später auch an Tuberkulose. Mit einem alten Citroën fuhr er durch Iaşi und war bald bekannt wie ein bunter Hund. Wenn der Wagen anhielt, fing der Motor geräuschvoll an zu stottern, und wenn dann sein Bruder Henri nicht aus dem Auto sprang, um ihn wieder anzukurbeln, ging er ganz aus. Wenn sie zu Hause ankamen, mußte einer von beiden immer aus dem fahrenden Wagen springen und das Tor aufreißen, damit der andere durch eine Schar aufgeschreckter Hühner auf den Hof fahren konnte.

Im Sommer 1938 gingen Sergiu und Elena oft gemeinsam in einem nahe gelegenen Bach schwimmen. Eines Tages blieben sie zusammen mit ihrer Schwester etwas länger dort und mußten in der Dunkelheit mit einer kleinen Droschke nach Hause fahren. Die Droschke war zweisitzig, und nach einigem Hin und Her landete Elena auf Sergius Schoß. »Ich tu dir doch nicht weh?« fragte sie lachend.

»Noch nicht!« rief er.

Zwei Jahre später waren sie verheiratet.

Im Jahre 1938 ließ König Carol II. Corneliu Codreanu ermorden. In den anschließenden öffentlichen Tumulten nutzte die Eiserne Garde die Gunst der Stunde. Sie verbündete sich mit General Ion Antonescu, der Carol 1940 absetzte und die Macht übernahm. Nach wenigen Monaten kam es jedoch zu Konflikten zwischen den Gardisten und Antonescu. Ende Januar 1941 versuchten die Gardisten vergeblich, Antonescu zu stürzen; sie entschädigten sich für ihre Ohnmacht mit furchtbaren Pogromen. Die Eiserne Garde, die bis zum Hals im Sumpf einer Blut-und-Boden-Mythologie steckte, führte »einen Todeskult in die rumänische Politik ein«, wie der Historiker Vlad Georgescu schrieb, dessen Folgen bisher kaum Beachtung gefunden haben. Während des Aufstandes wurde das jüdische Viertel von Bukarest verwüstet. Ein amerikanischer Journalist berichtete, daß auf dem Bukarester Schlachthof Juden ermordet wurden; ihre Leichen wurden an den Fleischerhaken aufgehängt. Im Juni 1941 führte die Eiserne Garde ein weiteres Pogrom in ihrer Heimatbasis Iași durch.[7] Als Staatsanwalt erhielt Henri Culianu Todesdrohungen, weil er gegen die gardistischen Mörder ermittelte.

Im europäischen Chaos dieser Zeit blieb die Geschichte dieses Holocaust einer größeren Weltöffentlichkeit verborgen. Die Eiserne Garde machte auf eigene Faust weiter und ermordete nach der Machtübernahme Antonescus mehrere Persönlichkeiten, die sie einst bekämpft hatten, jedoch auch ehemalige Sympathisanten wie bereits 1940 den Historiker Nicolae Iorga. Das Antonescu-Regime selbst hatte aus der Zeit nach 1942 sogar noch mehr Menschenleben auf dem Gewissen; es sorgte für die Ermordung von 250 000 bis 300 000 Juden und Zehntausenden von Roma.[8]

Bald wurde klar, daß Deutschland den Krieg nicht gewinnnen konnte, und Michael, der Sohn König Carols, setzte Antonescu ab. Im August 1944 wechselte Michael die Seiten und erklärte den Achsenmächten den Krieg. Von Osten rückten die Sowjets nach Iași vor. Petru Bogdan, mit seinen zweiundsiebzig Jahren noch Leiter der Königlichen Kulturstiftung und der Universitätsbibliothek von Iași, hatte nun nicht nur wertvolle

Manuskripte und Bücher, sondern auch seine Familie in Sicherheit zu bringen.

Während seine Töchter die Rundfunkmeldungen über das Vorrücken der Roten Armee verfolgten, überwachte Bogdan die Auslagerung der Bibliothek. Als der letzte Nagel eingeschlagen war, rannte die Familie zum Bahnhof. Jeder Zug, der Iaşi verließ, war überfüllt mit Flüchtlingen. Es roch nach Schweiß, Angst und Tod. Flüche und Geschrei gingen im Gedonner sowjetischer Kriegsflugzeuge unter. Während die Menschen übereinander kletterten, sich in die letzten Waggons hineinzwängten und in die Gepäcknetze drängten, ließen Diebe Familienerbstücke mitgehen. Bogdan schob seine Frau und seine drei Töchter in den allerletzten Zug und sprang selbst hinein.

In ihrer zweiten Nacht in einem kleinen Hotel in Siebenbürgen starb Petru Bogdan im Schlaf. Vielleicht hatte er das Gefühl, seine Familie in Sicherheit gebracht zu haben. Zwanzig Monate später hatte jedoch die von den Sowjets unterstützte Kommunistische Partei das Parlament in ihrer Hand. Antonescu wurde nach Rußland gebracht, verhört, gefoltert, schließlich von einem Militärgericht zum Tode verurteilt und standrechtlich erschossen. Der größte Hoffnungsträger des Landes, König Michael, war sechsundzwanzig Jahre alt und mußte 1947, da er von den westlichen Alliierten nicht unterstützt wurde, auf Druck der Kommunisten abdanken. Die kommunistische Regierung setzte eine Enteignungswelle in Gang, die Familien wie den Bogdans und den Culianus kaum etwas übrigließ. An dem Tag, als das Gesetz in Iaşi in Kraft trat, das ihr Zuhause »sozialisieren« sollte, am 5. Januar 1950, brachte Elena ihr zweites und letztes Kind zur Welt: Alexandru Ioan Petru Culianu.

Ioan Culianu verdankte sein Leben dem Wunsch seiner Eltern, die Linie und die Tradition der Familie fortzusetzen, und er wurde bewußt in diesem Geist erzogen. Seine Mutter war damals zweiundvierzig, seine Schwester vier Jahre älter als er. Die Familie taufte ihn nach einem entfernten, aber berühmten

Verwandten, dem Fürsten Alexandru Ioan Cuza, einem Helden der Unionsbewegung, der 1862 die beiden rumänischen Fürstentümer Moldau und Walachei vereinigt hatte.

Das Haus Nummer 13 in der Strada Sfîntul Atanasie (Sankt-Athanasius-Straße, so benannt nach der Familienkirche) war jetzt viel armseliger als früher, aber immer noch eindrucksvoll. Besonders auffallend waren seine weitläufige Veranda mit ihrem geometrisch geschnitzten Geländer und der große Walnußbaum, den Ioans Urgroßvater gepflanzt hatte. Hinter dem Haus stand ein weiteres, größeres Backsteingebäude, das einst ebenfalls der Familie gehört hatte. Es war einst der Sitz einer Freimaurerloge gewesen, einer Vereinigung, die eine nicht unwesentliche Rolle in der rumänischen Nationalbewegung im 19. Jahrhundert gespielt hatte. In Iaşi gab es noch andere Häuser, die der Familie gehört hatten und die von älteren Verwandten bewohnt wurden, deren aristokratische Allüren und Schrullen der Phantasie eines Kindes reiche Nahrung boten. »Dieses Haus war ein Paradies«, sagte sein Vetter Miron Bogdan. »In den Ferien konnten wir dort die Geschichte zum Stillstand bringen.«

Geschichte war für die Familie wie für Stephen Dedalus im *Ulysses* ein »Alptraum, aus dem ich zu erwachen versuche«. Der Staat beschränkte ihren Wohnraum auf vier Zimmer, die »vom Geruch zerfallender Polstermöbel« erfüllt waren, wie Culianu später in einer seiner Erzählungen schrieb.[9] Sie lebten in ständiger Angst vor der Securitate, der von den Sowjets ausgebildeten Geheimpolizei. Das war die Zeit, in der Menschen verschwanden, die Zeit der Verhaftungen, der Schauprozesse, der Zwangsarbeit und des Todes. Sergiu Culianu, dem eine Arbeit in seinem Beruf verweigert wurde, zog sich in ein anderes Haus zurück, wo er sich mathematischen Problemen widmete. Der junge Ioan wurde von drei Frauen aufgezogen: von seiner Mutter, ihrer Schwester Ana Bogdan – ehemals Dozentin der Medizinischen Fakultät, 1950 von den Kommunisten ihrer Stelle enthoben – und von einem seit dreißig Jahren bei der Familie angestellten Kindermädchen. Die Kinder nannten sie Manea, von ›maică‹, Ordensschwester. Das Kindermädchen der Culianus war nämlich eine Nonne, die ihr Kloster verlassen hatte, um »in der Welt« zu leben, denn »in der Welt«, sagte sie, »ist es am schwersten«.

Ioan war ein aufgewecktes, heiteres Kind. Da er nicht mit anderen Kindern spielen durfte, mußte er für sich in dem von einer Mauer umgebenen Garten spielen. Das Leben ohne Vater war schwierig. Als er drei Jahre alt war, zog er sich einmal an einem Satz ineinandergeschobener Tische hoch. Er hangelte sich am Tischchen entlang und zeigte auf ein Bild seines Vaters. »Nené!« rief er, »Nené!«[10] So kam Ioan zu seinem Kosenamen. Zu Tess, seiner älteren Schwester, schaute er auf. Von ihr übernahm er später den Unmut über die aristokratischen Prätentionen ihrer Mutter und die Liebe zu Kunst und Literatur. Sie spielten in den wenigen Räumen, die der Familie geblieben waren – in der Küche, im Wohnzimmer, in der Eingangshalle, in der ein riesiger, bauchiger Ofen stand, und in einem Gästezimmer mit einer hohen gewölbten weißen Decke. Trotz der Einschränkungen behielt das Haus für Ioan seine Schönheit und seinen Zauber. Ein geheimnisvoller Ort, wo der Wind in mancher Nacht Fenster aufstieß.

Obwohl das Haus nicht einmal richtig beheizt werden konnte, ließ Ioans Mutter es sich nicht nehmen, Weihnachten genauso wie zu den Glanzzeiten der Familie zu feiern. Verwandte und Freunde kamen zu Besuch. Die Kinder sangen Weihnachtslieder, unterstützt von dem Sopran ihrer Mutter und dem warmen Bariton von »Hochwürden« – einem alten Freund der Großeltern und ehemaligen Professor der Theologie im inzwischen sowjetischen (heute ukrainischen) Czernowitz. Am alten Klavier, das eigens für diesen Tag gestimmt wurde, saß dann »der lustige Onkel Bebe« – der Musikwissenschaftler George Pascu. Abends zogen die Kinder von Tür zu Tür und sangen. An Stäben trugen sie ihre Sterne von Bethlehem vor sich her, die sie aus Pappmaché und großen Mehlsieben gebastelt und mit glänzenden Figuren und Sternchen aus Stanniolpapier verziert hatten. Das war zwar nicht erlaubt, aber sie waren ja nur kleine Kinder und kamen damit durch.

In der Mitte des größten Sterns war eine Ikone, die Christi

Geburt darstellte und die das ganze Jahr unterm Dach aufbewahrt wurde. Auf den Dachboden zu steigen, um den Weihnachtsschmuck zu holen, war schon ein Abenteuer für sich. Sie fanden alte Kleidungsstücke von wohlhabenden Verwandten und verkleideten sich damit. Sie fanden Fotos von prachtvollen Hochzeiten: Damen in schulterfreien Taftkleidern und Herren mit Epauletten und Monokeln in glitzernden Ballsälen.

Einmal entdeckten sie auf dem Dachboden ein altes Kochbuch aus der Zeit um die Jahrhundertwende. Es war groß und schwarz, und es roch nach Staub und Papier. Zwischen den vergilbten Seiten entdeckten sie Zettel mit Anweisungen ihrer Urgroßeltern an das Personal, in denen es darum ging, was bei bestimmten Banketten aufgetragen werden sollte: exotische Torten und Gerichte wie Honigtruthahn oder Spanferkel. Es gab sogar Anweisungen darüber, wie die Tiere zu schlachten und zu zerlegen seien. Zum Weihnachtsgebäck gehörten die sogenannten ›pelincile Domnului‹, die Windeln des Herrn, und diverse Sorten Plätzchen: Zitronenplätzchen mit Haselnüssen und verschiedene Kekssorten, mit Rosinen, Marmelade, Kakao, Honig, Mohn oder Walnüssen vom Baum im Garten.

Manea war eine begnadete Köchin. Das Kochen hatte sie im Kloster Văratec gelernt, wo die Familie ihre Sommerferien verbrachte. Manea hatte schöne grüne Augen und trug zu ihrer schwarzen Nonnentracht eine schwarze Samthaube, eine Art Pagenkäppi. Zu Hause war sie für den Religionsunterricht der Kinder und für die Festtagsküche verantwortlich. Zu Weihnachten gab es Rinderzunge mit Oliven und einer braunen Zwiebelsauce, ›mîncare rece de iepure‹ – kalten Kanincheneintopf – und Ioans Leibgericht: Truthahn mit Rosinen, Weintrauben und Tomaten.

Nur am Heiligen Abend durften die Kinder in die Küche, um ihre eigenen Weihnachtsplätzchen zu backen. Der Duft von Johannisbeermarmelade, gebackenen Nüssen und Äpfeln zog durch das ganze Haus. Den ausgerollten Teig mit den Ausstechförmchen aus Ton zu gestalten war ein echtes Ritual. Keiner durfte zusehen, wenn ihre Kreationen in den Backofen geschoben wurden.

Geld hatte die Familie nicht. Sie hatten alles verloren. Ioans Mutter und seine Schwester verbrachten den Abend nicht selten damit, die Laufmaschen ihrer Nylonstrümpfe zu stopfen. Wie die meisten anderen Menschen, lebten auch Ioans Eltern in ständiger Angst; an Feiertagen konnte man kaum Besuche machen oder empfangen, wenn man nicht allzu verdächtig erscheinen wollte. Immerhin *kannten* sie die Traditionen. Ioan und Tess lernten, daß alle Dinge eine höhere Bedeutung haben, eine tiefere Schicht der Liebe oder eine erhabene Form aus einer verborgenen Welt. Zu Weihnachten wie auch im Leben überhaupt ging es offensichtlich nicht nur darum, genug zu essen zu haben.

Sie wußten, daß man ihnen in der Schule nicht die Wahrheit beibrachte. Der Direktor zum Beispiel nannte den Weihnachtsmann »Väterchen Frost«. Er versuchte, sie von den alten Traditionen abzubringen. Natürlich gab es auch andere Lehrer. Im Grunde führten alle ein Doppelleben.

Abends las Manea ihnen vor: die Fabeln des Äsop, den *Alexanderroman* – eine wundersame Beschreibung der Taten Alexanders des Großen – und volkstümliche, phantastische Heiligenlegenden. Beim Zuhören schmückte Nené die Geschichten noch weiter aus. Er erfand Heilige, wie etwa den, der auf einen Baum kletterte, damit seine Füße nicht den Boden berührten. Tess machte sich über die keuschen Jungfrauen lustig, die sich in Berghöhlen versteckten und Zaubersprüche intonierten, um lüsterne Türken zu vertreiben. Das Gekicher der beiden Kinder störte Manea nicht im geringsten. Sie erzählte von einem Mädchen, das von einem Dämon verführt worden war, der es mit seinem langen eisigen Schweif streichelte. Während Manea erzählte, wie das Mädchen und ihr Dämonenkind in die kalten Berge verbannt wurden, wo sie wie wilde Tiere umherwandern mußten, hörten sie langsam auf zu lachen, und Maneas Stimme begleitete sie in ihre Träume.

In einem Zimmer des Hauses lag ein Onkel von Ioan und Tess, ein ausgezeichneter Mathematiker, der auf einem Feldbett vor sich hin siechte. Er litt an einer Gasvergiftung aus dem Zweiten Weltkrieg. Seine einzige Freude war Dag, ein Labrador, der den ganzen Tag zu seinen Füßen lag. Die Familie hatte wegen seiner Krankheit an verschiedene Fachärzte geschrieben: Es war ein hoffnungsloser Fall. Ioan mußte mit ansehen, wie sein Onkel bei völlig klarem Verstand zugrunde ging. Er brachte ihm die mathematischen Probleme, die Kollegen seines Onkels schickten, und hielt ihm Bücher vors Gesicht, damit er lesen konnte. Er kümmerte sich auch um Dag, führte ihn spazieren, fütterte ihn und stand jeden Morgen zeitig auf, um sein Fell zu bürsten. Eines Tages kam einer der anderen Bewohner ihres Hauses auf die Idee, daß Dag eines seiner Hühner verletzt hatte. Er holte eine Schrotflinte hervor und schoß dem Hund vor den Augen des Jungen in den Kopf.

Tess und Ioan erlebten, wie eine ganze Welt ermordet wurde. Ihr Vater erlitt einen Zusammenbruch. Je älter er wurde, desto mehr war er auf seinen Sohn angewiesen, der ihn allein in dem kleinen Haus besuchte, in das er sich zurückgezogen hatte. Als er 1964 starb, hinterließ er Ioan einen Stapel Hefte. Sie enthielten die mathematischen Formeln, mit deren Hilfe er die Welt hatte verstehen wollen.

Wie die gnostischen Ketzer, die es Ioan Culianu später als Wissenschaftler angetan hatten, schien seine Familie zu den Verlierern der Geschichte zu gehören. Doch aus ihrer Not entstand in der Familie ein starker Selbstbehauptungswille. Der Garten, der bauchige Kachelofen, die gestrichenen Holzböden, die vollgestellten und verstaubten Räume, das Geländer der Veranda, die mitunter unheimlichen Mitbewohner – all dies machte das Haus zu einem Reich, das zum Lernen, Nachdenken und Lesen in der labyrinthischen Tradition von Borges und Poe anregte. Ioans Kindheit fand in einer Abgeschiedenheit statt, die den meisten Kindern fremd ist. »Wir lernten, daß es im Leben nur sehr wenig wahre Werte gibt«, sagte sein Vetter und Freund Miron Bogdan. »Sehr wenige.«

Aus den Geschichten von Dumas, E. T. A. Hoffmann und Poe lernte Culianu, daß bloße Zufälle Antworten auf die grundlegenden Fragen des Lebens bereithalten konnten. »Ich habe nie einen Jungen mit einem so feinen Bewußtsein kennengelernt; schon als er zwölf oder dreizehn Jahre alt war, war es offensichtlich, daß er sich ganz anders entwickeln würde als andere Kinder«, erinnerte sich Miron. Dieses Bewußtsein einer anderen Daseinsebene ging höchstwahrscheinlich auf seine sommerlichen Aufenthalte in einem Bergkloster zurück, wo er damit begann, detaillierte astrologische und astronomische Aufzeichnungen zu machen.

Das Kloster Văratec war eine Gründung aus dem 18. Jahrhundert; das Besondere an ihm war, daß die Nonnen am Dorfleben teilnahmen und in den Ferien Familien beherbergten. Es lag an einem Bergkamm im Neamţ-Vorgebirge, zwischen anderen Klöstern, deren Geschichte bis ins 14. Jahrhundert zurückreicht. Die strahlend weißen Wände, die Blechdächer und die zierlich gewölbten Fenster der drei Kirchen und der Einsiedeleien verliehen dem Kloster ein mediterranes Aussehen. Im Sommer duftete das ganze Gelände nach Weihrauch und Rosenwasser. Urlauberfamilien wurden in hellblau getünchten Häuschen untergebracht, die verstreut an einem Abhang lagen und deren verglaste Veranden aussahen, als würden sie nur von dem Brennholz gestützt, das unter jeder von ihnen gestapelt war.

Die Familie kam nach Văratec, seit Petru Bogdan dort 1908 zum ersten Mal seine Ferien verbracht hatte. Wenn sie hinfuhren, mußten sie in Iaşi in aller Herrgottsfrühe aufstehen und den Zug nach Tîrgu-Neamţ nehmen, dessen ungepflasterte Hauptstraße Eternitate (›Ewigkeit‹) hieß. Von dort fuhren sie mit einem Bus bis zu einer Stelle, wo eine kleine Straße von der Landstraße abzweigte. Hier mußten sie auf einen klapprigen Pferdewagen umsteigen, der sie die letzten Kilometer bis in die Berge brachte. Miron und Nené verbrachten den Sommer mit Bergwanderungen, auf denen sie die Höhlen der Heiligen aus Maneas Erzählungen erkundeten, einschließlich des friedlichen Ortes, wo sich ihre Schutzpatronin und Namensschwester, die heilige Teodora, etwa fünfhundert Jahre zuvor hinter Felsen vor einfallenden türkischen Truppen versteckt hatte. Sie kannten die Landschaft in- und auswendig; ihre Felsen und Steine, Pinien und Wacholderbüsche; die Rehe, die sie gelegentlich durch ihre Schritte aufschreckten, und sie prägten sich die Namen der Blumen ein: Wiesenkerbel, Flammenblume, Frauenschuh, Königskerze und Schneeglöckchen. Tief im Wald entdeckten sie uralte Klosterruinen und Einsiedeleien. Manchmal versuchten sie, ihre Gedanken telepathisch zu übertragen, wie Renaissance-Magier. Mit ihren vierzehn Jahren fühlten sie sich völlig frei. Nichts konnte ihre Verbundenheit stören, auch nicht die Gefahren, die die Erwachsenen quälten.

Mit denen unterhielten sie sich an den Abenden. Solche Gespräche eröffneten ihnen den Zugang zur Vergangenheit. Viele Gäste dort waren angesehene Gelehrte; einige hatten ihre Lehrstühle noch, andere hatten sie bereits verloren. Einige von ihnen hatten sogar im Gefängnis gesessen. Im Verlauf dieser Gespräche begriffen Miron, Nené und Tess, wie Licht und Schatten im Kommunismus verteilt waren. Ihre sommerlichen Ausflüge wurden von ihrer Tante Ana und von einem Onkel organisiert. Beide waren Mediziner: Ihre Tante war als Dissidentin von der Medizinischen Fakultät entlassen worden, während ihr Onkel ein hochrangiger Würdenträger des Regimes war und später der Leibarzt von Ceaușescu wurde. Trotz der unterschiedlichen Wege, die sie gewählt hatten, bereiteten sie in Văratec gemeinsam die Picknickkörbe vor und teilten die Betten zu.

Einmal baten Ioans Mutter und seine Tante eine sechzehnjährige Kusine von ihm, etwas ruhiger zu sein. »Nené schläft tagsüber und arbeitet nachts.« Beim Frühstück war ihm das Mädchen aufgefallen, und er begann es zu umwerben. Sie spazierten die von Pinien und Tannen gesäumten Wege entlang, und er erzählte ihr von Astrologie, von Magie und von den Philosophen der Renaissance, die wußten, wie der menschliche Geist beeinflußt werden könnte. Abends saßen sie auf der Veranda und sahen zu, wie die Sonne unterging und wie der Rauch aus dem Schornstein der Küche emporstieg, in der das Abendessen zubereitet wurde. Ioan erzählte ihr von seinem Traum, seinem heimlichen Ziel. Eines Tages, sagte er, werde ich ein berühmter Professor im Westen sein, mit einem Haus und einem kleinen roten Sportwagen. Eines Tages . . .

Als er das Abitur als bester seines Jahrgangs bestanden hatte, träumte er bereits davon, zu fliehen.

> 1967 war ein gutes Jahr für die Beatles, für Michel Foucault, für mich und sogar für Ceauşescu.
>
> I. P. Culianu, »Euforisme«, *Lumea Liberă*, 1990

4 Studentenzeit, 1967-1971

Culianu entkam Iaşi im Jahre 1967. Er immatrikulierte sich an der Fakultät für rumänische Literatur und Sprache der Universität Bukarest. Für jemanden, dessen Familie sich seit Generationen den Naturwissenschaften gewidmet hatte, war sein Hauptfach etwas sonderbar. Rumänische Literatur schien eine eher abseitige Disziplin zu sein (außer in Rumänien selbst), ein Fach für unzufriedene Studenten und für solche, die ohnehin nie weiterkommen. Doch in dieser Gruppe von 103 Studenten fand Culianu seine engsten Freunde, von denen alle eine herausragende intellektuelle Entwicklung nahmen.

In Bukarest hatte seine Familie noch eine ganze Reihe guter Beziehungen. Seine Verwandten wohnten noch immer in prunkvollen Häusern in den besten Vierteln. Sein Vetter Miron, gleichzeitig sein bester Freund, war hier aufgewachsen. So sehr er sich auch danach gesehnt hatte, Iaşi zu verlassen, war der Umzug nach Bukarest für Culianu doch außerordentlich schwierig. Iaşi war eine Provinzstadt, in der die Namen Culianu und Bogdan trotz der Not der Familien hochangesehen waren. In Bukarest war er nur einer unter vielen. Geographisch wie kulturell lag Bukarest zwischen Istanbul und Paris, dabei laut und schmutzig, im Sommer drückend heiß, im Winter eisig und feucht.

Er wohnte zunächst in den Studentenunterkünften in Grozăveşti, viele Straßenbahnhaltestellen von dem Hauptgebäude der Universität entfernt. Sein Wohnheim lag in einem Komplex von monolithischen Bauten aus stalinistischer Zeit. Das Licht kam von einer nackten Glühbirne, die an den Leitungen von der Decke hing. Warmes Wasser gab es nur für eine Stunde am Tag, und diese Stunde war ständig eine andere. Wie in Sherlock Holmes' London brauten sich hin und wieder Luftverschmutzung und Luftfeuchtigkeit zu dichten Nebelschwaden zusammen, und wenn die sich auf die noch unbeleuchtete Stadt niederließen, konnte man keine zwei Meter weit sehen. Jahre später erinnerte sich Culianu an sein Gefühl der Isolation: »Daß es mir später gelungen ist, mich schnell in fremden und ungewohnten Umgebungen zurechtzufinden und immer wieder neue, schwierige Sprachen zu lernen, kann ich mir nur mit dem Trauma erklären, das ich mit siebzehn erlitt, als ich von Iaşi nach Bukarest zog. Diese Erfahrung war viel schwieriger als alle anderen.«[11] Später, im echten Exil, sollte er eine noch zermürbendere Einsamkeit kennenlernen. Es ist bemerkenswert, daß er sich in einer Stadt, die nur sechs Stunden Bahnfahrt von zu Hause entfernt war, so einsam fühlte.

Während seines Studiums war er verschlossen und stand ständig unter Druck, ein »Arbeitsbesessener«, sagte sein Cousin Miron. Wenn er die ganze Nacht über den Büchern saß, hing ein »Bitte nicht stören!«-Schild an seiner Tür. Seine Freunde lernten das zu respektieren. Zum Teil erfüllte er mit seinem Studium die Tradition seiner Familie, zum Teil lehnte er sich damit gegen deren naturwissenschaftliche Ausrichtung auf, vor allem aber wurde er von einem grandiosen Traum getrieben.

In einem Einführungskurs lernte er zwei Studenten kennen, die ihm gegenübersaßen und ihn angrinsten, wenn er während der drittklassigen Vorlesung Grimassen schnitt. Silviu Angelescu war etwas älter, ein selbstbewußter Konkurrent Culianus mit kindlichem Gesicht. Şerban Anghelescu war ein eher lockerer Typ: Sie gaben ihm den Spitznamen Bulă, nach einer populären Witzfigur aus dem kommunistischen Alltag. Beide hatten den schmächtigen, ernsthaften Culianu zunächst für einen Sonderling gehalten. In hitzigen Auseinandersetzungen über moderne europäische Schriftsteller, deren Bücher sie ins Seminar schmuggelten, entstand schließlich eine Freundschaft.

Sie lasen die ›subversiven‹ Werke von Claude Lévi-Strauss, Michel Foucault und C. G. Jung in illegal zusammenkopierten Bänden. Sie hatten das Glück, in einer Zeit relativer Freiheit zu studieren, in der man solche Bücher noch auftreiben konnte. Von wenigen Lehrern ermutigt, beschäftigten sie sich mit den neueren Strömungen des europäischen Denkens und neuen literaturwissenschaftlichen Theorien, dem Strukturalismus, dem Existentialismus, der Hermeneutik sowie der Psychoanalyse der Mythen und stellten so die schäbige kommunistische Version der Wirklichkeit in Frage.

Noch wichtiger war, daß sie die ältere Generation rumänischer Künstler und Schriftsteller wiederentdeckten, wie Mircea Eliade, Eugène Ionesco und Constantin Brâncuşi. Mit ihrem »furchterregenden Schaffenswillen« hatten diese Denker in der vordersten Reihe der europäischen Avantgarde der zwanziger und dreißiger Jahre gestanden. Sie waren zu Vorbildern geworden und hatten die Bestätigung dafür geliefert, daß Rumänien zwischen östlicher Mystik und abendländischem Rationalismus vermitteln konnte. Von all den Radikalen jener Generation war es jedoch der junge, verwegene und gutaussehende Mircea Eliade, der sie am meisten faszinierte.

Eliade hatte ein Leben lang den heute verlorenen Sinn des Menschen für seine Stellung im Kosmos und die unbewußten Symbole und menschlichen Verhaltensmuster erforscht. Doch es war Eliades abenteuerliches Leben – seine Anfänge als populärwissenschaftlicher Journalist, seine Jahre in Indien auf der Suche nach den Geheimnissen von Yoga und Erotik, seine Zeit als Kulturattaché in Lissabon, als Schriftsteller in Paris und schließlich als namhafter Religionswissenschaftler in Chicago –, welches Culianu nachhaltig anregte.

Culianu und seine Freunde lasen Eliade zu einer Zeit, als man seine Bücher in Rumänien, wenn überhaupt, nur als Fotokopien auftreiben konnte. So gingen seine religionswissenschaftlichen Bücher wie *Mythos und Wirklichkeit* und *Der Mythos der ewigen Wiederkehr* von Hand zu Hand. Von diesen Büchern wurde Culianu genauso mitgerissen wie eine andere Generation junger Amerikaner von *Der Fänger im Roggen* oder *On the Road*. Eliade war nicht nur einer der vielseitigsten und kühnsten unter den im Exil lebenden rumänischen Intellektuellen, er ging genau den Fragen nach, die auch seinen jungen Anhänger fesselten: Was ist eigentlich Religion? Steckt eine tiefere Logik hinter den weltweit verbreiteten Mythen, wie der Auferstehung oder der unsterblichen Seele? Culianu teilte noch andere Interessen mit Eliade – die Philosophie der Renaissance, die phantastische Literatur, die indischen Religionen, sogar die Verhaltensmuster von Tieren. Aber am meisten verehrte ihn der junge Student als einen Mann, der seine Vorstellungen umsetzte. So hatte Eliade nicht nur die hinduistischen Mystiker studiert, er wurde beinahe selbst einer. In Eliade hatte Culianu den Menschen gefunden, der ihn zu dem hinführen konnte, wonach er suchte, mehr noch (wie Carmen Georgescu, seine geschiedene Frau, später von ihm sagte): »Seine Vorstellung davon, wie ein Mann sein sollte, stammte aus den Büchern von Eliade. [. . .] Ein Visionär, ein Held mit einem einzigartigen Schicksal, der Symbole sieht, die wir nicht sehen können. Er gestaltete sein Leben wie der Held in einem Roman von Eliade.«

Am Anfang seines Studiums war Culianu zwischen Geistes- und Naturwissenschaften hin- und hergerissen. Wie er später in einem Interview erklärte, half ihm die Lektüre Eliades, diese »Identitätskrise« zu überwinden. Seinen Entschluß, sich mit Religionsgeschichte zu befassen, obwohl es dieses Fach in Rumänien gar nicht gab, begründete er so: »Ich würde sagen, ich bin durch mein ganzes Dasein an Mircea Eliade gebunden.«[12]

Seine Lehrer meinten, Culianu sei wahrscheinlich der beste Student an der Universität seit fünfzig Jahren. Ihm wurde deshalb im zweiten Studienjahr, nachdem er eine ganztägige Prüfung bestanden hatte, ein ungewöhnlicher Wechsel seiner Fächerkombination gestattet – von der rumänischen Literatur zu den Fächern Eliades: der italienischen Literatur und den Renaissance-Studien. Zu dieser Zeit war er der Anführer eines akademischen Zirkels, zu dem Studenten gehörten wie Şerban, Silviu, Miron, Dumitru Radu Popa – auch ein Vetter Ioans und

Enkel eines ehemaligen Dekans der medizinischen Fakultät –
sowie Victor Ivanovici, der versuchte, Culianu den Rang des
begabtesten Denkers dieser Gruppe streitig zu machen. Abge-
rundet wurde der Kreis durch den Autodidakten und
Rock'n'Roll-Mystiker Dorin Zaharia. Obwohl Zaharia nie
ein Seminar besucht hatte, wandten sich die anderen, neben
Nené Culianu, auch an ihn, damit er ihre sokratischen Gespräche über Gott, das Leben nach dem Tode, indische Philosophie und Zen zu leiten, Gespräche, die sich meist spät in der
Nacht in allgemeinem Gelächter auflösten.

Für sie war die Welt ein gnostisches Spiel, das von inkompe-
tenten, parteitreuen Professoren geleitet wurde. Auf Culianus
Drängen hin nahmen sie alle Pseudonyme an. Der kritische
Radu wurde Rhetoricus Ethicus, und der dünne Zaharia wurde zu Chubby, nach dem pummeligen Sänger Chubby Chek-
ker. Culianu nannte sich Ellis, von Hellas, um seine griechischen Wurzeln zu ehren. Alle zusammen nannten sie sich
›Atlantida‹, Atlantis. Ihren Professoren spielten sie Streiche,
indem sie etwa erfundene Titel in die Bibliographien ihrer
Hausarbeiten aufnahmen oder sie im Seminar aufforderten,
einen Kommentar über neue Texte zum Dekonstruktivismus
oder zur Hermeneutik abzugeben. Eines Tages nahm ein Professor Culianu beim Wort. »Ich kenne dieses Buch von Lévi-
Strauss nicht«, sagte er. »Würden Sie mir und den Studenten
erklären, worüber es handelt?« Sein Name war Ion Coja. Für
seine Offenheit war er bei der Gruppe beliebt, wie auch andere
Professoren, die den Studenten ihre Unterstützung anboten
und sie hin und wieder einluden.

Die Gruppe traf sich in der Eingangshalle oder in der Studentenbar. Sie unterhielten sich und lasen sich gegenseitig ihre
Aufsätze, Gedichte und Kurzgeschichten vor. Sie tauschten
Bücher, vor allem die von ausländischen Autoren, die kaum zu
haben waren. Sie hatten begriffen, daß kein Regime, so mächtig es auch sein mochte, sie am Denken hindern konnte. Sie
beteiligten sich an Seminaren und Podiumsdiskussionen und
sorgten dafür, daß sie sich nicht an denselben Wettbewerben
beteiligten. Wenn einer von ihnen einen Preis gewann, mußte

er eine Feier veranstalten, die nicht selten bis zum Morgen andauerte.

Von allen war Culianu am launischsten. Oft ging er für drei oder vier Tage in Klausur, nahm in seiner hinduistisch motivierten Askese nichts zu sich als Honig und Milch und arbeitete an dem, was später seine Diplomarbeit[13] und schließlich das Buch *Éros et Magie à la Renaissance* werden sollte. Er zog oft um. Nach Abschluß des ersten Studienjahres wohnte er in einem möblierten Zimmer unweit des Boulevards Dacia, in der Strada Palade 23, in einem Haus, das einmal seiner Familie gehört hatte. Danach wohnte er bei seinem Vetter Miron und im Haus einer Tante, das sie vor der Enteignung hatte bewahren können. Schließlich fand er die ideale Wohnung im Hause der Mutter seines Freundes Silviu: eine winzige Dachkammer mit eigenem Eingang in einer ruhigen Nebenstraße, Strada Turda. Da er das Zimmer praktisch nicht heizte, war es im Winter so kalt, daß sein Atem zu sehen war. Außer einem kleinen Bett, auf dem sich die Bücher stapelten, und einer Schreibmaschine besaß er kaum etwas. Er schlief auf dem Fußboden und praktizierte vier Stunden täglich Yoga. Da er keine Tiere töten wollte, wurde seine Dachkammer zu einer Zuflucht für Mäuse und Ameisen.

Er fing an, bei Professor Sergiu Al-George und Professor Prabhu Vidyāsagar Dayāl Sanskrit zu studieren. In jeder Einzelheit seines Lebens entdeckte er einen tieferen Sinn; er empfand es als wesentlich, daß Vidyāsagar Dayāl – der einzige indische Hochschullehrer in ganz Rumänien – in demselben Ashram im Himalaya studiert hatte wie einst Eliade. »Das *kann* kein Zufall sein«, sagte er zu seiner Schwester.

Im Lesesaal der Universität Bukarest mit seinen eindrucksvollen und prächtigen hohen Fenstern und dem ungepflegten Holzboden studierte Ioan Culianu die Renaissance-Philosophen und -Magier Marsilio Ficino (*Theologia Platonica de immortalitate animarum, De triplici vita*) und Giordano Bruno (*Ars reminiscendi*) in Büchern, die noch nicht verboten worden waren. Diese Denker als Magier und Philosophen zu bezeichnen führt bereits in die Irre, denn für sie gab es keine Grenze zwischen diesen Disziplinen und dem, was heute zur modernen Psychologie oder zu den exakten Wissenschaften zählt. Hier entdeckte er die Möglichkeit sinnvoller Auflehnung für sich – nicht nach außen, sondern nach innen. Ficino und Bruno waren berühmte Männer der Renaissance, von Königen umworben, von der Kirche verfolgt. Brunos Gedanken zur Bildersprache hatten die Symbolik des höfischen Pomps in der Zeit von Königin Elisabeth I. und sogar die Architektur von Shakespeares Globe Theatre beeinflußt.

Sie hatten über die Macht des Einzelnen geschrieben, die Gesetze der natürlichen Welt zu erkennen und diese Gesetze dem eigenen Willen zu unterwerfen. So hatten sie der Wissenschaft gegen die Welt des Glaubens den Weg geebnet. Hier wurde dem Individuum eine neue, revolutionäre Macht in der Geschichte zuerkannt, wie Pico della Mirandola schrieb: »Da du durch keinerlei Schranken eingeengt bist, sollst du dir nach deinem eigenen freien Willen, in dessen Hand ich [Gott] dich gelegt habe, [deine Natur] selbst bestimmen.«[14] Spät nachts, wenn er seine Arbeit beendet hatte, lief Ioan durch die Straßen. Sein Puls raste, im Dunkeln sah er schattenhafte Gestalten, und er fragte sich, wie ein Mensch eine metaphysische Welt begreifen könnte, die von der Menschheit längst vergessen war.

Wenn er in seine winzige Kammer zurückkehrte, experimentierte er mit Brunos mnemonischen Systemen. Er stellte sich ein komplexes Gefüge von astrologischen Symbolen vor, die er mit erotischen Kräften auflud. Über derartige Bemühungen sprach er mit Humor und Ironie, aber er nahm sie sehr ernst. Wenn Silviu um drei oder vier Uhr morgens an Ioans Zimmer vorbeiging, sah er häufig, daß bei seinem Freund noch Licht brannte.

Culianus Beschäftigung mit Magie hatte angesichts der kommunistischen Realität, die ihn umgab, nicht nur subversiven Charakter, sie bot ihm auch einen Fluchtweg. In der Magie fand Culianu wie James Joyce, der dieselbe Faszination für Bruno und Pico della Mirandola verspürt hatte, ein Mittel zur

Befreiung von jeder Form von Macht, sogar von den Grenzen der Zeit oder der Identität. Sein Wahlspruch aus jener Zeit, den er in verschiedenen Lettern und Farben an die Wände seiner Mansarde angeheftet hatte, stammte von Joyce: »Silence, Exile, Cunning« (›Schweigen, Exil, List‹). Während er um ein Stipendium kämpfte, das ihm ermöglichen sollte, in Israel die Traditionen der Kabbala zu studieren, begann Culianu mit der Arbeit, die ihm schließlich ein italienisches Stipendium einbrachte.

Erfolglos hatte Culianu versucht, die Aufsätze zu finden, die Eliade als Student in den zwanziger Jahren geschrieben hatte. Er wollte ihm unbedingt begegnen – nicht nur intellektuell, auch persönlich. Er nahm all seinen Mut zusammen und schickte Eliade seine beiden Essays über die Renaissance. Einer davon, »Coincidenţa contrariilor la Giordano Bruno« (›Die *coincidentia oppositorum* bei Giordano Bruno‹), stützte sich auf Eliades Arbeiten über den Dualismus und die Vorstellung, das Universum werde durch binäre Gegensätze wie Gut und Böse und Hell und Dunkel bestimmt. Dieser Versuch schien zum Scheitern verurteilt, denn im kommunistischen Rumänien wurden Sendungen ins Ausland in der Regel kontrolliert.

Culianu verbrachte seine Zeit allerdings nicht ausschließlich mit seinen Studien. Auf Partys benutzte er seine astrologischen Spielchen, um Frauen zu beeindrucken. Als Mirons Freundin und spätere Ehefrau Ioan 1969 oder 1970 in einem Strandhaus an der Schwarzmeerküste südlich von Constanţa sah, »hatte Nené drei verschiedene Freundinnen. ›Ich habe keine Zeit, ich habe keine Zeit‹, so klagte er über seine Schwierigkeiten mit Mädchen.«

Schließlich verliebte er sich in ein selbstbewußtes Mädchen, Sanda Ungureanu, die an der Fakultät dafür bekannt war, daß sie keine Schminke, kein Parfum und keinen BH trug und redete, wie es ihr paßte. Gemeinsam hörten sie Schwarzkopien von Beatles-Platten, am liebsten »Yesterday«, »Here Comes the Sun« und »Yellow Submarine«. Ioan versuchte sich das

Gitarrespielen beizubringen. »The House of the Rising Sun« war ebenfalls einer ihrer Lieblingssongs; sie verbrachten Stunden damit, seine tieferen Bedeutungen zu suchen, indem sie ihn immer wieder neu interpretierten.

Er machte Mystiker und Zigeuner ausfindig, die zurückgezogen in Bukarest lebten. Seine Ausflüge führten ihn in die ältesten Stadtteile, in heruntergekommene Seitenstraßen, durch die Schnulzen aus den zwanziger Jahren wie »Ionel, Ionelule« hallten, die von allzu flüchtigem und trügerischem Glück erzählten. Als sie eines Abends im Winter auf dem Weg nach Hause waren, fanden Ioan und Silviu im vereisten Schneematsch ein Bündel Hundert-Lei-Scheine – damals die größte Banknote der Landeswährung. Es war ein Wunder. Sie stritten darüber, was sie mit dem kleinen Vermögen anfangen sollten. Culianu schlug vor, daß sie die eine Hälfte des Geldes in der städtischen Lotterie und die andere Hälfte für Bücher über antike Religionen ausgeben sollten. Beim Kauf der Lottoscheine bestand er darauf, daß sie das Gesetz des Labyrinths befolgten, also immer links abbiegen. So zogen sie durch das nächtliche Bukarest. An einsamen Kiosken in schlecht beleuchteten Seitenstraßen hielten sie an, um Lottoscheine zu kaufen.

Im Lotto gewannen sie zwar nicht, aber die wahren Gewinne waren die Bücher, die damals fast unbezahlbar waren – *L'Art chrétien primitif* von Marcel Laurent (Paris 1911) und *L'Univers pittoresque. Histoire et description de tous les peuples . . .: L'Égypte ancienne* von J. J. Champollion-Figeac (Paris 1839). Zwanzig Jahre später erhielten diese Bücher im Arbeitszimmer von Silviu Angelescu, dem Dekan der Fakultät für Volkskunde an der Universität Bukarest, einen Ehrenplatz.

Es war um Weihnachten 1968, als Culianu, Radu Popa und Victor Ivanovici gutdotierte Stipendien erhielten. Zur Feier des Tages luden sie die Gruppe und einige Professoren ins elegante Restaurant Select in der Aleea Alexandru ein, ein Lokal, das es noch heute gibt. Das Festmahl ging um zwei Uhr nachmittags los; zu einheimischem Sekt, ›mititei‹ – gegrillten Hackfleischröllchen – und gefüllten Eiern brachten Nené und Victor Trinksprüche aus. Dann gab es Salat und ›ciorbă‹ – eine Suppe mit Rindfleisch und saurer Sahne –, dann Stör, ›sarmale‹ – Kohlrouladen – und Wein. Sie tranken und lachten und bemerkten gar nicht, daß es heftig zu schneien begann. Nachdem sie fast die ganze Speisekarte einmal rauf und runter gegessen hatten, feierten sie mit țuică und noch mehr Wein weiter. Um elf bestellten sie noch einmal etwas zu essen, während draußen der Schnee immer stärker fiel. Als sie nach ein Uhr morgens aus dem Restaurant kamen, erlebten sie das Ende eines Schneesturms, der über die Dächer der verschneiten Autos hinwegfegte. Die ganze Stadt lag unter einer tiefen, friedlichen Schneedecke.

Die Studenten fingen an, ihre Professoren mit Schneebällen zu bewerfen, und die warfen zurück. Jemand stimmte ein Weihnachtslied an, und bald rutschten und schlitterten sie mitten auf der Straße einen menschenleeren Boulevard entlang und schmetterten dabei alle möglichen Weihnachtslieder. Vor dem Gebäude des Außenministeriums hielten sie an. Erhitzt und von der Kälte hingerissen, begann Professor Ion Coja aus voller Brust die verbotene Vorkriegshymne »Deșteaptă-te, Române!« (»Wach auf, Rumäne!«) zu singen. Er spornte die anderen zum Mitsingen an und winkte sogar den Soldaten, die sich mit ihren Maschinenpistolen in den Wachhäuschen gekauert hatten. Es war, als hätte der Schnee alle Menschen in Einklang gebracht – in einem einzigen rauschhaften Augenblick der ›Hierophanie‹, der Offenbarung. Vorsichtig stimmten sie ein:

Deșteaptă-te, Române, din somnul cel de moarte
În care te-adânciră barbarii de tirani,
barbarii de tirani!
Acum ori niciodată, croiește-ți altă soartă,
La care să se închine și cruzii tăi dușmani,
și cruzii tăi dușmani.

Wach auf, Rumäne, aus dem Todesschlaf,
In den dich die barbarischen Tyrannen versetzten,
die barbarischen Tyrannen!

Jetzt oder nie, bahne dir ein anderes Schicksal,
Vor dem sich auch deine grausamen Feinde verneigen,
deine grausamen Feinde.

Culianu war von allen am vorsichtigsten. Die anderen lachten ihn aus, weil er nicht mitsang. Schließlich sang er, und er schielte dabei die ganze Zeit zu den Wachposten, die sie beobachteten, die Hymne auf lateinisch.

Sie marschierten den Ana Ipătescu-Boulevard hinunter und sangen immer lauter. Die Straßenlaternen ließen in den letzten fallenden Schneeflocken Sterne glitzern, und die Straße, auf der sonst reger Verkehr herrschte, war menschenleer und vollkommen ruhig; sie hatten sie ganz für sich. Es war, so erinnerten sie alle sich in ganz unterschiedlichen Teilen der Welt noch nach über zwei Jahrzehnten, ein euphorischer Augenblick.

Und noch ein Wunder: In seinem Briefkasten fand Culianu einen Brief, abgestempelt in den Vereinigten Staaten. Von der Divinity School der Universität Chicago. Das war weitaus wichtiger als jedes Stipendium. Mircea Eliade antwortete, begeistert und hilfsbereit.

5 »Dunkle Gestalten, sehr schlau«

In der Nacht der Weihnachtsfeier war Culianu beunruhigt gewesen, weil die Staatssicherheit bereits an ihn herangetreten war. Eine ganze Reihe anderer Studenten war verhaftet, verhört und zusammengeschlagen worden. Man wollte Studentenrevolten wie im Westen (1968) im Keime ersticken. Bereits im Herbst 1969 hatte sich Culianu als bester Student der Fakultät für romanische, klassische und orientalische Sprachen ausgezeichnet und sich daraufhin auf die italienische Sprache und Literatur spezialisiert. Eines Tages ließ ihn eine Sekretärin des Fachbereichs wissen, daß ein Vertreter der Staatssicherheit mit ihm zu sprechen wünschte.

Verglichen mit den früheren Zeiten der rohen Gewalt oder mit den späteren Jahren der ewigen Knappheit war 1969 eine verhältnismäßig entspannte Zeit. Trotzdem war die Staatssicherheit auch damals eine allmächtige Organisation, von der man wußte oder glaubte, daß sie das Leben vieler Unschuldiger kaputtgemacht hatte. Im Vergleich mit Orwells *1984* schneidet die Brutalität des kommunistischen Rumänien, die seinerzeit weitgehend vom Westen ignoriert wurde, nicht unbedingt günstiger ab. Kinder von Dissidenten mußten damit rechnen, auf der Straße verprügelt zu werden, politische Häftlinge wurden gefoltert und gezwungen, andere zu foltern, und ganz normale Leute waren »einer totalen Zensur und einer totalen Überwachung des alltäglichen Lebens durch eine allmächtige Geheimpolizei« unterworfen, wie Matei Călinescu von der Universität Indiana schreibt. Gleichzeitig versuchte das Regime, Intellektuelle für eine nationalistische Propaganda zu gewinnen, die die Politik der Regierung unterstützen sollte. Es war nicht weiter erstaunlich, daß man auf Culianu aufmerksam wurde: Die Staatssicherheit bemühte sich, Hochbegabte aus allen möglichen Bereichen anzuwerben. Es war bereits abzusehen, daß Culianu es zu etwas bringen würde. Bei ihm rief die Vorladung durch die Securitate jedoch die vagen Ängste seiner Kindheit wach.

Er traf den Agenten in einem leeren Seminarraum. Der Mann stellte sich als Hauptmann Ureche vom Staatssicherheitsrat vor – ›ureche‹ bedeutet im Rumänischen ›Ohr‹. Er war klein, hatte kaum noch Haare und trug einen blauen Anzug, nicht billig, aber auch nicht teuer. Sie unterhielten sich etwa zwanzig Minuten über Belangloses. Ureche bestand auf einer weiteren Verabredung, die wenige Tage später vor einem Wohnhaus in der Innenstadt, nahe der Lipscani-Straße, stattfinden sollte.

Bei diesem Treffen führte Ureche ihn auf umständlichen Wegen in eine Wohnung. »Wir haben viele Umwege gemacht, um dorthin zu gelangen«, schrieb Culianu später, »und gingen dabei durch viele Gassen. Er wollte mich mit diesen Umwegen beeindrucken. Ich sollte glauben, unser heimliches Treffen sei besonders wichtig.« Als sie endlich ankamen, begann Ureche, ihm gezielte Fragen über seine Veröffentlichungen und über seine Freunde zu stellen. Culianu gab nur »äußerst vage Antworten«. Der Hauptmann ermunterte ihn, mehr zu reden, »offener zu sein«. Er ließ durchblicken, daß Culianus Bereitschaft zur Mitarbeit die Verwirklichung seiner beruflichen Pläne erheblich begünstigen würde.

Wenige Tage später bestellte Hauptmann Ureche auch Culianus Freund Victor Ivanovici, den besten Studenten im Fachbereich Hispanistik, zu sich. Obwohl er jeden von ihnen davor gewarnt hatte, über die Treffen mit ihm zu sprechen, erzählten sie sich gegenseitig alles bis ins einzelne und suchten nach einem Weg, den Kerl loszuwerden. »Der wird uns nicht einfach in Ruhe lassen«, sagte Victor. »Wenn wir uns weigern, wird alles nur noch schlimmer.«

Die Geheimpolizei in Rumänien war keine Erfindung der Kommunisten. Sie hatte Vorläufer in der Siguranţa, der königlichen Geheimpolizei, mit der Mircea Eliade wegen des Verdachts des Rechtsextremismus in den dreißiger Jahren zu tun gehabt hatte, sowie noch früher in den Polizeikräften der osmanischen Herrscher. Die kommunistische Variante, die Securitate, ging auf das Jahr 1944 zurück, als die Sowjetunion im Vorherwissen des Sieges damit begann, Polizeikräfte unter den rumänischen Kriegsgefangenen zu rekrutieren. Offiziell wurde die Securitate 1948 gegründet. Sie setzte sich aus Staffeln zusammen, in denen »sowjetische Agenten eingesetzt wurden, die zu rumänischen Generälen ernannt worden waren«.[15] Auch unter den im österreichischen Exil lebenden Eisernen Gardisten fand die Geheimpolizei Tausende, die gern bereit waren, dabei zu helfen, das Volk, das sie eine Generation zuvor noch für den Faschismus hatten mobilisieren wollen, nun dem Kommunismus zu unterwerfen.

»Die Unterdrückung der Menschen war in Rumänien vielleicht härter als in den anderen sowjetischen Satellitenstaaten in Europa«, schrieb der Historiker Vlad Georgescu. Die Securitate erwies sich als ein besonders bösartiges und zuverlässiges Werkzeug der Sowjets. In den frühen Jahren stützte sie das noch instabile Regime mit radikalen Terroraktionen, nicht selten sogar gegen die eigenen Leute. Zehntausende von politischen Gefangenen starben bei der Zwangsarbeit am Donau-Schwarzmeer-Kanal. Auf die Volkserhebungen in Ungarn und Polen, 1956 und 1959, reagierte die Staatssicherheit wiederum mit Terror: Schätzungen gehen davon aus, daß mehrere hunderttausend Menschen wegen angeblicher politischer Verbrechen verhaftet wurden. Viele von ihnen starben unter entsetzlichen Bedingungen.

Ende der sechziger Jahre waren die Methoden der Securitate allerdings bereits verfeinert worden. Sie konzentrierte sich auf die psychologische Überwachung der ländlichen Bevölkerung, die Ceaușescu in großen Teilen in die Industriegebiete hatte umsiedeln lassen. Da es in Rumänien kein breites Bürgertum gab, stellten Intellektuelle und Schriftsteller die größte Bedrohung für die Regierung dar. Und diese Bedrohung erforderte neue Taktiken.

Diese neuen Taktiken waren vor allem Überwachung und Manipulation. Ceaușescu hatte eine Leidenschaft für Wanzen und Informanten, da sie ihm halfen, seine Gegner zu diffamieren. Seit den frühen siebziger Jahren war die Securitate in der Lage, die meisten Inlands- und alle Auslandsgespräche abzuhören sowie sämtliche internationalen Postsendungen zu kontrollieren. Auch Regierungsvertreter wurden mit Kameras und Abhörgeräten überwacht. Ceaușescus Frau ergötzte sich an Videos, auf denen zu sehen war, wie Agentinnen oder Agenten Diplomaten, Botschaftspersonal oder politische Gegner verführten.

Ein besonders ausgefallener Beitrag der Securitate zu den modernen Methoden der Unterdrückung war es, sich die Lust der Rumänen am Geschichtenerzählen durch die unablässige Verbreitung von Gerüchten nutzbar zu machen. Dissidenten wurden nicht etwa aus politischen Gründen, sondern aufgrund fingierter Anklagen wegen Vergewaltigung, Homosexualität, Drogen- oder Devisenbesitz festgenommen. Angeblich setzte die Securitate später sogar radioaktive Strahlung gegen Schriftsteller ein, die sich bei ihr in Untersuchungshaft befanden. Selbst Menschen, die gar nicht beobachtet wurden, lebten in ständiger Angst vor der Überwachung. Der frühere Securitate-Chef Ion Mihai Pacepa sagte später, daß »die Überwachung der Gedanken der gesamten rumänischen Bevölkerung zum Hauptziel von Ceauşescus Innenpolitik« wurde. In gewisser Weise bediente sich das Regime der psychologischen Fesseln, denen die von Culianu verehrten Renaissance-Magier nachgespürt hatten.

Trotz aller Warnungen ließ die Gruppe sich nicht verunsichern. Sie gründeten sogar ein ›Institut für Semiotik‹. An der Fakultät lernten sie einen italienischen Gaststudenten kennen, Mario, den Sohn eines wohlhabenden Managers. Mario reiste durch Osteuropa, um für die anarchistische Bewegung zu werben. Er war mit einem Mädchen aus ihrem Bekanntenkreis zusammen und wurde ein enger Freund der Gruppe. Zusammen fuhren sie mit einem Wagen, den er gemietet hatte, durchs Land und ließen dabei die Fahne der Anarchie auf der Motorhaube flattern. Das führte zu einer Vorladung beim Dekan. »Es war sehr förmlich«, erinnerte sich Victor. »Als wir ankamen, war der Dekan nicht da. Auf dessen Stuhl saß Ureche.«

Ureche sprach mit jedem von ihnen einzeln und gab ihnen verschiedene Telefonnummern, damit sie ihm über die Tätigkeiten ihrer Freunde berichteten. Vor allem wollte er wissen, ob jemand die Regierung kritisierte oder den Wunsch äußerte, Rumänien zu verlassen. »Da ich ihm weder widersprechen noch ihn reizen wollte«, schrieb Culianu später, »rief ich ihn im Verlauf einiger Monate einmal an, [. . .] um ihm zu sagen, daß ich nichts zu berichten hätte.«

Bei jedem Treffen mit Ureche stieg der Einsatz. Wenn man sich irgendeiner Sache verweigerte, riskierte man, von der Universität relegiert zu werden. Von einem Freund hörte Ivanovici, daß Ureche ihn in Ruhe lassen müßte, wenn er in die Partei einträte. In der Zeitung stand etwas von einem neuen Gesetz, wonach die Staatssicherheit Parteimitglieder nur mit Genehmigung des Parteisekretärs verhören durfte. Die Versuchung war groß. Viele von ihren Freunden traten damals in die Partei ein. Ceauşescu hatte erst kürzlich seine Unabhängigkeit von sowjetischem Einfluß verkündet, und einige Professoren drängten ihre Studenten zu versuchen, das System von innen heraus zu verändern. Eine größere Zahl ihrer Freunde trat dennoch nicht ein. So zu handeln hieße, einen Pakt ausgerechnet mit dem Teufel zu schließen, der die Generation ihrer Eltern zerstört hatte.

Ivanovici und Culianu wogen die Vor- und Nachteile gegeneinander ab. Ihnen war klar, was dieser Schritt bedeuten würde, und sie machten sich die Entscheidung nicht leicht. Schließlich, im Januar 1970, beantragten beide die Aufnahme in die Kommunistische Partei.

Einmal im Monat nahmen sie an den Parteisitzungen teil. Culianu nutzte die Zeit, indem er »mit einem großen Wörterbuch Sanskrit lernte«. Nur einmal ergriff er das Wort, um eine Studentin zu verteidigen, der der Ausschluß drohte, weil sie verschwiegen hatte, daß ihre Eltern vor dem Zweiten Weltkrieg reiche Großgrundbesitzer gewesen waren. »Ich war lediglich ein physischer Zuwachs zur Kommunistischen Partei«, schrieb er 1991 in seiner eidlichen Erklärung für die Einwanderungs- und Einbürgerungsbehörde der USA, »und wirkte in keiner Weise wesentlich mit.« Allerdings schien Culianu wie Faust, über den er später schreiben sollte, bereit, seine Ideale seinen Zielen zu opfern.

Sein Plan ging nicht auf. Im Frühjahr 1970 erschien Ureche wieder und bestellte Culianu zu einer dritten Begegnung. Culianu sagte ihm, daß er nun Parteimitglied sei und daß Ureche die Genehmigung des Parteisekretärs brauche, um ihn zu verhören. Ureche überzeugte das nicht. Er »wurde sehr ärgerlich und sagte, das sei eine Lappalie. [...] Er forderte mich auf, einige Tage später *am Abend* im Verwaltungsgebäude der Universität auf ihn zu warten. [...] Er schloß die Tür zum Büro der Personalverwaltung auf, wo die persönlichen Akten des Lehrkörpers und der Angestellten aufbewahrt wurden. [...] Die Angestellten, die in diesem Büro arbeiteten, wurden von der Geheimpolizei kontrolliert, weil sie es waren, die im wesentlichen darüber zu befinden hatten, welche Stellungen den Studienabsolventen zugeteilt werden sollten.«

Wieder versuchte Ureche, Culianu als Informanten zu gewinnen. Diesmal lehnte Culianu die Aufforderung unumwunden ab und erklärte, daß er die »guten Absichten« des Hauptmanns zwar verstehe, mit seiner wissenschaftlichen Arbeit jedoch viel zu beschäftigt wäre. Ureche ließ jedoch nicht locker; er solle sich das noch einmal gut überlegen.

Verängstigt wandte Culianu sich an seinen Professor Cicerone Poghirc. Poghirc war Generaldirektor für das Hochschulwesen im Ministerium für Erziehung und verschaffte seinem Lieblingsstudenten gern eine Stellung in der Bibliothek der Orientalischen Gesellschaft, deren Direktor er ebenfalls war. Gemeinsam, sagte er, könnten sie das erste Sanskrit-Rumänisch-Wörterbuch überhaupt herausgeben.

Wenige Tage danach erhielt Culianu einen Anruf von einer Sekretärin der Universität, die ihm mitteilte, daß die Securitate ihn nicht mehr aufsuchen werde. »Ach, übrigens«, fügte sie hinzu, »Sie haben einen Riesenfehler gemacht.«

Seit dem Herbst 1970 brach Ioan Culianus Karriere langsam in sich zusammen, noch bevor sie richtig begonnen hatte. Eine literarische Zeitschrift, die seine Kurzgeschichten und Rezensionen seit 1967 veröffentlicht hatte, nahm seine Arbeiten nicht mehr an. Im Juni 1971 wurde ein Band mit phantastischen Erzählungen von ihm, den der Eminescu-Verlag angenommen und in seinem Katalog bereits angekündigt hatte, plötzlich ohne jede Erklärung abgelehnt. Culianu hatte sich für ein Stipendium nach Siena bemüht, das vom italienischen Außenministerium vergeben wurde. Er war begeistert, als er im Juli 1971 erfuhr, daß er auf der Liste der Bewerber an erster Stelle stand. Glücklich schrieb er seiner Schwester und seiner Mutter, daß er in diesem Sommer nicht nach Văratec kommen werde. Er werde in Italien sein!

Um das Stipendium antreten zu können, brauchte er freilich ein Ausreisevisum. Drei Wochen lang lief er täglich zum Erziehungsministerium, das unweit vom Haus seiner Tante in einer Seitenstraße lag. Alles, was er dort zu hören bekam, war jedoch »Noch keine Antwort« oder »Noch nicht bearbeitet«. Er erwachte täglich mit einer Mischung aus Angst und Hoffnung. Er probierte sogar, das Schicksal mit Talismanen von Marsilio Ficino günstig zu stimmen. Sieh mal, sagte er, die Welt ist bereit zu *bezahlen,* damit ich komme! Nach Italien, der Geburtsstätte der Renaissance-Künste, mit denen er sich seit Jahren beschäftigte. Wochen vergingen. Keine Antwort. Er bekam nicht einmal eine Ablehnung, einfach nur »keine Antwort«. Im August fing das Semester in Siena ohne ihn an. Mitte August erhielt er ein Formblatt: Das Ministerium »bedauerte«, seinen Antrag ablehnen zu müssen.

Ihm wurde nicht nur ein Recht verweigert, das jeder Bürger eines freien Landes für selbstverständlich hält. Ihm wurde nicht nur eine einmalige Gelegenheit verweigert, die er sich trotz aller Hindernisse, trotz drittklassiger Professoren und trotz primitivster Arbeitsbedingungen erarbeitet hatte. Absichtlich wurde hier in beiläufigem Ton versucht, seinen *Siegeswillen* zu brechen. Er war bereit gewesen, sein Prestige mit dem verhaßten Regime zu teilen. Er war der Partei beigetreten, obwohl seine Familie verfolgt worden war. »Das war ein richtiger Nervenzusammenbruch«, sagte Vladimir Tismăneanu, außerordentlicher Professor für Politologie an der Universität von Maryland, über eine ähnliche Erfahrung. »Wegen der völligen Absurdität der Ablehnung ist man wie gelähmt, und weil man das Gefühl kriegt, daß einem das eigene Leben stillgelegt wird.«

Im Spätsommer fuhr Ioan zum Văratec-Kloster. Sie haben mich abgelehnt, erzählte er Tess. Niedergeschlagen begann er, seine Lieblingsgeschichten aus Borges' *Ficciones* wiederzulesen. Unter den Figuren dieser phantastischen Erzählungen ragen die Juden von Buenos Aires als Verteidiger eines geistigen Lebens gegen die geistlose Zerstörungswut der Geschichte heraus. Culianu fand Trost bei einem Schriftsteller, der sowohl spanische als auch englische, französische und deutsche Anspielungen auf Konzepte der Philosophie, Physik, Archäologie und Literaturgeschichte in sein Werk eingewoben hatte. Für einen ehrgeizigen, mit sich selbst beschäftigten Träumer waren die Parallelwelten des blinden Schriftstellers eine Wohltat.

Mit seinen Kommilitonen hatte Culianu immer wieder die verwickelte Kriminalgeschichte »Der Tod und der Kompaß« gelesen, die in einem »erträumten« Buenos Aires der vierziger Jahre spielt, in einer Stadt also, die erfüllt ist von der totalitären Bedrohung jener Zeit. Die Geschichte erzählt von dem gewiegten Kriminalisten Erik Lönnrot, der einen Fall übernimmt, der sein letzter werden sollte. Er stellt fest, daß die Morde einem esoterischen, kabbalistischen Muster folgen. Als er die Logik des Mörders knackt, begreift der Ermittler plötzlich, daß er sich in eine Falle hat locken lassen: Er soll das letzte Opfer einer seit langem geplanten Abrechnung sein. Als der Mörder Lönnrot schließlich gegenübersteht, sagt jener, daß sie beide, er und der Kriminalist, der unerbittlichen Logik der Vergangenheit in die Falle gegangen seien. »Ich hatte das Gefühl«, so sagt er, »die Welt ist ein Labyrinth, aus dem man nicht fliehen kann.«

Culianu schrieb einen längeren Aufsatz über die Symbolik der Erzählung: »Die wichtigste Aufgabe der Kunst in Borges' Universum besteht darin, der Tyrannei eines einzigen geistigen Systems zu entrinnen und in so viele andere wie möglich einzudringen, damit man im Vergleich der unterschiedlichen geistigen Systeme die Freiheit erlangt, um die Welt zu erkennen.«

Tatsächlich sind die Sternenbilder die »Schatten der Ideen«, Schatten der Realität, die der Realität näher stehen als die wirklichen Schatten in der unteren Welt.

Frances A. Yates, *Gedächtnis und Erinnern*[16]

6 Der Traum vom Paradies

Im Juni 1971 kehrte Nicolae Ceaușescu von einem Staatsbesuch in China und Nordkorea zurück. Der Personenkult in diesen Ländern faszinierte ihn. Seine »Mini-Kulturrevolution« nach dem Vorbild des chinesischen Terrors gegen politische Gegner in den eigenen Reihen, gegen Künstler und Schriftsteller beendete eine Periode relativer Freiheit in Rumänien. Die Überwachung der Intellektuellen nahm zu. In dieses Klima ideologischer Reinheit paßte Culianus Fach, die Geschichte der Religionen, noch weniger als zuvor.

Seit Ioans frühester Kindheit hatte seine Mutter ihm erzählt, er habe eine »besondere Bestimmung«. Doch ausgerechnet jetzt, da er gerade einen Kontakt zu seinem Idol Mircea Eliade hergestellt hatte, sah es ganz danach aus, als sei er in diesem vergessenen Land eingesperrt. Er zog sich allmählich innerlich von seiner Familie zurück und vertiefte sich erneut in das Labyrinth einer fiktiven Welt, diesmal in die von Eliade. Er wollte herausfinden, ob seine Vermutung zutraf, daß seine Lieblingserzählungen »Das Geheimnis des Doktor Honigberger« und »Nächte in Serampore« auf Tatsachen beruhten. Den Herbst verbrachte Culianu in Brașov (Kronstadt) und Iași, wo er auf der Suche nach Urkunden über mögliche Vorbilder der literarischen Figuren Kirchenarchive durchforstete. Vielleicht hatte er eine Vorahnung, daß er bald die Chance solcher Forschungen für immer verlieren würde.

»Das Geheimnis des Doktor Honigberger« aus dem Jahre 1940 ist die bemerkenswertere dieser beiden Geschichten. Sie wird von einem jungen Mann erzählt, der indische Philosophie studiert und eine Zeitlang im Orient gelebt hatte. Er wird in eine

Prachtvilla in einer ruhigen Straße unweit der Hauptverkehrs-
ader gebeten. Madame Zerlendi, die Hausherrin, erklärt ihm,
daß ihr Gatte sich auch mit der indischen Mystik beschäftigt
und an einer umfassenden Biographie über einen gewissen Dr.
Johannes Honigberger gearbeitet habe. Der wiederum war im
19. Jahrhundert ein berühmter siebenbürgischer Gelehrter,
der über indische Religionen geschrieben hatte und schließlich
auf unerklärliche Weise verschwunden war, ebenso wie Madame Zerlendis Gatte. Sie bittet den jungen Mann, in den
Aufzeichnungen ihres Mannes nach Hinweisen über das
Schicksal und über die geheimen Entdeckungen der beiden
Männer zu suchen.
Madame Zerlendis Angaben klingen, als sei ihr Mann vor
vierundzwanzig Jahren verschwunden. Der Ich-Erzähler erfährt jedoch von ihrer mysteriösen und schönen Tochter, daß
Zerlendi erst kürzlich verschwunden sei. Während langer
Nachmittage, die der junge Gelehrte in der reich ausgestatte-
ten Bibliothek verbringt, verliert er sich allmählich in die
verwickelten Berichte des Doktors über Zeitverschiebungen
und Wahrnehmungsveränderungen. Umhüllt von Zigaretten-
rauch, warnt die schöne Tochter ihn vor der drohenden Gefahr: Andere hätten sich bereits vor ihm auf diese Suche
begeben, und sie alle hätten ein tragisches Ende gefunden.
Die Erzählung ist spannend zu lesen, aber sie ist auch bemerkenswert als Experiment, in dem Eliade Motive der Schauer-
literatur benutzt, um Phänomene der indischen Religion wie
Levitation und Allwissenheit zu untersuchen. Culianu vermutete, daß Eliade auf historische Gestalten sowie auf persönliche Erfahrungen zurückgriff, um in der Fiktion »mehr und mit
größerer Genauigkeit ausdrücken zu können, als es in einer
streng wissenschaftlichen Beschreibung möglich gewesen
wäre«. Im Rumänischen Nationalarchiv in Brașov entdeckte
er zu seinem Erstaunen, daß Mitte des 19. Jahrhunderts tatsächlich ein Dr. Honigberger und ein »unglücklicher moldaui-
scher Assistent« in Brașov gelebt hatten und daß letzterer um
1867 verschwunden war.
Auch der Eliade-Biograph Mac Linscott Ricketts ging später

davon aus, daß Eliade persönliche Erlebnisse in diese Geschichte eingearbeitet habe. So macht der Erzähler die Erfahrung des erleuchteten Bewußtseins, das durch intensive hinduistische Meditation hervorgerufen werde: »Diese Empfindung ließe sich etwa mit dem Blick vergleichen, den jemand von einer Ecke eines Zimmers auf sein ganzes Haus wirft; er blickt nicht durch die Wände, aber er sieht trotzdem alles, von dem er weiß, daß es sich im Nebenzimmer oder im ganzen Haus befindet, ohne die Empfindung zu haben, daß seine Blicke durch die Wände dringen.«[17] Vergleicht man die Erzählung mit Eliades Tagebuch-Einträgen über die eigenen mystischen Erkundungen, so scheint sie in der Tat im Spannungsfeld von Realität und Fiktion zu stehen. Und wie der Held in der Erzählung durch die Aufzeichnungen des Doktors in eine Falle gerät, die der Doktor vorausgesehen zu haben schien, so gerät auch der Leser in das Labyrinth der Erzählung, indem er einer literarischen Gestalt folgt.

In Braşov und Iaşi fand Culianu keine weiteren Hinweise auf reale Vorbilder für die Figuren dieser beiden Geschichten. Er zog daraus den Schluß, daß Eliade wie viele Schriftsteller vor ihm Tatsachen ausgeschmückt hatte, um sie unterhaltsamer zu machen. Aber darüber hinaus schien Eliade in der Fiktion einen Weg zu sehen, der, wie Yoga, zur Erleuchtung führen konnte. Er spielte mit den kosmischen Geheimnissen, die er ergründen wollte. In späteren Jahren nahm Culianu an, daß die Erzählungen und die wissenschaftlichen Arbeiten seines Mentors noch tiefere Vieldeutigkeiten der Wahrnehmung aufwiesen. Gegen Ende seines Lebens habe Eliade die Welt als »eine viel komplexere und trügerischere Maschinerie« betrachtet als in früheren Jahren. »Tatsächlich sah er sich zeitlebens mit Illusionen aller Art konfrontiert, und jetzt betrachtete er sein gewaltiges Œuvre als den Ertrag eines komplexen hermeneutischen Prozesses, der sich seine eigene Wahrheit geschaffen hatte.« Ähnliches versuchte Culianu später mit seinen Erzählungen.

Um 1972 äußerte Culianu, er habe die Sanskritverse der *Sāmkhyakārikā*[18] auswendig gelernt. Zugleich studierte er die jüdischen Mystiker, die einige seiner Renaissance-Philosophen inspiriert hatten. Diese Forschungen waren ebenso fesselnd wie unterhaltsam, doch vor ihm stand ein ganz anderes Problem. Als seine Ferien zu Ende gingen, kehrte er in den rußigen Bukarester Winter zurück – und zu den Fragen, die er so lange vor sich hergeschoben hatte.

Insgeheim plante Culianu den entscheidendsten Schritt seines Lebens. Im Winter 1971/1972, ein halbes Jahr nachdem er den ersten Versuch unternommen hatte, bewarb er sich erneut für eines der Stipendien, die vom italienischen Außenministerium vergeben wurden. Er sagte niemandem etwas davon, nicht einmal seiner Schwester oder seinen engsten Freunden.

Im Frühjahr reichte er seine Diplomarbeit ein, die den Titel »Marsilio Ficino e il platonismo nel Rinascimento« (›Marsilio Ficino und der Platonismus in der Renaissance‹) trug. Vom Umfang und vom Anspruch her war die Arbeit einer Dissertation vergleichbar, und sie war auch insofern bemerkenswert, als ihr Gegenstand in Rumänien gar nicht unterrichtet wurde. Sie glich der Diplomarbeit, die Eliade vierundvierzig Jahre zuvor vorgelegt hatte: »Filosofia italiană de la Marsilio Ficino la Giordano Bruno« (›Die italienische Philosophie von Marsilio Ficino bis Giordano Bruno‹). Culianu hatte diese Arbeit seines Mentors allerdings nicht gelesen. »Sicher ist, daß Ioan Petru Culianu von dieser Arbeit wußte und wahrscheinlich danach suchte, denn wenige Jahre später berichtete er, daß sie verlorengegangen sei«, vermerkte der Kulturanthropologe Andrei Oișteanu. Culianu wußte offensichtlich nicht, daß das Manuskript doch noch in einem Archiv der Universität lag, im Bestand der Bibliothek der alten Fakultät für Literatur und Philosophie.

Im Juni 1972 bestand er die Abschlußprüfung der Fakultät für Romanische Sprachen bei Professor Nina Façon, die in Paris studiert hatte und zu den wenigen jüdischen Intellektuellen der Universität gehörte. Er erhielt die beste Zensur des Fachbereichs, 9,89 von 10 möglichen Punkten. Culianu hatte gehofft, mit der Unterstützung seines Lehrers Cicerone Poghirc eine Assistentenstelle und ein Promotionsstipendium am Institut für Italianistik zu bekommen, die es ihm ermöglicht hätten, seine »heimlichen« Studien über die Geschichte der Magie fortzusetzen. Doch als die Assistentenstellen zugeteilt wurden, war Poghirc gerade im Ausland. Statt der erwünschten Stelle wurde Culianu der undankbare Posten eines Grundschullehrers in einem winzigen, armseligen Dorf zugewiesen – offenbar eine Strafe für seine mangelnde Kooperationsbereitschaft.

Jedoch gewann er etwas viel Wichtigeres: ein zweites italienisches Stipendium, diesmal in Perugia. Zunächst behielt er es für sich. Während seine Freunde Spaß hatten und das Leben genossen, versuchte er, den Schlüssel zur Freiheit zu bekommen, das Dokument, das ihm ein Jahr zuvor gefehlt hatte – das Ausreisevisum. Doch wie sollte er es diesmal anstellen?

Da er bereits einmal abgelehnt worden war, wandte Culianu sich diesmal um Unterstützung an die Universität. Noch einmal mußte er belastende Behördengänge auf sich nehmen. Jetzt ging es jedoch um mehr – nicht nur, weil er bereits einmal abgelehnt worden war, sondern weil er spürte, daß dies seine letzte Chance sein könnte.

Die Securitate hatte ihn nicht vergessen. Ein Oberst setzte sich mit seinem Lehrer Ion Coja in Verbindung und wollte von ihm Informationen über die Aktivitäten der ›Atlantida‹. Am meisten, sagte der Oberst, interessiere er sich für Culianu.

Culianu beantragte sein Ausreisevisum diesmal über einen arabischen Wissenschaftler, der ihm ein positives Gutachten schrieb. Der Dekan der Fakultät, der seinen Antrag zu bewerten hatte, war jetzt Poghirc. Es gab zwei Akten – eine akademische mit überschwenglichen Gutachten und die Akte der Securitate mit einer kritischen Einschätzung Culianus. Er hatte Glück. In den frühen siebziger Jahren, während der Amtszeit des ungewöhnlich toleranten und kultivierten Erziehungsministers Mircea Malița, erhielten Hunderte von Studenten jeden Sommer Pässe, um ins Ausland zu reisen. Am selben Tag, an dem er die Zuweisung zu der trostlosen Stelle als Grundschullehrer erhielt, bekam er auch das am heftigsten ersehnte Geschenk seines Lebens – sein Ausreisevisum.

Es war wie ein Wunder. Diese Gelegenheit würde er sich keinesfalls entgehen lassen. Er traf sich mit seinem Freund Mario, der inzwischen mit seiner rumänischen Freundin verlobt war, und vertraute ihm einen prächtigen, in Gold gearbeiteten orientalischen Dolch an, ein Erbstück seines Vaters. Er bat ihn, den Dolch bei Gelegenheit mit nach Rom zu nehmen. Er bereitete sich nicht nur auf sein Stipendium vor, er wollte das Land für immer verlassen.

Es gab nur noch ein Problem. Das Stipendium beinhaltete die Kosten für Flug und Studium und für Verpflegung und Unterbringung während der vier Wochen. Er wollte sich noch ein paar Dinge für Italien kaufen, und ein wenig Geld wollte er auch mitnehmen. Er brauchte Geld. Natürlich hatte er keine Ersparnisse. Studentenjobs gab es in Bukarest nicht. Was von dem Geld übrigblieb, das seine Mutter ihm schickte, hatte er mit seinen Freunden für Essen und Wein ausgegeben. Stipendium und Visum hatte er. Wie kam er jetzt zu Geld?

Etwa um diese Zeit erhielt Radu, sein Freund aus der ›Atlantida‹, einen Anruf von ihrem gemeinsamen Professor Ion Coja.

»Ich kenne eine Studentin«, sagte Coja, »die hätte letzte Woche ihre Diplomarbeit abgeben sollen, aber das konnte sie nicht, weil sie gar keine geschrieben hat. Ihr Vater hat eine prächtige Villa; er ist angeblich Fahrer beim ZK der Partei. Ich kann ihr nicht helfen, weil es zu gefährlich für mich wäre, aber ich dachte, daß du vielleicht interessiert sein könntest. Es würde eine Menge Geld bringen.«

»Wann ist der neue Abgabetermin?«

»In fünf Tagen.«

»Bist du wahnsinnig? Was für ein Thema?«

»Die wissenschaftliche Rezeption des Werkes von Liviu Rebreanu.«

»Wie konnte sie sich ein so umfassendes Thema aussuchen?! Dieser Stoff ist hochgradig komplex. Ist dir klar, daß . . .«

»Deshalb rufe ich ja auch dich an.«

»Hör zu, das schaffe ich nicht alleine. Nicht nur, daß wir das Ding schreiben müssen, ich muß mit dem Mädchen arbeiten und ihr das Ganze erklären, damit sie die mündliche Prüfung besteht. Wer ist ihr Prüfer?«

Coja sagte es ihm.

»Großer Gott.« Der Genannte war ein anerkannter Literaturwissenschaftler, der sich zu allem Überfluß auf den Schriftsteller Liviu Rebreanu spezialisiert hatte. »Hör zu, das ist eine ernste Sache. Ich muß . . . Ich muß einen Partner finden.«

Radu legte auf und rief seinen Freund und künftigen Schwager Şerban Anghelescu an. Vor einigen Tagen hatte Şerban zu ihm gesagt: »Weißt du, daß ich sechsundzwanzig bin und noch nie das Schwarze Meer gesehen habe? Wir hatten nie das Geld.« Es war acht Uhr morgens. »Hör zu, Bulă, wach auf. Ich bin in zehn Minuten bei dir.«

In der Wohnung seines Freundes breitete Radu die Geschichte aus. »Ich hole mir ein paar Bücher und gehe nach Hause und arbeite ein Konzept aus, obwohl ich noch keine Ahnung habe, was alles in die Arbeit rein muß. Du gehst in die Bibliothek und liest, und heute abend um sechs kommst du zu mir und bringst alles mit, was du gefunden hast.«

»Aber ich kann nicht tippen.«

»Das macht nichts. Wir legen alles zusammen, was wir gefunden haben, und reden darüber, und irgend etwas wird dabei schon herauskommen. Ich tippe es, und morgen früh werde ich versuchen, ihr das Ganze einzutrichtern.«

Am Abend war Radu bereits ziemlich erschöpft. Gegen halb sieben traf Şerban bei Radu ein. Er brachte Nené Culianu mit. Sie hatten zwei Flaschen Wein dabei und rochen nach Alkohol.

»Was ist denn nun los?« fragte Radu.

»In der Bibliothek habe ich zufällig Nené getroffen. Ich habe ihm erzählt, was wir machen, und er sagte, er hat schon einen Aufsatz über Rebreanu! Er sagte, er würde ihn uns geben. Also sind wir was essen gegangen und danach noch ins Kino, und dann haben wir den Aufsatz geholt, und jetzt sind wir hier.«

»Aber was bedeutet das alles?« Radu wandte sich an seinen Freund.

»Sei nicht böse«, sagte Culianu. »Es war meine Idee. Mein Aufsatz ist fertig, so daß man daraus den Hauptteil der Diplomarbeit machen könnte. Ich brauche nur fünfhundert Lei, um mir meine Sachen für Italien zu kaufen.«

Trotz Şerbans Einwand bestand Radu darauf, daß sie das Geld in drei gleiche Teile aufteilen würden. Sie machten sich an die Arbeit. Nené und Radu schrieben schnell. Zuerst tippte Nené, und Radu trug den Inhalt zusammen, dann umgekehrt. Alle zwei Stunden wechselten sie sich ab. Şerban trank und rauchte, und manchmal stand er ihnen mit hilfreicher Kritik zur Seite: »Ich mag dieses Wort nicht. Das andere gefällt mir besser.« Erstaunlicherweise hatten sie sogar Spaß dabei. Sie leisteten sehr gute Arbeit. Gegen zwei Uhr morgens gingen sie zu Bett. Am nächsten Morgen ging Radu zu dem Mädchen. Sie mühte sich ab – vergebens. »Das ist mir alles zu hoch«, sagte sie. Als ihm klar wurde, daß sie es einfach nicht kapierte, sagte er: »Paß auf, wenn er dich was zu dieser Arbeit fragt, dann murmelst du so was wie ›Sie schüchtern mich so ein, Herr Professor, daß ich es mündlich nicht so gut formulieren kann wie schriftlich‹.«

Nach viereinhalb Tagen hatten sie den Text fertig. Gespannt warteten sie auf den Ausgang der mündlichen Prüfung. »Die Arbeit ist ausgezeichnet«, sagte der Professor, »Sie sind wirklich sehr schöpferisch. Es überrascht mich, daß ich Sie in meinen Seminaren nicht bemerkt habe.«

»Das liegt daran, daß ich so schüchtern bin.«

»Die Stelle, an der Sie sich auf die Psychoanalyse beziehen, fand ich besonders interessant. Wo haben Sie die Texte her?«

»Oh, ich bin so aufgeregt, mit Ihnen zu sprechen, daß ich nicht antworten kann. Ich kann es nicht so gut formulieren, wie es da steht.«

Er hielt inne und musterte sie über seine Zweistärkenbrille. »Na gut, möchten Sie sich dann zum Roman der Zwischenkriegszeit äußern?«

»Oh, ich glaube nicht, denn ich bin so ... Ich zittere.«

»Das ist nicht gut. Sie müssen wirklich mehr Selbstvertrauen haben. Ihre Arbeit ist ausgezeichnet. Ich glaube, Sie sollten unbedingt etwas aus ihren Fähigkeiten machen.«

»Meinen Sie wirklich?«

»Ja. Überrascht Sie das? Sie haben neun von zehn Punkten bekommen.«

Nach der Prüfung rief der Vater des Mädchens Radu an, um sich bei ihm zu bedanken und ihn einzuladen, sich die Bezahlung abzuholen. »Das ist das erste Diplom in unserer Familie«, sagte er stolz. »Mir ist klar, daß Sie eine Menge Arbeit da reingesteckt haben. Wieviel bekommen Sie von mir?«

Culianu und Şerban Anghelescu warteten zwei Stunden auf Radu und das Geld. Sie rauchten eine Zigarette nach der anderen, gingen unter den Arkaden der Piaţa Romană auf und ab und beobachteten dabei einen kleinen Hund, den jemand an einen Zaun gebunden hatte. Es sah danach aus, als sei er dort von seinem Besitzer im Stich gelassen worden. Der runde Platz war von den Abgasen der hupenden Lastwagen erfüllt. Ioan schaute in jeden der klappernden Dacias, die vorbeifuhren. Der Himmel war stechend blau. Es war schon zwei Uhr. Ob etwas schiefgegangen war?

Ioan sank immer mehr in sich zusammen und vergrub die Fäuste immer tiefer in den Hosentaschen. Seine Kehle war rauh von den vielen Zigaretten. Er nahm den Gestank eines Pferdewagens wahr, der mit Mist vollbeladen langsam über den Platz fuhr. Culianu war schmal, ernsthaft und zweiundzwanzig Jahre alt. Über der linken Augenbraue hatte er eine Narbe. Vor kurzem war er in einem Anfall von Frustration und Wut im Büro seines Bukarester Verlegers aus Versehen gegen eine Glastür gerannt. Morgen früh ging sein Flugzeug, und er hatte weder Koffer noch vernünftige Kleidung.

Sein Blick fiel auf einige junge Soldaten, die ihre Kalaschnikows dabeihatten. Nächstes Jahr sollte auch er zum Wehrdienst. Şerbans Geschrei riß ihn aus seinen Gedanken. Da war Radu, der sich zwischen den Soldaten hindurch und über fünf Verkehrsspuren hinweg einen Weg bahnte. Er trug eine große Tasche und hatte eine schwarze Sonnenbrille auf; er sah aus wie aus einem Mafiaroman. Ioan mußte unwillkürlich lachen. »Was ist passiert? Was ist passiert?« fragten er und Şerban ungeduldig, als Radu sie erreichte.

Radu öffnete die Tasche. Eine Minute lang standen sie nur da und starrten. Sechstausend Lei. Ein Vermögen. Culianu holte tief Luft und sagte, er habe nur noch zwei Stunden, um sich einen Koffer und Kleidung für die Reise zu kaufen. Sie riefen Miron an. Er sollte sie zum größten Kaufhaus der Stadt fahren. »Bist du sicher, daß du Nené zweitausend geben willst?« fragte Şerban Radu, als sie sich in den Fiat quetschten. »Er wollte ja nur fünfhundert.«

»Was bist du bloß für ein Arschloch. Das kann doch echt nicht wahr sein.«

»Nein, nein«, sagte Ioan, »fünfhundert sind schon okay.«

»Kommt überhaupt nicht in Frage. Zweitausend.« Radu nahm das Geld und teilte es auf. Jeder von ihnen ging in eine andere Abteilung des Kaufhauses, und so besorgten sie Ioan einen Anzug, Schuhe, Socken, Hosen, Hemden und einen Koffer. Sie gaben nur eintausend Lei aus. Ioan ließ den Rest schließlich doch in Rumänien. »Vielleicht brauche ich das Geld, wenn ich zurückkehre.«

An jenem Abend hatte Tess, Ioans Schwester, eine seltsame Vorahnung. Sie rief im Haus ihres Vetters an, um mit ihrem Bruder zu sprechen. Ihr Onkel ging ans Telefon. »Sie sind einkaufen«, sagte er. »Ruf später noch mal an.« Das tat sie, und er sagte dasselbe. Sie sagte, sie würde es morgens wieder probieren.

Am nächsten Morgen erhielt sie keine Antwort. Am Nachmittag sagte ihr Onkel nur: »Er ist schon weg.« Das war alles. Ihr Onkel kam nach Văratec, um es ihrer Mutter zu sagen.

Die Ironie des Schicksals wollte es, daß es einem Freund, der sich bereits seit einiger Zeit für ihn eingesetzt hatte, einen Tag vor Culianus Abreise gelang, ihm eine erstklassige Stellung in der Redaktion einer bedeutenden Kulturzeitschrift zu organisieren: beim *Secolul 20. Revistă de literatură universală* (›20. Jahrhundert. Zeitschrift für Weltliteratur‹). Aber es war bereits zu spät.

Im staubigen Billigbau des Otopeni-Flughafens stand Ioan vor der Sicherheitskontrolle. Jeder kannte die Geschichte von dem Dirigenten der Bukarester Philharmonie, der es sich auf seinem Platz im Flugzeug schon bequem gemacht hatte, als Securitate-Agenten kamen, um ihn mitzunehmen. Sie haben Ihren Schlüssel vergessen, hatten sie ihm gesagt. Nein, habe ich nicht, hatte er geantwortet. Doch, haben Sie. Kommen Sie mit und holen Sie ihn. Er ist nicht wieder eingestiegen.

Durch Ioans Kopf wirbelten so viele Gedanken und Gefühle, daß er die erdrückende Hitze im Terminal und die fluchende Frau vor ihm in der Schlange kaum bemerkte. Die Sachen, die er anhatte, eine dunkle Hose und ein kurzärmliges weißes Hemd, hatte er gestern erst gekauft. Er schnappte sich seinen Koffer und schob sich am mürrischen Flughafenpersonal vorbei. Er wollte das Dröhnen der Triebwerke hören. Er wollte im Flugzeug sitzen. Er wollte die lang ersehnte Erfüllung seines Traumes genießen.

Am letzten Kontrollpunkt bestand ein Flugbegleiter der Tarom darauf, daß er seine Schultertasche abgebe. Er protestierte. Seine Bücher von Cioran und Eliade und das Familienfotoalbum, das er sorgfältig zusammengestellt hatte, waren darin. Seine Begleiterin vom Fachbereich empfahl ihm, still zu sein und ins Flugzeug zu steigen.

Auf dem Weg zur Startbahn rollte das Flugzeug an bewaffneten Soldaten vorbei, die alle dreißig Meter postiert waren. Ioan lehnte sich zurück, schloß die Augen und spürte, wie das Dröhnen der Motoren ihn durchfuhr, als sie über die Betonplatten des Rollfelds rasten und sich in die Luft erhoben. Es war der 4. Juli 1972.

III *Arriviste*, 1972-1986

> Ich bin an einem stillen, schönen Ort. Schwalben
> fliegen über meinem Kopf. In so friedvollen
> Augenblicken kann ich nicht glauben, daß das
> Böse sein Werk in unserer Welt tut.
>
> I. P. Culianu an seine Mutter, 17. August 1972

7 Der Mythos vom Westen: Italien, 1972-1975

Der Flug dauerte nur zwei Stunden, aber den jungen Studenten
brachte er aus dem Mittelalter in die Moderne, aus dem Kreis
von Freunden und Familie in die Isolation, aus einer Welt, in
der man darauf achten mußte, wer einem zuhörte, in eine, in
der es nicht immer leicht war, sich Gehör zu verschaffen. Culianus Flucht schien kaum weniger wunderbar als die Offen-
barungen des 16. Jahrhunderts, über die er arbeitete.
Während das Flugzeug über die Adria in Richtung Rom düste,
unterhielt er sich mit einer Bekannten, die neben ihm saß – mit
seiner Studienberaterin Anca Giurescu. »Ich kann es kaum
glauben, daß ich in diesem Flugzeug sitze«, sagte er. »Ich kann
es kaum glauben, daß ich in zwei Stunden in Italien sein
werde.«
Er habe Glück, meinte sie. Das einzige Jahr, in dem die italienischen Stipendien in Rumänien an Studenten vergeben wurden, die sie tatsächlich verdient hatten, war 1972. Dies war
ihre dritte Reise nach Italien. Um sicherzugehen, daß sie auch
wiederkomme, ließ die Regierung sie nur ohne ihren Mann
und ihre Kinder reisen. Sie kannte Culianu aus Lehrveranstaltungen. Er war ihr sympathisch. Jetzt traktierte er sie mit einer
Unmenge von Fragen, und sie antwortete, so gut sie konnte. In
den folgenden neunzig Minuten redeten sie unablässig und
wechselten dabei vom Sie zum Du. Anca war dreiunddreißig
Jahre alt, sehr begabt und auffallend hübsch, hatte kurze,

dunkle Haare und eine Figur, von der die italienischen Geschäftsleute im Flugzeug kaum ihre Blicke lassen konnten. Ioan stellte unentwegt Fragen über das Leben im Westen. Je vorsichtiger ihre Antworten, um so bohrender wurden seine Fragen.

»Stell hier nicht so viele Fragen«, sagte sie endlich leise und schaute zu den Studenten, den Geschäftsleuten und einigen verdächtig gutgekleideten Mitreisenden in ihrer Nähe. »In Italien werden wir noch genug Zeit haben.«

Als das Flugzeug in der glühenden römischen Hitze landete, war Ioan bereits nicht mehr der Student, der wenige Tage zuvor für Geld an einer Diplomarbeit mitgeschrieben hatte. Endlich war er da, an dem Ort, von dem er sein Leben lang geträumt hatte. Im Terminal sah er sich die bunten Werbeplakate an, die schnittigen motorisierten Gepäckwagen, die reichhaltigen Snackbars und Restaurants. Er nahm jede Einzelheit in sich auf.

Die zweieinhalbstündige Zugfahrt nach Perugia führte durch die Randgebiete Roms, vorbei an riesigen Reklametafeln, die ihm wie gigantische altägyptische Reliefs vorkamen, vorbei an hemmungslos hupenden Autos und an der Leuchtreklame eines Pornokinos.

Perugia lag hoch auf einem Felsen. Hinter den Mauern dieser Universitätsstadt fanden sich Zeugnisse aus etruskischer und römischer Zeit. Der Weg zur Università Italiana per Stranieri führte durch den Arco Etrusco. Hier gab es kopfsteingepflasterte Gassen, eine gut ausgestattete Bibliothek und Bauten, deren Architektur von dem Respekt der Renaissance vor den Proportionen des menschlichen Körpers und den Gesetzen der universalen Harmonie inspiriert war. Auf einem großen Platz mitten in der Stadt spielten Kinder vor einer blendend weißen Kirche. An den Ecken der Stadtmauern ragten runde Türme empor. Mit seiner reichen Kunstsammlung in der Galleria Nazionale dell'Umbria und einer eindrucksvollen Aussicht auf die Landschaft um Assisi, die Geburtsstadt des hl. Franziskus, war Perugia durchaus geeignet, in die Kultur Italiens und das Leben im Westen einzuführen.

Von Juli bis August 1972 lebte Culianu von dem Stipendium und nahm an den ›corsi di alta cultura‹ teil. Er besuchte ganztägige Seminare zu Literatur, Philosophie, Religion und Kunst, die von führenden Gelehrten gehalten wurden. Zusammen mit Anca Giurescu belegte er zum Beispiel eine Veranstaltung zur florentinischen Baukunst, die sich auf das Verhältnis von menschlichen Proportionen und der Architektur der Renaissance konzentrierte. Er besuchte einen weiteren Kurs über die etruskische Kultur. In seiner Freizeit studierte er die *echten* Schriften der Renaissance, auf Papier und in Stein überlieferte Texte.

Er war unruhig wegen seiner ungewissen Perspektiven. Einen Großteil seiner Zeit verbrachte er mit Anca Giurescu. Abends schlenderten sie durch die Stadt, gingen in eine Imbißstube oder in ein Restaurant, kauften sich eine Flasche Chianti oder saßen einfach auf der Stadtmauer und bewunderten die Landschaft. Er alberte herum und dachte sich witzige Geschichten über den heiligen Franziskus aus.

Er wollte unbedingt nach Hause schreiben, konnte aber nicht mehr sagen, als daß es ihm leid täte, sich nicht verabschiedet zu haben. Noch dringender wollte er Eliade in Paris von seiner Ankunft schreiben, und davon, daß er daran dachte, im Westen zu bleiben. Anca Giurescu riet ihm, damit noch eine Weile zu warten. In ihrer Gruppe würden sie sicherlich beobachtet. Er beschloß, einen Ausflug nach Florenz zu unternehmen, um den Brief an Eliade dort abzuschicken.

In seiner zweiten Woche in Italien fuhr er also nach Florenz, dem legendären Angelpunkt der Renaissance. Er kam frühmorgens an, in seiner Tasche nichts als ein trockenes Brötchen. Über der Piazza della Signoria ging gerade die Sonne auf, und er starrte ehrfürchtig auf die Fassade der Uffizien und auf die Skulpturen der Loggia dei Lanzi. Er gab einen Brief an Eliade auf, in dem er berichtete, er sei im Westen und überlege, ob er bleiben solle. Angespannt wartete er auf eine Antwort.

Er arbeitete hart, denn er wußte, daß sein Stipendium in weniger als einem Monat ablaufen würde. Er wollte bleiben und sich seinen Lebenstraum erfüllen, aber er hatte Angst. Wenn er im Westen bliebe, würde er keine Papiere, keine Identität mehr haben und keinen anderen Status als ein flüchtiger Verbrecher. Seine Mutter und seine Schwester würden belangt werden, vielleicht ihre Stellungen verlieren. Er würde in Rumänien in Abwesenheit anklagt und verurteilt werden. Nach Ablauf seines Stipendiums würde er das angenehme Leben eines Gaststudenten gegen die quälende Armut des wahren Exils eintauschen müssen. Er würde mittellos und isoliert sein. Seine Korrespondenz würde kontrolliert werden, und er könnte nicht hoffen, seine Familie je wiederzusehen. Er hätte keine Aussicht auf einen richtigen Job, geschweige denn darauf, die höheren akademischen Grade zu erwerben, die er brauchte, um lehren zu können.

Obgleich er bisher nur wenige Briefe von Eliade empfangen hatte, rechnete er fest mit der Hilfe des berühmten Gelehrten. Wenn Eliade ihm helfen würde, dachte er, dann würde er es sicher schaffen. Wenn nicht, sollte er sich die Sache besser aus dem Kopf schlagen. Lieber in der Anonymität eines gottverlassenen Landes verschwinden, als ein Flüchtling unter den Millionen zu sein, die vom Mythos des Westens träumten.

Am 15. August fuhr er mit Anca Giurescus Cousin, einem Sorbonne-Absolventen namens Mircea Marghescu, nach Florenz, um dort die Feierlichkeiten anläßlich von Mariä Himmelfahrt mitzuerleben. Marghescu war zwei Jahre älter als Culianu, groß und schlank und sah mit seinem Spitzbart und seiner Tweedmütze ein bißchen wie Lenin aus. Die beiden wurden Freunde und Konkurrenten. Auf dem Heimweg sahen sie abends eine riesige Spinne, die am Gitter eines kleinen Weingartens ihr Netz wob. In der rumänischen und französischen Folklore ist eine Spinne am Abend ein Glückszeichen. Sie zählten ihre Beine. Sie hatte nur sieben, was ganz besonderes Glück bedeutete. Marghescu sagte: »Jetzt gehen wir nach Hause, und der Brief von Eliade wird schon da sein.« Tatsächlich fand er zu Hause den Brief. Er war langatmig, voller Erklärungen und enthielt einige Anschriften. Im wesentlichen besagte er: Ich freue mich, daß Sie darüber nachdenken, im Westen zu bleiben. Ich denke, Sie werden die richtige Wahl treffen. Versuchen Sie, sich einen Namen zu machen. Wir bleiben in Verbindung.

Für Culianu war diese Antwort ein Schlag ins Gesicht. Er war kurz davor gewesen, sein ganzes Leben zu verändern, und zwar mehr oder weniger, weil dieser Mann ihn ermutigt hatte. Eliade kannte seine Situation und wußte, welche Nöte auf ihn zukommen würden. Mit seinen Andeutungen, ihn unterstützen zu wollen, mit seinen Lobeshymnen schien Eliade ihn zum Narren gehalten zu haben. Warum antwortete er jetzt, da ihn sein Jünger am meisten brauchte, so unverbindlich? Ioans Stipendium ging langsam zu Ende. Es war die denkbar schlechteste Zeit für eine solche Zurückweisung.

Nach einigen Tagen tiefer Depression stellte er einen Antrag auf Verlängerung seines Stipendiums. Seine Freunde packten bereits ihre Koffer. Marghescu ging nach Paris. Anca Giurescu würde mit der Gruppe nach Rumänien zurückkehren. Der Zeitpunkt, an dem er sich entscheiden mußte, ob er bleiben wollte oder nicht, rückte immer näher.

Bliebe er, würde er allein sein, ohne Freunde, ohne Familie, bald ohne Geld – mit ›nimic‹, nichts. An einem ihrer letzten Abende saßen er und Anca an ihrem Lieblingsplatz auf der Stadtmauer. Er hatte Wurst, Käse und Weintrauben gekauft. Sie schnitt das Brot in Scheiben, während er eine Flasche Rotwein entkorkte. Sie stießen auf die Verlängerung seines Stipendiums an; die Regierung hatte ihm die Mittel für einen weiteren Monat zugesagt – wobei man ihm zu verstehen gegeben hatte, daß eine weitere Verlängerung nicht möglich sein werde.

Er erzählte ihr von seinem Vater, von adligen Verwandten, die ihm nur noch als komische Überreste seiner Träume in Erinnerung waren. »Was ist«, fragte er, »wenn ich jetzt die falsche Entscheidung treffe?«

»Du bist jung«, sagte sie. »Wenn ich nicht meinen Mann und meine Kinder hätte, würde ich es auch tun. Du hast dein ganzes Leben vor dir. Wenn du zurückgehst, wird die Welt nie von dir erfahren.«

Er starrte sie an. »Ich stehe vor einer echten Kreuzung. Ich weiß nicht genau, was richtig ist, was möglich ist. Glaubst du, ich schaffe es ohne Eliade?«

Sie hielt inne und schaute zu, wie sich die Dunkelheit in den knorrigen Ästen der Olivenbäume unter ihnen verdichtete. Ein leichter Abendwind wehte einen Duft von getrockneten Blumen, von trockener Erde und Weintrauben heran. »Wenn deine Karriere so sehr von jemand anderem abhängt, dann ist es nicht wirklich deine Karriere, oder?«

Ein langes Schweigen folgte. Die Sonne war längst untergegangen. Der Mond tauchte beide in sein bleiches Licht.

Während ihrer beiden letzten, hektischen Tage bestand er darauf, sie zu begleiten, während sie Spielzeug für ihre Kinder kaufen ging. Er brachte sie um vier Uhr morgens zum Bahnhof. Sie war seine einzige Freundin im Westen gewesen und erst der zweite Mensch in seinem Leben, dem er seinen Lebenstraum offenbart hatte. Nun war sie weg.

Offiziell war er noch immer Stipendiat, noch immer ein Vorzeigeobjekt für das Beste, das eine kommunistische Erziehung hervorbringen konnte. Vier Wochen wohnte er noch in seinem Zimmer in der Via Cacciatori delle Alpi in Perugia. Bei seinen Abschlußprüfungen erreichte er dreißig von dreißig möglichen Punkten, wurde Bester der Universität und erhielt das A. Lupatelli-Stipendium. Danach bewarb er sich bei der nationalen italienischen Stiftung für Geisteswissenschaften um finanzielle Unterstützung, die er ebenfalls erhielt. Die gröbsten finanziellen Probleme waren damit fürs erste gelöst.

Er dachte oft an seine Familie und an seine Freunde. Ihn plagten Schuldgefühle, weil er sich nicht einmal von ihnen verabschiedet hatte. Gleichzeitig gefiel ihm der Gedanke, nun vom Druck der Geschichte und von den Ansprüchen seiner Familie befreit zu sein. Er schrieb nach Hause und fragte nach Neuigkeiten, aber sowohl seine Briefe von Italien nach Rumänien als auch die Antworten von zu Hause waren Ewigkeiten un-

terwegs. Er wußte nicht, daß Miron in eine tiefe Depression fiel, als er entdeckte, daß Ioan nicht mehr zurückkehren würde, oder daß eine ehemalige Freundin von ihm, Sanda Ungureanu, immer tiefer in eine psychische Krankheit hinabglitt. Er dachte an Eliades Theorie, daß unser Leben sich durch wiederholte, exemplarische »Schicksalsprüfungen« auszeichne, und versuchte, sich auf die bevorstehenden Strapazen einzustellen. Über diese Herausforderung schrieb er im Januar 1973 an Şerban: »Lieber Bombănel, wie Du siehst, lebe ich noch, obwohl ich mich im finsteren Abgrund des Westens befinde. Ich habe einen Revolver[19] in meiner Tasche, um mich vor [. . .] Freunden zu verteidigen. Ich habe mich sehr verändert, Bombănel, seitdem wir uns zuletzt gesehen haben, ich bin zynisch und hart geworden. Hier ist das Leben unglaublich billig [. . .]. Trotz der niedrigen Preise sind die Versuchungen hier so groß, daß ich kaum zu Rande komme. Irgendwie [. . .] bin ich wie im ersten Studienjahr, wenn Du Dich noch an mich erinnerst, nur haben mich die Tränen des Lebens bitterer und vorsichtiger gemacht. Ich will Bücher schreiben und Bücher lesen [. . .].«
Er zog nach Rom, wo es für ihn allerdings immer schwieriger wurde. Zehn Tage lang blieb er bei Mario und dessen rumänischer Frau Dana in ihrer kleinen Wohnung. Das Paar hatte Schwierigkeiten. Marios Familie hatte ihm jegliche Unterstützung entzogen, weil er eine Ausländerin unter seinem Stand heiratete. Seine Frau hatte noch nie für ihren Lebensunterhalt gearbeitet. Sie hatte nur Abitur, quälte sich mit der italienischen Sprache und rang mit der eigenen Hoffnungslosigkeit. Sie hatte Ioan früher sehr gemocht und war zunächst begeistert, ihn in Italien zu sehen. Jetzt konnten sie und Mario ihm nicht helfen. Zögernd bat ihn Mario auszuziehen.
Er war sich immer noch nicht sicher, ob er im Westen bleiben würde. Seine Schwester flehte ihn an zurückzukehren. Auf ihr Drängen hin hatte die Zeitschrift *Secolul 20* die Redaktionsstelle für ihn freigehalten. Er könne sie nicht annehmen, sagte er schließlich: »Ich kann nur als Sieger zurückkehren.«
In seiner Verzweiflung wollte er als Novize in ein Bergkloster aufgenommen werden. Nach drei Wochen gab er seinen Ver-

such auf und verließ das Kloster. Er ging in eine kleine, schmuddelige Polizeiwache in Rom und legte seinen rumänischen Paß vor. Es war ein ziemlich unscheinbarer Schauplatz für die bedeutsamste Handlung seines noch kurzen Lebens. Aufgewachsen in einer liebevollen Familie, in einer Atmosphäre von Bildung und Zukunftserwartungen, war dieser mit sich selbst beschäftigte junge Mann jetzt, so schien es, am Ende.

Er war nun heimatlos, ohne Identität. Er wandte sich an einen Bekannten, Professor Bruno Manzoni, und bat ihn um Hilfe. Manzoni nahm ihn eine Zeitlang in seine Wohnung in Rom auf. Danach zog Culianu unter etwas rätselhaften Umständen zu einem eleganten Architekten und dessen Frau. Es war eine schwierige Zeit. Er konnte nicht mehr mit seinem Glück jonglieren wie ein Spieler, der, wie seine Frau es später ausdrückte, »Gott bluffen konnte«. Culianu fühlte sich gedemütigt. Auf einem Foto von ihm aus dem Jahre 1973 sieht man einen ruhelosen jungen Mann mit Hornbrille, an dessen hagerer Gestalt ein schlechtsitzender, billiger Zweireiher, hängt. Sein Blick hat etwas Verängstigtes.

In Italien wurden Flüchtlinge in Auffanglagern einquartiert, ihre Tätigkeiten hatten sie einer Art Lagerpolizei zu melden; sie wurden mit willkürlicher, bürokratischer Brutalität behandelt. Da seine Stipendien abgelaufen waren, er kein Geld mehr hatte und die Hilfe seiner Bekannten nicht länger in Anspruch nehmen konnte, sah Culianu sich gezwungen, in das Flüchtlingslager in Latina zu gehen.

Das Lager lag mitten auf brachliegendem Ackerland am Tyrrhenischen Meer und bestand aus trostlosen Reihen überfüllter, verdreckter Baracken. Culianu teilte sein Elend mit den Unerwünschten und Gestrandeten – mit Jugoslawen, ungarischen Sinti und Roma, algerischen Flüchtlingen –, mit all den Leuten, die weder auf familiäre noch auf andere Beziehungen zurückgreifen konnten. Er durfte das Lager nur tagsüber verlassen, und dies auch nur, um zu arbeiten. Mühsam schlug er sich durch mit Englischunterricht und Tellerwaschen – »Perlentauchen«, wie es genannt wurde. Er hungerte. Auf einem

Flohmarkt fand er einen ausgebeulten Pullover, der ihm dabei half, Aufschnitt aus der Küche mitgehen zu lassen. Nachts legte er seine wenigen Lire unter sein Armeekissen und hörte zu, wie seine Zimmergenossen Messer schärften und schmutzige Witze über ihre Frauengeschichten rissen.

Wie tief war er gesunken seit den idyllischen abendlichen Spaziergängen mit Anca Giurescu in Perugia. Er schrieb an Şerban: »Mein Lieber, ich schreibe Dir in der Annahme, daß Du aus den Ferien *nach Hause* zurückgekehrt bist. Seit langem kennt meine Seele dieses Wort nicht mehr, und auch kein anderes vertrautes Wort [. . .]. Ich bin in meinem Schweigen und in meiner Unruhe erstarrt, [. . .] schreibe aus der sehr literarisch wirkenden Perspektive einer Zukunft, in der ich – mit einem hohen Blutzoll – in der Welt ›gesiegt‹ haben und den Versuchungen des Demiurgen erlegen sein werde, der mir gewisse Kräfte verleihen wird. [. . .] Deshalb sage ich mit Eminescu: ›Denn ich hatte nicht Dämonenerz im Blute / Noch die friedliche Geduld so wie der Gute.‹[20] [. . .] Wie geht es Chubby? [. . .] Ich sehne mich sehr nach ihm, [. . .] er fehlt mir am meisten – er hat mir zwei Jahre lang Kraft gegeben. Von allen ist er der einzige, der ins Licht eingehen wird [. . .]. Er wird seelenruhig, auf natürliche Weise verschwinden, so wie er aufgetreten ist. Niemand wird sein Verschwinden bemerken, weil er seine Gegenwart nicht besungen hat. Vielleicht werde auch ich die Ruhe erlangen, nach der ich mich sehne.« Dorin »Chubby« Zaharia war noch jung, als er wenige Jahre später starb.

Schlechte Nachrichten von zu Hause verstärkten seine Niedergeschlagenheit noch. In Iaşi wurde er der »Verunglimpfung des Staates« für schuldig befunden und in Abwesenheit zu sieben Jahren Haft verurteilt. Wegen seiner Flucht verlor seine Schwester ihre Stelle als Assistentin am Institut für vergleichende Literaturwissenschaft der Universität Iaşi, an der ihre Familie einst führende Ämter bekleidet hatte. Seine Mutter war gerade noch rechtzeitig in den Ruhestand getreten, bevor sie entlassen werden konnte. Freunde der Familie wurden davor gewarnt, die Beziehungen zu ihnen aufrechtzuerhalten. Einige ließen sich als Informanten anwerben. Als er von diesen Schwierigkeiten erfuhr, schrieb Ioan im Februar 1973 an Tess: »Ich kann Dir nicht dazu raten, unterwürfig zu sein. Ich weiß, daß Du das nicht könntest. Aber denk an Deine Karriere. Ich bin ein besessener Arbeiter, und am Ende werden unser Glaube, unsere Klugheit und Güte siegen.«

Angesichts des Hungers und der Kälte verlor er jedoch seinen Ehrgeiz. Er kümmerte sich nicht mehr darum, ob es Tag war oder Nacht. Er lag im Bett in jenem »heldischen Wahnsinn«, der für Giordano Bruno und Platon ein Angelpunkt ihrer Ästhetik war. Schließlich holte Culianu eines Nachts das orientalische Messer hervor, das sein Vater ihm vermacht hatte. Er fuhr mit der kalten Klinge über sein linkes Handgelenk auf und ab, dann stach er zu. Das Blut strömte seinen Arm hinunter. Er nahm das Messer in die andere Hand und schnitt sein rechtes Handgelenk auf. Nach Mircea Marghescus Bericht schnitt er sich dann noch in beide Unterarme. »Es war furchtbar. Er zeigte mir die Narben. Er hatte seine Handgelenke und die Innenseite beider Unterarme bis zum Ellenbogen aufgeschnitten, wirklich tiefe, lange Schnitte«, sagte Marghescu. »Er machte keine halben Sachen.« Culianu lag mit blutüberströmten Armen im Bett und schlief ein. Er träumte von einem hübschen blonden Mädchen in einem Orangenhain, das ihm zuwinkte. Da er nicht daran gedacht hatte, warmes Wasser über seine Wunden laufen zu lassen, trocknete das Blut langsam ein und stillte die Blutung. Als er erwachte, fühlte er sich ruhig und ein wenig benommen. Jedes Foto aus den nächsten zehn Jahren, auf dem er kurze Ärmel trägt, zeigt ihn mit Schweißbändern, unter denen er seine Wunden verbarg. Die Vision vom blonden Mädchen vergaß er nie.

Culianu verbrachte acht Monate in Latina, ehe er offiziell als Flüchtling nach den Grundsätzen der Genfer Konvention von 1951 anerkannt wurde. Er kratzte all sein Geld zusammen und kaufte unter zwielichtigen Umständen einen internationalen Nansenpaß, ein Reisedokument für staatenlose Flüchtlinge. Bei einer Gruppe, die die Arbeitsgesetzgebung für das Europäische Institut für internationales Arbeitsrecht erforschte, fand er einen Job. Von dort wechselte er zu einer Stellung als Sekretär an der Universität in Rom. Nachdem er eine Stellenanzeige entdeckt hatte, in der eine Dozentenstelle für Religionsgeschichte an der Università Cattolica del Sacro Cuore in Mailand angeboten wurde, meldete er sich dort für eine Anerkennungsprüfung in seinem Fach an.

Dem mürrischen Leiter der Personalabteilung erklärte er, daß er außer dem fragwürdigen Paß, den er gekauft hatte, keinerlei Papiere besaß. Da er geflohen sei, könne er auch keine akademischen Zeugnisse vorlegen. Das Fach Religionsgeschichte gebe es in seiner Heimat ohnehin nicht.

Der Mann schüttelte den Kopf. Er hatte schon andere in Culianus Situation gesehen, die nach den Entbehrungen im Osten versuchten, sich im Westen durchzusetzen. Seiner Erfahrung nach war es meist aussichtslos. »Haben Sie die Gebühr schon bezahlt?« fragte er.

»Ja.«

»*Poveraccio!* Sie armer Kerl. Tja, da Sie nun schon bezahlt haben, können Sie die Prüfung ja machen.«

Zwei Wochen später erhielt Culianu einen Brief, in dem man ihn beglückwünschte und ihm die Stelle anbot. Er ging wieder zu dem Personalleiter. Der fuhr ihn an: »Was soll das? Haben Sie mich beim letzten Mal angelogen?«

»Nein.«

»Aber Sie haben die beste Note bekommen!«

In fünf der sechs religionshistorischen Bereiche hatte er die volle Punktzahl erreicht. »Ich habe immer noch keine Papiere«, sagte er.

Der Mann dachte nach. »Sie müssen dem *professore* Ihre Geschichte erzählen. Er ist der einzige, der Ihnen helfen kann.« Der *professore* war Ugo Bianchi, einer der führenden Gnosis-Fachleute. »Ich bin wirklich beeindruckt. Daß Sie diese Kenntnisse völlig selbständig erworben haben, ist absolut unglaublich. Trotzdem, Sie brauchen einen akademischen Grad, um lehren zu dürfen.«

»Aber ich kann keinen Grad erwerben, wenn ich kein Geld habe. Und ich kann kein Geld verdienen, wenn ich nicht lehre.«

Bianchi richtete es so ein, daß er als Promotionsstudent immatrikuliert wurde und gleichzeitig als Assistent im Fachbereich Religionswissenschaften arbeiten konnte. Er verschaffte ihm ein Stipendium, das seine Studien in biblischer und östlicher Theologie einschließlich Griechisch und Hebräisch zwei Jahre lang sicherte. In vielfacher Hinsicht wurde Bianchi zu dem Mentor, den Culianu in Eliade zu finden gehofft hatte. Unter Bianchi erlernte er die Methoden und Arbeitstechniken, die ein professioneller Religionshistoriker im Westen beherrschen muß. Diese Anleitung war sowohl ein Segen als auch ein Hindernis, denn Bianchis Ansatz, der auf einer Anhäufung esoterischer Fakten beruhte und Theorien kaum Beachtung schenkte, war bereits damals ein wenig überholt. Dennoch war Culianu ihm, dem Studentenbetreuer Giuseppe Lazzati und dem Leiter des Fachbereichs, Raniero Cantalamessa, stets dankbar für ihre Bereitwilligkeit, ihm diese Chance zu geben. Für ihn war es ein Geschenk des Himmels. Binnen weniger Monate war er von einem Selbstmordversuch in einem Flüchtlingslager zu einem Stipendium gekommen, das zu einer Dozentenstelle im Westen führte.

> [. . .] jetzt wird mir bewußt, daß wir alle Helden eines schönen Buches gewesen sind – irgendwann werde auch ich versuchen, dieses Buch zu schreiben, aber es wird nicht dasselbe sein. Jeder von uns wird es vielleicht zu schreiben versuchen, aber es wird nicht das BUCH sein.
>
> I. P. Culianu an Şerban Anghelescu, 26.-27. Oktober 1973

8 Mircea Eliade, Paris und Chicago

Während um ihn her die Studentenrevolution tobte, vertiefte Culianu sich in den besten Bibliotheken der Welt, auch der Vatikanischen, in die Werke von Renaissancephilosophen wie

Marsilio Ficino, Pico della Mirandola und Giordano Bruno. Unweit des Vatikans ging er regelmäßig an der Statue vorbei, die an jener Stelle errichtet worden war, wo Bruno im Jahre 1600 von der Kirche auf dem Scheiterhaufen verbrannt worden war. Nun war sie zum traditionellen Treffpunkt der Anarchisten von Rom geworden.

Nach wie vor interessierte er sich vor allem für die Magie der Renaissance. Nächtelang saß er am Schreibtisch, hielt sich mit Zigaretten wach und beschäftigte sich mit den unheimlichen Gedanken des aus dem Priesteramt verstoßenen Dominikaners, des schmächtigen und geschmähten Giordano Bruno.

Welch ein Nervenkitzel, Brunos Abhandlungen im lateinischen und italienischen Urtext wiederzulesen. Brunos umfassende Kenntnis des ›mundus imaginalis‹ – der Welt der metaphysischen Sinnbilder – hatte ihn im späten 16. Jahrhundert zum charismatischen Redner und Denker gemacht. Er hatte sich auf die ›Gedächtniskunst‹ spezialisiert, die antike griechische Technik, sich lange Reden zu merken, indem man die einzelnen Abschnitte den verschiedenen Zimmern eines Hauses, das man sich ins Gedächtnis eingeprägt hatte, zuordnet. Wenn ein Redner in den Zeiten, bevor es Teleprompter gab, eine Rede hielt, ging er im Geist durch die Zimmer und griff die mit jedem Bild verknüpfte Textstelle heraus.

Statt eines Hauses hatte Bruno sich allerdings mehr als hundert astronomische und astrologische sowie altägyptische Symbole eingeprägt und sich so eine komplexe, mystische Gedächtnisarchitektur errichtet. Wer sich diese Art von Magie aneignete, war für Bruno ein »Adept«, eingeweiht in eine höhere Welt. Mit Hilfe eines solchen Wissens, sagte er, könne ein Magier einer Geliebten oder auch einer großen Öffentlichkeit seinen Willen aufzwingen, um sie zu verführen. Die Frage nach dem ›Wie‹ war das Geheimnis, dem Culianu nachspürte.

Culianu verglich Brunos Magie mit der von Werbefachleuten und politischen Propagandisten und untersuchte dabei die psychologische Grundierung der westlichen Mediengesellschaft, die er zum ersten Mal erlebte. All diese Fachleute versuchten, das kollektive Unbewußte in einer Art und Weise zu manipulieren, die bereits Giordano Bruno analysiert hatte. Brunos Techniken funktionierten – zumindest hielten seine Zeitgenossen sie für äußerst wirksam –, und sie machten ihn so bekannt, daß er vom französischen Hof eingeladen wurde. Doch seine Ideen erschienen der Kirche gefährlich. Am 17. Februar 1600 wurde er hingerichtet.

Culianus Begegnung mit Brunos Zeichenwelt führten ihn zu den Beziehungen zwischen Religion und Macht, zu den Strukturen der Geschichte und ihren entscheidenden Zeitpunkten, die er in der Astrologie – wenn auch unscharf – dargestellt sah, und zu den unbewußt wirkenden Mechanismen, mit denen die Öffentlichkeit manipuliert wird. Im Oktober 1973 spielte er in einem Brief an Şerban auf seine Entdeckungen und auf seinen jüngsten »gesellschaftlichen ›Erfolg‹« an, »für den ich mit einer Unruhe gezahlt habe, die größer ist, als ein Mensch wie ich ertragen kann«. Er schrieb über »die unendliche Einsamkeit, die sich jetzt überall um mich ausbreitet [...] und die zur Dialektik von Schuld, Freiheit und Schicksal gehört. [...] Einerseits sehe ich mich als einen Menschen wie jeder andere: schüchtern, gebrechlich, empfindlich, mißtrauisch und kleinlich. Andererseits ist meine Verzweiflung eine Qual, die von ›etwas‹ herrührt, was noch unerklärt und unentfaltet in mir schlummert: eine gewaltige Erkenntnis und eine ebenso gewaltige Kraft, die nicht meine sind. [...] Diese Erkenntnis und diese Kraft haben einen Ursprung, der im Mittelalter als göttlich oder dämonisch bezeichnet worden wäre: *dämonisch* ist der passende Ausdruck dafür.«

Einige von Brunos Abhandlungen, wie *De imaginum, signorum et idearum compositione*, waren von der Forschung bisher weitgehend vernachlässigt worden. Unter den Wissenschaftlern, die sich eingehender mit Bruno auseinandergesetzt hatten, schrieb Frances Amelia Yates, eine Historikerin an der Universität London, sicher am eindrucksvollsten; sie versuchte Brunos Techniken zu entwirren. Culianus Beitrag bestand nun darin, die Künste der Magie und die psychologischen »Fesseln« auf die moderne Gesellschaft anzuwenden. Er sah die westliche Kultursphäre als ein Reich von Hexenmeistern, das auf denselben Grundsätzen der emotionalen Steuerung beruhte, wie Bruno sie angewandt hatte, und von ihnen beeinflußt wurde. Sein Studium der Magie der Renaissance brachte Culianu zu der Einsicht, daß es keine *allein*gültige Konstruktion der Wirklichkeit gebe, weder eine kommunistische noch eine westliche. Er untersuchte die semiotischen Techniken der Werbefilme, von denen das imaginative Leben jedes einzelnen durchdrungen ist. »Was ist ein Gedanke?« fragte er. Wie manipulieren wir unsere Gedanken oder die von anderen? In den obskuren Schriften eines vierhundert Jahre alten Magiers und Philosophen fand er nützliche Antworten auf diese Fragen.

In Mailand wohnte Culianu zusammen mit zehn oder elf anderen Universitätsassistenten in einer Pension in der Via Necchi. Ihnen fielen sein durchdringender Blick, seine Unsicherheit und seine Ruhelosigkeit auf. Mit Gianpaolo Romanato, dem Sproß einer wohlhabenden Familie, freundete er sich an. Romanato hatte am selben Tag Geburtstag wie Miron Bogdan und wie Culianus spätere Lebensgefährtin Hillary Wiesner – am 17. August.

Romanato erinnerte sich an Culianus »schnellen, nervösen Gang« und an die dünne Jacke, die ihm als Wintermantel und als Jackett diente: »Als wir uns kennenlernten, hatte Culianu die Gesichtszüge eines Menschen, der gelitten hatte, und eine Blässe, die nach Unterernährung aussah. Ich bin noch nie jemandem begegnet, der eine solche Zähigkeit hatte, eine solche Fähigkeit, Leiden zu ertragen, es zu verinnerlichen und es irgendwie zur Lebensgrundlage zu machen. Es war dieselbe Zielstrebigkeit wie bei seinen Yoga-Übungen, die zur geistigen Konditionierung dienten. [...] Er konnte fünfzehn oder sechzehn Stunden am Tag ohne Unterbrechung arbeiten. [...] Er brauchte sich keine Aufzeichnungen zu machen; sein Gedächtnis war sein Notizbuch.«

Von 1973 bis 1976 wohnten Culianu und Romanato zusammen, aßen miteinander, sahen sich beinahe täglich. Beide hatten Stipendien der Universität. An Wochenenden fuhr Culianu häufig mit zu Romanatos Eltern nach Padua. Auch andere italienische Freunde luden ihn zu sich nach Hause ein; sie hatten Mitleid mit ihm, weil er anscheinend große persönliche Probleme hatte, über die er jedoch nicht sprach. Er war ein angenehmer Gast, bei dem sich die Gastgeber in ihrer Rolle wohl fühlten. Er konnte ein Wochenende in ein Abenteuer der Selbstentdeckung verwandeln, da er über jeden seltsamen Zufall staunte, der für ihn ein Zeichen für die tiefere Logik des Universums war. Eigentlich kannte ihn jedoch niemand wirklich oder das Leben, das er hinter sich gelassen hatte.

Sein Professor, Ugo Bianchi, nahm regen Anteil an seiner Entwicklung. »Ich erinnere mich an die Schnelligkeit, mit der er seine Gedanken in vielen Sprachen aufschrieb: französisch, rumänisch natürlich, und italienisch«, erzählte er. »Im selben Augenblick, in dem er nachdachte, schrieb er. Seine Gedanken kamen fließend, vollkommen geordnet, logisch. Ich beneidete ihn immer, denn mir fällt das Schreiben schwer.« Für den Rest seines Lebens ehrte Culianu unbewußt seinen Mentor, indem er sich Bianchis gewähltes Italienisch aneignete.

Er hatte eine ganze Reihe italienischer Freunde: die Assistenten Giovanni Casadio und Mario Lombardo und eben Romanato. Sie alle erinnerten sich an die plötzlichen Stimmungsumschwünge ihres Freundes. Romanato berichtete: »Er lachte sehr wenig, und das, obwohl wir erst dreiundzwanzig waren, eigentlich noch Jungs. Ich weiß noch, daß er stundenlang schweigen konnte, geistig total abwesend war, selbst wenn er sich in einer Bar oder in einem Café befand. Er verschloß sich, den Kopf gesenkt, leicht zur Seite geneigt. Es war eine plötzliche, tiefe Traurigkeit, so schwermütig, so unerwartet.«

Wegen seiner Flucht hatte Culianu auch andauernd Angst. »Ich erlebte alle Symptome jener Paranoia, die allen zu eigen ist, die erst kürzlich geflohen sind«, ließ er später eine Gestalt in einer Kriminalgeschichte sagen, »und ich hörte immer die Schritte der Geheimpolizei hinter mir, wenn ich an den Zuhältern und den Drogendealern an der *stazione* neben der Pensione Cavalari vorbeiging.«[21] Seine Freunde bemerkten, daß er sich alle paar Schritte umdrehte, wenn er durch Mailand ging. Sie hänselten ihn: »Giovannino, du bist nicht so wichtig, daß Bukarest herkommt, um dich umzubringen!«

Sie gingen in Bars, wo sie flipperten, oder in Museen, wo sie die Gemälde der italienischen Meister betrachteten. Im großen und ganzen schien Culianu mehr im 16. als im 20. Jahrhundert zu leben. Leonardo da Vincis *La Vergine delle Rocce* (über das er einen Aufsatz für die Mailänder Fachzeitschrift *Aevum* schrieb) und Botticellis berühmtes *La Primavera* gehörten zu seinen Lieblingsbildern. Er wurde geradezu zum Experten für mittelalterliche und frühneuzeitliche Sakralkunst und erfreute sich an all den Chiffren und Geheimnissen, die er in Botticellis Figuren erkannte. Die Gestalt der Venus im Mittelpunkt von *La Primavera* faszinierte ihn besonders, denn sie glich der Gestalt, die ihm im Traum erschienen war, als er sich die Pulsadern aufgeschnitten hatte.

Im Juni 1974 war es Dumitru Radu Popa als erstem aus dem alten Freundeskreis gelungen, nach Italien zu kommen. Er fand Nené enorm verändert – freundlich wie immer, aber nicht mehr bereit, auf kostbare Zeit zu verzichten, die er lieber seinen Studien widmete. Während Radu die Sehenswürdigkeiten besichtigte, saß sein Vetter in der Biblioteca Ambrosiana. Sogar in der größten Sommerhitze trug Nené einen schwarzen Anzug und eine Krawatte. Die Bibliothekare nannten ihn respektvoll *professore*. Es war allerdings nicht zu übersehen, daß er sehr einsam war. Er forderte Radu auf zu bleiben. »Er wollte, daß auch ich im Westen bleibe; er sagte, es sei leicht. Aber ich sah seine Angst, und daß er sich die ganze Zeit umguckte.«

Im Spätsommer 1974 schrieb Mircea Marghescu aus Paris und bot ihm an, ihn zu Eliade mitzunehmen. Wie der Held eines Ritterromans hatte Culianu sich der ›Schicksalsprüfung‹ unterzogen und so das Recht erworben, vom großen Gelehrten empfangen zu werden. Im September ging Culianu nach Paris und rief den Professor an, der ihn in die Wohnung an der Place Charles Dullin einlud, wo die Eliades seit den späten fünfziger Jahren den Sommer verbrachten.

Eliade empfing ihn freundlich, nicht herzlich, aber mit höflichem Interesse. Er war bereits ein alter Mann, gebrechlich und kahl, dicker schwarzer Hornbrille und Pfeife. Er hatte kaum noch Ähnlichkeit mit dem kühnen und leidenschaftlichen Adonis, der er in seinen früheren Jahren in Indien gewesen war. Er erkundigte sich nach Culianus Studien und nach seinen Projekten. Am Ende des Besuches stellte Culianu ihm die wichtigste Frage seines Lebens : »Herr Professor, dürfte ich an die Universität Chicago kommen?«

»Ja, auf jeden Fall. Wir werden das einrichten.«

Als er ging, blieb Culianu vor der Haustür stehen. Er sah benommen aus. Er wiegte sich hin und her, und wie ein Mantra wiederholte er: Er ist ein Schamane, er ist ein Schamane, er ist ein Schamane.

»Wart's ab. Eliade sagt immer zunächst ja«, sagte Marghescu spöttisch. »Er wird überhaupt nichts tun.«

Culianu drehte sich zu ihm und starrte ihn an, als sei er der größte Ignorant auf der ganzen Welt.

Nach der Begegnung mit Eliade kehrte Culianu in Hochstimmung nach Mailand zurück. Das Öffnen seines Briefkastens wurde zum Nervenkitzel: Wieder erwartete er einen Brief von dem Mann, den er zu seinem Mentor erkoren hatte und der ihm nun in dürren Worten eine neue Ära für sein Leben angekündigt hatte. Er hatte nicht nur den Mann kennengelernt, der die Welt auf eine Reise zu den tieferen Bedeutungen von Religion und Geschichte führte, sondern er war von ihm mehr oder weniger *eingeladen* worden, an der führenden religionswissenschaftlichen Fakultät mitzuarbeiten. In Italien sah er für sich keine akademische Zukunft. In den Vereinigten Staaten schon eher – dort war man tatkräftig, laut, bilderstürmerisch, frei, reich an Medieneinfluß und Geld – das war *sein* Ort in der Welt.

Marghescus Spott hatte er nicht vergessen. Aber sein Freund wußte nicht, daß Culianu sich inzwischen noch einmal mit Eliade getroffen hatte. Der Funke war übergesprungen. Am 16. September 1974 schrieb Eliade über einen Abend mit Culianu in Paris in sein Tagebuch: »Wir plaudern bis Mitternacht

in meinem Arbeitszimmer.« Eliade suchte einen jungen Nachfolger, der seine Arbeit fortsetzen würde – ihre Beziehung
zueinander war also nicht gänzlich einseitig. Und Culianu war
bereits auf Schwachpunkte in Eliades wissenschaftlichem
Werk aufmerksam geworden. Der unterließ es nämlich nicht
selten, die Grundlagen für seine sprachgewaltigen und weit-
reichenden Theorien zu belegen. Im Lichte neuerer Forschungsergebnisse erschienen sie zum Teil recht spekulativ.
Culianu begann zu glauben, sein großes Vorbild sei besser
darin, fremde Ideen zu verallgemeinern als originelle Ideen zu
entwickeln. Je weiter er sich in die Religionsgeschichte einar-
beitete, desto stärker bekam er das Gefühl, durchaus in der
Lage zu sein, sich selbständig behaupten zu können. »Eliade,
der in seinen Augen ein großer Mann war, wurde zu einem
Menschen, dem Culianu als Ebenbürtiger gegenübertrat«, erinnerte sich Gianpaolo Romanato.
Wochenlang erhielt Culianu keine Antwort. Er schickte Eliade
seinen Aufsatz »Soarele şi luna în folclorul românesc« (›Sonne
und Mond in der rumänischen Folklore‹), um ihn vorsichtig an
sein Versprechen zu erinnern. Ihm war unbegreiflich, daß jemand ein solches Angebot machen konnte und es danach
einfach wieder vergaß. Culianu wurde immer unruhiger, weil
er gerade an einer Monographie über Eliade schrieb, mit dem
er eine Professur an der katholischen Universität zu erwerben
hoffte. Nun hing das Projekt von der Einladung nach Chicago
ab.

Einige seiner Freunde berichteten, daß Culianu im Exil eine
Zeitlang rechtsextremistische Ideen angenommen hätte. Mus-
solini und Salazar, der portugiesische Diktator, den auch
Eliade seinerzeit bewundert hatte, imponierten ihm. Seine frühere totalitäre Erziehung habe sich »nur zur Schaffung von
Helden geeignet«, wie er einmal zu Romanato sagte. Offenbar
in Ablehnung der Helden der Linken wandte er sich der Rechten zu. In Mailand besuchte er, wie viele Rumänen, die nach
Italien kamen, das rumänische Kulturzentrum des reichen Ge-
schäftsmannes und Verlegers Iosif Constantin Drăgan. Laut

Panorama, einer der größten Wochenzeitungen Italiens, war Drägan ein ehemaliges Mitglied der Eisernen Garde und unterhielt enge Beziehungen zum Ceauşescu-Regime. In der Bibliothek des Zentrums gab es eine Vielzahl von Büchern über die Geschichte der Eisernen Garde. Culianu studierte sie eingehend. Er wollte eine Epoche verstehen, die in seiner kommunistischen Erziehung völlig unberücksichtigt geblieben, die jedoch Teil der Vergangenheit seiner Familie und seines Idols gewesen war.

Eliade seinerseits war in Chicago mit der Arbeit an seinen Vorlesungen und an seinen Büchern und Aufsätzen vollauf beschäftigt. Unter den Leuten, die hin und wieder von Eliade und seiner Frau eingeladen wurden, war auch Mircea Marghescu, der eine Stelle als Assistent für vergleichende Literaturwissenschaft an der Universität von Chicago bekommen hatte. Marghescu fragte den Professor von Zeit zu Zeit, wann er Culianu einladen werde. Eliade antwortete, er werde sich darum kümmern. Nach mehreren Wochen deutete Marghescu an, daß Eliade wohl keine Zeit habe, sich der Sache anzunehmen, und er bot ihm an, Culianu pro forma eine Stelle als postdoktoraler Student zu verschaffen. Eliade willigte ein.

Spät in jenem Herbst erreichte Culianu endlich die Einladung, auf die er so lange gewartet hatte. Er sollte das Winter- und das Frühjahrstrimester 1975 als Forschungsstipendiat an der Divinity School der Universität Chicago verbringen. Für einen jungen Mann, der bis vor kurzem nichts als ein mittelloser Student aus einem kleinen despotischen Land gewesen war, war dies eine überwältigende Wende. Er hatte nicht nur fast einen Lehrauftrag in Mailand, sondern wurde jetzt auch noch von seinem verehrten Vorbild als dessen persönlicher Assistent nach Chicago eingeladen.

Wieder brachte ihn ein Flugzeug in eine neue Welt, von der er seit Jahren geträumt hatte. Doch seine Ankunft am O'Hare-Flughafen im Februar 1975 unterschied sich wesentlich von seiner Ankunft im sonnigen Rom drei Jahre zuvor. Bei der Landung wurde seine Maschine von feuchten, arktischen Winden geschüttelt. Statt unterwegs ein lebhaftes Gespräch mit einer schönen Dozentin zu führen, wurde er in Chicago von einem schlechtgelaunten Marghescu abgeholt, der entschlossen war, den Jüngeren zu bevormunden, dem er in einem entscheidenden Augenblick weitergeholfen hatte. Statt mit dem Zug in eine malerische italienische Stadt zu fahren, stiegen sie in Marghescus Mietwagen und fuhren zu einer Wohnung an der Ecke 57. Straße und Cornell Street.

In Italien hatte er eine vertraute, romanische Offenheit erlebt, auch wenn die Menschen nur wenig über sein Heimatland wußten. In Chicago fand er eine kalte, elitäre Universität vor, gegründet von den puritanischen Rockefellers und fest entschlossen, sich als eine der führenden Universitäten der Welt zu etablieren. »Es ist sehr langweilig«, schrieb er an seinen Freund Romanato. »Die Universität von Chicago ist heute die beste in den USA. Sehr hohe Gebühren, Professoren, die nie erscheinen, wenige Studenten, die alle sehr verängstigt sind. Aber, um ehrlich zu sein, ich mag es so.« In seinen ersten Wochen dort brach Chicago unter einem der heftigsten Schneestürme in der Geschichte der Stadt zusammen. Schneewehen von bis zu anderthalb Metern schnitten die Stadt von der Außenwelt ab.

Doch Culianu war da, wo er hinwollte: vor der Tür zu Eliades Büro im Meadville Theological Seminary in der 57. Straße. Eliade war durchweg sehr beliebt; auf dem Campus wurde er von vielen, die ihn kannten, Maestro genannt. Er vermied die Limousine, die ihm die Universität zur Verfügung gestellt hatte. Abends aß er im Quadrangle Club der Fakultät, weil Christinel, seine Frau, nicht kochte. Wenn sie gerade nicht hinsah, mixte er sich einen Scotch und Roggenwhisky. Er half fast jedem, der zu ihm kam, vor allem jungen Leuten aus seiner Heimat. Einmal tauchte ein bärtiger, mittelloser und ungepflegter junger Mann mit einer Gitarre vor Eliades Tür auf. Auch ihn, den späteren Rundfunkkommentator und Schriftsteller Andrei Codrescu, nahm der Maestro unter seine Fittiche.

Diese Großzügigkeit erschien denen, die sie erlebt hatten, geradezu heilig; sie entsprang einem Leben geistiger Pilgerschaft.

Von der Zeit, als er mit Anfang Zwanzig in Indien die Geheimnisse des Yoga studiert hatte, bis zu seinem Exil als Berühmtheit in den Vereinigten Staaten war Eliades Laufbahn »ein Mikrokosmos der Pilgerfahrten dieses Jahrhunderts durch extravagante Hoffnungen, Träume und Terror«, wie ein Journalist des *New York Times Book Review* einmal schrieb. Wegen des Verdachts, ein Mitglied der Eisernen Garde zu sein, war Eliade gezwungen gewesen, aus Rumänien zu fliehen. Er hatte alles, was er liebte, zurücklassen müssen und sah seine Eltern nie wieder. Diese Erfahrung prägte sein Denken.

Für Culianu war ein negativer Aspekt seines Glücks, daß er in Chicago vorgeführt bekam, wie gering seine eigenen Leistungen noch waren. In Eliades veröffentlichten Tagebüchern aus dieser Zeit erscheint Culianu nur dreimal in Notizen zu größeren Abendessen. Ein Eintrag vom 13. Februar verweist auf die Schwierigkeiten, die Culianu noch hatte: Ihm »wäre nichts lieber, als an meinen Seminaren teilzunehmen, aber ich weiß nicht, ob das möglich sein wird«. In den Monaten März und April erwähnt Eliade nur zwei Begegnungen mit Culianu – einmal bei einem Abendessen mit mehreren Personen, das andere Mal, als Culianu versuchte, »ein wenig Ordnung in meine Bücherregale zu bringen«. Am 10. Mai 1975, als Culianus Aufenthalt in Chicago langsam zu Ende ging, zog Eliade Bilanz: »Um eins ist Culianu bereits im Wohnzimmer inmitten von Stapeln von Ordnern, die er überall ausgebreitet hat. Er hat damit begonnen, einen Teil meiner Korrespondenz zu ordnen. Wir sehen uns in drei oder vier Stunden wieder, und ich hoffe, wir haben dann etwas Zeit, miteinander zu plaudern. Er ist in der Absicht nach Chicago gekommen, bei mir zu arbeiten. Wir sind uns nun schon einige Male begegnet, aber hatten noch nicht die Gelegenheit, uns ernsthaft zu unterhalten.« Nach drei Monaten in Chicago hatte Culianu noch immer nicht Gelegenheit gehabt, sich mit dem Mann »ernsthaft zu unterhalten«, dessentwegen er so weit gereist war. Eliade hielt ihn nicht absichtlich auf Distanz, aber Culianu einzuladen und ihn dann zu ignorieren, muß letzterem wie ein grausames Spiel vorgekommen sein.

Dennoch schrieb Culianu mehrmals aufgeregt an seinen Freund Romanato über das Leben in den Vereinigten Staaten und berichtete über »wichtige und interessante Erfahrungen«. Er habe »wichtige Leute« kennengelernt, sagte er und fand Chicago »ganz anders als europäische Städte. Gemessen an Chicago sind es Rattenlöcher. Fernsehen mit 40 Kanälen, davon allein fünf aus Chicago, die größte Bibliothek, den höchsten Wolkenkratzer, das größte Spielzeuggeschäft der Welt, von dem Getümmel des täglichen Geschäftslebens ganz zu schweigen, das alles übersteigt, was ich mir je hätte vorstellen können.«

Leicht war das alltägliche Leben für ihn jedoch nicht. Er konnte sich die Sehenswürdigkeiten der Stadt nicht anschauen, weil er kaum Geld hatte. Statt dessen studierte er und verbrachte die Zeit mit »8-10 Stunden Lesen täglich«. Er kochte selbst, weil er es sich nicht leisten konnte, mit Marghescu essen zu gehen, und er ging fünfzehn Häuserblocks zu Fuß zu einem Lebensmittelgroßhändler neben den berühmten alten Fleischfabriken von Chicago, um ein paar Cents weniger für ein Stück Leber auszugeben, das nicht immer ganz frisch roch. Marghescu behandelte Culianu, der sich immer noch mit dem Englischen quälte, von oben herab. Sie stritten sich häufig, und meist wegen Geld. Ein böser Streit bezog sich auf eine Flasche Orangensaft. Culianu verdächtigte Marghescu, sie gestohlen zu haben. »Es hätte eigentlich lustig sein sollen, aber das war es nicht«, erinnerte sich Marghescu. »Es war furchtbar, was wir einander angetan haben.« An seinem letzten Tag kam Culianu, als er auf dem Weg zu Christinel Eliade war, um sich von ihr zu verabschieden, in einen Wolkenbruch. Sie nötigte ihn, seine durchnäßten Sachen auszuziehen, und dabei bemerkte sie, wie abgetragen und schmutzig seine Socken und sein Hemd waren. Sie bestand darauf, daß er sie wegwerfe, und gab ihm welche von ihrem Mann. Einen deprimierten Brief an Gianpaolo Romanato hatte er mit den Worten beendet: »Ich habe bis jetzt nur wenige Menschen kennengelernt. Ich freue mich schon, im Juni zurückzukehren, mit dem ›Ruhm‹, bei Professor Eliade studiert zu haben.«

Trotz seiner Enttäuschungen konnte er seine erste Reise in die Vereinigten Staaten einen Erfolg nennen. Er hatte Einblick in Eliades Akten erhalten, wenn auch nicht zu dessen geheimsten Gedanken (in die niemand je eingedrungen war), und er hatte genügend Stoff für seine Monographie gesammelt. Außerdem hatte er sich bei Eliade beliebt gemacht, indem er etwas Ordnung in die chaotische Materialsammlung dieses überaus produktiven Schriftstellers gebracht hatte. Nicht zuletzt hatte er sein Englisch verbessert. Im Vergleich zu seinen europäischen Freunden hatte er in kurzer Zeit recht viel erreicht. Wenn er auch ein karges Leben hatte fristen müssen, hatte er doch bereits mehr internationale Beziehungen geknüpft als manch älterer Wissenschaftler. Für einen fünfundzwanzigjährigen Exilanten war das kein geringer Erfolg.

Im Mai war er nach Mailand zurückgekehrt. Im Juni erhielt er seine erste Doktorwürde, den ›dottore in lettere‹ der Katholischen Universität zu Mailand, mit ›summa cum laude‹. Er arbeitete jetzt als Assistent von Ugo Bianchi und begann einen neuen Bereich zu erkunden: Er schrieb jetzt an einem Buch über Hans Jonas: *Gnosticismo e pensiero moderno: Hans Jonas* (›Gnostizismus und modernes Denken: Hans Jonas‹). In Jonas, der einen Lehrstuhl an der New School for Social Research in New York innehatte, fand Culianu einen weiteren Förderer. Der innovative und hochgeachtete Gelehrte beschäftigte sich seit Jahrzehnten mit dem Gebiet, das Culianu so am Herzen lag: mit den geheimen, rebellischen gnostischen Sekten.

Nachdem er den Sommer über in Mailand an seinem Eliade-Buch gearbeitet hatte, reiste Culianu im September nach Großbritannien, um am 13. Kongreß der International Association of the History of Religions in Lancaster teilzunehmen und dort selbst ein Referat zu halten. Zum ersten Mal konnte er seine Ideen über die Strukturen des Glaubens einem internationalen Fachpublikum vortragen.

Auf Anregung seines Freundes Romanato publizierte er ein paar Artikel über die drastische Unterdrückung der Meinungsfreiheit in Rumänien. Im November schrieb er einen Essay mit dem Titel »Exile«, der in der bekannten Emigrantenzeitschrift

Limite in Paris veröffentlicht wurde und in dem er sich über die Feigheit der Securitate lustig machte und feststellte, daß eine Rückkehr nach Rumänien ohne einen radikalen Wandel dort nicht in Frage komme. Wie seine wissenschaftlichen Arbeiten wandten sich auch seine politischen Texte in ihrer komplexen und suggestiven Sprache an einen eher kleinen Leserkreis. Immerhin wurde »Exile« und anderen Essays die Ehre zuteil, in mehreren polemischen Artikeln von einem Securitate-Schriftsteller zitiert zu werden, der unter dem Pseudonym Artur Silvestri schrieb. 1973 bis 1974 hatte Culianu Rezensionen über Bücher von Vasile Voiculescu, Constantin Noica, Mircea Ciobanu und Dan Laurenţiu geschrieben, die trotz ihres politisch nicht konformen Charakters unter dem Ceauşescu-Regime veröffentlicht worden waren.

Am 10. November 1975 gratulierte Eliade ihm sehr herzlich zu seiner Promotionsnote: »Meine aufrichtigsten Glückwünsche für die ›summa cum laude‹! [. . .] Es ist selbst aus der Ferne aufbauend und höchst erfreulich für mich, an einem so vielfältigen und eifrigen Schaffen teilzuhaben, wie es Ihnen eignet (und so wie das Schaffen jedes verantwortlichen Verbannten sein muß, zumal wenn er aus Rumänien kommt!). Ich freue mich über alles, was Sie machen oder im kommenden Jahr zu machen beabsichtigen.« Das »vielfältige und eifrige Schaffen« bestand nun aus drei Projekten – der Eliade-Monographie, der Arbeit über Hans Jonas und dem Buch *Éros et Magie à la Renaissance*.

In den siebziger Jahren wurde Italien für Culianu zunehmend zu einem Land des Aufruhrs. Das Verschwinden von Politikern, Journalisten und Richtern – in Italien bezeichnete man diese Zeit achselzuckend als ›fantapolitica‹, phantastische Politik –, die Studentenproteste und das verstärkte Aufkommen einer gewalttätigen Linken innerhalb und außerhalb der Universität – all dies erzeugte in ihm Unbehagen und Unruhe. Er hatte sich bereits ein gewisses Maß an Reputation verschafft und bewarb sich auch ins Ausland. Gleichzeitig erhielt er am 1. März 1976 das Angebot eines Vierjahresvertrags als Dozent an der Università Cattolica zu Mailand.

Zwei seiner Bewerbungen hatten Erfolg: Er konnte zwischen einer gutbezahlten Stelle für rumänische Studien im niederländischen Groningen und einer Stelle als Gastdozent an einer indischen Universität wählen. Culianu stand nun gewissermaßen an einem Scheideweg, vor der Wahl zwischen Orient und Okzident. Er hatte die Chance, genau das zu tun, was sein Vorbild getan hatte – die geistige Erleuchtung im Land der Mystiker zu suchen. Oder er konnte den Versuchungen eines Berufslebens im Westen nachgeben – Geld, Komfort, Sicherheit, in einer bürokratischen Institution in einem kleinen, behaglichen, aber etwas langweiligen Land.

Zwei Jahre zuvor hätte er die Gelegenheit eines bezahlten Aufenthalts in Eliades indischem Ashram sofort ergriffen. Jetzt zögerte er. Er bat Eliade um Rat. Der schrieb ihm am 16. April 1976: »Wenn die Stelle in Holland *sicher* ist, nehmen Sie sie an. Sie können später von dort weggehen, wenn Sie ein interessanteres Angebot bekommen. (An Ihrer Stelle hätte ich mich für Indien entschieden, trotz des Risikos, eines Tages ausgewiesen zu werden . . .) Wichtig ist, daß Sie sich nicht von dem ›historischen Augenblick‹ unter Druck setzen lassen – und Ihre Arbeit fortsetzen. Ich habe den Eindruck, daß die italienische Atmosphäre Ihnen unerträglich geworden ist. Also, wenn Ihnen keine Wahl bleibt, müssen Sie Italien verlassen . . . und nach Holland, Indien oder (später) sonstwohin gehen.« Anders als sein Mentor war Culianu am meisten daran interessiert, was die Vergangenheit über die Zukunft sagen könnte, und die Zukunft lag für ihn in westlicher Technologie und Kommerz. Er entschied sich für Holland.

Obgleich er sich für den Westen entschieden hatte, gab er sich diesbezüglich keinen Illusionen hin. Er war bereits enttäuscht von der übertrieben technischen Ausrichtung seines »unglücklichen Faches«, wie Eliade die Religionsgeschichte einmal bezeichnet hatte. Culianu schrieb Andrei Pleşu, einem Freund in Rumänien, der nach der Revolution von 1989 Kulturminister des Landes wurde, über seine Schlußfolgerung: »Hier, ›im Westen‹, ist die Religionsgeschichte [. . .] nicht das Ergebnis einer individuellen Entwicklung hin zu einer Form der ontologischen Öffnung, so wie sie es, glaube ich, in unserem Fall war, sondern ein philologisches und archäologisches Fach ohne jede existentielle Auswirkung. Sie ist bei der Suche nach tieferer Erkenntnis oder nach einer Öffnung zum Sein nutzlos.« – Er bereitete sich erneut auf einen Aufbruch vor, diesmal also ins kalvinistische Holland.

> Ich schlage im Lateinwörterbuch unter ›precarius‹ nach und erfahre, daß es »durch Gebet erlangt« bedeutet. [. . .] Prekarität [. . .] ist der einzige Weg, die Religion in säkularen Zeiten zurückzugewinnen.
>
> I. P. Culianu an Mario Lombardo, Januar 1979

9 Holland: Ein aufsteigender junger Intellektueller, 1976-1983

Groningen war die dritte Universitätsstadt in Culianus Leben. Die Stadt war provinziell und verregnet; ihm fehlte die Wärme, die er aus Italien und Rumänien gewöhnt war. Studenten wie Professoren fuhren mit dem Fahrrad durch die Stadt. Eine mittelalterliche Kirchturmuhr schlug die Stunden. Das Leben der ganzen Stadt kreiste um die dreihundertjährige Universität. Es war üblich, die Vorhänge auch abends weit offen zu lassen, als wollte man das hell erleuchtete Wohnzimmer jedem Passanten zeigen, um seine bürgerliche Achtbarkeit unter Beweis zu stellen. Diese Sitte ging Culianu furchtbar auf die Nerven.

Doch ihm gefielen die Annehmlichkeiten des Lebens, die das Land zu bieten hatte, die Reformhäuser und Delikatessenläden, die es überall gab, das Gesundheitswesen, das zu den besten der Welt zählte. Die höflichen und zurückhaltenden Holländer schienen Stetigkeit und Gründlichkeit mehr zu würdigen als Kreativität und Leidenschaft. Für einen ehrgeizigen

Wissenschaftler, der vor der Unterdrückung des eigenen und vor der Unruhe eines anderen Landes geflohen war, bot Groningen eine Zuflucht, wo er in aller Ruhe arbeiten und auf Anerkennung hoffen konnte.

Culianus Anstellung war das Ergebnis eines Zusammenwirkens von Glück und Schicksal. Derjenige, der sich für ihn entschieden hatte, war Willem Noomen, ein Spezialist für altfranzösische Romane und Fabliaux. Professor Noomen, ein hochgewachsener, weißhaariger, bemerkenswerter Gelehrter, war im besonderen an mittelalterlicher Folklore interessiert, was ihn und seine Frau in den sechziger und frühen siebziger Jahren mehrmals nach Rumänien geführt hatte. Sie hatten sich regelrecht in die geistigen Traditionen und in die Gastfreundschaft des Landes verliebt.

1976 hatte Noomen an der Universität eine Stelle für rumänische Literatur geschaffen. Er schickte eine Liste mit einer Reihe von rumänischen Wissenschaftlern, die für diese Stelle in Frage kamen, an das rumänische Kulturministerium, erhielt jedoch keine Antwort. Daraufhin wandte er sich an den rumänischen Botschafter in Holland. Der bot ihm einen kommunistischen Bürokraten an, der kaum über wissenschaftliche Erfahrung verfügte. Er lehnte den Vorschlag ab.

Kollegen von Noomen in Paris und sein italienischer Freund Ugo Bianchi machten ihn auf Ioan Culianu aufmerksam. Culianu wurde zu einem Vorstellungsgespräch eingeladen. »Jeder, der ihm begegnete, fand ihn sehr sympathisch«, bemerkte Noomen. »Er war höflich, für Holländer vielleicht sogar zu höflich.« Culianu machte einen guten Eindruck, und die meisten Anwesenden hielten seine ausgesuchte Bescheidenheit für eine ironische Haltung gegenüber den akademischen Machtverhältnissen. Ihm wurde ein Lehrauftrag für rumänische Literatur angeboten.

Kurz bevor Culianu im Herbst 1976 in Groningen anfing, erhielt Noomen Besuch vom rumänischen Botschafter Traian Pop. »Sie haben einen Feind des rumänischen Volkes eingestellt!« sagte Pop wütend. »Meine Regierung ersucht Sie, dies sofort rückgängig zu machen.« Noomen entgegnete, er hätte die rumänische Regierung mehr als einmal um Unterstützung gebeten. Außerdem würden niederländische Universitäten sich hinsichtlich ihrer Personalpolitik selbstverständlich nicht nach den Interventionen fremder Regierungen richten. Der Botschafter drohte, die Sache an das holländische Erziehungsministerium weiterzuleiten. Noomen erklärte ihm, die Universität Groningen sei als Hochschule nicht einmal an die Weisungen irgendeines Ministers gebunden. Culianu erhielt seine Stelle. Noomen ließ seinen neuen Schützling im September allerdings in sein Arbeitszimmer kommen und bat ihn unter vier Augen, seine politischen Ansichten nach Möglichkeit für sich zu behalten.

Culianu folgte dieser Bitte weitestgehend. Tatsächlich mied er die wachsende Enklave rumänischer Dissidenten in Europa zumeist, da er sich nicht sicher war, wem er vertrauen konnte, und ihm andererseits auch nicht immer vertraut wurde. Er nahm nur einmal in Italien öffentlich zu politischen Fragen Stellung. In einem Interview, das sein Freund Gianpaolo Romanato 1978 für die Tageszeitung *Il Popolo* führte, unterschied er zwei Formen der Auflehnung gegen eine totalitäre Macht: offenen Widerstand oder Rückzug nach innen. Er hatte sich für letzteren entschieden, erklärte er. Als er nachträglich an Romanato schrieb, bemerkte Culianu: »Ich mache mich als Dissident nicht besonders gut, ich tauge nicht zum Vorbild.« Als die Lebensbedingungen in seiner Heimat mit den Jahren immer schlechter wurden, nahm Culianu schließlich doch Verbindung zu einer Reihe prominenter Gegner des Ceauşescu-Regimes auf und begann selbst damit, kritische Artikel zu schreiben, wenngleich er seine Kritik und die Radikalität seines Denkens rhetorisch verschleierte. Sein Hauptinteresse galt in diesen Jahren nicht der Politik, sondern seinem beruflichen Fortkommen – er suchte ein Publikum, wollte den Westen verstehen lernen und seine Karriere voranbringen. Er schrieb, Rumänien habe nie große Regimekritiker, sondern immer nur große Künstler hervorgebracht, die sich, wenn sie ihr Land verließen, im Westen ungefähr auf dieselbe intellektuelle Entdeckungsreise begaben, der sie schon im Osten gefolgt seien, nur offener. Beinahe unbewußt griff er jedoch in seinen wissenschaftlichen Arbeiten über Ideen und Macht Fragen auf, die für ein totalitäres Regime durchaus unbequem waren. Vielleicht las die rumänische Geheimpolizei, die in den Hauptstädten der meisten Länder vertreten war, seine Arbeiten aufmerksamer als andere Leser.

Die nächsten Jahre waren für Culianu ruhig und einsam und vor allem bestimmt durch Lehre, Forschung und zahlreiche Veröffentlichungen – sechsundzwanzig wissenschaftliche Aufsätze, vierundsechzig kürzere Artikel und Rezensionen sowie vier religionshistorische Monographien. Nach den harten Jahren der Anpassung in Italien fand Culianu die notwendige innere Ruhe und wirtschaftliche Sicherheit, um die Bücher zu schreiben, die er in Mailand geplant hatte. »Es geht mir gut«, schrieb er an Romanato. »Aber ich weiß nicht, wie lange das anhält. Ich hoffe, es dauert zumindest so lange, bis ich die Bücher, an denen ich arbeite, zum Abschluß bringe.«
Im Winter war Groningen einsam, feucht und windig; um acht Uhr morgens war es noch nicht hell, und nachmittags um vier wurde es wieder dunkel. An seinen Freund Romanato schrieb er von einem kurzen Verhältnis mit einer Deutschen und über seinen Wunsch nach mehr weiblicher Nähe – nicht nur wegen der Erotik, sondern auch »weil eine Frau bei der ›Öffentlichkeitsarbeit‹ und bei den täglichen Haushaltspflichten eine große Hilfe wäre«. Er machte Yoga und sorgte sich, weil er noch immer staatenlos war. Als er eines Tages seine Studenten für die Größe des rumänischen Nationaldichters Mihai Eminescu begeistern wollte, mußte er entsetzt zur Kenntnis nehmen, daß einer seiner wenigen Zuhörer eingeschlafen war.
Spätestens im Jahre 1977 wurde ihm klar, daß sein Doktortitel von der Università Cattolica nicht das nötige Prestige hatte, um seine Karriere voranzubringen. Er schrieb seinem Freund Romanato, daß die niederländische akademische Welt wie die der meisten westeuropäischen Länder so stark nach links neigte, daß er sich »ungeschützt, ohne Freunde und ohne eine verwandte Seele« fühlte. Er begann, den Westen zu verachten,

wo »die Gesellschaft das schnöde Bild eines Ladens vermittelt, wo alles käuflich ist und nichts *empfangen* (oder verschenkt) werden kann«. Er wollte seine beruflichen Aufstiegschancen verbessern und immatrikulierte sich deshalb 1978 an der Sorbonne, um einen zweiten Doktortitel zu erwerben, den ›docteur du 3ème cycle en sciences religieuses‹ des Département d'Histoire et de Philosophie. Gestützt auf das Ansehen des Namens Eliade, gelang es ihm, den Rektor der Sorbonne, Michel Meslin, als Doktorvater zu gewinnen.

Er hatte internationale Auftritte. 1977 hielt er einen Vortrag vor der italienischen Gesellschaft für das Studium der Religionen, 1979 in Amsterdam auf der internationalen Konferenz für rumänische Studien. Jeden Sommer fuhr er nach Paris, um Eliade zu besuchen und sich mit Verlegern zu treffen. Er veröffentlichte Aufsätze über Gnostizismus, Dämonologie, Dualismus und Magie in Fachzeitschriften wie *Aevum*, *Kairos* und *Neophilologus*. Er organisierte seine Zeit nach dem Vorbild des Helden aus Eliades *Romanul adolescentului miop* (›Roman des kurzsichtigen Jünglings‹), indem er nach einem Arbeitsplan lebte, der für jede Nacht immer weniger Schlaf vorsah. Gianpaolo Romanato schrieb er: »Ich arbeite ohne Begeisterung an der Dissertation, aus der, wie ich hoffe, ein Buch über ekstatische Erfahrungen werden wird. Ich glaube, das wird mein erstes und letztes hundertprozentig wissenschaftliches Buch.«

Culianu fühlte sich in Groningen zunehmend einsam und schrieb so verzweifelte Briefe an seine Freunde in Italien, daß Romanato und seine Frau ihn zu Weihnachten 1977 noch einmal für zehn Tage besuchten, obwohl sie erst neun Monate zuvor über Ostern dagewesen waren. »Um ehrlich zu sein, es war nicht gerade der schönste Ort, um Weihnachten zu feiern«, erinnerte sich Romanato. Silvester regnete es zwölf Stunden ohne Unterbrechung, und die ganze Nacht lang ließen Studenten Böller los, zerschlugen Schaufenster und stießen auf der Straße Mülltonnen um.

Die Beziehung zu Mircea Eliade entwickelte sich endlich auf eine Weise, die ihm innere Sicherheit, aber auch wirksame Hilfe gewährte. Eliade schrieb ihm am 24. November 1977 euphorisch, daß er ihn dem französischen Verleger Jean-Luc Pidoux-Payot vorstellen wolle: »Ich kann es kaum erwarten, daß wir uns treffen, aber wann? Nicht vor Mai 1978. [...] Unter anderem möchte ich Dich und Payot *offiziell* miteinander bekanntmachen, denn ich dachte, daß Du die Betreuung der neuen Ausgaben des *Traité d'Histoire des Religions* (dt.: *Die Religionen und das Heilige*) übernimmst, wenn ich mich nicht darum kümmern kann.« Eliade begann langsam, Culianu als Zögling anzusehen, der Projekte fortsetzen sollte, für die er selbst nicht mehr genügend Kraft hatte. Es sah so aus, als begänne die gemeinsame Arbeit, die Culianu sich so gewünscht hatte, endlich Gestalt anzunehmen.

Dabei stellte sich allerdings ein Problem. Ende 1978 sollte Culianus Monographie über Eliade bei dem italienischen Verlag Cittadella in Assisi erscheinen. Es wäre sein erstes Buch und zugleich das erste Buch eines Rumänen über den großen Religionsphilosophen und -wissenschaftler. Es konzentrierte sich vor allem auf die frühen rumänischen Schriften Eliades, die im Westen bisher keine Beachtung gefunden hatten. Culianu grübelte, wie er das Buch zu Ende bringen konnte, ohne seinen Mentor zu kränken, aber auch ohne einen Lobgesang anzustimmen. Außerdem hatte er eigentlich gehofft, Eliade könnte ihm dabei helfen, das Buch in Frankreich, einem wichtigeren Markt als Italien, unterzubringen.

Bei seinen Forschungen war er nämlich auf ein Problem gestoßen, daß ihn mehr und mehr aufwühlte. Seine Analyse der Texte von Eliade hatte ergeben, daß es einige bedenkliche Ähnlichkeiten zwischen der Rhetorik des Gelehrten und jener der rumänischen Faschisten gab. Eliade hatte von seiner Bewunderung für Nae Ionescu, einen rechtsextremistischen Philosophieprofessor, geschrieben und dabei erwähnt, daß er in den dreißiger Jahren von der königlichen Geheimpolizei verfolgt worden war, weil er – nicht zuletzt wegen seiner Zugehörigkeit zum Kreis um Ionescu – im Verdacht stand, Mitglied der

Eisernen Garde gewesen zu sein. Diese Ereignisse schrieb Eliade einer jugendlichen Schwärmerei zu; er verwandte den
Ausdruck »felix culpa«, glückliche Schuld, als er schilderte,
wie die Verdächtigungen der Siguranţa, der damaligen Geheimpolizei, ihn dazu nötigten, Rumänien zu verlassen. Allerdings war das Attribut »glücklich« im Zusammenhang mit der
Eisernen Garde höchst unpassend, wie ja auch Culianu bereits
herausgefunden hatte.

Culianu hatte bei seinen Recherchen erfahren, daß die vorma-
lige Legion des Erzengels Michael sich im Laufe der Zeit von
einer antisemitischen Bewegung zu einer Organisation von
Killern verwandelt hatte. Berichte über das Pogrom von 1941
zeigen, daß Tausende von Juden in Bukarest und fast ebenso-
viele in Iaşi abgeschlachtet wurden.[22] Der oben bereits erwähnte amerikanische Zeitungskorrespondent Robert St.
John erinnert sich in seinem Buch *Foreign Correspondent* an
die Greueltaten in Bukarest: »Wir zählten die Leichen, stellten
die Verstümmelungen fest, besichtigten, was von den einst
schönen Synagogen übriggeblieben war, zeichneten alles sorgfältig auf.« In einem ungemütlichen Briefwechsel fragte Culianu seinen Mentor direkt nach der »objektiven Geschichte«
dieser Periode. Am 14. Januar 1978 erwiderte Eliade:

Ich glaube nicht, daß man eine objektive Geschichte der
Legionären Bewegung und auch nicht ein Porträt von C.
Z. C. [Corneliu Zelea Codreanu] wird schreiben können.
Die verfügbaren Dokumente sind unzureichend; darüber
hinaus *kann eine »unparteiische« Haltung für den Autor
verhängnisvoll werden.* Heute werden nur Apologien
(von einer verschwindend geringen Anzahl von Fanati-
kern in allen Ländern) oder Hinrichtungen (von der
Mehrzahl der europäischen und amerikanischen Leser)
gutgeheißen. Nach Buchenwald und Auschwitz können
es sich nicht einmal ehrliche Menschen leisten, »objektiv«
zu sein.

Eliade scheint hier nahezulegen, daß man nach der national-
sozialistischen (und rumänischen) Vernichtungspolitik nicht
mehr mit Sympathie über die Eiserne Garde schreiben kann,

ohne sich den Angriffen derer auszusetzen, die zu Recht die Opfer beklagen. Aber seine Botschaft konnte ebenso bedeuten, daß eine »objektive Geschichte« der Eisernen Garde dem Verfasser Vergeltungsmaßnahmen von seiten ehemaliger Anhänger der Bewegung eintragen könnte. Er beendete seinen Brief mit Entschuldigungen: »Es tut mir leid, daß ich mich zu diesen knappen und übereilten ›Überlegungen‹ habe hinreißen lassen. Ich schicke Dir diese Seiten trotzdem, um Dir wenigstens den Beginn eines längeren künftigen Gesprächs vorzuschlagen.« Ebenso wie Culianu Eliade umwarb, um seine Unterstützung zu gewinnen, so umwarb auch Eliade seinen Anhänger. Culianus Buch würde immerhin zur Verbreitung seiner Gedanken beitragen.

Culianus als knappe Exegese entworfenes Buch *Mircea Eliade* versuchte zu zeigen, daß dessen späteres Werk im wesentlichen in seinen frühen Aufsätzen und Büchern vorweggenommen wurde. Eliades zentrale Ideen finden sich in seinem Buch *The Quest. History and Meaning in Religion* von 1969 (dt.: *Die Sehnsucht nach dem Ursprung*). Eliade habe zeitlebens vier oder fünf Themen ausgearbeitet, so Culianu, die in *Die Sehnsucht nach dem Ursprung* dargelegt worden seien und auf Jugenderfahrungen in Rumänien zurückgingen. Der moderne Mensch fühlt sich in der modernen Welt verloren und bedeutungslos, genauso wie sich ein Exilant in einer fremden Kultur verloren fühlt, und träumt vom »Mythos der ewigen Wiederkehr«. Culianu untersuchte Eliades phantastische Erzählungen wie »Das Geheimnis des Doktor Honigberger« und seine Tagebücher, da er beide zum Verständnis von Eliades wissenschaftlichen Theorien für grundlegend hielt.
Ein Beispiel für die Forschungsleistung dieses Buches, das von anderen Wissenschaftlern häufig benutzt, jedoch selten genannt wurde, bezog sich auf einen Aufsatz aus den dreißiger Jahren, in dem Eliade behauptete, es gebe keine Kontinuität zwischen der Alchimie und der Chemie. Die Chemie sei keine verfeinerte Version der Alchimie, wie viele Historiker behaupteten, die den »Fortschritt« des westlichen Geistes zu belegen suchten; beide

waren völlig verschiedene und je kohärente Denksysteme. Eliade forderte, man müsse zwischen den Methoden der modernen Naturwissenschaften und den geschmeidigeren und umfassenderen metaphysischen Systemen grundsätzlich unterscheiden. »Culianu war der erste, der die Bedeutung der Arbeit über Alchimie betont hat«, bemerkte Sorin Antohi, Dozent an der Universität Bukarest, »und tatsächlich war sie von großer Bedeutung zum Verständnis von Eliades Denken.« Nachdem Eliade das Manuskript des Buches gelesen hatte, in dem die Politik der dreißiger Jahre völlig übergangen wurde, schickte er es zusammen mit einem herzlichen Brief zurück: »Es hat mir gut gefallen, ich beglückwünsche Dich und bin Dir dankbar [. . .]. (Ich hoffe, dieses Buch erscheint auch auf französisch und englisch.) Es hat mir vor allem deshalb gefallen, weil Du, obwohl ich Dich als ›Eliadianer‹ kenne, nicht in die Sünde der Hagiographie verfallen bist [. . .]. Ich freue mich, daß Du bereits das Handwerkszeug beherrschst, das es Dir ermöglichen wird, unser unglückliches Fach ›zu verteidigen und zu veranschaulichen‹.« Eliade lobte Culianus strukturelle Analyse, denn er erkannte sich in den Seiten des Buches wieder, und er ermutigte ihn, sein theoretisches Instrumentarium weiterzuentwickeln, um der »methodologischen Herausforderung« der Religionswissenschaften begegnen zu können. Trotzdem empfahl Eliade das Buch nicht seinem französischen Verleger; er zog die Arbeit eines Amerikaners vor, die, so Culianu, »nur wenig Information enthielt«. Culianu war wie gelähmt. Im November 1978 schrieb er seinem Freund Romanato, daß er es »bitter bereue«, die Lehre seines Idols so verehrt zu haben. Er hatte das Gefühl, der einzige Grund für diesen Treuebruch liege in seiner Beschäftigung mit Eliades politischer Überzeugung und Vorgeschichte: »Ich habe mich schuldig gemacht (oder, noch besser, die Wahrheit hat sich schuldig gemacht). Und das nur, weil Eliade meine Fragen über seine eigene und die Vergangenheit Rumäniens nicht gefallen haben, und deshalb hat er mein Buch seinem Verleger nicht empfohlen (obwohl ich die Ergebnisse meiner Nachforschungen gar nicht in das Buch aufgenommen hatte . . .). Du wirst sagen, daß ich ein Narr bin, Eliade mit meinen Erkundungen zu belästigen. Dazu kann ich nur sagen: ›Amicus Plato, sed magis amica veritas‹, und das ist die Wahrheit.« Culianu klagte darüber, daß die ihm zugedachte Rolle offenbar »die eines schwachsinnigen Anhängers war, der zwar jedes Risiko auf sich nimmt, um ihm [Eliade] zu begegnen, der aber nichts kritisieren darf.« Wütend, frustriert und verletzt, entschied Culianu sich dennoch zu einer Versöhnung. »Ich habe verstanden, wieviel von ihm abhängt, so daß ich eine vorsichtigere und unterwürfigere Haltung annehmen werde«, schrieb er an Romanato. In seinen öffentlichen Äußerungen wurde er zum hartnäckigsten Verteidiger Eliades gegen jene, die ihn einen Faschisten nannten.

Obwohl er Culianu ein »längeres künftiges Gespräch« vorgeschlagen hatte, schien Eliade es vorzuziehen, die Vergangenheit ruhen zu lassen. Mit seinen achtundzwanzig Jahren konnte Culianu sich nicht vorstellen, was wohl der Grund dafür sein mochte.

1978 hatte Culianu eine feste Dozentenstelle in Groningen, und er bezeichnete sich selbst als »echt bourgeoisen Intellektuellen«. Dennoch wurde er in diesen ersten Jahren seines Wohlstands im Westen das Gefühl einer enttäuschten Hoffnung nicht los. Er klagte darüber, daß »der Raum zur geistigen Entfaltung« im Westen immer enger werde. Gewiß, das kulturelle Modell des Ostens war noch schlechter, schrieb er, »aber gerade daraus resultiert das Dilemma: Ich kann nirgends auch nur die geringste Hoffnung erkennen. Ich fühle mich buchstäblich in eine Welt geworfen, die zu verstehen mir leichter fällt, als sie zu schätzen, so wie sie ist«. Seine Klage richtete sich gegen die Moderne, sowohl gegen die östliche als auch gegen die westliche.

Dennoch paßte er sich an, machte den Führerschein und frönte seinen neuen Leidenschaften: Flippern, Videospiele und Versandhauskataloge. Er reagierte auf jedes Angebot, das ins Haus kam, zahlte am liebsten mit Kreditkarte und freute sich über Gratisproben, Werbegeschenke und all die kleinen Wunder des Kapitalismus.

In diesem Jahr, 1978, erhielt seine Mutter ein Ausreisevisum.

Sie kam für zwei Monate nach Groningen und teilte mit ihm seine große Wohnung, die er allein nicht hatte ausfüllen können. In seinem Tagebuch erinnerte er sich später an diesen Besuch als eine Zeit »kindlicher Ekstase«.

Im Haus eines Freundes begegnete er am 19. Juli 1979 einer attraktiven, dunkelhaarigen Frau mit »Augen in den Farben eines Ozeans bei Nacht«. Carmen Georgescu hatte Russisch studiert. Schon als Kind hatte sie ihren Vater verloren. Ihr Mann war Neurologe und so in seine Forschungen vertieft, daß er sie und ihren siebenjährigen Sohn Andrei völlig vernachlässigte. Ioan begrüßte sie mit der ältesten Masche der Welt. »Wir sind uns schon mal begegnet«, sagte er.

»Na klar, sicher.« Sie lachte.

»Sie waren 1967 bei der Physiker-Olympiade in Iaşi. Sie trugen ein blaues Kleid mit weißem Spitzenkragen. Es war sehr hübsch.«

Carmen war sprachlos. Sie erinnerte sich noch sehr genau an das Kleid und an die Veranstaltung, denn es war das erste Mal, daß ihre Mutter ihr ein festliches Kleid gekauft und ihr erlaubt hatte, ohne Begleitung auszugehen. An dem Physik-Wettbewerb nahmen nur wenige Mädchen teil, und so hatten sich mehrere Jungs um sie bemüht. Aber wer war er? Als Culianu lachte, erkannte sie ihn wieder. Sein hohes, gackerndes Lachen erinnerte sie an einen mageren Jungen mit einer hängenden Stirnlocke und glühenden Augen. Er war schüchtern, still, sanft und schwermütig. Sie setzte dem Leiter der Gruppe schwer zu, da sie alle Antworten lauthals von sich gab und erklärte, die Fragen seien zu leicht. Ihr fiel ein, daß er sie am Ende des Tages gefragt hatte, ob er ihr Iaşi zeigen dürfe. Sie hatte abgelehnt.

Während sie ihn anstarrte, kamen auf einmal all die Erlebnisse ihrer Jugend zurück. Wie konnte er sich nur so schnell und so genau an ihr Kleid erinnern?

Sie unterhielten sich bis tief in die Nacht. Eine Woche später schickte er ihr neunzehn Rosen, im Andenken an den Tag ihrer zweiten Begegnung. Zwei Wochen später begannen sie, sich zu verabreden. Binnen fünf Wochen verließ sie ihren Mann und zog mit ihrem Sohn zu Ioan. Er erzählte ihr, daß sein Vater kurz vor ihrer ersten Begegnung in Armut gestorben war. Schon am 16. September 1979, also weniger als zwei Monate nach ihrem Treffen, schrieb Ioan an Gianpaolo Romanato, daß er seinem »befristeten Dasein als Single ohne das geringste Bedauern den Rücken gekehrt« habe. (Nachdem er nur einen Satz über seine Heiratspläne verloren hatte, fragte er übergangslos nach dem Buch, das er und Romanato zusammen mit Mario Lombardo geschrieben hatten: *Religione e potere* (›Religion und Macht‹): »Ist es schon erschienen?«

In den nächsten Jahren waren Carmen und Ioan Seelengefährten und Liebende. Er machte aus allem eine ausgefeilte Zeremonie. Am Abend ihrer Verlobung verfaßte er auf einem Pergament einen Pakt auf lateinisch, der ihre Seelen für immer miteinander verbinden sollte. Er piekste ihr und sich in den Daumen, und sie unterschrieben beide mit Blut. »Sollte irgendwer diesen Pakt brechen«, schrieb er in mittelalterlichem Stil, »so möge er eines baldigen und demütigenden Todes sterben.«

An jedem 19. Juli schenkte er ihr neunzehn Rosen. Er füllte die Wohnung mit magischen Talismanen und Stoffkatzen. Wenn sie krank war, erklärte er ihre Pein zu einer Darbietung von Liebe und Opfer, wobei er sich wie ein Held aus einem Roman von Eliade aufführte. Aber zumeist verhielt er sich wie ein moderner Pygmalion. »Er wollte mich nach seinem Phantasiebild einer Ehefrau formen«, erinnerte sich Carmen. »Aber er hat mir enorm geholfen. Er hat mir geholfen zu entdecken, wer ich war.«

Gemeinsam befaßten sie sich mit Astrologie. Er meinte, deren Kräfte kämen aus der Logik des systematischen Denkens. Man mußte nicht daran glauben, daß Planetenkonstellationen die Persönlichkeit eines Menschen beeinflußten, um eine altägyptische Kunst zu schätzen, mit der man Ereignisse vorhersagen konnte. Er selbst war allerdings nicht besonders gut darin, »denn er wollte die Ereignisse beeinflussen, nicht nur beobachten«, erzählte Carmen. »Er hatte eine dunkle Seite, die ihn zu seinem Studium der Magie trieb, eine weitaus interessantere Seite«, sagte sie. »Es war vor allem seine faustische Seite, der er seinen Erfolg verdankte.«

Sie genossen das Leben, spielten Karten und gaben Partys, und sie half ihm, die Schmeichler zu durchschauen, die sich um ihn scharten, als er erfolgreich zu werden begann. Ihr Sohn wuchs ihm besonders ans Herz. »Er war selbst noch ein Kind«, bemerkte Andrei viele Jahre später. »Wenn wir Monopoly oder etwas anderes spielten, gab es für ihn zwischen Phantasie und Wirklichkeit keine Grenze. Er war mir viel näher als mein leiblicher Vater. Er war der einzige, der mit mir rausging und Fußball spielte.« Ihr liebster Zeitvertreib waren Wrestling-kämpfe im Fernsehen. Er wußte, daß der Sieger immer schon vorher feststand, aber es machte ihm Spaß, sich zu überlegen, wer auf welche Weise gewinnen würde. In den melodramatischen Scheinkämpfen zwischen »Andrei the Giant« und Hulk Hogan sah er eine vertraute Welt, die von unwissenden Mächten beherrscht wurde, die hinter den Kulissen das Geschehen manipulierten.

Er versuchte, selbst ein ebenso machiavellistisches Spiel zu spielen. Er lernte, in seinen Aufsätzen die richtigen Leute zu zitieren und seine Ideen zwecks mehrfacher Veröffentlichung einzuteilen. Als er Carmen im Januar 1980 in der russisch-orthodoxen Kirche von Amsterdam heiratete, bat er nicht Willem Noomen oder Gianpaolo Romanato, Trauzeuge zu sein, sondern den holländischen Religionswissenschaftler Maarten J. Vermaseren, einen bekannten Gelehrten, den er dazu überreden wollte, sein Buch herauszugeben. (Als er erfuhr, daß Vermaseren und seine Frau ein Faible für Stofftiere hatten, schickte er ihnen eine Flut von Teddybären, Kätzchen und Affen.) Dennoch veröffentlichte Vermaseren Culianus erste Pariser Dissertation nicht, und als er Jahre später ein weiteres Manuskript ablehnte, war er überrascht und verletzt, daß Culianu ihn danach eiskalt ignorierte. Im Vorwort zu seinem Buch *Les Gnoses dualistes* von 1990 sprach Ioan Vermaseren allerdings seine Dankbarkeit für die Erstellung der Bibliographie aus, bei der ihm dieser von 1978 bis zu seinem vorzeitigen Tod geholfen hatte.

Als Machiavellist war Culianu nicht besonders begabt. Er war zu kindlich, in gewisser Weise zu menschlich, um andere zu manipulieren, sagte seine Frau. Carmen zeigte ihm, wie er das holländische System nutzen konnte, um die Staatsangehörigkeit zu erwerben. »Dieser rumänische Botschafter hat dir einen großen Gefallen getan«, sagte sie. »Jetzt hast du Anspruch darauf, als politischer Flüchtling anerkannt zu werden und so auch die Staatsangehörigkeit zu erwerben. Das wird ganz schnell gehen.« Er stellte den Antrag und wurde anerkannt. Endlich hatte er die begehrte Einbürgerungsurkunde, eine legale Identität und eine neue Familie.

Einige Jahre lang war er recht glücklich, ein Einkommen zu haben, von dem er sich ein hübsches Haus und ein Auto kaufen konnte, und mit einer schönen Frau verheiratet zu sein. Er hatte einen zweiten Doktorgrad an der Sorbonne erworben, mit einer Dissertation über »Expériences de l'extase et symboles de l'ascension, de l'Hellénisme à l'Islam« (›Erfahrungen der Ekstase und Symbole der Himmelsreise vom Hellenismus bis zum Islam‹), und die Note »très bien« erhalten – in veränderter Form erschien diese Arbeit später als *Psychanodia*. Er beschloß, einen letzten Titel zu erwerben, das ›doctorat d'état‹ der Sorbonne. Nach zahlreichen Vorgesprächen nahm Meslin sein Projekt schließlich an.
Der Entschluß, diesen dritten akademischen Grad zu erwerben, war sowohl ein Zeichen für seinen außerordentlichen Ehrgeiz als auch für seine Unsicherheit. In Holland war er auf Rumänisch festgelegt, ein Orchideenfach, für das die Literatur überdies schwer zugänglich war. Immerhin hatte er auch romanistische Linguistik, Literaturästhetik und ein Jahr lang sogar Religionsgeschichte gelehrt. Als am Institut für Religionswissenschaften der Lehrstuhl von Gerardus van der Leeuw frei wurde, bewarb Culianus sich vergebens. Die holländische Kultur erschien ihm selbstgefällig und verknöchert; seine Kollegen blickten auf die rumänische Literatur herab und wußten mit seinen spekulativen, philosophischen Forschungen über die Ursprünge und die Geschichte der Glaubensvorstellungen nichts anzufangen.

Er reagierte darauf, indem er in einem fast unglaublichen Tempo religionswissenschaftliche Aufsätze verfaßte – von den Dutzenden von Rezensionen ganz zu schweigen. Oft blieb er bis drei oder vier Uhr morgens wach und schlief dann bis elf. Er beschäftigte sich zunehmend mit den Gnostikern. In Paris, Rom und 1983 auf Einladung der Werner-Reimers-Stiftung in Bad Homburg hielt er Vorträge zu diesem Thema. Er stand in engem Kontakt mit Hans Jonas, der den Aufstieg der Gnostiker mit der gesellschaftlichen und politischen Apathie im Byzantinischen Reich und mit der Suche nach übernatürlicher Erlösung in Zusammenhang brachte. Culianu korrespondierte mit Jonas, lud ihn zu Vorträgen nach Groningen ein und veröffentlichte 1985 ein Buch über ihn. Die gnostische Vorstellung von einem Universum, das von unwissenden Göttern beherrscht oder manipuliert wird, wie ein universaler Ringkampf, dessen Absprachen man unablässig umstoßen müsse, faszinierte Culianu.

Vorträge und Aufsätze seien nicht genug, schrieb ihm Eliade. »Christinel und ich umarmen Euch beide, und Carmen *beschwören* wir, Dich vor der Versuchung zu bewahren, Aufsätze und Rezensionen zu schreiben, und Dich zu zwingen (wenn es sein muß mit Zaubermitteln), die Bücher zum Abschluß zu bringen.« Auf diese Ermahnung reagierte Culianu, indem er zunächst das elegant aufgemachte *Iter in silvis: Saggi scelti sulla gnosi e altri studi* (›Der Weg in den Wäldern: Ausgewählte Essays über die Gnosis und andere Studien‹, Messina 1981) veröffentlichte. In dem Buch, das er zusammen mit Romanato und Mario Lombardo geschrieben hatte (*Religione e potere*, Turin 1981), griff er das Problem der komplexen Beziehungen von Religion und Politik auf. Er gab eine Festschrift für Willem Noomen anläßlich seines sechzigsten Geburtstages heraus (*Libra*, Groningen 1983). Zu all diesen Publikationen und Konferenzen kamen noch seine Lehrtätigkeit sowie das Erlernen neuer Fremdsprachen (in Holland studierte er bei M. J. Vermaseren und dem Ägyptologen Herman te Velde Koptisch). Culianus Bücher deuteten die neue Methodologie, die Eliade gefordert hatte, bereits an.

Während er um berufliche Anerkennung kämpfte, blieb doch der Schmerz, den Trennung und Exil verursachten. 1982 heiratete seine Schwester einen Lehrer, den sie als Studenten in Iași kennengelernt hatte. Dan Petrescu wurde bald zu einem der Dissidenten der »Gruppe Iași« und gab dem Regime zum Trotz Kulturzeitschriften heraus, in denen kritische Artikel erschienen. 1983 schrieb Culianu seiner Schwester über sein Gefühl der Spannung und Isolation: »Sei vorsichtig und hab Geduld mit unserer Mutter. Ich werde tun, was ich kann, um sie hierherzuholen, vielleicht für längere Zeit. Ich versuche, in Erinnerungen einen Halt zu finden und mich von ihnen nicht zermürben zu lassen.« Vor seiner Hochzeit hatte er jedes Jahr eine kleine Gedenkfeier am Todestag seines Vaters abgehalten, bei der er sich in seine Erinnerungen versenkte. An diesen Tagen hatte er weder gegessen noch die Wohnung verlassen.

Im Jahr 1983 machte Culianu zwei entscheidende Schritte: Er begann mit literarischen Texten und vollendete die Arbeit an einem prophetischen Buch, das die spätere Wendung seines Denkens ankündigte: »Ich suche einen Verleger für mein Buch über Eros und Magie in der Renaissance«, schrieb er Romanato. Nachdem er den bürgerlichen Erfolg – den er doch so sehr verabscheute – erlebt hatte, wollte er sich auch außerhalb des akademischen Betriebes entfalten. Er sprudelte über von Ideen für einen Roman, für ein Buch über Zauberei und Hexenwesen in Osteuropa und eines über die Erlösung. Er schrieb Romanato von seiner Unzufriedenheit: »Jetzt kann ich mich nicht mehr vollständig in meine Studien zurückziehen. Es gibt keine religiöse ›Lösung‹, jetzt, da ich eine materielle Lage erreicht habe, die keine Überraschungen bereithält und die auf jeden Fall äußerst unbefriedigend ist. Ich weiß jetzt schon, an welchen Veranstaltungen ich teilnehmen werde. Alles ist jetzt zu einem Getriebe, zu einem Spiel herabgesunken. [. . .] Kurzum, ich habe den Eindruck, daß man das Leben *spielerisch*, nicht ernsthaft angehen muß.«

[...] und im Gefühl, daß das Schicksal ihm
wohlgesinnt war, drückte er die Tür der Eingangshalle auf [...]

Leonard Gardner, *Fat City*²³

10 1484 und 1984

1984 gelangte Culianus Laufbahn an einen Wendepunkt. Er
wollte endlich als maßgebliche Autorität für Religionswissenschaften und Renaissancestudien in Europa anerkannt werden
und veröffentlichte in diesem Jahr zwei Bücher in angesehenen
französischen Verlagen. Das eine war eine Abhandlung über
Schamanismus und die Erfahrung der Ekstase, *Expériences de
l'extase: Extase, ascension et récit visionnaire de l'Hellénisme
au Moyen Âge* (›Erfahrungen der Ekstase: Ekstase, Himmelsreise und visionäre Berichte vom Hellenismus zum Mittelalter‹), die bei Payot erschien. Das andere Buch enthielt seine
Untersuchungen über die Magie der Renaissance, die er mit
neunzehn begonnen hatte. *Éros et Magie à la Renaissance, 1484*
erschien bei Flammarion und stellte in diesem Bereich etwas
völlig Neuartiges dar. Dieses dichte, eigenwillige Werk schlug
eine neue Methode vor, um die Wechselbeziehungen zwischen
Magie, Religion und Wissenschaft zu analysieren. Es untersuchte eine Zeit, wie es in *Spectrum Review* hieß, »die sich wie
unsere eigene mit der Neubestimmung der Kultur und der Rück-
gewinnung der Einbildungskraft und des Eros befaßte«.

Im Alter von dreiunddreißig Jahren erreichte Culianu sein
Ziel, über rein akademische Schriften hinauszugehen, indem
er eine neue Theorie darüber vorlegte, wie und warum ge-
schichtliche Ereignisse auftreten. Historischer Wandel ist nach
Culianu Mutation, nicht Evolution, und wird nicht selten
durch Kräfte hervorgerufen, die den Handelnden selbst verborgen bleiben. Er schlug eine Quantentheorie der Geschichte
vor, in der kulturelle Spannungen fortwährend wachsen, ohne
aufzufallen, bis eine ganze Kultur plötzlich explodiert. In solchen Krisenzeiten verwechseln Politiker Wirkungen und Ursa-

chen, alte Begriffe wie »rechts« und »links« schlagen in ihr Gegenteil um, und die Institutionen verhalten sich völlig atypisch.

Sein Hauptanliegen bestand allerdings darin, eine neue Sicht auf die Renaissance einzuführen. Er verortete den Ursprung der modernen Technologie, der politischen Institutionen und einer ganzen Reihe von Neurosen in der Reformationszeit, als die Zensur des Imaginären und die Trennung des Bewußten vom Unbewußten zum Kirchendogma wurden. Dabei griff er auf den Philosophen Paul K. Feyerabend (*Wider den Methodenzwang,* 1979), den Ethnologen Hans Peter Duerr (*Traumzeit,* 1978) und den Ideengeschichtler Stephen E. Toulmin (*The Return to Cosmology,* 1982) zurück.

Sogar die späteren Kritiker Culianus erkannten an, daß *Éros et Magie,* mit Wendy Doniger von der Universität Chicago zu reden, ein »glänzendes Buch« sei. Darin befaßte sich Culianu vornehmlich mit drei Philosophen und Magiern: dem buckligen, pedantischen Marsilio Ficino (1433-1499), seinem sanften, vermögenden Jünger Giovanni Pico della Mirandola (1463-1494) und Giordano Bruno (1548-1600). Er untersuchte ihre Schriften, um ihren Zugang zu den unbewußten, erotischen und imaginativen Kräften freizulegen. ›Magie‹ war für sie nicht irgendein Hokuspokus, sondern vielmehr eine tiefe, gründlich belegte Welt der Einbildungskraft, die das Bewußte mit dem Unbewußten und den einzelnen mit dem Kosmos in einer Weise verknüpfte, die dem modernen Menschen abhanden gekommen war. So unvollkommen ihre »Wissenschaften« gewesen sein mochten, sie hatten versucht, die metaphysischen Operationen des Geistes zu verstehen. »Culianu hat die Forschung in zweifacher Weise weitergebracht«, schrieb Carol Zaleski vom Smith College, nachdem das Buch ins Englische übersetzt worden war. »Zum einen schlicht durch das Ausmaß seiner Belesenheit. Aber sein Hauptaugenmerk war darauf gerichtet zu verstehen, wie der Geist Welten ersinnt und sie so real macht, daß sie tatsächlich real werden.«

Für Culianu waren diese Magier und Philosophen frühe Mei-

ster des Cyberspace – Meister eines unbegrenzten Gedanken-
reichs, für das die Renaissance den Ausdruck ›Phantasmen‹
hatte. In seinem Buch gab er einen Überblick über frühere
Reisen durch geistige Welten, wie bei Platon und dem mittelalterlichen islamischen Gelehrten Al-Kindī, der meinte, daß
die Menschen miteinander und mit ihren Welten durch unsichtbare Strahlen verbunden seien. Als die Neuplatoniker
Ficino und Pico die Werke Al-Kindīs und die der ägyptischen
Astrologen für sich entdeckten, führte dies zu einem Aufschwung der Phantasie, der Mystik und der Denkspiele. Für
sie war die ideale Welt der Phantasie ebenso wirklich wie die
wirkliche Welt, die nichts anderes war als ein Schatten tieferer
geistiger Kräfte. Ihr Zeitalter stellte nicht etwa den Anfang der
modernen Wissenschaften dar, als der die Renaissance so häufig betrachtet wurde, sondern war vielmehr ein letztes Aufblü-
hen der magischen Weltanschauung, bei der, wie Einstein
einmal schrieb, »das reine Denken die Wirklichkeit unmittelbar erfassen konnte«.

Culianu hatte ein sehr persönliches Verhältnis zu seinem Manuskript, da dieses Thema ihn bereits seit sehr langer Zeit
begleitete. Die erste Fassung des Buches hatte er bereits 1969
auf italienisch geschrieben. Später übersetzte er sie ins Französische, bereicherte sie aufgrund einiger Hinweise, die ihm
Kollegen in Paris gegeben hatten, und legte sie Yves Bonnefoy
von Flammarion vor. Bonnefoy war bereit, das Werk in die
von ihm herausgegebene Reihe »Idées et Recherches« aufzu-
nehmen, wenn Eliade ein Vorwort schrieb. Eliade tat so etwas
nicht oft, aber bei beiden französischen Büchern von Culianu
war er gern dazu bereit. »Mit *Éros et Magie*«, schrieb er,
»beginnen [Culianus] wirklich wichtige Werke zu erscheinen.«
Culianu hatte noch aus einem anderen Grund einen persönlichen Bezug zu seinem Thema. Pico della Mirandola war
gegenüber Ficino ein ehrfürchtiger, bisweilen aber auch unzu-
friedener Jünger gewesen – ebenso wie Culianu gegenüber
Eliade. Culianu beleuchtet in seinem Buch die komplizierte
persönliche Beziehung zwischen Pico und Ficino. Letzterer
hatte den Begriff ›Eros‹ gewählt, um die Ursache für den Ein-

fluß der Magie auf andere Menschen zu beschreiben. Pico setzte einen neuen Akzent, indem er darauf verwies, daß der Eros den Menschen mit Gott verbinde.

Beide Männer hatten freiwillig ihre eigenen Schriften verworfen, um Schwierigkeiten mit dem Papst zu vermeiden. Nicht so Bruno, der ehemalige Dominikaner, der im Mittelpunkt des Buches stand. Bruno nahm für sich in Anspruch, die alte griechische Gedächtniskunst auf die Stufe einer »globalen Gefühlsmanipulation« erhoben zu haben, indem er mit Hilfe konzentrischer kreisförmiger Scheiben, die sich beliebig drehen und kombinieren ließen, eine Art geistigen Rechner schuf. Culianu behauptete nun, daß Brunos weniger bekannte Schrift *De vinculis in genere* (›Von Fesseln im allgemeinen‹) bis ins Detail die Mittel voraussagte, mit denen eine moderne Öffentlichkeit durch Bilder manipuliert werden könnte. Heutzutage, sagte Culianu, nennen wir diese Magie Psychologie, Propaganda, Public Relations, Beeinflussung der öffentlichen Meinung und Werbung. Er behauptete, daß die Milliarden, die heute aufgewandt werden, um die Psyche der Verbraucher zu verstehen, genau das leisten, was Bruno mit seinen astrologischen Symbolen leistete, die mit den Kräften des Eros aufgeladen waren: ein Erfinden von Bildern, um »die totale Illusion der totalen Befriedigung« zu schaffen.

Indem er Begriffe wie ›Weltgeist‹ oder ›Pneuma‹ untersuchte, die von Philosophen manipuliert werden können, akzentuierte Culianu die Theorien von früheren Gelehrten, die von einer sehr viel engeren Beziehung zwischen den inneren Gedanken und den äußeren Ereignissen ausgegangen waren, als es heutzutage üblich ist. Culianu hatte erfahren, daß die Kraft des Denkens ihn von der Gedankenkontrolle der modernen Kultur befreien konnte, und so erklärte er, ein Ideenhistoriker könne eine Kultur nur dann durchschauen, wenn er auf die Strömungen achte, die von ihr an den Rand gedrängt würden. Ein Wissenschaftler müsse »hinter die Kulissen schauen«, um »die verborgenen Fäden« zu sehen, die »die Ideen mit dem unsichtbaren Willen der Zeit verknüpfen«.

Sein eigener Blick hinter die Kulissen der Renaissance war

daher mehr als ein Wiederausgraben von vergessenen Ideen obskurer Magier. Er wollte den großen Wendepunkt der abendländischen Geschichte, als die Kultur sich nicht mehr auf den Glauben verließ und zum wissenschaftlichen Zweifel überging, nicht in der Renaissance, sondern in der Reformation festmachen. Luthers Reformation habe die Imagination der Renaissance in Fesseln geschlagen, argumentierte Culianu. Die Gegenreformation, mit der die katholische Kirche auf die lutherische Herausforderung reagierte, zerstörte ihrerseits die reiche magische Welt des alchimistischen und metaphysischen Denkens. Die modernen Naturwissenschaften nahmen ihren Aufschwung als *zufällige* Konsequenz dieses tiefgreifenden Wandels der kollektiven Psyche. Galilei hatte seine Vorstellung eines unendlichen Weltalls, wie Culianu plausibel machte, von Bruno und von dem Philosophen Nikolaus von Kues, der anderthalb Jahrhunderte zuvor gelebt hatte, übernommen. Dennoch herrschten in der Renaissance weiterhin Metaphysik, Imagination und Religiosität vor – sie war nicht der Ursprung der neuzeitlichen Wissenschaften.

Culianus Buch erregte unter Wissenschaftlern in Frankreich und Italien einiges Aufsehen und wurde für die damaligen Studenten zur Pflichtlektüre. Die Zeitschrift *History of Science* sprach von einem »faszinierenden Versuch nachzuweisen, daß die wissenschaftliche Revolution die Magie nicht von der Wissenschaft ausgeschlossen, sondern sie vielmehr darin integriert hat«. Die *Bibliothèque d'Humanisme et Renaissance* schrieb, wer immer sich mit der Renaissance beschäftige, »muß dieses Buch lesen«. Die Zeitschrift *Christian Century* sagte voraus: »Man wird von Professor Culianu in den kommenden Jahren noch viel hören.« Andere stellten seine Umdeutung des Quellenmaterials in Frage: »Unter seinen Händen sind Religion und Wissenschaft zu körperlosen, wenn auch mächtigen Hirngespinsten geworden«, beklagte ein Rezensent von *Church History*, »die der Magier Culianu nach seinem Belieben manipuliert.«

Der Stil war schwierig, aber das gehörte zu Culianus Methode. Er griff auf die umstrittenen Schriften Paul Feyerabends zurück und gab zu verstehen, man solle den akademischen Diskurs auf subtile Weise untergraben; seine wichtigsten Gedanken brachte er dementsprechend in schwerverständlichen und verborgenen Passagen unter. Das mit altertümlichem Wissen überfrachtete Buch wirkt stellenweise wie eine Parodie der Art des wissenschaftlichen Arbeitens, die er verabscheute. Mary Winkler von der Universität Texas schrieb in diesem Sinne im *Sixteenth Century Journal*, das Buch sei »blendend und irritierend zugleich. Es ist blendend, weil Professor Culianu ein wahres Feuerwerk an Belesenheit und intellektuellem Einfallsreichtum vor seinen Lesern entfaltet. Vielleicht ist es aus demselben Grund so irritierend.«

Gegen Ende des Buches verläßt Culianu die Religionsgeschichte, um sich der modernen Kognitionswissenschaft zu widmen und grundsätzlich die Beziehungen zwischen Ideen und Macht zu untersuchen. Sein Buch behandelt nicht nur die Magie oder die Geschichte, sondern ebenso die Beziehung des Denkens zu dem Kosmos, den es widerspiegelt. In Rumänien nannte Sorin Antohi *Éros et Magie* 1994 »den Triumph des originellen Denkers über den Gelehrten«.[24]

Jenseits des Ozeans nahmen Ereignisse Gestalt an, die mehr als ein Leben verändern sollten. Nach der Bruchoperation seiner Frau begann Mircea Eliade, der seiner Emeritierung entgegensah, Vorkehrungen für die Aufteilung seiner Bibliothek und seines Privatarchivs zu treffen – an die Regenstein-Bibliothek der Universität Chicago, an die private Meadville-Bibliothek und an die Bibliothek der Rumänischen Akademie. Dies war eine gewaltige und bedrückende Tätigkeit, die Erinnerungen an die Vergangenheit weckte und ihn mit viel Schreibarbeit belastete. Seine Arthritis machte das Schreiben zur Qual, und Schreiben war für ihn, wie seine Kollegin Wendy Doniger bemerkte, Leben.

Eliade hatte Schwierigkeiten mit seiner Assistentin Adriana Berger, die mehrfach seine Handbibliothek umgeräumt und mit den Kuratoren der Regenstein-Bibliothek gestritten hatte. Bereits am 28. Januar 1984 notierte er in seinem Tagebuch, daß er »zu traurig, zu deprimiert und zu müde« sei, um all die »Episoden und Abenteuer in der Saga« der Auflösung seiner Bibliothek aufzuzeichnen. Am 6. April, als er feststellte, daß alles so umgeordnet worden war, daß er sich in seiner eigenen Bibliothek nicht mehr zurechtfand, schrieb Eliade: »Um nicht in Wut auszubrechen, gehe ich nach Hause. [...] Die Pechsträhne (das Unglück, das mir Adriana gebracht hat) streckt mich zu Boden.« Später, im Laufe desselben Monats, kommen zu diesen Sorgen die Fragen seines Freundes, ehemaligen Studenten und Biographen Mac Linscott Ricketts zu den »Anspielungen auf mein ›Nazitum‹ (Antisemitismus)«, wie er schrieb, und er fügte hinzu: »Ich versuche zu erklären.«

Was Eliade noch nicht wußte, war, daß Adriana Berger später einen öffentlichen Angriff wegen seiner vorgeblichen Zugehörigkeit zur Eisernen Garde gegen ihn starten würde. Im April schrieb er nur: »Ich fühle mich so müde wie noch nie, melancholisch, deprimiert.« Einer der wenigen heiteren Augenblicke, die er in seinem Tagebuch festhielt, war, als er die ihm gewidmete Festschrift *Die Mitte der Welt. Aufsätze zu Mircea Eliade* (Frankfurt 1984) erhielt, die Culianus Freund Hans Peter Duerr in Deutschland herausgegeben hatte und die Culianus lebhafte, wenn auch etwas gewundene Verteidigung seines Mentors enthielt.

Eliade, der Erholung dringend nötig hatte und sich wegen der Fertigstellung der sechzehnbändigen *Encyclopedia of Religion* Sorgen machte, die er bei Macmillan herausgab, kam im Juni mit seiner Frau nach Paris, wo sich im Juli auch Carmen und Ioan Culianu einfanden. Am Tag nach der Ankunft der beiden fuhren die vier zu einer Party. »Da wir uns unablässig unterhielten, haben wir uns mehrmals in diesem faszinierenden Viertel, dem Marais, verfahren«, schrieb Eliade. Wenige Wochen später schloß er sein Vorwort zu Culianus *Expériences de l'extase* ab, um das der Verleger Jean-Luc Pidoux-Payot gebeten hatte. »Ich hoffe, irgendwann die Muße zu finden, um all das aufzuschreiben, was ich über Culianu denke. [...] Meine Bewunderung für ihn ist aufrichtig und grenzenlos«, vertraute er seinem Tagebuch an.

Dieses zweite Hauptwerk, *Expériences de l'extase*, war überwiegend wissenschaftlich und diente als Vorbereitung einer späteren Arbeit, *Out of This World. Other-worldly Journeys from Gilgamesh to Albert Einstein* (dt.: *Jenseits dieser Welt. Außerweltliche Reisen von Gilgamesch bis Albert Einstein*). Darin untersuchte er den »Schamanen«, den weisen Mann oder die weise Frau eines Stammes, die in jenseitige Welten reisen – mit Hilfe von Trance, Drogen, Ekstase oder Magie – und zurückkehren, um die Gruppe gemäß ihrem neuen Wissen zu führen. Culianu konnte sich bei seinem Vergleich der Rolle des Schamanen in verschiedenen Religionen auf seine frühere Monographie *Psychanodia* stützen, und über den Vergleich entwickelte er ein Schema des zeitlichen Wandels der Glaubensvorstellungen – ähnlich wie ein Physiker das Verhalten von subatomaren Teilchen kartieren würde –, auf der Suche nach einer Struktur oder einer Formel.

Im Anschluß an eine Italienreise flogen die Eliades im August nach Groningen, um dort ihre dringend nötigen Ferien zu verbringen. Bei Culianu fühlte Eliade sich geradezu verjüngt, »in der schieren Freude daran, keine Termine zu haben, gar nichts zu tun, sich über alles mögliche zu unterhalten«. Er bat Culianu um Mithilfe bei der Herausgabe der *Encyclopedia of Religion* und schlug ihm außerdem vor, an einem anderen Projekt mitzuarbeiten, für das er bereits einen Vertrag unterzeichnet hatte, dem *Dictionnaire des Religions* (dt.: *Handbuch der Religionen*, Frankfurt 1995).[25] Erleichtert über Culianus Zustimmung, kehrte Eliade in bester Stimmung nach Chicago zurück.

Im Herbst 1984 in Groningen mußte Ioan mit einer eigenen Krise fertig werden. Die Universität stand vor drastischen Etatkürzungen. Die Fakultät für Romanistik und vor allem seine kleine Abteilung für rumänische Literatur würde es wahrscheinlich zuerst treffen. Er hatte zwar eine Anstellung, konnte aber trotzdem jederzeit entlassen werden. Darüber hinaus war ihm die Universität jetzt zu klein und eher banal: Er fühlte sich erdrückt und erstickt. Er bewarb sich um ein Stipendium in Harvard und bat Eliade, ihm seine Gastdozentur in Chicago zu bestätigen. Das würde nicht nur ihre Zusammenarbeit erleichtern, sondern ihm auch die Gelegenheit bieten, das Universitätsleben und die Publikationsmöglichkeiten in den Vereinigten Staaten zu testen.

Im September erhielt sein Vetter Miron Bogdan eine kurzfristige Ausreisegenehmigung nach Westeuropa, und er und Ioan trafen sich für zwölf Stunden in Düsseldorf. »Ich war so begierig darauf, ihn zu sehen«, erinnerte sich Miron. »Aber er hatte sich verändert. Obwohl er viel erreicht hatte und dadurch selbstsicherer geworden war, wirkte er irgendwie – vereinsamt.« Culianu fühlte sich in seiner Ehe mittlerweile eingeengt und unglücklich, wenngleich er so hart arbeitete, daß er es kaum zu bemerken schien.

Vielleicht war der unheimlichste Aspekt in diesem Jahr seiner europäischen Erfolge, daß es in *Éros et Magie* so viele Anspielungen auf das Jahr 1984 gab. Das »Orwell-Jahr«, so schien er vorherzusagen, würde ein Zeitalter weltweiter Quantensprünge einleiten, wie dies auch 1484, vor einem halben Jahrtausend der Fall gewesen war. Um dies zu verstehen und um zu begreifen, was er mit Clifford Geertz' Begriff der »Tiefengeschichte« bezeichnete, müssen wir sein Buch, sein Leben und das Weltgeschehen untersuchen.

Ich kann nicht umhin, meine guten Freunde, die
Macht des Gesetzes zu bewundern, denn die
Ordnung und die Harmonie des Gesetzes sind ja
notwendig in den Elementen der Welt [. . .] und
auch in einer Gemeinschaft von Räubern [. . .].

Marsilio Ficino, *Tomo Primo delle divine lettere*,
Venedig 1548, S. 8r[26]

11 Fehldeutungen

Einen bedrohlichen Hintergrund von Culianus Leben im Exil
stellten gleich beide totalitäre Ideologien des 20. Jahrhunderts
dar, Faschismus und Kommunismus. 1980 veröffentlichte Culianu einen kurzen Aufsatz über Horia Stamatu, einen rumänischen Dichter, der Mitglied der Eisernen Garde gewesen
war, und wurde so unfreiwillig in die fanatische Welt einer
faschistischen Exilbewegung hineingezogen. Gleichzeitig fühlte er sich noch immer von der kommunistischen Geheimpolizei bedroht, obwohl er wie alle prominenten Exilanten von
dem neuen rumänischen Botschafter in den Niederlanden regelrecht hofiert wurde. In beiden Fällen geriet Culianu vor
allem wegen Fehlinterpretationen seiner Arbeit in Schwierigkeiten. Wie Umberto Eco, der in Groningen einen Vortrag von
Culianu über die Magie der Renaissance gehört hatte, faszinierte ihn der Gedanke, daß Fehldeutungen zu einer höheren
Wahrheit führen können, die weder Leser noch Verfasser beabsichtigt hatten. Er hielt das für ein amüsantes Spiel mit der
Macht der Einbildung; was sich daraus für ihn ergab, war
allerdings nicht besonders amüsant.
In den vierziger Jahren waren viele Mitglieder der Eisernen
Garde in den Westen geflohen. Einige hatten sich in Mailand,
Madrid und in Freiburg im Breisgau niedergelassen, aber die
meisten von ihnen waren in die Vereinigten Staaten und nach
Kanada ausgewandert – einige auf Veranlassung der amerika-
nischen Nachrichtendienste, die sie als antikommunistische
Kräfte einzusetzen hofften. Sie gingen zumeist nach Chicago,

Detroit, Windsor und Toronto. Eine Reihe von Artikeln im *Windsor Star* stellte fest, daß einige dieser Männer in den achtziger Jahren vermögend und politisch einflußreich geworden waren. So wurde beispielsweise der rumänisch-orthodoxe Erzbischof Viorel Trifa – der während der Amtszeit Nixons die offizielle Andacht im Senat der Vereinigten Staaten abgehalten hatte – ausgewiesen, nachdem Charlie Kremer, ein Zahnarzt aus New York, seine früheren Aktivitäten aufgedeckt hatte.[27] Culianus Zusammenstoß mit den rumänischen Faschisten hatte bereits Ende der siebziger Jahre begonnen. Bereits 1977 war er gebeten worden, das Werk des rumänischen Dichters Horia Stamatu, zu dessen Bewunderern beispielsweise Eugène Ionesco gehört hatte, für das *International Journal of Rumanian Studies* zu besprechen. Culianu hat das, was folgte, in einer Erzählung aufgegriffen, von der es zwei Fassungen gibt – eine unveröffentlichte, die »Romanian Fears« hieß, und eine zweite, die im Oktober 1990 in der New Yorker Exilzeitschrift *Lumea Liberă* (›Die Freie Welt‹) unter dem Titel »O şansă unică« (›Eine einmalige Chance‹) erschienen ist.

Die veröffentlichte Fassung bezeichnete Stamatu nur mit »H. S.«. Darin erzählte H. S. Culianu, daß er im Konzentrationslager Buchenwald interniert gewesen sei, so daß Culianu irrtümlich annahm, der Autor sei Jude. Er beschloß, die Gedichte günstig zu besprechen, falls er in ihnen wenigstens einen guten Vers finden könnte. Obwohl er »wie Diogenes mit der Laterne nach einem wahren Menschen« suchte, konnte er kein einziges Gedicht finden, das ihm zugesagt hätte. »Glücklicherweise«, schrieb er, »wurde die Semiotik erfunden, die es uns gestattet, Schwierigkeiten wie diese elegant zu umschiffen.« Er schrieb eine hochgradig abstrakte Rezension, »die niemand lesen würde, oder sollte sie doch jemand lesen, so wären die Chancen, das sie verstanden würde, äußerst gering«. Culianu war stolz auf seine Lösung und bemerkte gar nicht, daß jede seiner Zeilen verriet, wie er tatsächlich über diese Gedichte dachte. Er schickte seinen Text an die Zeitschrift und an Horia Stamatu selbst und wandte sich dann weiteren Eliade-Studien zu. »Ich hatte gerade einige dunkle Stellen in seiner [Eliades]

Biographie gefunden, da traf ein Brief von [Stamatu] ein, der erste in einer endlosen Reihe von Briefen. [...] Zu meiner Bestürzung war er furchtbar wütend. Er las [meine Rezension] als eine Folge von ironischen Bemerkungen, was ja nicht vollständig jenseits meiner Intention lag. Nur, daß seine Interpretation einer Tonart folgte, die mir damals ganz fremd war: der politischen Geschichte der deißiger und vierziger Jahre.«
In der Erzählung verstand H. S. die Rezension nicht als Angriff auf seine Gedichte, sondern als indirekten Vorwurf, er habe einst zur Eisernen Garde gehört. Seine Briefe waren »unglaublich lang, wie Alpträume, nur sehr viel häufiger«. Mitunter versuchte er, Culianu auf seine Seite zu ziehen. Ioan korrespondierte eine Zeitlang mit ihm, um die nationalistische Bewegung zu verstehen, die in seiner Geburtsstadt ihren Ausgang genommen hatte; als er verstanden hatte, wies er Stamatus Vorstöße zurück. Stamatu versuchte nun, eine Hetzkampagne gegen Culianu zu starten, und schickte entsprechende Briefe an Eliade, an den Verleger der Zeitschrift und an andere prominente Exilanten. Ironischerweise hatte Culianu Stamatu gar nicht als Mitglied der Eisernen Garde belasten wollen, die für ihn »die geheimste, schwülstigste, mystischste und stümperhafteste faschistische Organisation im Vorkriegseuropa« war. Erst gegen Ende der Erzählung entlarvt der Dichter sich in seinen ausführlichen Schmähbriefen selbst.
Dieses Erlebnis brachte Culianu dazu, sich wieder seinen Geschichtsbüchern zuzuwenden, um zu verstehen, wie ein Faschist nach Buchenwald kommen konnte. »Damals wußte ich überhaupt nichts über die Vergangenheit Rumäniens«, bemerkte er, »denn ich war im kommunistischen Rumänien auf die Welt gekommen und erzogen worden.« Er fand heraus, daß Hitler etwa vierhundert führende Eiserne Gardisten in einer gesonderten Abteilung in Buchenwald untergebracht hatte, um einen Trumpf in der Hinterhand zu haben, falls Antonescu als Verbündeter wankend würde.[28]
Was Culianu ebensowenig wußte, war, daß Chicago und der nördliche Teil des Mittleren Westens der USA Zentren waren, in denen die Eisernen Gardisten noch immer aktiv waren und

Mitglieder anwarben. Corneliu Codreanus Nichte, das letzte Familienmitglied, das den Führer vor seiner Ermordung im November 1938 gesehen hatte, hatte sich in Chicago niedergelassen. Es hieß, daß einer der Männer, die in den Komplott zur Ermordung Nicolae Iorgas verwickelt gewesen waren, in der Nähe von Detroit lebte. In Chicago gab der bekannteste Wortführer der Garde in Amerika, Alexander Ronnett, eine Zeitung heraus. Er hatte 1974 das Buch *Romanian Nationalism. The Legionary Movement* bei Loyola University Press veröffentlicht. Sein wirklicher Name war Rahmistriuc. Ronnett erzählt, wie er versucht hatte, den rumänischen Premierminister Ion Antonescu während des blutigen Aufstands der Eisernen Garde im Januar 1941, der auf die Entmachtung der Bewegung gefolgt war, anzugreifen. Ronnett war etwa zwanzig Jahre lang der Haus- und Zahnarzt von Mircea Eliade; er beteuerte, sein Patient sei einst ein bekannter Gardist gewesen.[29] Eliade schwieg über die Vergangenheit, obwohl sein Schweigen und seine Weigerung, den rumänischen Holocaust zu verurteilen, den Schluß nahelegen mochten, daß, wie sein Freund Saul Bellow es ausdrückte, »Mircea ein Geheimnis hatte«. Als Culianu Eliade von einer Kampagne gegen ihn schrieb, die ihn in Verruf bringen und verhindern sollte, daß ihm der Nobelpreis für Literatur verliehen würde, erwiderte Eliade in einem Brief vom 24. März 1978, in dem er sich lediglich auf Nae Ionescu, seinen rechtsextremistischen Lehrer der zwanziger und dreißiger Jahre, bezog: »Die Legende vom Nobelpreis ist einfach: Ich habe stets erklärt, daß, sollte mir diese ›Ehrung‹ zuteil werden, ich sofort nach Bukarest fliegen würde, um meiner Identität als *rumänischer Schriftsteller* Ausdruck zu verleihen. Ich habe niemandem genau erklärt, was ich in Bukarest tun würde. Dir sage ich es: Ich werde zum Bellu-Friedhof gehen und die Gräber meines Vaters, meiner Mutter, meines Bruders und das von Nae Ionescu mit ihren Lieblingsblumen bedecken.«
Die Geschichte dieser Rezension führte Culianu die Gefahren, die ihm drohten, vor Augen, besonders wenn seine Schriften anders gedeutet wurden, als es seiner Absicht entsprach. Da-

nach fanden seine persönlichsten Gedanken Eingang in Erzählungen, die auf eher versteckte Art auf die tödlichen Risiken des Schreibens hinwiesen.

In den achtziger Jahren wurden prominente Exilrumänen in zunehmendem Maße vom rumänischen Geheimdienst, und zwar dem Departamentul de Informaţii Externe (DIE), der Auslandsabteilung der Securitate, überwacht. Das DIE hatte Agenten, die praktisch in allen Botschaften der Welt vertreten waren, und viele rumänische Wissenschaftler, die im Ausland lebten, arbeiteten als Informanten. Ceauşescu betrachtete die Exilrumänen als »fünfte Kolonne«, die derselben Beobachtung und Rekrutierung unterlagen wie die rumänischen Staatsbürger auch. Aus gutem Grund mißtraute Culianu den meisten seiner Landsleute, denen er irgendwo auf der Welt begegnete. Die Securitate schenkte vor allem denen Beachtung, deren Kommentare in den Medien dem Ansehen Rumäniens Schaden zufügen könnten. 1977 wurde Monica Lovinescu, eine Kommentatorin von Radio Free Europe, mit der Culianu bekannt war, vor ihrer Wohnung in Paris von einer Gruppe von Palästinensern, die die Securitate angeheuert hatte, brutal zusammengeschlagen. 1981 verübte das DIE in München einen Anschlag auf Emil Georgescu, einen Redakteur von Radio Free Europe. Georgescu überlebte, obwohl zweiundzwanzigmal auf ihn eingestochen worden war. Im Bericht des deutschen Außenministeriums hieß es, die Angreifer »weigerten sich hartnäckig, irgendeine Auskunft über ihre Auftraggeber zu geben. Nach dem Scheitern des ersten Mordversuchs, sollen andere Mitglieder des rumänischen Geheimdienstes beauftragt worden sein.« In seinem Buch *Red Horizons* berichtete der ehemalige Securitate-General Ion Mihai Pacepa, daß der Verkehrsunfall, bei dem ein Veranstalter von Anti-Ceauşescu-Demonstrationen in New York ums Leben gekommen war, ebenfalls ein von der Securitate arrangiertes Attentat gewesen sei.

Die sich verschlechternden exilpolitischen Umstände veranlaßten Culianu, häufiger Artikel für Exilzeitschriften wie *Li-*

mite (Paris), *Ethos* (Paris) und *Revista Scriitorilor Români* (›Zeitschrift der rumänischen Schriftsteller‹, München) zu verfassen. 1985 begann er eine regelmäßige Kolumne für *Contrapunct* (Paris) zu schreiben, und er war Vizepräsident der Abteilung für Religion des Rumänischen Kulturzentrums in Paris, einer 1949 gegründeten antikommunistischen Organisation. Er erzählte Carmen, daß er wegen seines Schreibens gewarnt worden sei. In Italien protestierte ein Agent gegen einen Aufsatz von ihm, der die Weigerung, während der kommunistischen Herrschaft in seine Heimat zurückzukehren, mit der Mannhaftigkeit eines Eliadeschen Helden verknüpfte. »Ich habe auf einer symbolischen Ebene geschrieben«, sagte er zu seiner Frau, »aber sie haben mich wörtlich genommen.«

Über die Zustände in Rumänien erfuhr Culianu mehr, als er im Oktober 1984 Besuch von Andrei Oişteanu erhielt, einem Schriftsteller, der sich auf Kulturanthropologie spezialisiert hatte. Dieser hatte sein Ausreisevisum – absichtlich – zu spät erhalten, um an einem Seminar für amerikanistische Studien in Salzburg teilnehmen zu können. Statt dessen nutzte er jedoch die Gelegenheit und reiste durch Deutschland und Frankreich. Im Oktober rief er Culianu an, und dieser lud ihn zu einem Besuch in Groningen ein.

»Er war äußerst mißtrauisch«, erinnerte sich Oişteanu. Sie unterhielten sich über Culianus Arbeit und über Eliade, über rumänische Mythologie und anderes. Schließlich bat Oişteanu um sein Einverständnis, diesen Dialog in Rumänien zu veröffentlichen. Culianu willigte ein, meinte aber, daß er nicht glaube, daß dies möglich sein werde.

Im nächsten Jahr gewann Culianu den langen Kampf um das zweite Ausreisevisum für seine Mutter. Für ihn, der seine Mutter als Junge angebetet hatte, war das Wiedersehen schwierig und bewegend. Er liebte sie, nahm ihr aber gleichzeitig übel, daß sie sich in sein neues Leben einmischte, und so ließ er sie für mehrere Tage allein, um an einer Konferenz der European Association of the History of Religions teilzunehmen. »Er schien nicht fähig zu sein, ihr seine Liebe zu zeigen«, sagte sein

Stiefsohn. Die einzigen Augenblicke, in denen sich die Beziehung zwischen Ioan und seiner Mutter entspannte, waren, als sie Canasta spielten oder wenn sie anfing, mit ihrer hohen, klaren Stimme alte moldauische Lieder zu singen, die ihm in Erinnerung riefen, was er zurückgelassen hatte.

Seine Mutter erzählte ihm von einer Reihe von üblen Gesetzen, die Ceauşescu erlassen hatte. Konsumgüter verschwanden nach und nach aus den Regalen der Geschäfte. Die Securitate war nicht mehr nur der alte repressive Apparat, sondern war zu einer Regierungsmethode geworden. Es gab Gerüchte darüber, daß Dissidenten insgeheim radioaktiv bestrahlt wurden. Der neue Ehemann seiner Schwester, Dan Petrescu, war mittlerweile als Unruhestifter bekannt. Wenn er in das grüne, krankenhausartige Securitate-Gebäude auf dem berühmten Copou-Hügel in Iaşi vorgeladen wurde, ließ man ihn stundenlang ohne jede Erklärung warten. Offiziere verhörten ihn über Aktivitäten, die ihnen längst genauestens bekannt waren. Danach scherzten sie mit ihm. Dennoch wollten die meisten Schüler am Gymnasium, an dem Dan unterrichtet hatte, am liebsten Securitate-Agenten werden. Man würde regelmäßig und gut bezahlt, mit den gleichen Schecks wie beim sowjetischen KGB, meinten die Jungs.

Am häufigsten sprachen Ioan und seine Mutter über seine Karriere. Er zeigte ihr Fotos vom Besuch der Eliades. Der Professor treffe die Vorkehrungen, um ihn nach Amerika kommen zu lassen, sagte er. Dort würde er dann versuchen, einen Lehrstuhl zu bekommen. »Die Gehälter und die Freiheit zum Schreiben sind viel größer.« Sie hoffte dennoch, daß ihr Sohn nicht so weit wegziehen würde.

Er erzählte seiner Mutter nicht von der seltsamen Erfahrung, die er auf einer Konferenz im Mai 1985 gemacht hatte. Zu seinem Vortrag im französischen Centre de Recherches Imaginaires et Création in Chambéry waren drei selbsternannte Hexen gekommen, die Protest gegen seine Arbeit erhoben, da er, wie sie meinten, die theoretischen Aspekte des Themas zu stark in den Vordergrund stelle. Ihm, seinem Koreferenten und mehreren Teilnehmern wurde äußerst übel. Solche Vorträge, so schrieb er später in seinem Vorwort zur amerikanischen Ausgabe von *Éros et Magie*, seien »ein Unternehmen, von dem ich künftig Abstand nehmen werde«.

Nachdem seine Mutter abgereist war, wurde er zunehmend unruhig. Er fühlte sich immer stärker eingeengt in seiner Ehe mit einer Frau, die nie zufrieden zu sein schien. In Holland fühlte er sich trotz seiner internationalen Erfolge nicht genügend anerkannt. Sein Leben war öde und unwirklich geworden. Er sehnte sich nach neuer Freiheit.

Er fragte Carmen, ob sie mit nach Chicago kommen wolle, war jedoch erleichtert, als sie ablehnte. Die Vereinigten Staaten erschienen ihm als ein verheißungsvolles Ziel, das er ohne die Last der Familie, der Freunde oder der Geschichte erreichen wollte – frei wie Botticellis Venus auf dem Meer.

Dennoch erwachte in jenem Jahr wieder ein heftiges Gefühl der Bedrohung in ihm, das ihn seit seinen Kindertagen in Iaşi nie ganz losgelassen hatte. Sein Freund Gianpaolo Romanato erzählte: »Manchmal sagte er mir, halb scherzhaft, halb ernst: ›Ich werde jung sterben.‹ Diese Vorahnung erklärt seine Arbeitswut, seinen Drang, alles so bald wie möglich auszusprechen, seine Eile, zu schreiben und berühmt zu werden, denn er wußte oder befürchtete, kein allzu langes Leben zu haben.«

> Alles wiederholt sich im Kreis. Die Geschichte ist ein Meister, denn sie lehrt uns, daß es sie nicht gibt. Nur die Permutationen zählen.
>
> Umberto Eco, *Das Foucaultsche Pendel*[30]

12 Verfolgung, 1985

In Rumänien stellte das Jahr 1985 den Anfang der schlimmsten Jahre unter Ceauşescu dar. Bei seinem Bemühen, die Auslandsschulden des Landes zurückzuzahlen, trieb er die Bevölkerung in das härteste Elend, das sie je ertragen mußte. In den meisten

Städten wurde der elektrische Strom um 20 Uhr abgeschaltet. Warmes Wasser und Heizung waren sehr knapp. In den Regalen der Läden fehlten die einfachsten Güter. Verheiratete Frauen sollten möglichst viele Kinder gebären, um einen Zuwachs der Bevölkerung sicherzustellen, Abtreibung war bis zum fünften Kind streng verboten, und gebärfähige Frauen mußten sich regelmäßig gynäkologisch untersuchen lassen. Das intellektuelle Leben lag brach. Bücher waren äußerst schwer zu bekommen und zu veröffentlichen.

Seit Culianus Flucht hatte in Rumänien niemand über ihn geschrieben; niemand zitierte seine Arbeiten. Im November 1984 kehrte der Schriftsteller Andrei Oişteanu nach Rumänien zurück und versuchte, sein Interview mit Culianu zu veröffentlichen. Er wandte sich an drei Kulturzeitschriften und wurde dreimal abgelehnt. Während er sich um die Veröffentlichung bemühte, erhielt er einen sonderbaren Anruf. »Ich bin vom Paßamt«, sagte der Mann. »Ich möchte Sie sprechen.« Oişteanu war in Holland gewesen, obwohl er nur Visa für die Bundesrepublik Deutschland und für Frankreich gehabt hatte, und so glaubte er, daß es darum gehe. »Warum?« fragte er. Sein Gesprächspartner gab ihm keinerlei Erklärung, schlug jedoch vor, sich zum Essen zu verabreden. Das lehnte Oişteanu ab. Schließlich kamen sie überein, sich auf der Straße zu sehen.

Am nächsten Morgen wachte Oişteanu schon vor fünf Uhr auf und grübelte beunruhigt darüber nach, was der Grund für dieses Treffen sein mochte.

Der Mann war etwa fünfunddreißig bis vierzig und trug einen nicht besonders guten Anzug. Man sah es ihm irgendwie an, daß er von der Securitate war. Er wollte unbedingt in ein Restaurant gehen, aber Oişteanu lehnte erneut ab. Sie gingen statt dessen zu einem Café, das allerdings geschlossen hatte. Der Offizier klopfte an und zeigte einen Ausweis vor. »Ich muß mit diesem Herrn reden«, sagte er.

Sie traten ein, setzten sich und bestellten. Der Agent befragte ihn über seine religionsgeschichtlichen Forschungen. Das System war längst von der kommunistischen Rhetorik zu dem

mystischen Nationalismus übergegangen, mit dem sich Culianu beschäftigte. Die Kommunisten beriefen sich dabei auf
Persönlichkeiten wie den Dichter Eminescu. In diesem Land, in
dem die Ostkirche und der »nationale Gedanke« seit dem 19.
Jahrhundert eng verschränkt waren, hatten die Religionswissenschaften vor der Machtübernahme der Kommunisten als
eines der angesehensten Arbeitsgebiete gegolten. Der Mann
begann, über Mircea Eliade zu sprechen. Oişteanu versuchte
zu erfahren, worauf sein Gesprächspartner hinauswollte, aber
der wich ihm andauernd aus.
»Wir sind nicht blöd«, sagte er. »Ich habe auch ein Studium
abgeschlossen. Ich habe bei Grünberg Philosophie studiert. Ich
weiß, worüber Sie schreiben. Ich kenne die Bücher von Eliade.
Sie sind sehr interessant.« Er beugte sich vor. »1983 wollten Sie
zu einem Kongreß reisen. Wir haben aber abgelehnt. 1984
haben wir zugesagt, aber mit einer Woche Verspätung. Ich
weiß, daß Sie Schwierigkeiten hatten, Reisegenehmigungen zu
bekommen. Ich kann Ihnen behilflich sein. Sie können reisen,
soviel Sie wollen. Mehr als Sie wollen.«
»Wie das?«
»Wir lassen Sie reisen, und Sie geben uns Informationen über
rumänische Intellektuelle im Ausland.«
»Warum machen Sie das nicht selbst? Das ist Ihre Aufgabe,
nicht meine.«
»Mir sind die Türen verschlossen. Ich habe keinerlei Beziehun-
gen. Sie schon. Sie kennen Intellektuelle. Wie Ioan Culianu.«
»Nein, tut mir leid.«
»Ihr Bruder in New York kennt auch viele Leute.«
Oişteanus Bruder Valery war ein Underground-Dichter im
New Yorker East Village und hatte eine monatliche Kunst-
Kolumne, »Wall Patrol«, die er mit Valery Gallery zeichnete.
Er haßte nichts so sehr wie Kommunisten. Der Gedanke, er
könne für sie als Mitarbeiter in Frage kommen, war lächerlich.
»Nein«, sagte Oişteanu. »Nein, das kann ich nicht machen.«
Der Mann stand auf.
»Überschlafen Sie es. Ich rufe Sie an«, sagte er.
Oişteanu blieb noch sitzen. Dann dachte er, nein, ich muß

diese Sache gleich klären. Er wollte ein für allemal ablehnen. Er rannte zur Tür und sah den Offizier eben in ein Gebäude eintreten, von dem er wußte, daß darin die Kulturabteilung der Securitate untergebracht war.

Der Agent rief ihn eine Woche später an. Oişteanu lehnte seinen Vorschlag von neuem ab. In den nächsten Wochen und Monaten rief der Mann immer wieder an. Oişteanus Frau bekam Angst. Sie fürchtete, sie würden nie wieder reisen dürfen und diesen Mann nie loswerden. Er hatte durchblicken lassen, daß Oişteanu nicht mehr veröffentlichen dürfe, wenn er nicht kooperierte. Er könnte sogar seine Anstellung verlieren.

Schließlich hörte die Belästigung auf. Die *Revista de Istorie şi Teorie Literară* (›Zeitschrift für Literaturgeschichte und -theorie‹) nahm das Culianu-Interview an. Im letzten Augenblick versuchte die Zensur zwar, die Veröffentlichung zu verhindern, aber den Herausgebern gelang es, sie zu umgehen.

Der ganze Vorfall mit dem Securitate-Agenten war nichts Ungewöhnliches, eine von vielen bizarren Begegnungen, die damals alle über sich ergehen lassen mußten. Die von der Securitate, hatte ein Freund einmal zu ihm gesagt, sind alle Mystiker. Oişteanu hatte das nie geglaubt.

> Mircea Eliade sagte mir, daß ich in zehn Jahren der beste lebende Religionshistoriker sein würde, und er machte keine Witze, er kannte sie alle.
>
> I. P. Culianu an Hillary Wiesner, 14. Oktober 1986

13 Das Smaragdspiel, 1986

Culianu ging im März 1986 nicht wie ein Jahrzehnt zuvor als mittelloser und einsamer Doktorand an die Universität Chicago zurück, sondern als der Gastdozent des Trimesters. Er hatte wahrscheinlich das Gefühl, daß der »gesellschaftliche ›Erfolg‹«, für den er »mit einer Unruhe gezahlt« hatte, »die größer ist, als ein Mensch wie ich sie ertragen kann«, langsam Gestalt anzunehmen begann. Er war nicht mehr nur der Zauberlehrling seines Mentors, der ihn sich bei seinem letzten Besuch vom Leibe gehalten hatte. Jetzt war er ein Gastdozent, der von dem bedeutendsten Religionshistoriker eingeladen worden war, um ihm bei einigen seiner wichtigsten Werke zu helfen. Eliade war nun 79 Jahre alt und von Culianu abhängig, der für ihn die Korrespondenz erledigte, ihm Beistand leistete und die Leitung der noch nicht zu Ende gebrachten Projekte einer sich dem Ende neigenden Laufbahn übernahm.

Im Frühjahr 1986 war abzusehen, daß die Zeit, um diese Projekte abzuschließen, langsam knapp wurde. Es hatte sich bereits am 18. Dezember 1985 angedeutet, als ein Brand einen Teil von Eliades Büchersammlung vernichtet hatte, die in der Meadville Library in der 57. Straße untergebracht war. Anscheinend hatte Eliade selbst den Brand mit glühender Asche aus seiner Pfeife verursacht. Die im Verlauf eines ganzen Lebens zusammengetragenen wertvollen orientalischen und indischen Texte und, was noch schwerer wog, Eliades Handexemplare seiner eigenen fünfzig Bücher, die mit neuen Anmerkungen versehen waren, die seine Theorien vertiefen sollten, sowie auch eine große Menge an persönlichen Unterlagen wurden stark beschädigt. Eliade hatte diese Brandkatastrophe in einem Traum vorausgesehen. Ihn, der zeitlebens versucht hatte, die in Träumen enthaltenen Bedeutungen zu enträtseln, mahnte das Feuer, daß »die Unsterblichkeit, die er auf den bedruckten Seiten gesucht hatte, ebenso der physischen Vernichtung unterworfen war wie die Unsterblichkeit, die er einst, vor langer Zeit, bei seinen Yoga-Erfahrungen ersehnt hatte«, schrieb seine Kollegin Wendy Doniger.

Die durch Rauch und Wasser beschädigten Bücher aus Eliades Bibliothek waren immer noch in Kisten verpackt, als Culianu Mitte März aus Holland eintraf. Er und Eliade hatten drei dringende Projekte vor sich, darunter den *Guide to World Religions* (dt.: *Handbuch der Religionen*), den Culianu schreiben und der unter Eliades und Culianus Namen verlegt werden sollte. Culianu hatte auch eine Reihe von Artikeln für Eliades Mammutwerk, die sechzehnbändige *Encyclopedia of Religion*, mitgebracht, die 1987 bei Macmillan erscheinen sollte. Eliade hatte ihm Sachgebiete anvertraut, auf denen er ihn für einen führenden Fachmann hielt, wie »Himmelsreise«, »Astrologie«, »Gnostizismus vom Mittelalter bis zur Gegenwart«, »Magie im Europa des Mittelalters und der Renaissance«, »Sexuelle Riten in Europa«, »Himmel: Das Paradies als Hierophanie«, sowie vier Artikel über thrakische Gottheiten, die er gemeinsam mit seinem ehemaligen Professor Cicerone Poghirc in Paris geschrieben hatte.

Eliade hatte eine weitere Aufgabe für Culianu. Eliade arbeitete gerade an dem vierten und letzten Band seiner *Geschichte der religiösen Ideen*, in der er die unbewußten geistigen Strukturen, die dem mythischen Denken zugrunde lagen, offenlegen wollte, die universalen Sinnbilder, die seiner Ansicht nach in religiöse Vorstellungen eingebettet waren. In den beiden letzten Kapiteln wollte Eliade die »religiösen Schöpfungen (wie viele es auch sein mögen) auf dem ganzen Erdball von der Aufklärung bis hin zur ›Gott ist tot‹-Theologie« untersuchen. »Einen großen Teil dieses Finales würde ich selbst schreiben«, hatte er dem vierunddreißigjährigen Culianu am 27. März 1984 geschrieben. »Könntest Du die Verantwortung für den Rest übernehmen? (Vergiß nicht, daß ich *Religione e potere* gelesen habe . . .)«

Eine außerordentliche Zusammenarbeit entfaltete sich zwischen dem Mann, dem man nachsagte, das Fach Religionsgeschichte revolutioniert zu haben, und dem ehrgeizigen jungen Gelehrten, der zu ihm wie zu einer Vaterfigur aufblickte. Seit ihren frühen Studienjahren hatte der Renaissance-Gedanke der *coincidentia oppositorum*, des Zusammenfallens der Gegensätze, sie beide fasziniert. Ihre Zusammenarbeit, in der Eliades zu Ende gehende Laufbahn sich mit Ioan Culianus Aufstieg verschränkte, bot jene coincidentia oppositorum, die der Jüngere so lange ersehnt hatte.

Culianu sah seine Stelle in Holland damals nur als Sprungbrett

in eine bessere Zukunft. An der Universität Groningen stand die Abteilung für rumänische Studien wegen der Haushaltskürzungen vor ihrer Schließung. Auch andere ausländische Wissenschaftler, wie etwa der italienische Danteforscher Professor Sandro Briosi, ein guter Freund von Culianu, Wissenschaftler, die in den vergangenen zehn bis fünfzehn Jahren zum Glanz der Universität Groningen beigetragen hatten, sahen sich gezwungen, das Land der Tulpen zu verlassen. Die Bemühungen Culianus, eine Stelle als Religionshistoriker zu bekommen – und nicht als Romanist oder als Literaturwissenschaftler, wenngleich er auch diese Fächer mochte und nicht ungern unterrichtet hatte –, stießen stets auf die bürokratische Engstirnigkeit und den »Protektionismus« des niederländischen Establishments. Aus Chicago schrieb er seiner Frau täglich über die Möglichkeiten, die er in Amerika für sich sah. Sein vierzehnjähriger Stiefsohn Andrei hatte die Folgen vorausgesehen: »Er sprach immerzu von Amerika, trank Coca-Cola und ging mit mir in Hollywood-Filme; er wollte selbst Amerikaner sein.«
Welche Spannung und welche Aufregung muß es für ihn bedeutet haben, als er am O'Hare-Flughafen ankam und wußte, daß die Divinity School bald nach einem Nachfolger für Eliade suchen würde und daß Eliade ihn dem Dekan Chris Gamwell vorgeschlagen hatte. Culianu hielt zwei Kurse: Gnostizismus und Manichäismus und die Magie der Renaissance für Anfänger. Noch nie hatte ein Lehrer wie er die Seminarräume der Swift Hall betreten. Ioan Culianu, dessen Berufsleben so sehr von Eliade abhing, konnte sich hier endlich einen eigenen Namen machen.

Im Frühjahr 1986 begann Hillary Wiesner ihr zweites Trimester als Postgraduierte an der Universität Chicago. Sie hatte sich auf späte heidnische Kulturen im Mittelmeerraum spezialisiert, nachdem sie ihr Studium am Radcliffe College in Cambridge, Massachusetts, mit Auszeichnung abgeschlossen hatte. Sie war in der Kleinstadt Slingerlands im Hinterland des Staates New York aufgewachsen und mit zweiundzwanzig Jahren zum ersten Mal in den Mittleren Westen gekommen.

Hillary war blond und scheu und sah ein bißchen so aus wie die Venus in Botticellis *Primavera* – zurückhaltend, unergründlich und mit perlmuttfarbener Haut. Ihr Vater war Jude gewesen und wie Culianus Vater früh gestorben, im Alter von fünfundfünfzig Jahren, als sie achtzehn war. Sein Tod steigerte ihre Neigung zur Einsamkeit. Ihre Freunde sagten, sie sei brillant, aber naiv, und Männern gegenüber ein wenig befangen. »Sie urteilte über alles und jeden«, sagte Erika Schluntz, eine Freundin vom Radcliffe College. »Ich glaube, von mir dachte sie, daß ich zu oft auf Partys gehe. Wenn ich mir ihre Aufzeichnungen von einem Seminar auslieh, zu dem ich nicht hingegangen war, stellte ich fest, daß sie eine bessere Gliederung hatte als der Professor. Trotzdem waren die Seiten mit Comic-Zeichnungen bedeckt.«

Nach Hillary Wiesners Urteil war die Divinity School nicht gut genug. Die Professoren kümmerten sich zuwenig um ihre Studenten. Der Winter in Chicago schien ewig zu dauern, und der feuchte Wind drang bis auf die Knochen. Die neugotischen Universitätsgebäude, etwas abgelegen im Süden der Stadt, gaben ihr ein Gefühl der Bedrückung. Die Anforderungen waren sinnlos hoch, dachte sie. Sie überlegte daher, zurück nach Cambridge zu gehen, was einige ihrer dortigen Professoren ihr bereits nahegelegt hatten, und sie hatte vor, im Sommer zum zweiten Mal an Ausgrabungen im türkischen Sardes teilzunehmen, die von Archäologen der Universität Harvard geleitet wurden.

Hans Dieter Betz, ein angesehener Hochschullehrer, hatte ihr empfohlen, mit Professor Culianu über ihre Arbeit zu sprechen. Sie konnte an keinem seiner Seminare regelmäßig teilnehmen und besuchte sie daher nur sporadisch. Allmählich weckten sie ihre Neugier.

Culianu war anders als alle anderen in Chicago. Trotz seiner europäischen Hemden und seines merkwürdigen Inspektor-Clouzeau-Akzentes bot er so aufschlußreiche Einblicke in die Magie, daß sie bei ihm sehr viel wilder mitschrieb als sonst. Er war nicht unattraktiv, hatte ein koboldhaftes Gesicht und einen intensiven Blick, aber es waren seine Ideen, die sie am stärksten in Erinnerung behielt. Er sagte, daß ein Geisteswissenschaftler wie ein großer Naturwissenschaftler die Fähigkeit zur stillen Demut haben müßte, um die Welt in ihrer Eigenart zu verstehen. Wenn man mittelalterliche und frühneuzeitliche Wunder erforschte, müsse man sein Mißtrauen überwinden und selbst in den sonderbarsten und unerklärlichsten Ereignissen nach einer verborgenen Struktur oder Logik suchen. Diese Leidenschaft, in die geistigen Prozesse einer Person einzudringen, verglich er mit dem Eros. Von ›Eros‹, dem altgriechischen Wort für Liebe oder ›Weltumarmung‹, leiten sich Wörter wie ›erotisch‹ oder ›heroisch‹ ab. Er betrachtete den Eros als wirkungsmächtige Kraft, die die Geheimnisse des Universums entschlüsseln könnte, seien sie nun wissenschaftlich oder religiös.

Culianu meinte, daß die Kraft von Giordano Bruno darauf beruhe, daß dieser seine magischen Bilder mit der Macht der Liebe, des Eros, auflud. Er verglich die Magie Brunos mit der modernen Einflußnahme auf die Öffentlichkeit. Der Haken dabei sei, daß wir heutzutage metaphysische Analphabeten seien und unsere Einbildungskraft durch den Siegeszug von Wissenschaft und Technologie unterentwickelt sei. Für den Triumph der Vernunft, aber auch für viele der modernen Neurosen seien die Reformation und die Unterdrückung der Magie durch die Kirche verantwortlich. Culianu behandelte seine Themen mit »Kühnheit, sprachlicher Meisterschaft und Disziplin«, wie ein Rezensent einmal bemerkte, und spickte sie mit dem enzyklopädischen Wissen, das er vor allem in Italien erworben hatte. Er brachte noch etwas anderes mit: seine Besessenheit, mit der er die Vergangenheit untersuchte, um die zahlreichen verdeckten Methoden zu verstehen, von denen er glaubte, daß sie auch unseren Geist manipulierten.

Hillary ging in die Bibliothek, um sich Culianus *Psychanodia* von 1983 auszuleihen. In diesem Buch griff Culianu die traditionellen diffusionistischen Theorien der »religionsgeschichtlichen Schule« an, die davon ausgingen, daß sich die unterschiedlichen Kulturen auf Grund der Erschließung neuer Handelswege gegenseitig beeinflußten. Nachdem er nachge wiesen hatte, daß solche Theorien weitverbreitete Mythen wie den der Wiedergeburt nicht befriedigend zu erklären vermochten, legte er seine eigene Theorie dar: Der kollektive menschliche Geist folgt in seinen Prozessen – oder auch Spielen – logischen Gesetzen, die unterhalb der alltäglichen historischen Ereignissen liegen; diese Spiele des Geistes beeinflussen das menschliche Denken und Handeln auf einer Ebene, von der wir kaum eine Ahnung haben. Seine Vorstellung, der Ablauf der Geschichte sei einigermaßen geordnet, ja sogar voraussagbar, kam einigen Gelehrten umgekehrt reichlich bizarr vor, obwohl er sich teilweise auf Wittgensteins Spieltheorie und die neue Komplexitätswissenschaft stützen konnte. Das Buch hielt Hillary bis tief in die Nacht wach.

Hillary selbst arbeitete über die alte mesopotamische Kultur der »Sabäer«[31] von Ḥarrān, ein arabisches Volk, von dem sie annahm, daß es die antiken Quellen, die sehr viel später den Denkern der Renaissance als Leitbild dienten, aufbewahrt hatte. Die Kultur der Sabäer war mitsamt ihren okkultistischen Philosophen, Astrologen und ihren Tempeln, die Planeten geweiht waren, von der Geschichte verschlungen worden, und Hillary wollte wissen warum. Sie beschloß, Culianu zu fragen.

Ioan Culianu wohnte im McGiffert House, einem Gästehaus der Universität. Er schrieb seiner Frau Carmen, daß er einsam sei und nur wenige Freunde unter den Kollegen an der Fakultät gefunden habe. Er unterrichtete, arbeitete an den zwei Vorlesungen, die er als Gastdozent halten mußte, und an seinem Englisch. Zusammen mit Eliade überarbeitete er sein *Éros et Magie* für eine Übersetzung, die beim Verlag der Universität von Chicago erscheinen sollte. Er hoffte, daß die Veröffentlichung des Buches in den Vereinigten Staaten zu einer Berufung an diese Universität führen würde. Doch da war eine heikle Sache: Carmen war in Holland ganz zufrieden. Um ihren Sorgen zu begegnen, erzählte er ihr in seinen Briefen von den enttäuschenden wirtschaftlichen Aussichten einer akademischen Karriere in den USA; ihm war bewußt geworden, daß Professoren sich auch nicht alles leisten konnten.

Zum Teil waren es Geldsorgen, vor allem aber die Lust am Schreiben, die ihn bewogen, sich wieder seinen Erzählungen zuzuwenden. Ein Buch mit seinen Kurzgeschichten sollte 1989 bei Jaca Book erscheinen, einem wissenschaftlichen Verlag in Mailand, der auch Bücher von Eliade verlegt hatte. Umberto Eco schrieb eine günstige Rezension zur italienischen Ausgabe von *Éros et Magie*. Er und Culianu korrespondierten sich hin und wieder und diskutierten dabei auch Culianus Prosa. Er begann einen Thriller über einen mittelalterlichen Mythos, der ihm viel bedeutete, auf Tonband zu diktieren. Es war die Geschichte eines jungen Mannes, der drei rituelle Tode stirbt und jedesmal von einer Frau gerettet wird, wodurch er drei höhere Seinszustände erreicht und sein wahres Selbst erkennt. Die Handlung war unreif, voller Morde und unglaubwürdiger Verschwörungen. Ein Problem teilte er mit allen Exilanten: Er fühlte sich in keiner Sprache wirklich zu Hause. Sein anderes Problem war, daß er lernen mußte, bessere Erzählungen zu schreiben.

Wie bei so vielem anderen war Eliade auch für seine zweifache Karriere das Vorbild. Sie sahen mehr Parallelen zwischen Schriftstellerei und Wissenschaft als lediglich den Umstand, daß beides mit Schreiben zu tun hat; bei beidem ging es um die Beziehung von Phantasie und Leben. Wie die Mystiker und Dichter des Ostens betrachteten beide das Leben als eine Geschichte, deren tiefste Bedeutung an den geringsten Einzelheiten und Zufällen abgelesen werden konnte. Sie stammten aus einem Volk, das lange von fremden Mächten beherrscht worden war und das Geschichten erzählte, um zu überleben, und sie wußten, daß die erzählte oder »nachempfundene« Geschichte eines Menschen die Kraft besaß, Hoffnung zu spenden, sogar Wunder zu wirken. Von der Manipulation des Zuhörers durch einen Erzähler bis hin zu Brunos Behauptung, Massen magisch manipulieren zu können, war es nur ein Schritt.

Einige Rezensenten seiner wissenschaftlichen Schriften hatten kritisch angemerkt, Culianu vermische offenbar die distanzierte Haltung eines Wissenschaftlers mit der persönlichen

Anteilnahme an seinem Gegenstand. Seine Freunde wußten, warum das so war: Er studierte Bruno nicht nur, er wollte wie Bruno sein. Wenn man dergleichen etwas abgewinnen konnte, dann bewunderte man Culianus Kenntnisse der Magie und Wahrsagerei. Auf Partys kam das gut an. Wenn man nichts davon hielt, so wirkte er womöglich albern und peinlich. Entsprang nun dieses Schwanken zwischen Gelehrsamkeit und praktischer Anwendung einer gespaltenen Persönlichkeit, oder stand dahinter einfach eine Begeisterung, die gleichzeitig der Forschung förderlich war? Eliade beantwortete diese Frage für sich in einem Vortrag an der Universität Chicago: »Einige meiner literarischen Schöpfungen trugen zu einem tieferen Verständnis bestimmter religiöser Strukturen bei«, sagte er. »Mitunter [. . .] benutzte meine literarische Einbildungskraft Stoffe und Bedeutungen, die ich als Religionshistoriker untersucht hatte.«

Am 14. April 1986 schien einzutreten, was lange befürchtet worden war: Mircea Eliade erlitt einen Herzanfall und wurde in das Bernard Mitchell Hospital gebracht. Ioan Culianu leistete ihm Gesellschaft und hielt in einem Tagebuch seine eigenen Gefühle und die Beistandsbekundungen von Freunden und Kollegen aus aller Welt fest, die Eliade zum Teil seit Jahrzehnten kannten. Einige Tage lang sah es so aus, als könnte Eliades Zustand sich bessern. Er verlangte Bücher (er hatte einmal in sein Tagebuch geschrieben, wie sorgfältig er seine Lektüre zusammenstellen würde, wenn er wüßte, daß er bald sterben würde). Dann fiel er ins Koma. Freunde von Eliade versammelten sich vor seinem Krankenzimmer, zum Beispiel Edward Levi, der ehemalige stellvertretende Justizminister der USA, Nathan Scott, der als Anwärter auf den Sitz des Erzbischofs von Canterbury galt, Chris Gamwell, der Dekan der Divinity School, der sieben Stunden lang im Flur stand und niemandem etwas sagte, weil er Angst hatte zu stören, und viele andere mehr. »Gegen alle Regeln der Intensivstation verstoßend, das Personal zur Verzweiflung bringend«, schrieb Culianu später, leisteten die Freunde Eliade Beistand. In ihrer

Gegenwart starb Eliade am 22. April 1986 im Alter von neun-
undsiebzig Jahren.

Während Menschen auf der ganzen Welt trauerten, unterstützte Culianu Christinel Eliade bei der Vorbereitung der Beerdi-
gung, zu der auch Saul Bellow kam. Als Eliades Testament
vorgelesen wurde, erfuhr er, daß sein Lehrer ihm eine letzte
Aufgabe übertragen hatte. Er hatte ihn als Nachlaßverwalter
seiner unveröffentlichten wissenschaftlichen Schriften eingesetzt.

Eine Woche nach Eliades Tod, am 30. April, ging Hillary Wiesner zu Culianu in die Sprechstunde. Er schien unter einer Art
Schock zu stehen. Sein Schlips hing schief, sein Gesicht war
aschfahl. Er starrte sie an, als könnte er sich nicht einmal an
sich selbst erinnern. Er sah völlig erschöpft aus.

»Soll ich lieber ein andermal kommen?« fragte sie.

»Nein, nein«, sagte er. »Worum geht's?«

Sie erzählte ihm von ihren Forschungen. Die Stadt Ḥarrān war
eines der letzten Bollwerke des Heidentums im weiteren Einflußbereich des christlichen Abendlandes. Seit den Anfängen
der Geschichte hatten die Einwohner von Ḥarrān in ihrem
entlegenen Winkel im nördlichen Zweistromland einem Ge-
stirnskult gehuldigt, in dessen Mittelpunkt der Mondgott (Sin,
Lunus)[32] stand. Bis ins 11. Jahrhundert, als die Stadt zerstört
wurde, betete man dort die Planeten an. Hillary glaubte, daß
ihre Religion, von der okkultistische Schriften berichteten, die
in der Renaissance wiederentdeckt wurden, einen großen Einfluß auf die Entwicklung des Christentums und des Islams
ausgeübt hatte. Wie dachte er darüber?

Ja, meinte er, sie habe da ein ergiebiges Forschungsgebiet, und
er empfahl ihr einige Schriften zur griechischen Astrologie und
der des Vorderen Orients. Na ja, er war schon irgendwie anders, dachte sie. Die Bücher stellten sich als hilfreich heraus.

Culianu widmete seine beiden Gastvorlesungen dem Mann,
der »sein Leben verändert« hatte. Er sprach über den Hexenwahn des 16. und 17. Jahrhunderts und widersprach der

gängigen Ansicht, derzufolge der Hexenwahn wegen des zivilisatorischen »Fortschritts« zum Erliegen gekommen sei. Wieso, fragte er, wurden im verhältnismäßig fortgeschrittenen Deutschland noch bis ins 18. Jahrhundert Hexen verbrannt? Und warum hörte der Hexenwahn dann auf? Um dies zu beantworten, mußte man zunächst fragen, wodurch er ausgelöst worden war. Warum gaben Menschen in dieser hysterischen Atmosphäre zu, Hexen zu sein?

Zur Klärung dieser Fragen, nutzte er eine neue Methode der Geschichtswissenschaften, die der französische Historiker Edgar Morin Komplexität nannte. Während die traditionelle Forschung sich rückwärts vorarbeitete, verschiedene Versionen eines Ereignisses abwägte und schließlich eine »Wahrheit« vorschlug, arbeitete man sich mit dem Ansatz der Komplexität vorwärts, indem Clifford Geertz' Konzept der »dichten Beschreibung« angewandt wurde. Dieses Vorgehen berücksichtigte, soweit möglich, alle Einfluß nehmenden Kräfte und gesellschaftlichen Institutionen – Kirche, Obrigkeit, Rechtssprechung, Medizin, Folklore und Literatur –, indem es allen möglichen Versionen eines Ereignisses folgte und sie gewissermaßen alle gleichzeitig für wahr hielt.

Nach seiner Studie über Bruno war Culianu dieser Ansatz nicht fremd; er vertrat die Meinung, daß wir die Macht des – kollektiven und individuellen – Geistes und Gedächtnisses über die Wahrnehmung verstehen müßten. Menschen hatten Verbrechen zugegeben, die sie gar nicht begangen hatten. Aber er fand nicht die Belege, die er suchte – teilweise, weil die Methode, Hypnose zur Erinnerung einzusetzen, 1986 noch nicht in Mode gekommen war. Culianus Interpretation des Hexenwahns war zwiespältig: Er ließ die Möglichkeit offen, daß die Hexerei wirksam war, aber ließ auch die landläufige Auffassung gelten, daß es sich beim Hexenwahn um einen Fall von kollektiver Psychose handelte.

Am Ende des Semesters gab Culianu in seinen beiden winzigen Zimmern eine kleine Party für seine Studenten. Hillary Wiesner ging fast nie auf Partys, aber sie kam mit einer Freundin mit. Er kochte Spaghetti carbonara. Irgendwann fingen alle an, ihre Geburtstage zu nennen. Als sie ihren sagte, den 17. August 1963, drehte er sich hastig um und blickte sie so lange an, daß sie sich ziemlich verunsichert fühlte.

Später saß er neben ihr und legte Tarot-Karten für eine Studentin, die nicht genau wußte, ob sie weiterstudieren sollte. Er gab Hillary ein Sitzkissen. Einer der Studenten hatte ein Grateful Dead-T-Shirt und eine bestickte Jeansjacke an. Ioan bat sie, ihm das »Deadhead«-Phänomen zu erklären. »Ich sehe die Totenschädel nicht«, sagte er. »Schau dir seine Jacke an«, flüsterte sie. In dieser Nacht schrieb sie in ihr Tagebuch: »Was für ein Abend! Tarot-Karten und Unterhaltungen. Aber ich war zu schüchtern, und es tat mir leid, daß ich gegangen bin.« Sie legte sich hin, konnte jedoch nicht schlafen. Sie nahm sich noch einmal ihr Tagebuch: »2 Uhr nachts: Was ist los mit mir? Er hat mir etwas gesagt, aber ist es eine sich selbst erfüllende Prophezeiung? Er erklärt mir das Durcheinander meines Lebens und pflanzt es mir gleichzeitig wie ein Samenkorn ein.«

Sie lag noch im Bett, als er am nächsten Morgen anrief, um zu fragen, ob sie Lust auf einen Spaziergang durch die Innenstadt von Chicago habe. Ihr war völlig unklar, warum sie zusagte. Sie drehte sich auf die andere Seite und schaute auf die Uhr. Es war acht.

Beim Frühstück sagte er ihr, daß seine beiden engsten Freunde, sein Vetter in Rumänien und sein bester Freund im Westen, der Historiker in Italien war, an demselben Tag Geburtstag hatten wie sie. Was immer man von seiner Studie über die Magie der Renaissance halten mochte, er lebte nach ihren Regeln. Er trug schwarze Bundfaltenhosen, ein dunkelgrünes Hemd und eine helle Lederjacke. Er zog Grimassen, als hätte er einen nervösen Tick. Er rauchte Marlboro. Sie sprachen über Max Webers und Marx' Verständnis der Religion. Er sagte, den Menschen fehle der freie Wille, sie seien programmiert wie Roboter und auch ihr habe man eine Gehirnwäsche verpaßt. Sie zeichnete geistesabwesend an einer Figur, über deren Kopf eine schwarze Wolke hing. Sie war aufgeregt; seine Zigaretten verursachten ihr Kopfweh.

Er schlug vor, den Sears Tower zu besichtigen. Sie wollte eigentlich ablehnen, aber trotz seines Zynismus klang er so nett und witzig und so interessant, daß sie einwilligte. Während sie von der Aussichtsplattform auf die trostlosen Bungalows in der Nachbarschaft starrte, die wie Radspeichen angelegt waren, wurde ihr plötzlich furchtbar übel. Ihre Handflächen waren eiskalt; ihr Magen drehte sich um. Er hielt sie fest und half ihr hinunter. Unten rannte er in einen Drugstore, um ihr ein Mittel gegen Übelkeit zu besorgen. Sie hatte noch nie Höhenangst gehabt, und später fiel ihr auf, daß es nur vorkam, wenn sie mit ihm zusammen war.

Am nächsten Abend, in einer langen Unterhaltung in einem Café, fragte sie ihn nach etwas, das er im Seminar gesagt hatte: »Weil die Magie der Renaissance ein Mittel ist, die Massen zu manipulieren, das auf einem tiefen Wissen über persönliche und kollektive erotische Regungen beruht, ist es möglich zu behaupten, daß es so etwas wie ein Selbst oder ein individuelles Bewußtsein nicht gibt, sondern lediglich Teile eines universalen Unbewußten.« Er sagte, wer deine Einbildungskraft kontrolliere, kontrolliere dein Schicksal. Sie meinte, das sei Unsinn. Niemand könne die Einbildungskraft eines anderen kontrollieren. Sie schrieb in ihr Tagebuch: »Er ist ein wandelndes Lexikon der Religionen, aber jemand, der alles weiß außer der Wahrheit.«

Sie hielt ihn für klinisch depressiv. Aber sie behielt *Psychanodia* über die Leihfrist hinaus, obwohl das Buch bereits von jemand anders vorbestellt war. Sie schrieb in ihr Tagebuch: »14. Mai 1986: Armer Culianu mit seinem Skeptizismus. Er raucht und trinkt und sagt mir, ich hätte Probleme. Aber sein Buch gefiel mir gut. Sein Buch ist brillant; *er* ist verrückt.«

Sie verabredeten sich wenige Tage später in einem Café. Sie erzählte ihm, sie habe beschlossen, als Epigraphikerin zu den Ausgrabungen in Sardes zu fahren. Als er sagte, daß die Archäologie zu prosaisch für sie sei, deutete sie auf das Fenster: »Glaubst du nicht, daß all dies eines Tages Schutt sein wird?« Das wirkte. Er bezog sich in seinem Vorwort zu *Eros and Magic in the Renaissance* auf diese »Frage einer jungen Archäologin, als wir die großartigen Bauwerke von Chicago bewunderten«, und wies darauf hin, daß das Gebäude der Wissenschaft eines Tages zu Schutt und Asche zerfallen oder sich wenigstens verwandeln würde, wie ja auch die Magie den aufgeklärten Wissenschaften, die auf die Reformation folgten, habe weichen müssen.

Nun gut, er war brillant, aber er war auch ganz bestimmt der gequälteste und verbittertste Mensch, der ihr je begegnet war. Sie hatte nicht viele enge Freunde. Sie hatte schon etwas von der Welt gesehen, war in der Türkei und in Griechenland gewesen, wo sie den Parthenon und die anderen berühmten Ruinen bewundert hatte. Sie las altsyrisch, koptisch, griechisch und lateinisch. In Chicago studierte sie babylonisches Akkadisch. Sie war mindestens so klug wie sonst jemand an dieser elitären Universität, aber ihre Freunde und Kommilitonen fanden sie schüchtern.

Die Freundschaft mit Culianu war anregend, fesselnd sogar, aber sie wußte, daß sie keine Zukunft hatte. Sie würde Chicago bald verlassen. Sie wollte einen klaren Kopf behalten. Es fiel ihr allerdings zunehmend schwer, ihre eigenen Gefühle zu durchschauen. Sie sahen sich zusammen *Brazil* im Kino an. Der Film nahm sie so mit, daß sie unablässig zitterte. Er legte seinen Arm um sie. Sie zog sich zurück. Sie dachte, vielleicht spielte sich das alles nur in ihrem Kopf ab. Er war so... so mütterlich. Aber er war *verheiratet*. »Ausländer«, schrieb sie in ihr Tagebuch. »Wie sagte Tante Mary Ann immer? Nimm keine Exilanten.« Ihre Tante Mary Ann hatte einen Ukrainer geheiratet, der sie nach sechs Wochen verließ, nachdem er seine Staatsangehörigkeit erhalten hatte.

»Wir sind alle programmiert«, sagte er später an diesem Abend. Warum fängt er bloß wieder damit an? dachte sie. »Du bist programmiert«, sagte er. Jetzt wurde sie wütend, und sie stritten sich. Der Streit steigerte sich zu einem Wortgefecht, das vielleicht mehr als alles andere zeigte, wie nahe sie einander gekommen waren. In gewisser Weise, so beschloß sie, als sie die Treppen zu ihrer Wohnung hochstieg, war sie erleichtert. Sie schrieb in ihr Tagebuch: »18. Mai 1986: Okay, ich habe

meine Pflicht getan. Ich hab's versucht, aber ich wurde zurechtgewiesen. Jetzt bin ich aus dem Schneider. Ich muß nicht mehr versuchen, dieser Person zu helfen.«
Sie zog den Telefonstecker heraus.

Mircea Eliades letzte Bitte an Ioan Culianu, der Nachlaßverwalter seiner unveröffentlichten wissenschaftlichen Schriften zu sein, bedeutete kein geringes Opfer. Die Sammlung umfaßte Tausende von Seiten von Dokumenten, die bis in die fünfziger Jahre zurückgingen; sie mußten katalogisiert und übersetzt werden. Vieles davon war publikationswürdig. Aber es gab da ein heikles Problem: Einige Wissenschaftler, vor allem in Italien, behaupteten jetzt unverblümt, Eliade habe ein Geheimnis gehabt. In den dreißiger Jahren hatte Eliade eine Reihe von faschistischen Artikeln geschrieben, mit denen er die Eiserne Garde unterstützen wollte. Culianu wurde jetzt, 1986, wiederum mit der Tatsache konfrontiert, daß sein geistiger Vater möglicherweise selbst Mitglied der Garde gewesen war.
Er schrieb täglich bis zu dreißig Briefe, in denen er die üblichen Fragen zu Eliades Nachlaß beantwortete. Er traf sich mit Mac Linscott Ricketts, dem ehemaligen Studenten und Biographen Eliades, der Eliades Artikel gründlich analysiert hatte. Wie weit ging das Geheimnis ihres Mentors? Dieser Mann wurde so verehrt, daß man in Israel vorschlug, ein Denkmal zu seinen Ehren zu errichten. Saul Bellow hatte neben Culianu auf seinem Begräbnis gesprochen. Andrei Codrescu, der Jude war, war einfach so vor Eliades Tür aufgetaucht und mit offenen Armen empfangen worden. Später, am 13. Mai 1987, schrieb Culianu an Ricketts: »Endlich besitze ich die begehrte Akte über Eliades politische Sympathien zwischen 1938 bis 1940. Ich war zu betrübt, um mich daran zu erinnern, was wir darüber gesprochen haben[33], [. . .] daß [ein Artikel] nicht von ihm stammte.[34] Meine Haltung ist noch immer dieselbe: Herr Eliade ist nie Antisemit, nie *Mitglied* der Eisernen Garde oder Nazi-Sympathisant gewesen. Aber ich sehe durchaus, daß er der Eisernen Garde näher gestanden hatte, als ich dachte.«

In seiner Rezension von Ricketts' *Mircea Eliade: The Romanian Roots, 1907-1945* (1987) schrieb Culianu, daß der Fall ihres Mentors zwei der am häufigsten diskutierten Fragen der Literaturwissenschaft veranschauliche: In welchem Maße ist jeder literarische Text ein Produkt seiner jeweiligen Zeit, und in welchem Maße ist jede Lektüre das Ergebnis einer Fehlinterpretation in der Perspektive unserer eigenen Zeitgebundenheit? Eine ordentliche Zusammenfassung war 1986 unmöglich, als er sich mit Dokumenten herumschlug und dem Schrecken ausgesetzt war, im geheimen Leben seines geistigen Vaters wühlen zu müssen. Vielleicht war auch gar nichts von alledem wahr. Ein Wissenschaftler, der sich auf die »unerbittlichen Furien der Komplexität« spezialisiert hatte, wurde nun in das hineingezogen, was Eliade in dem Gesprächsband mit Claude-Henri Roquet die »Prüfung des Labyrinths« genannt hatte.

Gleichzeitig kümmerte er sich um Eliades Witwe, kochte und kaufte für sie ein, wenn ihre Haushälterin ihren freien Tag hatte, und half ihr bei verschiedenen bürokratischen Formalitäten, die ihre Chicagoer und Pariser Wohnungen betrafen. Und jetzt hatte er eine junge Frau gefunden, die er zum Gegenstand seines mystischen Rittertums machte, eine Gestalt, der er meinte schon früher begegnet zu sein. Es hatte als Spiel angefangen. Die Schwierigkeit war nur, daß er nicht sicher war, wo das Spiel aufhörte und die Realität begann.

Hillary ließ den Telefonstecker fürs erste ausgestöpselt. Sie bereitete sich auf ihre Abschlußprüfungen vor und wollte Chicago dann für immer verlassen. Eine Woche lang sah sie Culianu nicht, und sie fühlte sich ungeheuer erleichtert. Ihrem Tagebuch vertraute sie allerdings an: »20. Mai 1986: Telefon immer noch abgestellt. Ich will nicht noch ein Trauma. Aber in was für eine merkwürdige Welt hat er mich gebracht. [. . .] Ich hatte das Gefühl, mit einem Wesen von einem anderen Planeten, aus einem anderen Universum zusammen zu sein. Er ist weder in unserer Sprache noch in dieser Zeit zu Hause.« Ihr fiel nichts anderes dazu ein. Am nächsten Tag schrieb sie:

»Jetzt ist mir langweilig. Ich fühle mich, als wäre ich vom Ende der Welt heruntergefallen. Aber wenn man am Rande des Abgrunds gelebt hat, ist alles andere recht fade.«

Zwei Tage später schloß sie ihr Telefon wieder an. Culianu rief sie am nächsten Morgen um acht an. »Du kannst dich nicht einfach abschotten«, sagte er. Sie trafen sich, und er brachte ihr bei, wie man mit Hilfe der Mars- und Sonnenlinien zwischen Mittel- und Ringfinger aus der Hand liest. Ihre Hände verrieten einen asketischen Charakter, sagte er. Er schlug vor, Ende September gemeinsam nach Paris zu fahren. Sie lehnte ab. Später rief er an, um sie zu fragen, ob sie sich vor ihrer Abreise noch einmal treffen könnten. Sie legte auf und schrieb in ihr Tagebuch: »Ich saß in meinem Zimmer und schaute dem Sekundenzeiger zu. Ich hatte mir wirklich gewünscht, daß er anruft. Ich frage mich, ob seine Frau weiß, wie unglücklich er ist.«

Ihre Träume wurden immer merkwürdiger. Sie wurden vor allem immer lebhafter. Nicht selten erwachte sie mitten in der Nacht mit klopfendem Herzen. Sie sprach mit niemandem darüber, denn es hatte irgendwie keinen Sinn. Nicht, daß sie an die Renaissance-Magie glaubte. Aber von ihm hatte sie, daß Eliade immer gesagt habe, nichts geschehe zufällig. Wenn der Geist seine eigene Wirklichkeit erschuf, dann waren das Okkulte oder Ideologien und selbst die Idee des »Zufalls« Metaphern, mit deren Hilfe die Menschen ihr Leben erklärten, und die ebenso machtvoll waren wie die Realität.

In der letzten Maiwoche, kurz bevor sie nach Sardes aufbrach, besuchten sie gemeinsam das Field Museum in Chicago. In der prächtigen, luftigen Eingangshalle, in der das berühmte Brachiosaurus-Skelett und das Paar ausgestopfter afrikanischer Elefanten standen, sagte er, Alltagsgegenstände hätten Bedeutungen, die sich auf andere Sichtweisen der Welt erstreckten und unendliche Reihen neuer Interpretationen erschlossen. Die Archäologie berühre kaum die Oberfläche. Bei den Dioramen wies er auf die witzigen Formen und Farben der Tiere hin – Gazellen, Zebras, Giraffen, Papageien –, die aussahen, als hätte ein exzentrischer Künstler sie verziert und zu merkwürdigen Gestalten geformt. Die Tiere schienen auf immer neue Weise aus ähnlichen Elementen zusammengesetzt zu sein. Er sprach über eine seiner Lieblingstheorien, die er bei dem schottischen Zoologen D'Arcy Wentworth Thompson gelesen hatte. Dieser hatte gezeigt, daß man mit nur wenigen mathematischen Transformationen ein Tier in ein anderes umwandeln könnte – etwa den Schädel eines Fuchses in den eines Nashorns. »Warum diese Farben?« fragte er. »Warum sind diese Tiere so sonderbar und komisch zusammengesetzt? Das sieht aus, als hätte sich ein Künstler einen Spaß erlaubt.«

Sie hielten vor den Smaragden in der Edelsteinvitrine, in der vier Steine schimmerten. Sie erzählte ihm, daß Smaragde das wichtigste Symbol in ihrem Leben seien. Seit ihrer Kindheit hatte sie einen immer wiederkehrenden Traum mit Smaragden. Das interessierte ihn sehr, wenn er auch nicht sagte warum.

Sie wollten sich ein letztes Mal treffen und verabredeten sich in einem polynesischen Restaurant, dem House of Tiki, einem etwas kitschigen Lokal im Hyde Park-Viertel. Von der Decke hingen stachelige Kugelfische mit Glühbirnen in ihren Bäuchen, die einen beim Essen anglotzten. Alles war voller Perlen und Bambus, und die Getränke wurden in Gläsern serviert, auf denen nackte hawaiische Mädchen abgebildet waren. Er gab ihr ein Päckchen, das sie erst nach ihrer Abreise öffnen sollte. »Letzte Nacht habe ich von einem Zauberer geträumt, der mir etwas in einen Kelch gegossen hat«, sagte er. »Er reichte ihn mir, und ich trank ihn aus.«

»Was das wohl bedeutet?«

»Na ja, ich habe diese Gestalt schon öfter gesehen; nur in wichtigen Augenblicken meines Lebens. Was immer sie bedeuten mag, sie ist wichtig.«

Vom O'Hare-Flughafen schickte ihm Hillary den Spruch, der in dem Glücksplätzchen gewesen war, das sie beim Abendessen bekommen hatte. »In Deinem Leben entsteht ein neues Kapitel.« Sie hätte keine Epigraphikerin zu sein brauchen, um zu merken, daß tatsächlich etwas im Gange war.

Kurz vor ihrer Reise in die Türkei hatte Hillary ihre Freundin Erika Schluntz aus dem Radcliffe College angerufen und ihr von dieser neuen Bekanntschaft erzählt. »Da ist dieser Mann«, sagte sie. »Wer?« fragte Erika aufgeregt. Aber ihre Freundin war sehr verschlossen, als habe sie Angst davor zuzugeben, was los war.

Nach dem anstrengenden Überseeflug und einer ganztägigen Busfahrt erreichte sie die Ausgrabungsstätte, die in einer staubigen, abgelegenen Gegend im Westen der Türkei lag; gerade an der Stelle, wo sich einst die Hauptstadt des letzten lydischen Königs Krösus befunden hatte. In den grünen Bergausläufern, die sich am Fluß Paktolos entlangzogen, in der »Kornkammer der Türkei«, schien das heutige Sart (das antike Sardes) am Ende der Welt zu thronen, von Telefon und Fernsehen abgeschnitten. Die Ausgrabungsstätte bestand aus einer weißgetünchten, steinernen Anlage, von der aus man einen schönen Blick auf üppige Weinberge und Tabakfelder hatte. Sie empfand die Gegend als hervorragend dazu geeignet, um durch Ruhe und einfache Routine zu sich zu kommen. Als erstes packte sie ihre Koffer aus. Sie fand das Päckchen, das Ioan ihr gegeben hatte. Darin waren Jorge Luis Borges' *Ficciones* und eine runde Pralinenschachtel der Marke Fannie May.

Ihre Tage verbrachte sie damit, winzige Teile von Urnen und Töpfen aus Ton auszugraben und mit einer Zahnbürste zu reinigen, an dem Abhang, wo die Burg der antiken Stadt gestanden hatte. Sie verbesserte ihr Türkisch und suchte in ihrem Reiseführer nach guten Restaurants in Istanbul, das eine Nachtfahrt mit dem Bus oder eine kurze Flugreise entfernt war. Nachts schien die Gegend unter den Sternen zu atmen, die, wie die Philosophen der Renaissance geglaubt hatten, als Widerschein von Ideen funkelten. Um selbst zu erleben, was die Wissenschaft »das Heilige« nannte, hatte Ioan gesagt, brauchte man lediglich den Nachthimmel zu betrachten. Die Milchstraße lag wie ein Leichentuch über den Trümmern des Artemis-Tempels, hin und wieder zerrissen von Sternschnuppen. Unter diesem Himmel kam Hillary sich ganz klein vor, mit ganz kleinen Problemen, in einem kleinen Land, auf einem kleinen Planeten, am Rande einer kleinen, unbedeutenden Galaxie unter Millionen anderen. Ioans Ideen hatten sie wirklich angerührt, auch wenn er selbst ihr nicht ganz geheuer war.

Bei den Ausgrabungen lernte sie neue Leute kennen, aber niemand interessierte sie besonders. Die Unterkünfte waren schlicht, die Sitten fast wie früher in den britischen Kolonien: eine Vesper mit Tee um vier, Cocktails um acht. Es gab einen kühlen Aufenthaltsraum mit alten Büchern, die einen Eukalyptusduft verströmten. Sie hatten Köche, Hausburschen und Frauen aus dem Dorf, die die Wäsche besorgten. Gelegentlich lauerten Skorpione in der Dusche.

Als sie den ersten Brief von Culianu bekam, lief sie zu einem Stuhl auf der Veranda, um ihn zu öffnen. »Liebe Smaragdgöttin«, stand da. »Im Field Museum wurde mir bewußt, daß Du anders bist als alle anderen. Jetzt weiß ich sicher, daß Du die Erscheinung bist, auf die ich gewartet habe.«

Ihr Puls ging schneller. Sie steckte den Brief zunächst ein, schob ihn dann aber in ihre Schublade; sie tat, was sie konnte, um nicht daran zu denken. Er war offensichtlich verrückt. Sie versuchte, sich mit den jungen Leuten bei den Grabungen die Zeit zu vertreiben und beteiligte sich an ihren Unternehmungen. Auf dem Weg zu einer Bar erinnerte sie sich daran, daß es der Tag war, an dem Ioan aus Chicago abreiste, um zurück zu seiner Frau nach Holland zu fliegen. Um sich abzulenken, nahm sie eine herumliegende *International Herald Tribune* zur Hand. Auf der Titelseite stand, daß Jorge Luis Borges gestorben war.

Bis zu diesem Tag hatte sie das Buch nicht wieder angerührt. Das Geschenk hatte sie geärgert: Es war wie in einer Szene aus einem Woody Allen-Film – ein älterer Professor versucht eine Studentin zu erziehen. Dennoch, als sie abends bei gedämpftem Licht im Bett darin las, fesselten die verwickelten Erzählungen sie immer mehr. Sie erinnerten sie stark an Culianus wissenschaftliche Theorien. In der Geschichte »Tlön, Uqbar, Orbis Tertius« etwa stößt der Erzähler zufällig in einem Raubdruck der *Encyclopædia Britannica* von 1902 auf ein seltsames

Stichwort. Der Artikel beschreibt einen unbekannten Planeten und war offenbar als Riesenscherz gemeint. Der Erzähler bemerkt, »daß die Menschen dieses Planeten die Welt als eine Folge geistiger Vorgänge auffassen, die sich nicht im Raum, sondern nacheinander in der Zeit abspielen«.[35] Das war Culianus Vorstellung von der Religionsgeschichte.

Ein paar Tage später kam ein Smaragdring für Hillary an. Sie schickte ihn zurück und legte eine wütende Antwort bei: Du bist ein verheirateter Mann, der die Welt haßt und alles verdient, was ihm zustößt. Ein Mensch muß doch Ideale haben.

Es folgte ein wochenlanger brieflicher Streit. Eine Vorahnung stieg in ihr auf. In manchen Nächten war ihr Empfinden, einem verhängnisvollen Schicksal ausgeliefert zu sein, so stark, daß sie sich regelrecht bedroht fühlte. Als ihre Zeit bei den Ausgrabungen im August vorüber war, flog sie mit einer Bekannten nach Istanbul. In der Hagia Sophia, dem alten Zentrum des östlichen Christentums, fiel ihr auf, daß sie sich in ihrem Leben noch nie so seltsam gefühlt hatte – gerade so, als wäre sie betäubt. Weinend lief sie durch die Stadt und nahm die Sehenswürdigkeiten und den Basar kaum wahr. Wenn sie irgendwo ankamen, wollte sie sich immer nur hinlegen. Du verdirbst mir die Ferien, beschwerte sich ihre Freundin. Aber sie konnte machen, was sie wollte, sie fühlte sich verloren, als hätte sie sich Ioan zu einem Feind gemacht, der ihr nun auf den Fersen war. Sie hatte das Gefühl, menschlich versagt zu haben. Sie schrieb sich eine Zeile aus einem Lied von Elvis Costello auf: »I was a fine idea at the time, but now I'm just a brilliant mistake.«

Sie flog nach München, wo sie einige Tage bei Freunden verbringen wollte. Sie sandte ihm Namen und Anschrift des Paares, das sie besuchte.

Für Ioan Culianu waren die Wochen nach seiner Ankunft in Holland die Hölle. Er hatte ein Sweatshirt mit dem Wappen der Universität Chicago an, als er völlig verändert in die kleine Groninger Wohnung zurückkehrte. Er war nicht er selbst, kaum wiederzuerkennen. Sein Gesicht war dicker geworden. Die eigene Wohnung war ihm fremd. Er ließ seine Koffer und Kartons ungeöffnet im Wohnzimmer stehen. Carmen merkte, daß etwas nicht in Ordnung war, aber als sie ihn fragte, was los sei, blieb er stumm. Sie fragte sich, ob es wegen Eliades Tod war.

Nach drei Wochen konnte sie diesen Zustand nicht mehr ertragen. In einer unbestimmten Verzweiflung nahm sie sich seinen Computer vor. Mit dem ersten Versuch fand sie den Zugang zu einem der Programme. Sie öffnete eine Datei, die mit »Liebe Hillary« begann. Er hatte geschrieben: »Mir ist klar geworden, daß ich in den letzten dreizehn Jahren das Licht in mir verraten habe, das Licht, das mir sonst immer die düsteren Zeiten erhellt hatte. Wenn ich jetzt zu dem Leben zurückkehre, das ich zu führen versucht habe, bevor ich von zu Hause weggegangen bin, als ich etwas jünger war als Du, so liegt es an Dir.« Er versuchte, sein politisches Exil auf die gleiche Stufe zu stellen wie irgendein junges Ding, das er im Unterricht beeindruckt hatte. Als Carmen ihn zur Rede stellte, reagierte er zunächst wütend: Wie war sie ohne Paßwort in sein Programm gekommen? Sie hätte seine Dateien beschädigen können. Anschließend verteidigte er sich, erklärte, daß er diesen Brief nie abgeschickt habe, daß zwischen ihm und Hillary nichts passiert sei, daß er in seiner Einsamkeit einen Fehler begangen habe. Aber in seiner Verteidigung schwang weniger Liebe als Angst mit. Er hatte Angst vor Carmen, obwohl er sie verdächtigte, selbst eine Affäre zu haben. Sie gab ihm einen Tag, um die Wohnung zu verlassen.

Was sie am meisten ärgerte, war, daß er all die Jahre pausenlos gearbeitet hatte; er hatte jeden Schritt seiner Karriere genauestens geplant, er war zu Konferenzen und Vorträgen gereist, hatte geglaubt, er könnte die Welt manipulieren. »Er hielt jeden Bereich seines Lebens in getrennten Räumen, als wollte er ein zweiter Giordano Bruno sein«, sagte sie. »Es war gar nicht so, als hätte es ihm an Liebe gemangelt oder als hätte er keine Gewissensbisse empfunden; aber er gestattete sich diese Gefühle nicht, wenn sie ihn behinderten.« Sie hatte den Eindruck, daß er sein Leben wie eine Geschichte lebte, die er, wann immer es ihm paßte, umschreiben könnte. Tatsächlich hatte er beispielsweise in den Staaten niemandem, nicht einmal seinen besten Freunden, von seinem Leben in Rumänien erzählt. Weder in Holland noch in Italien, Frankreich oder Amerika gab es jemanden, der wirklich wußte, was er seinen ehrgeizigen Träumen geopfert hatte. Carmen fragte sich, ob er sich überhaupt selbst kannte.

Auch sonst passierte einiges. Seine Schwester sollte nach Holland kommen und vielleicht, so dachte er, erwartete sie seine Hilfe, um Rumänien zu verlassen, ja sogar um ihre Mutter herauszuholen. Aber 1986 befand sich Dan Petrescu, ihr Mann, längst als bekannter Dissident im Visier der Macht; er wurde mehrfach im Hauptquartier der Securitate in Iaşi brutal verhört. Tess durfte nur allein ins Ausland reisen; ihr Mann und ihre Mutter mußten als Geiseln zurückbleiben. Culianu hatte ihnen vielfach geholfen; jetzt war eine sofortige Lösung sicherlich nicht zu finden. Gleichzeitig schien er sich schuldig und irritiert zu fühlen, ähnlich wie zwei Jahre zuvor seiner Mutter gegenüber. Diese Spannungen hatten seinen Stiefsohn überrascht: »Es war, als ob sie etwas für ihn darstellte, was er haßte. Er schien nicht viel Liebe für sie aufzubringen.«

Ioan rief Hillary in München an und fragte, ob er sie ein letztes Mal treffen könnte. Er kam im August nach München und erzählte ihr, daß er seine Frau um die Scheidung gebeten hätte. Er stand im Wohnzimmer, hatte einen Ellenbogen auf den Kaminsims gestützt und versuchte, unbefangen auszusehen. Beinahe hätte er eine Uhr von der Wand gerissen. Er verwirrte sie mehr denn je. Sie redeten nicht viel, aber es war ihr bewußt, daß sie gerade dabei war, sich zu verlieben – jedenfalls sah es stark danach aus.

In den Herbstmonaten schrieb er ihr täglich Briefe, manchmal gleich zwei oder drei auf einmal: »Gemeinsam können wir eine ungeheure Kraft bilden, stärker, als Du es Dir vorstellen kannst.« Er fügte hinzu, daß seine Karriere, die noch vor einem Monat in hoffnungsvollem Aufstieg begriffen war, gerade beendet zu sein schien. Seine Stelle in Holland sollte gestrichen werden. »Aber ich weiß, daß mit Dir alles möglich ist.«

Er verbrachte den Herbst am angesehenen Netherlands Institute for Advanced Studies in Wassenaar, ein Aufenthalt, der seit längerem geplant war. Er fühlte sich frei und verängstigt zugleich und einsamer als in der Zeit, als er ein heimatloser Flüchtling in Italien gewesen war. Er kompensierte seine Unruhe durch Arbeit und verfaßte in acht Wochen einen ersten Entwurf von *Les Gnoses dualistes d'Occident* (1990), ein Buch, das in überarbeiteter und erweiterter Form in den USA unter dem Titel *The Tree of Gnosis* postum erschien. In dieser Schrift versuchte er, anhand historischer Belege seine Auffassung zu untermauern, daß universale geistige Vorgänge geschichtlichen Ereignissen ihre Form gaben. Sein Material bezog er aus der Geschichte der gnostischen Sekten von den antiken Manichäern bis hin zu den Nihilisten des 19. Jahrhunderts. Die »Gnosis« war eine Parallelerscheinung zu den jüdisch-christlichen Glaubensvorstellungen: Einige ihrer Mythen waren mit den biblischen identisch, wurden aber anders gedeutet – wie etwa die Geschichte von Adam und Eva, die von der Schlange erzählt wird, oder die Deutung eines Christus, der nie gekreuzigt wurde, weil er nie Fleisch geworden war.

Viele Gnostiker glaubten an ein dualistisches Universum, in dem das Gute und das Böse gleich machtvoll waren. Andere wiederum glaubten, daß die Kräfte der Finsternis nur wegen der Unwissenheit der Menschen so stark waren wie die Kräfte des Lichts. Auf einen Menschen, der fähig war, sein eigenes Ich zu spalten, wirkte die Vorstellung von einem grundsätzlich gespaltenen Universum verlockend. Der Begriff ›Gnosis‹ bedeutet Erkenntnis, Einsicht oder Wissen. Sich selbst zu erkennen, behaupteten die gnostischen Häretiker, bedeutete, Wesen und Schicksal des Menschen zu erkennen.

Die Gnostiker weckten Culianus Interesse gerade deshalb, weil sie nie Macht hatten. Die Geschichte ihrer Vorstellungen war deshalb »rein«, nicht getrübt von politischem Zwist, Krieg oder sonstigen Katastrophen. Die gnostische Lehre hatte sich in zwanzig Jahrhunderten entfaltet. Weil sie sich im Laufe der Zeit in einzelne Zweige aufgeteilt hatte, waren ihre Glaubensvorstellungen wie die Äste eines Baums verzweigt, erklärte Culianu. Das gelte für jede Religion oder Wissenschaft. Wichtiger als der Inhalt einer Religion sei der binäre Prozeß von Gabelung und Verzweigung; diese Struktur stelle die grundlegende historische Kraft dar. Diese Untersuchung war ein wichtiger Schritt in Culianos Entwicklung, die längst über die Religionsgeschichte hinausgegangen war. Das Buch, das im wesentlichen auf seinen Seminaren beruhte, erhielt eine begeisterte Kritik von Umberto Eco und hatte weniger mit Gnostizismus zu tun als mit einer neuen Theorie der Geschichte.

Er schrieb Gianpaolo Romanato von den Ereignissen der letzten Monate. Es sei ein »Jahr der Prüfung und des Todes« gewesen – der Tod Eliades, der Verlust seiner alten Stellung und seines alten Ichs. Nun sei er in eine Zeit der Wiedergeburt und Verjüngung eingetreten. Ein Teil seines Leidens sei, gab er zu, daß er aus den Augen verloren habe, was gerade den Gnostikern am Herzen lag: »Leider vergißt man alles, sogar das, was wichtig ist, um die Aufgaben zu erfüllen und [. . .] um zu überleben. [. . .] In diesem Leben ohne Unterbrechungen, ohne Atempausen wird man am Ende sogar sich selbst fremd.«

Er traf sich in Paris mit Freunden, denen auffiel, daß er weniger rauchte und hellere Hemden trug. Sie gingen abends in den Tuilerien spazieren und um den Louvre herum. Ioan sprach über seine Liebesgeschichte. »Zum erstenmal«, sagte er, »spüre ich deutlich, daß ich nicht vom Leben betrogen worden bin.« Er hatte immer noch die Angewohnheit, sich ständig umzublicken, als befürchtete er, verfolgt zu werden. Immerhin machte er jetzt Witze darüber.

Hillary Wiesner, die unterdessen nach Cambridge zurückgekehrt war, sprach mit ihren Freundinnen kaum über diese Beziehung. Sie wollten mehr darüber erfahren. Erika brannte vor Neugier. War er verheiratet? Wer war dieser Mann, der einzige, den ihre beste Freundin je ernst genommen hatte? Was waren seine Motive? Wußte er, daß sie etwas ganz Besonderes war? Na ja, ich glaube schon, sagte sie.

In ihrem Briefkasten fand sie täglich Briefe, die mit witzigen Aufklebern versehen und im Stil der Liebesdichtung der Renaissance geschrieben waren: »Ich liebe Dich, jeden Teil von

Dir, das Sichtbare und Unsichtbare. [. . .] Glaube mir, ich achte und verehre Dich. Nichts fürchte ich mehr, als diesen Traum zu zerstören. Alles in der Welt ist wieder ein Geheimnis.« Er baute eine Religion um sie, aber sie hatte einen seltsam schaurigen Geschmack: »Ich werde den Ort vorbereiten, wo der Tod uns nicht mehr trennen kann. Es gibt diesen Ort, und wir können ihn uns schaffen. Es ist eine Insel, und sie ist sehr schön. Aber wir haben keine Zeit zu verlieren.« Er schrieb selten einen Schlußsatz, denn das klang ihm zu endgültig. Gespräche beendete er gewöhnlich mit einem »Hallo«. Er schrieb ihr von seinen neuen Arbeiten zur modernen Physik und über die theoretische Vorstellung, daß es keine Zeit gebe, daß wir in dem lebten, was Borges »die vage Erinnerung oder die verschwommene Spiegelung eines unwiderruflichen, zweifellos falschen und fragmentarischen Prozesses« nannte.

Sie trafen sich im November in Cambridge, Massachusetts, und zu Weihnachten in Paris, etwas später, als er im Mai vorgeschlagen hatte. Das schien nun eine Ewigkeit her zu sein. In Paris regnete es jeden Nachmittag, aber sie rannten von Markise zu Markise und fanden meist kurz vor einem Wolkenbruch noch rechtzeitig Schutz in einem Café. Dort saßen sie und sahen zu, wie sich die Straßenlaternen in den Pfützen spiegelten. Sie war von den zusammengerollten Teppichen begeistert, mit denen die Pariser seit dem Mittelalter das Regenwasser umleiteten. Er füllte ihre Unterkunft mit Talismanen: Stofftieren und Karten. Sie fand einen Zettel – »Die Göttin lädt Dich zum Smaragdspiel ein« – und mit dem Zettel noch einen Smaragdring.

Sie beschlossen, nach Florenz zu fahren, um sich Botticellis *Primavera* anzuschauen und die vielen Orte zu sehen, die ihn 1972 als Flüchtling beeindruckt hatten. Zu Silvester, auf dem Weg nach Florenz, stiegen sie in einem kleinen Hotel in Zürich ab. Beim Abendessen blickte sie auf und sah, daß er sie finster anstarrte.

»Was?« fragte sie. »Was ist los?«

»Da gibt es Dinge, die Du über mich wissen mußt.«

»Was?«

Er erzählte ihr von einem intelligenten Mann, der innerlich fast zerbrochen war. Es war das erstemal, daß er mit ihr über seinen Vater sprach. Er war vierzehn, als sein Vater gestorben ist. Er hatte nicht einmal seinen Namen genannt, auch nicht den seiner Mutter und seiner Schwester. Sie sprachen noch, als sie die Haupttreppe mit dem roten Läufer zu ihrem Zimmer hinaufstiegen. Als er starb, sagte Ioan, hatte sein Vater ihm eine Reihe von Heften hinterlassen. Sie enthielten mathematische Formeln, das verwirrende Erbe eines brillanten Mannes, dessen Leben verpfuscht war. Ein Jahr lang hätte es ihn fast erdrückt. »Schließlich habe ich damit Schluß gemacht.« Er lächelte sie an. »Ich sagte mir, ›Jetzt reicht's, ich will mein eigenes Leben.‹ Ich habe sie beiseite gelegt.«

Er erzählte ihr von den manchmal lustigen, manchmal traurigen Geschichten seiner Mutter über Adel und Reichtum und über das Gefühl der Geborgenheit, das er selbst in den wenigen Räumen empfand, die ihnen die Kommunisten im eigenen Haus zugewiesen hatten. Er erzählte ihr von den Sommern im Kloster, wo sich die Geheimnisse des Universums ihm geöffnet hatten und wo er auch Angst gespürt hatte, als eines Nachts ein Verwandter ins Gefängnis gebracht worden war. Hillary wußte nicht, was sie von alledem halten sollte. »Er hatte die Erfahrung von systematischem Mißbrauch und systematischer Entfremdung durchgemacht«, sagte sie, »wie jemand, der immer wieder zertreten wird.« Sie ahnte, daß Gnostizismus und Renaissance-Magie für ihn nicht einfach Themen waren, die er sich als ehrgeiziger Wissenschaftler ausgesucht hatte; die Themen hatten sich ihn ausgesucht.

Was immer es auch war, das mit ihnen passierte, sie gab allmählich nach, denn es war stärker als sie beide. Sie war auf einem fliegenden Teppich, in einem großen Wirbel von Ideen. So etwas hatte sie noch nicht erlebt. Sie war wie ein Kind, das sich auf einer Schaukel hoch in den Himmel schwingt. Eros ist alles, hatte Bruno geschrieben. Und es fing gerade erst an.

IV »Fast berühmt«, 1987-1991

> In diesen Tagen werden mir viele Dinge klar, ob-
> wohl ich sie keinem anderen und nicht einmal
> mir selbst erklären könnte. Das hängt mit der
> Zukunft zusammen, über die ich nachgedacht
> habe [...], und in der Du eine so große Rolle
> spielst, daß ich nicht mehr weiß, wer Du bist
> oder wer ich bin.
>
> I. P. Culianu an Hillary Wiesner, 27. Oktober
> 1986

15 »Alles in der Welt ist wieder ein Geheimnis«, 1987

Hillary Wiesner und Ioan Culianu verbrachten zwei Wochen
in Florenz und nahmen die Wunder der Stadt in sich auf. Tagsüber erwiesen sie Michelangelos *David* in der Accademia,
Raphaels *Madonna della Sedia* im Palazzo Pitti und der leuch-
tenden Fassade der Kirche Santa Maria Novella zusammen
mit den anderen Touristen ihre Reverenz. In der Kirche Santa
Croce besuchten sie die Gräber von Michelangelo, Machiavel-
li und Galileo. Stolz erläuterte er ihr den humanistischen
Entwurf der Stadt, wie er ihn fünfzehn Jahre zuvor bei seiner
ersten Begegnung mit dem Westen entdeckt hatte. Sie wiederum zeigte ihm, mit welcher Begeisterung ein junger Geist den
Schätzen der Alten Welt begegnen konnte. Abends suchten sie
sich sorgfältig die Restaurants aus, in denen sie essen wollten,
bevor sie in ihrer *pensione* ganz einfach ihre Zweisamkeit genossen.
Culianu bot die Reise eine dringend nötige Erholung von den
Spannungen – von denen manche selbstverschuldet waren, wie
der Ausbruch aus seiner Ehe, seiner Familie und seinem früheren Leben, und manche sich seinem Einfluß entzogen, wie
der Verlust seiner Stellung und seines Mentors. Der Besuch in
Florenz erinnerte ihn daran, wie weit er in nur fünfzehn Jahren

gekommen war. Die Stadt verkörperte für ihn viele bedeutungsvolle Paradoxe. In diesem mächtigsten Zentrum der Renaissance, so schrieb er in *Éros et Magie*, entstand unser Bild vom Künstler als einem gequälten, wahrheitssuchenden Helden. Florentiner Künstler hatten sich auch in die Politik eingemischt – und mit ihren Lobeshymnen dafür gesorgt, daß der Name der Medici berühmt wurde und blieb. Im 19. und 20. Jahrhundert hatten Nationalismus und Faschismus ihren Ursprung in Florenz. Wie Christopher Duggan im *New York Times Book Review* bemerkte: »Ein merkwürdiges Paradox der Stadt besteht darin, daß dieser große Schmelztiegel der Kultur immer wieder zum Ausgangspunkt abstoßender Barbarei wurde.«

Für Culianu war Florenz jedoch vor allem die Stadt Sandro Botticellis – des Künstlers, dessen Gemälde die Macht der Göttin feierten. Ioan und Hillary gingen immer wieder in die Uffizien, um sich Botticellis Gemälde *La Primavera* anzusehen. Das in den späten siebziger Jahren des 15. Jahrhunderts vollendete, traumhafte und komplexe Gemälde scheint eine Geschichte zu erzählen, die bisher nicht restlos enträtselt werden konnte.

Das mehr als drei Meter breite Tafelbild im Querformat sollte über einem ›lettucio‹, einem Ruhebett, hängen. Auf diesem Bild versammeln sich neun mythische Gestalten in einem Orangenhain. Die Handlung scheint von rechts nach links abzulaufen. Im rechten Bildteil drängt ein zorniger, flügelbewehrter Zephyr ein widerstrebendes und halbnacktes Mädchen in den grünenden Vordergrund. In der Mitte zeigt eine Venus ihr undurchsichtiges Lächeln, das Haupt leicht nach rechts geneigt, den Blick dem Betrachter zugewandt. Zu ihrer Rechten schließen sich drei Mädchen zu einem Reigen zusammen. Die drei Grazien symbolisierten in der Astrologie Sonne, Venus und Jupiter, erklärte Ioan. Eine von ihnen, auf die schon der Pfeil eines Cupido, dessen Augen verbunden sind, gerichtet ist, wirft einem schönen Merkur am linken Bildrand einen schmachtenden Blick zu. Merkur kehrt ihr allerdings den Rücken zu und löst mit seinem Caduceus die Nebelschwaden auf.

Obgleich viele Kunsthistoriker sich mit diesem Gemälde beschäftigt haben, ist es nicht gelungen, eine allseits befriedigende Interpretation zu liefern. War es als Lobgesang an Marsilio Ficino und die Neuplatonische Akademie in der Zeit Botticellis gedacht, oder war es eine Warnung an den Gönner des Künstlers, den jungen Lorenzo il Magnifico, nicht das Mädchen seiner Träume zu heiraten, das ein Jahr nach der Vollendung des Bildes starb? Sollte es eine alchimistische Formel darstellen? Die Tatsache, daß es auf diese Fragen keine eindeutige Antwort geben kann, macht den Reiz dieses Gemäldes aus. Eines ist klar: Das Gemälde bietet eine beunruhigende, wunderbare Vision von der Macht des Eros in der Welt der Menschen.

Culianu teilte Botticellis Faszination für die Figur der Göttin, weil er das Gefühl hatte, daß es eine solche Erscheinung war, die seine Kreativität anregte und die ihn gerettet hatte, als er versucht hatte, seinem Leben ein Ende zu setzen. Hillary sah der Venus von Botticelli sehr ähnlich, und er war überzeugt, daß sie die Frau war, die er in seiner Vision gesehen hatte.

Culianu schrieb in *Éros et Magie*, daß die von der antiken Mythologie inspirierten Sujets bei vielen Renaissancemalern zum »Vorwand werden, um unglaublich kühne Studien über den weiblichen Akt zu treiben«. Wer lange genug über die erotischen Qualitäten des Gemäldes staunt, wird erkennen, daß es dazu bestimmt zu sein scheint, Spekulationen anzuregen. Hillary und Ioan sahen darin ein Ludibrium, ein Rätsel, das einen Schlüssel zum Verständnis der Welt an die Hand gab. Es würde einen vorzüglichen Hintergrund für einen Renaissance-Krimi im Stil Umberto Ecos abgeben. Ein solcher Roman könnte Ioans Durchbruch werden. Im Sommer könnten sie eine Villa in dem Dorf mieten, das ihnen auf ihrer Fahrt nach Florenz aufgefallen war, und den Roman dort gemeinsam schreiben. – Zunächst mußten sie jedoch zurückkehren, um dringende und für ihn auch unangenehme Angelegenheiten zu erledigen.

Sie ging zurück nach Harvard, er nach Groningen, in eine provisorische Wohnung. Er hatte seine dritte Dissertation an der Sorbonne eingereicht, und am 10. Januar 1987 flog er zur Disputation nach Paris. Michel Meslin bewunderte das Werk, hatte aber auch Vorbehalte. »Culianu hatte tatsächlich ein enzyklopädisches Wissen – ein unglaublich vielseitiges Interesse. Seine Dissertation war ein äußerst gelehrtes Werk.« Allerdings waren ihm die Schlußfolgerungen und die zentralen Punkte der Arbeit nicht ganz klar, und er vermutete, daß Culianu entweder absichtlich verbarg, was er dachte, oder sich zuweilen ohne Überzeugung durch die Kärrnerarbeit der Forschung gequält hatte. »Es sah aus, als hätte er Notizen gesammelt – und dann auf einen Knopf gedrückt und alles kam heraus, wie bei einem Computer.« »Menschlich«, sagte Meslin, »war er sehr schwierig, äußerst zurückhaltend, fast gequält. Er war aber auch sehr ehrgeizig, mit dem Instinkt eines *arriviste*.« Culianu bemühte sich um ein gutes Verhältnis zu Meslin, den er aufrichtig schätzte, aber er konnte nicht verhehlen, daß er gewisse Vorbehalte gegen dessen Arbeiten hatte. Meslin legte ihm mit seiner tadellosen Höflichkeit nahe, sich nicht um einen Lehrstuhl an der Sorbonne *zu bewerben* – obwohl klar war, daß Culianu *alle* akademischen Voraussetzungen erfüllte. Seine Bitterkeit darüber, immer nur ein Ausländer zu sein, war grenzenlos.

Trotz Meslins Skepsis war die Disputation erfolgreich. Das ›Doctorat d'État ès Lettres et Sciences Humaines‹ war in der Tat die »höchste akademische Ehrung der Welt«. Es fand auch ein offizieller Empfang statt. Zurück in Groningen, begann er seine Dissertation für den Pariser Verlag Plon zu überarbeiten, wo sie 1990 unter dem Titel *Les Gnoses dualistes d'Occident* erschien. Die Arbeit war ein Vergleich gnostischer Glaubensvorstellungen, durch den Culianu die Strukturen ihrer Entwicklung darlegte. »Während seine europäischen und amerikanischen Kollegen«, schrieb ein Rezensent, »entweder komparatistisch arbeiteten oder die Entwicklung einer bestimmten religiösen Tradition verfolgten, arbeitete er auf beiden Ebenen zugleich. Seine einzigartige, wenngleich nicht unproblematische Methode machte ihn zu einer Art vergleichendem Enzyklopädisten.«[36]

Culianu glaubte, die universalen Grundlagen der Strukturen von Religion und Geschichte in einer Form der Chaostheorie gefunden zu haben, die er auf historische Prozesse übertrug. Im Frühjahr 1987 begann er, sich ausgiebig mit dem Forschungsbegriff des Fraktals zu beschäftigen, der sich damals wachsender Beliebtheit erfreute. »Jede unendliche Verzweigung«, so Culianus Definition, »die sich nach einer bestimmten Regel vollzieht, ist ein ›Fraktal‹.« Fraktale basieren also auf Reihen von binären Optionen, die wie Weggabelungen funktionieren, und sie gleichen der komplexen Architektur von Brunos Gedächtnissystemen. Mit ihrer Hilfe versuchten Wissenschaftler, das Wetter, Erdbeben und die Gestalt von Baumzweigen vorherzubestimmen. Wenn man in solch komplexen Gebilden der Natur Strukturen erkennen konnte, folgerte er, dann erschien es möglich, sie auch im Bereich menschlicher Schöpfungen wie Religionen oder Revolutionen zu finden.

Anders als Eliade versuchte Culianu nicht, der Geschichte zu entfliehen. Vielmehr wollte er sie systematisieren und strukturieren, um sie dadurch zu beherrschen. Wie Ficino und Bruno definierte er Gedanken als Form oder Muster in der Zeit; wie Einstein behauptete er, daß durch Messungen Veränderungen der morphologischen Strukturen in der Zeit entstehen könnten. All diese Gelehrten stimmten in einer Hinsicht überein: Sie betrachteten die historische Zeit als dehnbar. Marsilio Ficino hatte dies mit Zaubertränken und Talismanen zu beweisen versucht, Albert Einstein mit seiner Gleichung, die bewies, daß die Zeit sich beschleunigte und verlangsamte. Culianu verknüpfte beide Ansätze, indem er die Wissenschaft, die die Zukunft voraussagte, mit der Imagination, die die Gegenwart veränderte, und mit dem Gedächtnis, das die Vergangenheit modifizierte, verband.

In seiner leeren Groninger Wohnung ordnete er seine Familienfotos paarweise, indem er Bilder von seiner Mutter und seinem Kindermädchen Manea als junge und als alte Frauen nebeneinanderstellte. Die Fotopaare verdeutlichten ihm, daß die Logik der menschlichen Persönlichkeit zeitlos ist. Er gestaltete über seinem Schreibtisch einen Schrein mit dem Foto von Hillary bei ihrer Abschlußfeier an der Universität und einer Detailaufnahme der Venus aus *La Primavera*. Nebeneinander sahen sie aus wie Doppelgängerinnen.

Für die meisten Menschen wäre eine derartige Ähnlichkeit ein reiner Zufall. Aber Culianu wollte wissen, ob der »Zufall« nicht selbst eine Spiegelung tieferer Strukturen war, die er im menschlichen Geist festmachten. Er befaßte sich mit den Kognitionswissenschaften, um zu verstehen, wie der Geist die Welt wahrnimmt und erschafft. Wissenschaftler wie etwa der Mathematiker Rudy Rucker griffen Platons Vorstellung auf, nach der unser Universum lediglich ein Schatten ewiger geistiger oder mathematischer Prozesse ist. Culianu las Ruckers Buch *Mind Tools*, das folgendermaßen beginnt: »Die Mathematik ist das Studium der reinen Strukturen, und alles im Universum ist eine Art Struktur.« Rucker verwies auf die engen Beziehungen zwischen den frühen Religionen und der Mathematik; so stellten beispielsweise die Araber Gott mit den Symbolen für Null und Unendlich dar. Er berief sich auf C. G. Jungs kulturelle Archetypen, die auf vier Grundformen beruhten, und die Jung »Tetraden« oder »Quaternitäten« genannt hatte – wie die vier Jahreszeiten, die vier Himmelsrichtungen oder die vier Stadien der Erkenntnis: Empfindung, Denken, Gefühl und Intuition. Rucker stellte die These auf, daß selbst die individuelle Subjektivität in eine mathematische Formel gefaßt werden könnte. Bei diesen Studien verknüpfte Ioan Culianu zum ersten Mal sein privates Leben mit seinem beruflichen und vereinigte so die Erinnerung an seine Kindheit und das Fachgebiet seines Vaters mit seinem eigenen wissenschaftlichen Betätigungsfeld.

Im Frühjahr fand er eine Möglichkeit, seine Gedanken über die Kognition einem sehr viel größeren Publikum vorzustellen als den Lesern seiner Bücher. Durch Vermittlung eines Rundfunkredakteurs, den er auf einer Konferenz kennengelernt hatte, kam er an einen Vertrag mit dem BBC World Service in London, für den er nun Vorträge über Geschichte, Wissenschaft und Religion hielt, die für die osteuropäischen Länder gesendet wurden. Wenn selbst die Gelehrtenwelt unvorbereitet war auf das, was Lawrence Sullivan von der Harvard Universität später die »verblüffenden Gegenüberstellungen« Culianus nannte, war es im vorhinein schwer vorstellbar, wie seine ehemaligen Landsleute auf ihn reagieren würden, die unter der schärfsten Zensur des Jahrhunderts litten.

Im selben Frühjahr kehrte Culianu an die Divinity School der Universität Chicago zurück, wo er unterrichtete und zwei Gastvorträge hielt. Sein Freund Anthony Yu konnte den Wandel im Vergleich zu 1975, als sie einander zum ersten Mal vorgestellt worden waren, kaum glauben: »Als ich ihm damals in der Wohnung der Eliades begegnete, sprach er so gut wie gar kein Englisch. Jetzt scherzte er sogar auf Englisch. Er war nun ein öffentlich anerkannter Wissenschaftler, dessen französische Bücher ich gelesen und bewundert hatte. Die Art, wie er nicht nur religiöse, sondern auch kulturelle und literarische Probleme nebeneinanderstellte, zeugte von einer geistigen Reichweite, die mich begeisterte. Zudem hatte er Witz, was ich von den Schriften Eliades nicht so ohne weiteres sagen würde.« Die Situation des Exils hatte Culianu gezwungen, internationale Verbindungen zu knüpfen und neue Fremdsprachen zu erlernen, und so hatte er bessere Kontakte und beherrschte er mehr Fremdsprachen – und diese besser – als die meisten amerikanischen Wissenschaftler seines Alters. »Er war ein sehr sympathischer, überaus ehrgeiziger, aufstrebender europäischer Intellektueller«, sagte sein Verleger David Brent von der University of Chicago Press. Brent meinte, Culianus Arbeitsmethode stammte aus einer vergangenen Zeit, als ein Gelehrter in ein Antiquariat gehen konnte, alles über ein bestimmtes Gebiet lesen und dann selbst etwas Besseres darüber schreiben konnte. »Seine Belesenheit war so unglaublich, daß er irgendwie einschüchternd wirkte.« Brent war einem Rat Eliades gefolgt, als er Culianu, erstmals in den Vereinigten Staaten, veröffentlichte. *Eros and Magic in the Renaissance* erschien im November 1987. Culianus schmerzhafte Jahre des freiwilligen Exils begannen sich auszuzahlen.

An der Divinity School hielt er im Frühjahr 1987 einen Vortrag über eines seiner Lieblingsthemen, den Faust-Mythos, der sehr viel älter ist als sein bekannter Namensgeber. Nachdem er einen Überblick über die verschiedenen Versionen dieses Mythos vom Altertum bis in die Gegenwart gegeben hatte, legte Culianu dar, daß nur die nachreformatorischen Geschichtenerzähler ihre Helden dafür bestraft hatten, daß sie einen Pakt mit dem Teufel geschlossen hatten. Frühere Varianten hatten beispielsweise seine wagemutige Suche nach seiner Geliebten gelobt. Diese Geschichte, hätte Culianu hinzufügen können, glich dem Mythos seines eigenen Lebens.

Im Frühjahr arbeitete er am *Dictionnaire des Religions (Handbuch der Religionen)*, dem Projekt, dessen Fertigstellung er Eliade versprochen hatte. Er bat eine Reihe von Kollegen, einige Artikel kritisch durchzusehen. Yu prüfte seine Übersicht über den chinesischen Taoismus. »Der Abriß war phantastisch«, sagte Yu. »Er konnte die chinesischen Primärtexte zwar nicht lesen, aber er bot einen sehr kompetenten Überblick über die europäische Forschung in diesem Bereich.«

Culianu kümmerte sich auch um das Archiv Eliades, ging mit Christinel Eliade spazieren und kochte für sie, wenn sie Freunde empfing – wie zum Beispiel Saul Bellow und dessen Frau. »Er war ein sehr charmanter Mensch«, erinnerte sich Bellow, »sehr kultiviert und lustig. Wie Mircea tat er so, als sei alles nur ein Spiel.« Vor allem aber war er auf der Suche nach freien Stellen in den Vereinigten Staaten. Er wohnte wieder im McGiffert House und lernte dort Alexander Arguelles kennen, einen Doktoranden aus Kalifornien. Sie entdeckten, daß sie beide das gleiche veraltete Textverarbeitungsprogramm benutzten. Als Arguelles' Drucker ausfiel, ließ Culianu ihn seinen benutzen. »Er trug einen roten Morgenmantel mit Paisley-Muster«, erinnerte sich Arguelles. »Ich hielt ihn zuerst für einen Studenten. Er sagte, Amerika sei der Ort, wo in Forschung und Kunst wirklich was los war.«

Für den träumerischen, ehrgeizigen Jungen, der seiner Cousine gegenüber auf der Veranda einer Nonnenklause in einem rumänischen Kloster von seinen Visionen erzählt hatte, hatte sich der Kreis nun geschlossen. Im Mai lud ihn diese Cousine an die Universität Indiana ein, wo sie inzwischen als Dozentin arbeitete. Er sollte einen Vortrag über Eliade halten. Als er jetzt durch die Straßen von Bloomington fuhr, sah er genauso aus, wie er es achtzehn Jahre zuvor vorausgesagt hatte: Er war ein erfolgreicher Professor im Westen und hatte einen roten Sportwagen. Lachend sprach sie sich über seinen Erfolg.

Der Vortrag war allerdings eine Enttäuschung. Er war oberflächlich; Culianu hatte sich offenbar nicht vorbereitet. Er las aus einem Zeitungsartikel vor und bot nur wenige tiefere Einblicke in das Werk und die Bedeutung seines Mentors. Anschließend sagte er, er habe »diese ganzen Eliade-Vortragsreisen satt«. Er raste mit seinem Wagen wieder aus der Stadt hinaus und kehrte zurück zu seiner renommierten Stelle als Gastdozent an der Divinity School der Universität Chicago. Sein roter Sportwagen war übrigens nur gemietet.

Im Frühjahr gab Culianu seinen Freunden endlich die Scheidung bekannt und behauptete, daß seine Reisen und Carmens Unwilligkeit, in die Vereinigten Staaten zu ziehen, die Hauptgründe gewesen seien. Er hatte im April 1987 an Romanato geschrieben: »Ich entschuldige mich dafür, daß mich die blinde natürliche Auslese am Schreiben gehindert hat. Im vergangenen Jahr reiste ich im März ab, kehrte im Juni zurück, reiste im August wieder ab, und jetzt kehre ich in die USA zurück. Das Ergebnis war unter diesen Umständen fast natürlich. Scheidung... Ich konnte nicht mehr die Verantwortung für zwei übernehmen und für jemanden der Beistand sein, der stets unzufrieden ist.« Dies war der letzte Brief, den er seinem engsten Freund schrieb.

Am Anfang der Semesterferien fand ein internationales Kolloquium in Paris statt, das die Sorbonne und die American Romanian Academy of Arts and Sciences anläßlich des achtzigsten Geburtstags von Mircea Eliade ausrichteten. Das Kolloquium war wichtig für Culianu, weil eine ganze Reihe von Wissenschaftlern aus Chicago zugegen war, wie der ehemalige Dekan Jerry Brauer, der katholische Theologe David Tracy und die Indologin Wendy Doniger. Er wußte, daß sie sich wahrscheinlich nach einem neuen Kollegen umsehen würden. Er wollte die Vorstellung seines Lebens geben. Er sprach in mehreren Sitzungen, darunter auch in einer, die »Hommage à Mircea Eliade« hieß, und nahm an einer Podiumsdiskussion mit dem Thema »Die Religionsgeschichte nach Mircea Eliade« teil. Er übernahm auch die Herausgabe eines Sammelbandes mit den Beiträgen des Kolloquiums für das *Journal of the American Romanian Academy of Arts and Sciences.*

Ein Verwandter von Culianu kam ebenfalls nach Paris, gleichsam um seine Vorstellung zu stören. Sein Schwager Dan Petrescu hatte ein Ausreisevisum bekommen, um an dem Kolloquium teilzunehmen. Culianu selbst hatte ihn angemeldet, weil er eine Diplomarbeit über Eliades phantastische Prosa geschrieben hatte und ein Buch darüber plante. Zu Hause war das Leben seiner Familie immer anstrengender geworden. Sie wurden auf Schritt und Tritt von der Securitate überwacht, die Schikanen häuften sich, ihnen wurde auf drastische Weise zu verstehen gegeben, es sei besser für sie auszuwandern. Nur beabsichtigten sie das keineswegs – und Dan war bereit zu kämpfen, so gut er konnte.

Das Treffen von Petrescu und Culianu in Paris verlief nicht besonders harmonisch. Culianu ließ seinen Schwager häufig sitzen; er sagte Verabredungen zum Abendessen im letzten Augenblick ab, um von Verleger zu Verleger zu eilen. Er behandelte seinen Schwager wie einen Schmarotzer.

Mit dem für das Absurde geschärften Sinn des Dissidenten spürte Petrescu die Kränkung, sprach jedoch nicht darüber. Er war vom Westen sehr enttäuscht. So machte etwa die American Romanian Academy seine aktive Teilnahme am Kolloquium von seinem Bleiben im Westen abhängig. Da er diesen Handel ablehnte, wurde ihm nicht gestattet, seinen Vortrag zu halten. Während einer Veranstaltung stand er auf, um Einwände gegen die inszenierte Parade von akademischen Lobgesängen auf Eliade zu erheben. Er wurde unterbrochen. »Ich habe in Paris mehr Zensur erfahren als in Bukarest!« klagte er Carmen gegenüber.

Ende Juni hatte Ioan das Feilschen um die Scheidung hinter sich gebracht. Er stellte das *Dictionnaire des Religions (Handbuch der Religionen)* fertig, das einige Anspielungen auf seine Theorie enthielt, daß alle Religionen Topographien des menschlichen Geistes darstellten. Er hatte mit Eliade bis kurz vor dem überraschenden Ausbruch von dessen Krankheit Aufbau und Bibliographie des *Handbuchs* besprochen, doch nun stellte sich heraus, daß die Gesamtkonzeption nicht mehr der Eliades entsprach. »Es war eine Anmaßung«, beklagte Meslin. Nichtsdestoweniger war das *Dictionnaire* ein großer Publikumserfolg: Es erschien 1990 und wurde »Grand livre du mois«; eine zweite Auflage erschien kurz nach der ersten. Seitdem ist es in fast alle Sprachen der Welt übersetzt worden.

Im Juli 1987 machte Culianu die erste von zwei Rundfunksendungen für den BBC World Service, die sich der wachsenden Kontroverse über Eliades Vergangenheit widmeten. Im Frühjahr, sagte er, war er von Professor Vittorio Lanternari von der Universität Rom angesprochen worden, der behauptete, Eliade hätte 1938 Artikel, in denen er die Eiserne Garde glorifizierte, in einer rechtsextremistischen Zeitung namens *Buna Vestire* (›Die Verkündigung‹) veröffentlicht. Lanternari verwies daneben auch auf ein Dokument, das ihm aus Rumänien zugespielt worden war und das Eliades Antisemitismus belegte. Es handelte sich um das (damals noch unveröffentlichte) Tagebuch eines guten Freundes von Eliade, des rumänischen Schriftstellers Mihail Sebastian, der, obwohl er Jude war, bis Anfang der dreißiger Jahre zu dem Kreis um Nae Ionescu gehört hatte. Culianu entgegnete wütend, daß Sebastian befangen gewesen sei und man auf der Meinung eines verletzten Freundes keine Anklage begründen könne. Er bat Mac Linscott Ricketts um Kopien der belastenden Artikel Eliades aus den dreißiger Jahren, die Ricketts in rumänischen Bibliotheken aufgestöbert hatte.

In seiner ersten Rundfunksendung machte Culianu die Verehrung Eliades für Nae Ionescu, seinen Lehrer an der Universität, für die Kontroverse verantwortlich, denn dieser hatte »gegenüber Eliade die Rolle des Mephistopheles gespielt und ihn in

ein politisches Abenteuer mit sehr ernsten Folgen« hineingezogen. Auch hier behauptete Culianu, daß Eliade nie Antisemit gewesen sei, räumte aber ein, daß er mit der Eisernen
Garde sympathisiert hatte. Mit dem rhetorischen Geschick
eines Schriftstellers brach Culianu seine Rede im spannend-
sten Augenblick ab: »Was geschah später, als sich Nae Ionescu
1933 der Legionären Bewegung anschloß? Was geschah vor
allem während des Wahlkampfs von 1937? Stimmt es, daß
Eliade nazifreundlich war? Wir werden versuchen, auf diese
Fragen bald ausführlich einzugehen.«

Erst Ende Juli brachen Ioan und Hillary zu ihrer langersehnten
Reise nach Courmayeur auf, einem norditalienischen Berg-
dorf, das bereits Nietzsche gern aufgesucht hatte. Sie widmeten sich dort dem Schreiben ihrer Mordgeschichte, der sie den
Titel *The Emerald Game* (›Das Smaragdspiel‹) gaben. In den
Roman führt das Vorwort eines jungen Mannes ein, der wie
Culianu 1972 »unter dem Druck der Ereignisse« Rumänien
verlassen hatte, um nach Italien zu gehen. In seiner Reisetasche
hatte der Erzähler des Vorworts eine geheimnisvolle Renais-
sance-Handschrift, die er des Nachts übersetzte. Ihm war
aufgefallen, daß er überwacht, später auch verfolgt wurde.
Eines Nachts wurde ihm die Handschrift gestohlen, und ihm
bleibt nur die Übersetzung, die lediglich »die Botschaft der
Urkunde in einer modernen Sprache wiedergibt« – und die
bildet den eigentlichen Roman.
»Ich lüfte hier vielleicht ein großes und ungeahntes Geheimnis
aus einer außerordentlichen Zeit«, hebt der Erzähler der
Handschrift, Thomas Anglicus, an. Thomas ist ein Engländer,
der 1494 nach Florenz gekommen war und dort in eine Reihe
blutiger Morde verwickelt wurde, die mit Botticellis *La Primavera* zusammenhingen. »War das Verbrechen, das mich
unnachgiebig verfolgte«, fragte sich Anglicus, »die Frucht meines eigenen Willens oder die meines Schicksals?« In seinen
Abenteuern treten historische Gestalten wie Marsilio Ficino,
Pico della Mirandola, Sandro Botticelli und der Kartograph
Amerigo Vespucci auf. Thomas wird durch ein finsteres und

widersprüchliches Florenz geführt, das von verwickelten Beziehungsgeflechten der Macht beherrscht wird, die sich nur mit Hilfe der Handschrift oder der Magie durchschauen lassen. Gleichzeitig erforscht der Roman Glaubensvorstellungen der Renaissance: Wahrsagerei, Astrologie und Gedächtniskunst. Thomas, der den judenfeindlichen Pöbel, masochistische Sekten und die erlauchten Mitglieder der Akademie Ficinos beobachtet, wird sowohl zum Mordverdächtigen als auch zu einem Amateurschnüffler. Ihm zur Seite stehen der liebenswürdige Dr. Altavilla und die schöne Dame Vittoria. Mit Hilfe von Altavillas Kenntnis der Geheimwissenschaften gelingt es ihnen vorauszusagen, wann neue Opfer getötet werden sollen. Der Mord, in dem die Handlung gipfelt, findet an einem Dienstag, dem Tag des Mars, statt – auch Culianu selbst wurde an einem Dienstag ermordet. Obwohl das Motiv die Übermittlung einer Botschaft an andere zu sein scheint, bemerkt Thomas gegenüber seiner Vittoria: »Die eigentlichen Täter [. . .] sind kaum von Belang. Es kommt nur auf den verrückten Puppenspieler an.«

Culianu und Hillary Wiesner schrieben das Buch in fünf idyllischen Sommerwochen, indem sie die einzelnen Kapitel abwechselnd verfaßten. Jeden Morgen, gleich nach dem Aufstehen, begannen sie zu schreiben – er im Vorderzimmer, sie auf einem sonnigen Balkon mit Aussicht auf den schneebedeckten Mont Blanc. Wenn Thomas seinen Gedanken über die einzigartige Harmonie der Natur Ausdruck verleiht, steht vermutlich die Empfindung der Verfasser von Ruhe und Freude in ihrem ersten gemeinsamen Sommer dahinter.

Der Roman verwischt in gefährlicher Weise die Grenze zwischen Wirklichkeit und Fiktion. Bei seinen Ermittlungen begegnet Thomas mehreren Gestalten, für die ganz offensichtlich Professoren der Universität Chicago Modell standen. So sind etwa der gütige, weise Dr. Altavilla David Tracy und der sinistre Oberst der Sicherheitspolizei dem verstorbenen Allan Bloom nachempfunden. Einige andere Hochschullehrer aus Chicago werden nicht eben schmeichelhaft gezeichnet. Für einen Wissenschaftler, der eine Stellung an dieser so elitären

Institution zu erhalten versuchte, war solche literarische Übung zu einer Zeit, da er den guten Freund und Kollegen spielte, ein möglicherweise selbstzerstörerisches Spiel. Obwohl schließlich ein Mörder gefunden wird, stehen Magie und Wissenschaft auf einer viel tieferen Ebene hinter den Morden, als der Mörder selbst zu verstehen vermag. Die Aufklärung des Verbrechens kann nur mit Hilfe der Magie erzielt werden; die Weisheit, die man beim Einsatz von Geheimwissenschaften im Verlauf der Ermittlungen erzielt, macht den besonderen Reiz des Romans aus. Dabei ist es unwesentlich, ob das Motiv größtenteils unverständlich bleibt und die *Primavera* sich als eine Fälschung entpuppt, die durch die Position ihrer Figuren eine tödliche alchimistische Formel übermitteln soll. »Die Vorstellung von Fälschung und Echtheit war in der Renaissance verhältnismäßig neu«, stellte Culianu bei anderer Gelegenheit fest, »und läßt sich auf unsere Bedürfnisse nicht anwenden.«

Nach weiteren Überarbeitungen legten Ioan und Hillary das Buch einem Literaturagenten vor. Sie hätten noch etwas Zeit dafür gebraucht, aber die Hochzeit von Hillarys Mutter mit Kurt Hertzfeld, dem Schatzmeister des Amherst College, stand an, und so kehrten sie Ende August in die USA zurück.

Die Hochzeit von Hillarys Mutter war eine der wenigen Gelegenheiten, an denen Ioan vielen von Hillarys Freundinnen begegnete, und er wurde genau unter die Lupe genommen. »Er war kleiner, als ich ihn mir vorgestellt hatte«, bemerkte Erika Schluntz. »Nach alldem, was ich über diesen wunderbaren Mann gehört hatte, schien mir, daß so viel Liebe nicht in einen so kleinen Körper passen könnte.« Ioan liebte feierliche Anlässe, bei denen er sich als Regisseur und Schauspieler seiner eigenen Aufführung hervortun konnte. Bei der sommerlichen Party vor dem viktorianischen Haus in Amherst kam er gut an. Alle mochten ihn. »Er hatte mehr Familiensinn als ich«, erinnerte sich Hillary Wiesner. Ihre Schwester Nikki, die ein offenerer Typ als Hillary war, sagte: »Ich war glücklich, denn Hillary hatte so hohe Ansprüche, daß wir nie wußten, ob sie überhaupt jemanden finden würde. Sie hängten es nicht an die große Glocke, daß er noch verheiratet war, als sie sich kennenlernten.« Kurt Hertzfeld schloß Ioan wie ein Familienmitglied in sein Herz.

Im Herbst 1987 gab Culianu wieder zwei Lehrveranstaltungen als Gastdozent in Chicago. Jetzt ging es für Culianu um sehr viel: Die Divinity School hatte eine ordentliche Professur ausgeschrieben. Es war die Stelle, von der Culianu sein Leben lang geträumt hatte.

Unter den Studierenden hatte er bereits eine kleine Gefolgschaft. Die Kreativeren unter seinen Kollegen, wie etwa Lawrence Sullivan, empfahlen seine Lehrveranstaltungen und sein Buch *Eros and Magic* begeistert weiter. Weil seine Arbeiten auf so viele Sprachen und Themen verteilt waren, bat die Berufungskommission um sechs Empfehlungsschreiben statt der üblichen vier. Er trug eindrucksvolle Referenzen zusammen, von Umberto Eco, Michel Meslin, Hans Jonas, von zwei Professoren der Divinity School, Joseph Kitagawa und Lawrence Sullivan, sowie von Matei Călinescu, einem rumänischen Professor für vergleichende Literaturwissenschaft an der Universität Indiana. »Die Europäer lobten ihn geradezu in den Himmel«, erinnerte sich Anthony Yu. Călinescu schrieb: »Ich referiere im folgenden einen Gedanken, den Eliade selbst in mehreren Gesprächen, die wir in seinen letzten Lebensjahren führten, zum Ausdruck gebracht hat – daß nämlich Professor Culianu der bedeutendste Fortsetzer und Anhänger [. . .] von Eliades besonderem hermeneutischen Zugriff auf die Religion geworden ist.« Culianus Publikationsliste umfaßte elf Bücher und Übersetzungen in vier Sprachen, die schon veröffentlicht waren oder bereits unter Vertrag standen. Die Anzahl seiner Aufsätze war für einen siebenunddreißigjährigen Gelehrten überwältigend.

Die Fakultät spaltete sich in eine Gruppe von älteren Wissenschaftlern, die mit Culianu nicht nur an die große Tradition von Eliade anknüpfen wollten, sondern in ihm auch eine fruchtbare und schöpferische neue Stimme sahen. Einige neuere Fakultätsmitglieder bezweifelten, ob die Schule wirklich noch einen Eliadianer brauchte und ob Culianu überhaupt im engeren Sinne Religionshistoriker war. »Die Einwände hatten weniger mit seiner Fachkompetenz zu tun«, erinnerte sich Anthony Yu, »als vielmehr mit der Frage, ob er der Mann war, den wir gerade jetzt wollen.« Von den zehn Lehrthemen, die Culianu in seinem Lebenslauf von 1990 anführte, bezog sich nur ein einziges auf die Gebiete der Religionsgeschichte oder der Geschichte des Christentums. Wie gut würde er mit den allgemeinen Einführungskursen zurechtkommen, deren Inhalte für die Magister-Prüfung wichtig waren? (Er hielt diese Kurse schließlich nur ungern und war am Anfang auch nicht besonders gut darin.) Hinter manchen Einwänden verbargen sich tiefere Vorbehalte gegenüber der Qualität seiner zahlreichen Veröffentlichungen. »Niemand kannte ihn wirklich, und das konnte man von keinem anderen sagen, der bereits einmal an der Fakultät gelehrt hatte«, sagte Wendy Doniger.

Am Ende überwogen die Ja-Stimmen. An einem eiskalten 5. Januar 1988, dem Geburtstag Ioans, klingelte in Hillarys Wohnung das Telefon. Es war der damalige Dekan Chris Gamwell. Er rief an, um Ioan eine feste Stelle anzubieten. »Ich möchte Ihnen sagen, wie sehr meine Kollegen und ich uns freuen würden. Wir hoffen, daß Sie diese Berufung annehmen werden«, sagte Gamwell.

Culianu nahm an, bedankte sich, legte auf und sprang begeistert in der Wohnung herum. Er hatte es geschafft! Trotz aller Hindernisse, die ihm die Welt in den Weg gelegt hatte, trotz des ganzen Terrors, der mühsamen Arbeit, des Hungerns und des üblen Gerangels: Er hatte gewonnen! All die Sprachen, die er erlernt hatte, all die Nächte schmerzvollen Lesens, bis ihm die Augen tränten, all die Gleichgültigkeit und Verachtung! Er war mit allem fertig geworden! Sie riefen Hillarys Mutter in Amherst an und tanzten und schrien vor Freude. Hillary öffnete eine Flasche Champagner, um das Ereignis gebührend zu feiern.

Später an diesem Nachmittag mußte sie zu einem Termin. Er schloß sich im Gästezimmer ein, verschränkte seine Beine in einer Yoga-Haltung und dachte darüber nach, was das alles für ihn bedeutete. Er hatte getan, was seinem Vater nicht vergönnt gewesen war, dachte er. Und dabei hatte er noch gar nicht richtig begonnen.

Er trug seinen Morgenmantel mit dem Paisley-Muster, und plötzlich durchfuhr ihn ein schmerzhaftes Gefühl von Angst. Er hatte noch nie etwas so Kostbares wie Hillary oder diese Professur besessen, daß er den Gedanken, sie zu verlieren, nicht ertragen konnte.

> Menschen, die wie wir an die Physik glauben, wissen, daß die Unterscheidung zwischen Vergangenheit, Gegenwart und Zukunft nur eine besonders hartnäckige Illusion ist.
>
> Albert Einstein[37]

16   Religion und Wissenschaft: Die vierte Dimension, 1988

Der Dekan Chris Gamwell hatte Culianu freigestellt, zum Frühjahr oder Herbst 1988 seinen Lehrstuhl anzutreten. Als Hillary ein Forschungsstipendium für Spanien, Ägypten und Israel bekam, nahm er die Gelegenheit wahr, sie zu begleiten. Er fühlte sich wie neugeboren. Wenn seine Kritiker in Paris oder Groningen ihn jetzt hätten sehen können, sie hätten nicht geglaubt, daß er seine schwierigere manichäische Seite vollständig abgelegt hatte.

1988 begann er sich für die verborgenen Dimensionen des Universums zu interessieren. Nachdem er seine zweite BBC-Sendung über Eliade mit einer offensiven Verteidigung seines Mentors beendet hatte, ging Culianu zur theoretischen Wissenschaft über. Seine Sendungen trugen Titel wie »Die vierte Dimension«, »Schrödingers Katze« oder »Die fünfte Dimension«. Die Wissenschaftler seien die Schamanen unseres Zeitalters, und er wolle die »wachsende Anerkennung des Umstands unter Physikern, darunter auch einigen Nobelpreisträgern, daß das Universum möglicherweise tatsächlich in einem mehrdimensionalen Raum existiert«, erforschen. Über die neuen Theorien des »Hyperraums« informierte er sich durch populärwissenschaftliche Bücher und wissenschaftliche Zeitschriften, und er berichtete seinem interessierten Publikum, seinen ehemaligen Landsleuten, von neuen Erkenntnissen über die Flucht nach innen.

In Rumänien stiegen die Entbehrungen ins Unerträgliche. Die wenigen Waren, die man bisher noch hatte bekommen können, verschwanden. Von Grundnahrungsmitteln wie Milch, Fleisch und Butter bis hin zu den nötigsten Gebrauchsartikeln gab es fast nichts mehr. Die ohnehin aschgrauen und schmutzigen Städte wurden nachts nicht beleuchtet. In den trostlosen Plattenbauten wurden Heizung und Strom oft stundenlang abgeschaltet. Man mußte immer wieder nachts kochen, weil es tagsüber kein Gas gab. Trotz dieser Mißstände ließ sich Nicolae Ceauşescu von einer Schar von Hofdichtern mit Ausdrükken bejubeln, die Stalin hätten erröten lassen: Er war das »Genie der Karpaten«, der »Titan unter den Titanen«. Das Land, das einst stolz auf seinen Freiheitsdrang gewesen war, fiel in ein schwarzes Loch der gegenseitigen Bespitzelung.

Je unbeliebter Ceauşescu wurde, desto mehr mußte er sich auf seine Sicherheitspolizei verlassen, um seine Diktatur aufrechtzuerhalten. Die Gruppe junger Intellektueller aus Iaşi stand mehr denn je im Visier der Securitate. Dan Petrescu, Liviu Antonesei, Alexandru Călinescu und Mihai Dinu Gheorghiu wurden regelmäßig im Hauptquartier der Securitate in Iaşi verhört. Anfang 1988 war ein Interview Petrescus in der *Libération* erschienen, in dem er das kommunistische Regime scharf kritisierte. Das Interview erschien ausgerechnet am 26. Januar, dem 70. Geburtstag von Ceauşescu. Nach diesem Interview schrieb Petrescu hin und wieder Artikel für französische Zeitungen, in denen er zum Beispiel den Versuch der kommunistischen Propagandisten angriff, sich des rumänischen Nationalismus zu bedienen. Seit den siebziger Jahren hatte das Regime verstärkt auf die finstere lyrische Rhetorik des mystischen Nationalismus zurückgegriffen, um die Abschottung nach außen ideologisch zu unterfüttern. Eine Bewegung, die sich Protochronismus nannte, versuchte, den Vorrang Rumäniens auf praktisch allen Gebieten geltend zu machen: in der Kunst, der Literatur wie auch in den Wissenschaften.[38] Diese antiwestliche, antirationalistische und nationalistische Bewegung appellierte an die primitivsten Instinkte des nationalen Unbewußten.

Wenn Liebe und Erfolg Culianu hatten aufleben lassen, so war es jetzt höchste Zeit, um aktiv zu werden. Das Versprechen der Selbstzensur, das er Willem Noomen gegeben hatte, war gegenstandslos geworden, und eine offene politische Haltung seinerseits bedeutete kein zusätzliches Risiko mehr für die Verwandten in Rumänien. Vor einem Jahr hatte er telefonisch Kontakt mit einem der bekanntesten rumänischen Dissidenten in den Vereinigten Staaten, dem Dichter Dorin Tudoran, der jetzt als Rundfunkredakteur bei dem Radiosender Voice of America arbeitete, aufgenommen. Tudoran bat Culianu, am Redaktionsrat teilzunehmen und Kommentare für seine neue und schon bald einflußreiche internationale Zeitschrift *Agora* zu schreiben, die vom Foreign Policy Research Institute in Washington finanziert wurde. In der ersten Ausgabe von *Agora* erschien ein Beitrag von Culianu mit dem Titel »Păcatul împotriva spiritului« (›Die Sünde wider den Geist‹), in dem er sich eines religiösen Tonfalls bediente, um die Regierung seiner Heimat anzugreifen – bereits ein Hinweis auf seine spätere politische Publizistik. »Eine Idee zu formulieren wagen, führt zum Leben«, schrieb er an seine Landsleute. »Habt den Mut, nein zu sagen, und am dritten Tag werdet ihr auferstehen. [. . .] Denn es gibt keinen anderen Tod denn den geistigen Tod, und es gibt keine andere Auferstehung denn die im Strom der Ideen.«

Aber worüber er nicht sprach, war das Leiden seiner Landsleute.

Im Frühjahr 1988 traf er sich mit Hillary in Chicago. Culianu mietete eine Suite mit Küche im Hotel Flamingo-on-the-Lake, das vor allem bei Rentnern sehr beliebt war. An einem der

Abende veranstaltete er ein denkwürdiges Dinner, bei dem er einen Plastik-Spaghettilöffel aus dem nahe gelegenen Feinkostladen und Pappteller einsetzte. Es gab Vitamine, ein Stück Brot, etwas Specktunke und eine Flasche Asti Spumante. »Und wir sind noch nicht einmal beim Hauptgang angelangt!« sagte er. Im Schwimmbecken wirbelten Hillary und Ioan anschließend umher und versuchten, zu den Bewußtseinsveränderungen von Schamanen zu gelangen, die sich wie Baumstämme einen Abhang herunterrollen lassen. Abends standen sie auf der Feuertreppe und blickten über den Michigan See.

Ioan schrieb einen letzten Brief an Carmen, in dem er seine Gewissensbisse über die gescheiterte Ehe andeutete und sich bereit erklärte, die Kosten für die Wohnung in Groningen weiterhin zu übernehmen: »Jetzt erkenne ich, daß ich mutwillig in Dein Leben eingegriffen habe, was mir nicht zustand. Glaubst Du etwa, das erfüllt nicht auch mich mit Trauer? Ich konnte nicht in Holland bleiben. Ich mußte in einer Weise vorankommen, die ich weder Dir noch mir selbst erklären kann.« Er gab es zwar nicht zu, ihm war aber doch etwas mulmig wegen des Blutpakts, den sie geschlossen hatten, als er ihr 1979 einen Heiratsantrag gemacht hatte, und der ihre Seelen auf Leben und Tod hatte verbinden sollen.

In den Sommermonaten vor seinem Antritt als Professor der Divinity School besuchte Culianu zusammen mit Hillary Kairo, Jerusalem und mehrere spanische Städte – in seinem Kalender waren diese Monate mit magischen Glückssymbolen und mit dem Wort »Frei!« versehen. Dieses Wort hatte eine besondere Bedeutung für ihn. Die Briefe an seine Freunde waren gespickt mit manchmal zynischen, manchmal lyrischen und mitunter witzigen Gedanken zum Thema Freiheit. Bevor er ins Bett ging, zog er das Laken unter der Matratze hervor und sagte aus Spaß: »Ich muß frei sein!«

Hillary und Ioan trafen sich in Kairo und wohnten fünf Wochen lang in einem kleinen Hotel. Er verbrachte die Vormittage in der Bibliothek der amerikanischen Universität, wo er ganze Stapel von Büchern über das islamische Spanien las. An den

Nachmittagen saß er auf dem Balkon des Hotels und versuchte, mit Hilfe eines Wörterbuches und einer Zeitung arabisch zu lernen, während Hillary an ihrer Dissertation arbeitete. Sie schrieb über den frühmittelalterlichen Mystiker Al-Kindī, dem die Erhaltung eines beträchtlichen Teils der Überlieferungen magischen Wissens zu verdanken war, das Ficino und Bruno später wiederbelebten. Allmählich vermutete sie, daß Al-Kindī ein Plagiator war und einige seiner Hauptquellen Fälschungen waren. Ioan war von dieser Theorie begeistert. Was zählte, sagte er, war, daß die Renaissance-Magier an die Echtheit der Schriften Al-Kindīs geglaubt hatten.

Sie besichtigten Alexandria, die Pyramiden und die Sphinx. Wohin sie auch kamen, versuchte er, sich auf arabisch zu unterhalten und sogar Wortspiele und Witze zu machen. Er liebte die mathematische Natur dieser Sprache, die auf Permutationen von Gruppen von je drei Konsonanten basierte. In der Bibliothek der Universität Kairo dachten sie sich eine Geschichte aus, die auf der Fälschung eines Wissenschaftlers beruhte, von der Hillary in einem Ägyptologie-Seminar in Chicago gehört hatte. Er und Hillary machten daraus die Erzählung »The Late Repentance of Horemheb« (›Die späte Reue des Haremhab‹). In dieser Kurzgeschichte ging es um Ioans einleuchtende Ansicht, daß Fälschungen niemals nur Nachahmungen sind, sondern vielmehr der konsequente Versuch, die Vergangenheit und dadurch auch die Zukunft zu verändern.

In Jerusalem besuchten sie einen neuen Freund von Ioan an der Hebräischen Universität, Moshe Idel, ein rumänischer Emigrant und Experte für die Kabbala, eine Form der jüdischen Mystik. Die beiden Männer hatten sich bereits bei ihrer ersten Begegnung im vergangenen Herbst in Chicago ausgezeichnet verstanden. »Er war der erste Rumäne, mit dem ich in siebenundzwanzig Jahren des Exils gesprochen habe«, erinnerte sich Idel. »Wir unterhielten uns die ganze Nacht auf rumänisch und bekamen Heimweh.« Idel stammte aus Tîrgu-Neamţ, der Kleinstadt, in der Culianu und seine Familie in seiner Kindheit jeden Sommer auf dem Weg zum Kloster Văratec vom Zug in den Bus umgestiegen waren. »Schließlich beschlossen wir, nicht mehr über Rumänien und auch nicht mehr rumänisch zu sprechen«, sagte Idel. »Es stimmte uns beide traurig.« Culianu mochte diesen Mann sehr, den er als eine Art geistigen Doppelgänger betrachtete. Es war nicht nur, daß sie beide aus derselben Ecke der Welt kamen; Idel hatte sich sogar mit den Forschungen beschäftigt, die Ioan selbst unternommen hätte, wenn er das Stipendium zum Studium der Kabbala erhalten hätte und nach Israel statt nach Italien gegangen wäre. Sie waren beide fasziniert von den Kabbalisten und deren Vorstellung, daß die Welt in metaphysischen und mathematischen Prozessen erfaßt werden könne. Im 15. Jahrhundert hatte Pico della Mirandola die Kabbalisten übersetzt, deren Werke ebenso wie diejenigen Al-Kindīs die Theorien der Renaissance-Magier angeregt hatten.

Im spanischen Nerja zeichnete Ioan an Hillarys Geburtstag einen Löwen und am 1. und 14. September verschiedene kabbalistische Buchstaben in seinen Kalender, zu denen er das Wort »Idee!« schrieb. Sie mieteten ein Haus am Strand von Nerja, schrieben an den Artikeln für das *Handbuch der Religionen* und besichtigten die maurischen Bauwerke und Ruinen von Granada, Córdoba, Valencia, Madrid und Sevilla, wo er sich mit der spanischen Inquisition befaßte und zu dem Schluß kam, sie sei weniger zerstörerisch gewesen als die kommunistische Verfolgung in seiner Heimat.

Im September kehrten sie in die Vereinigten Staaten zurück, und auf einer Hochzeit in Lexington, Massachusetts, trafen sie Erika Schluntz und Cathy O'Leary. Ioan und Cathy, eine alte Freundin von Hillary aus ihrer Kindheit, halfen Hillary beim Umzug in eine geräumigere Wohnung in der Harvard Street in Cambridge. Eines Tages ging er in den Kräuterladen »Arsen und Spitzenhäubchen« in Cambridge. Die Verkäuferin berechnete ihm für irgendein Pülverchen zuwenig und wurde wütend, als er sie darauf aufmerksam machte. Draußen zeigte er Hillary die neue Quittung.

»Ihre Magie war schwächer als meine; sie hat mir schon wieder zuwenig berechnet.« In ihrer Hektik hatte die Frau andere Kräuter von der Rechnung abgezogen, statt die fehlenden zu addieren.

Ein paar Schrittte weiter drehte er um und ging zu dem Laden zurück. »Wenn ich sie nicht bezahle«, sagte er zu Hillary, »wirken weder die Kräuter noch das Pulver.«

Im Herbst 1988 kehrte er, nun als erfolgreicher Lehrstuhlinhaber, an die Universität Chicago zurück. Er hielt zwei Lehrveranstaltungen mit Themen, über die er für amerikanische Publikumsverlage Bücher schreiben wollte – HarperCollins, HarperSanFranciso und Shambhala. Einer der Kurse, »Die Religion als System«, behandelte seine Theorie der Religionsgeschichte als einer langen Reihe von binären Optionen. Daraus schöpfte er das Material für die Einführung zu der englischen Übersetzung des *Handbuchs der Religionen*. Ein anderes Seminar verschaffte ihm eine regelrechte Gefolgschaft unter den Studierenden. Es war seine bisher ehrgeizigste Lehrveranstaltung: »Religion und Wissenschaft: Die vierte Dimension«.

Der Kurs widmete sich der Frage nach der Anzahl von Dimensionen im Universum und suchte in Literatur und Theorie nach Erklärungen für die uralten Geschichten über Nah-Todesreisen, Wunder und ekstatische Erfahrungen. Dieser Ansatz war keineswegs neu; selbst Lenin hatte sich in *Materialismus und Empiriokritizismus* von 1908 damit beschäftigt. Doch Culianu verlieh dem Gegenstand mit seiner Ernsthaftigkeit, Kühnheit und seiner Kenntnis mehrerer Sprachen, verschiedener Kulturen und des Okkultismus ein neues Gewicht. Der Kurs sollte ihm helfen, die Einführungskapitel von *Out of This World: Other-worldly Journeys from Gilgamesh to Albert Einstein* (dt.: *Jenseits dieser Welt. Außerweltliche Reisen von Gilgamesch bis Albert Einstein*, 1995) zu entwerfen. Von diesem Buch erhoffte Culianu sich den nächsten Schritt seiner Karriere – den Publikumserfolg in Amerika.

Am Abend der ersten Sitzung dieses Seminars empfing er seine zehn Studenten an der Tür und begrüßte jeden von ihnen mit Namen. Er verkündete, daß »eine kleine Dynastie von Menschen die Welt verändert« hätte und daß sie die Geheimnisse dieser Menschen erforschen würden. An dem Seminar nahmen die Studenten teil, die ihm am nächsten standen: Greg Spinner, der Sohn eines jüdischen Schuhvertreters aus Tennessee, Michael Allocca aus Brooklyn, Nathaniel Deutsch, Margaret Arndt-Caddigan, Stephanie Stamm, Beatrice Briggs und Julia Dulocq.

Wissenschaftliche Revolutionen verstoßen stets gegen den gesunden Menschenverstand, schärfte er den Studenten ein, sie sollten sich daher auf einige »Hirnschäden« gefaßt machen. Auf der Lektüreliste standen Rudy Ruckers *The Fourth Dimension* aus dem Jahre 1984 (dt.: *Die Wunderwelt der Vierten Dimension*, 1987), Edwin Abbotts *Flatland* von 1881[39], Lewis Carrolls *Alice hinter den Spiegeln* sowie Bücher von Einstein, Asimov, Borges und anderen. Während andere Gelehrte »das Heilige« oder das Übernatürliche als etwas Inneres oder Mystisches auffaßten, stellte Culianu die These auf, daß sowohl von der Hochenergiephysik als auch von den Kognitionswissenschaften neue Einblicke ausgehen könnten. Auch wenn solche Einblicke verblüfften, könnten sie viele unbegreifliche, sogar übernatürliche Ereignisse erklären.

Kurzum, sagte er, die vier Dimensionen wurden einst als Länge, Höhe, Breite und Zeit aufgefaßt, und nun gingen die neuen Theorien des Hyperraums davon aus, daß wir in einem Universum leben, das elf bis dreiundzwanzig Dimensionen besitzt. Theorien des Hyperraums beschreiben uns als Fische in einem Teich, der von unbekannten Kräften in Parallelwelten beeinflußt wird, die für uns ebenso schwer zu begreifen sind wie die Welt oberhalb des Wasserspiegels für Fische. Wenn der Hyperraum die Wahrnehmungen der physikalischen Welt vereinfachte, meinte Culianu, könnte man darin vielleicht die Quellen der metaphysischen Künste wie der Magie der Renaissance, der Astrologie und der Mystik finden. Welche Metapher man auch wählen mag – die des Hyperraums oder die des mittelalterlichen kosmischen »Äthers« –, jede enthält Hinweise, denen man nachgehen kann, um neue Geheimnisse des Universums zu lüften.

In der ersten Seminarstunde las er Borges' Erzählung »Tlön, Uqbar, Orbis Tertius« vor, die Geschichte des Phantasielandes Uqbar, das von einigen Gelehrten erfunden und als Eintrag unter »Uqbar« in einen obskuren Nachdruck der *Encyclopædia Britannica* eingefügt wurde. Alle Epen und Sagen von Uqbar beziehen sich auf die imaginären Orte Tlön und Mlejnas. In Tlön war der Begriff Denken ein »vollkommenes Synonym für den Kosmos«, und der Kosmos war ein großes Rätsel, das sich im Geist jedes einzelnen Bewohners von Tlön selbst löste. Obwohl dem Erzähler 1941 klargeworden war, daß Tlön nur eine Erfindung ist, erfährt er 1942 von einem ganz realen Gegenstand, der im Gemach einer Prinzessin in Poitiers gefunden wurde und Inschriften in einem der Tlön-Alphabete aufweist. Wenige Monate später wird in Südamerika in der Tasche eines toten Jungen ein unbekanntes, ebenfalls aus Tlön stammendes Metall entdeckt, und 1944 tauchen in Memphis, Tennessee, vierzig Bände der *Ersten Enzyklopädie von Tlön* auf.

Culianu interpretierte diese Erzählung als ein intellektuelles Rätsel, das eine verborgene Wahrheit in bezug auf die Kraft des Geistes, die Welt zu erschaffen, preisgebe. In der Tradition von Edgar Allan Poe konstruierte Borges seine Erzählung von 1941 auch als politische Allegorie auf die Einflußmacht der faschistischen Propaganda, die unwirkliche Haßdoktrinen erschaffen hatte, die jedoch wirklich genug waren, um Millionen von Menschen aufzuhetzen.

In den nächsten zehn Wochen organisierten die Studenten Bottlepartys, hielten Referate und setzten ihre Gespräche nach dem Unterricht fort. »Uns schwirrten nach den Seminaren die Köpfe«, sagte Greg Spinner. »Wir wollten nicht aufhören.« Es war nicht nur das Thema, das sie anregte, auch die Beziehung zu ihrem Lehrer war einzigartig. Culianu sprach mit ihnen mehr als jeder andere Professor, er unterstützte sie, hörten ihnen zu, brachte sie zum Lachen und merkte sich sogar ihre Geburtstage. Umgekehrt luden sie ihn auf ihre Partys ein, neckten ihn wegen seines Akzents und seiner Kleidung, die immer noch sehr italienisch war. Er trug häufig ein braun- und goldgesprenkeltes Jackett, nicht selten kombiniert mit einem pastellfarbenen Hemd. »Seine Hemdkragen waren immer etwas zu weit«, erinnerte sich Alexander Arguelles. Gelegentlich trug er ein seidenes Halstuch oder die M. C. Escher-Krawatte, die Greg ihm zu Weihnachten geschenkt hatte. Seine Lieblingsschuhe hatten Gummisohlen und waren gelblichbraun, aber er liebte die Marke: Mephisto.

Beim zweiten Treffen der Seminarteilnehmer in Michael Alloccas Wohnung kochte Culianu Pasta carbonara, und sie begannen das erste ihrer beiden Gespräche über Edwin Abbott Abbotts *Flatland*. Diese esoterische politische Satire, die zuerst 1881 in England unter dem Pseudonym A. Square (»A«, für Abbott, im Quadrat, wie Culianu den Namen deutete) erschienen des, war zu einem Dauerrenner geworden. Abbott hatte eine zweidimensionale Welt erfunden – Flächenland –, deren Bewohner sich nur seitwärts, aber weder nach oben noch nach unten bewegen können. Wenn ein dreidimensionales Geschöpf einen Löffel in ihre Welt eintaucht, ist dies für die Flächenländer eine gewaltige Katastrophe, die ihre Welt wie ein Erdbeben erschüttert. In Abbotts Roman stehen die Frauen auf der untersten Stufe der Gesellschaft. Sie sind nur eindimensionale Linien. Es folgen die drei-, vier- und vieleckigen Männer, je höher der gesellschaftliche Rang, desto größer die Anzahl der Seiten. In der Rangordnung am höchsten stehen die Hohenpriester, die vollkommene Kreise sind und in die dritte Dimension schauen können.

Ein Quadrat, das zufällig in die dritte Dimension gelangt und zurückkommt, predigt die Revolution. Ein Aufstand bricht los. Die Ereignisse klingen vertraut: Herr Quadrat wird zum Verbrecher gestempelt, ins Gefängnis gesteckt und gefoltert. Als unregelmäßige Dreiecke einen höheren Status zu erringen suchen, wird ihr Anführer durch eine Anklage wegen Vergewaltigung in Verruf gebracht. Als andere führende Rebellen zu machtvoll werden, integrieren die Hohenpriester sie »in die Klasse der Privilegierten« und wandeln sie so in »gleichseitige Dreiecke« um. Die Hohenpriester lassen ein gewisses Maß an

Veränderung zu, aber den Helden drängen sie letztlich an den Rand: Er wird von seinen Anhängern im Stich gelassen, und ihm bleibt nichts anderes übrig, als ein Buch für die Nachwelt zu schreiben.

Die Tatsache, daß dieser kurze, seltsame Roman zu einem Klassiker wurde, der neunzehn Auflagen erlebt hat und noch heute gelesen wird, mag darauf beruhen, daß er die Mechanismen von Revolutionen im Laufe der Geschichte scharfsinnig beleuchtet. Culianu hob einen etwas ungewöhnlichen Aspekt dieses Buches hervor – die Vorstellung des Romans von der Liebe. Könnte ›Liebe‹ in ihrem griechischen Sinn von ›Eros‹, fragte er, ein Weg zum Verständnis der vierten Dimension sein? Dieser sanfte, intuitive Zugang zur Welt sei ein Kennzeichen der großen Wissenschaftler gewesen. Ein anderes Beispiel waren die Metaphern von Verzückung und Sinnenfreude der Romantiker, die jenen der Nah- und Nachtodes-Erfahrungen auffallend ähnlich waren. Während des zweiten Seminars über Abbott machte jemand einen Witz über den Film *Ghostbusters*, der gerade in Chicago angelaufen war. Die Gruppe beschloß, ihn gemeinsam anzusehen.

In ihrer vierten Sitzung hielt Greg Spinner ein Referat über einen Mathematiker aus dem späten 19. Jahrhundert, Charles Edward Hinton. Unter anderem hatte Hinton die moderne Baseball-Wurfmaschine erfunden, aber berühmt wurde er wegen der Erfindung einer Reihe von Spielwürfeln, die dem Rubik's Cube glichen. Um das Problem von Hintons Würfeln zu lösen, mußte sich der Spieler vorstellen, sie sowohl in der Zeit als auch im Raum zu bewegen. Borges hatte als Kind mit diesen Würfeln gespielt. Der amerikanische Architekt Frank Lloyd Wright hatte mit ähnlichen Würfeln gespielt und sich von ihnen zur Modulbauweise seiner Präriehäuser anregen lassen.

Als nächstes besprach die Gruppe Lewis Carrolls *Alice hinter den Spiegeln* und konzentrierte sich auf Carrolls Satire der Überintellektualisierung seiner Kollegen in Cambridge – der Vorbilder für den verrückten Hutmacher, Tweedledee und Tweedledum, die wahnsinnige Königin und ihren Hofstaat.

Wie Hinton behauptete der russische Mystiker und esoterische Schriftsteller Pjotr Demjanowitsch Ouspensky (1878-1947), der das Thema ihres sechsten Treffens war, Gespenster seien Erscheinungen aus einer vierten Dimension. Culianu zeigte, daß derartige Theorien durchaus wichtige politische Auswirkungen haben können. Lenin hatte eine heftige Kampagne gegen den spiritualistischen Zweig der bolschewistischen Partei geführt, der Theorien über höhere Dimensionen hatte gelten lassen.

Nach der Sitzung, in der sie sich mit Ouspensky auseinandergesetzt hatten, gingen sie noch zusammen in Jimmy's Bar. Bei einem Bier erzählte Culianu ihnen, wie seine Mutter, trotz der Entbehrungen, die die Familie hatte ertragen müssen, zusammen mit seinem Kindermädchen Manea zu Weihnachten die unglaublichsten Festessen gegeben hatte. Seine Mutter pflegte sich um jeden einzelnen Gast zu kümmern, erzählte er, und mußte sich erst davon überzeugen, daß alle zufrieden waren, bevor sie sich selbst an den Tisch setzen konnte. Es war das erste Mal, daß er seinen Studenten in den Vereinigten Staaten erzählte, daß er Rumäne sei.

Zu Thanksgiving kam Hillary zusammen mit ihrer Freundin Cathy O'Leary, die in Chicago Politologie studierte, in seine Wohnung in der McGiffert Hall. Irgendwann danach ging Culianu mit Cathy ins Kino, in den Film *Colors* von Dennis Hopper. Er mochte Actionfilme, denn sie entspannten ihn, und auch sie wollte sich von dem Streß ihres Studiums erholen. Als sie nach Hause gingen, drehte er sich fortwährend um und scherzte: »Oh-oh, wir müssen aufpassen. Ich glaube, wir werden verfolgt.« Er machte aus der Paranoia des Films ein Spiel. Er zitterte vor Kälte, aber er trug fast nie eine Jacke. Desgleichen ignorierte er alle Symptome, wenn er krank war. »Er lebte in einer Gedankenwelt«, sagte Allocca, »er war ziemlich weltfremd.«

Der Zweck dieser Lehrveranstaltung, sagte er in der letzten Sitzung des Seminars über Religion und Wissenschaft, bestand darin zu verstehen, wie die Autoren fiktive Welten erschaffen, um zu *verlernen*, wie diese Welt aussehen soll. Die Einbildungskraft sei eine Form der Wahrnehmung. Es sei nicht so, daß phantastische Wirklichkeiten im Geist existierten, sondern es sei die wirkliche Welt, die phantastisch und multidimensional sei. Unsere Unfähigkeit, dies zu erfassen, rühre nur von den Grenzen unseres Geistes her. Er beendete den Kurs mit Stephen Toulmins *The Return to Cosmology* (1982), in dem argumentiert wird, daß die moderne Wissenschaft selbst in mancher Hinsicht ein Mythos ist.

Die Studenten schwärmten für Culianu. Aber trotz – oder gerade wegen – seiner Beliebtheit rieten einige Professoren den Studenten davon ab, bei ihm zu arbeiten. »Daß sie mit seinen Methoden nicht einverstanden waren, war nicht so schlimm«, sagte ein Student, »aber sie taten es hinter seinem Rücken.« Im Winter mußte er den ersten Teil des Einführungskurses über die religiösen Traditionen des Abendlandes halten. Er konnte es kaum erwarten, seine drei Bücher abzuschließen, um sich dann seiner großen Liebe hinzugeben, der Literatur. Mit Hilfe der Literatur wollte er seine Umwelt noch genauer erfassen.

17   Weissagung, 1989

Im Winter und im Sommer 1989 reisten Culianu und Hillary Wiesner durch Italien. Er war von einer italienischen Wissenschaftlerin und einem italienischen Wissenschaftler eingeladen worden, Grazia Marchianò und Elémire Zolla. Zolla war zum ersten Mal auf Culianu aufmerksam geworden, als dieser sein Buch *Archetypes*[40] rezensiert hatte, und er bewunderte seine Arbeit. Er schrieb Culianu und lud ihn nach Italien ein; Grazia Marchianò arrangierte eine Gastprofessur für ihn. Sie hatte einen Lehrstuhl für Ästhetik an der Universität Siena-Arezzo und leitete eine internationale Organisation, die LORO-Gruppe, die das Ziel verfolgte, »das lebenswichtige Erbe der östlichen und abendländischen Philosophien der Schönheit und des Geistes zu sichern«.

1989 begannen die osteuropäischen Diktaturen mit unfaßbarer Schnelligkeit zu stürzen – in Polen, Ungarn und in der Tschechoslowakei. Als Culianu im Februar in Italien Vorträge hielt, wußte er nicht, was dem verhaßtesten Regime in Osteuropa bevorstehen würde, aber er hatte einen Verdacht. Damals schien das Rumänien Ceauşescus mehr mit China oder Nordkorea vergleichbar zu sein als mit den anderen mittelosteuropäischen Staaten. Culianu und Hillary Wiesner blieben bis zum 3. März in Italien, wo er ein halbes Dutzend Vorträge über die unterschiedlichsten Themen hielt: über Feminismus und Mode, Magie und Gnosis, über die dualistischen Ketzer des Mittelalters und über Mircea Eliade und die Methodologie der Religionsgeschichte.

Sie waren häufig Gäste in Grazia Marchianòs und Elémire Zollas Wohnung in Rom, in deren glänzend karmesinrotem Flur furchterregende Masken aus Asien und Afrika hingen. Beim Frühstück lasen Culianu und der weißhaarige Zolla die Zeitungen, um die Entwicklungen zu durchschauen, die hinter der überraschenden Demokratisierung einiger kommunistischer Diktaturen abliefen. Was wird wohl aus Rumänien? fragte ihn Zolla.

In seinem ersten Erzählband, der in dem Mailänder Verlag Jaca Book erschien und Hillary gewidmet ist, versuchte Culianu eine Antwort darauf zu geben. Der Band hieß *La collezione di smeraldi* (›Die Smaragdsammlung‹) und enthielt eine Satire auf den Sturz des Ceauşescu-Regimes, die er bereits 1986 geschrieben hatte.

Culianus politische Posse »L'intervenzione degli Zorabi in Jormania« (›Die Intervention der Zoraber in Jormania‹) bediente sich – ähnlich wie Abbotts *Flatland* – der Science-fiction, um politische Gegebenheiten zu analysieren. Wie Borges' »Tlön, Uqbar, Orbis Tertius« schuf Culianu ein imaginäres Land Jormania, das von einem sultanhaften Diktator namens Gologan (rumänisch für Kupfermünze, Geld) regiert wird. »Die notleidenden und gequälten Einwohner träumten davon, ihn loszuwerden, aber niemand hatte die Kraft und den Mut, einen koordinierten Aufstand zu organisieren.« Das große Bruderreich der Maculisten und dessen Geheimpolizei BDKR oder Bedeker beschließen endlich, Gologans Macht zu zerstören, weil seine Unbeliebtheit ihre Kontrolle über die gesamte Region gefährdet. Der BDKR entwickelt zwei Hauskatzen, die sich in tigerartige »Zoraber« verwandeln, die nicht nur ihre Opfer augenblicklich vernichten, sondern die sich auch exponentiell vermehren.

Der maculistische Plan geht auf: Die Katzen befördern den Diktator und dessen Frau ins Jenseits. Eine Revolution bricht aus, wird niedergeschlagen und bricht erneut aus. Die Führer der herrschenden Partei reißen die staatseigenen Fabriken zu Schleuderpreisen an sich. Als Reaktion darauf versucht die von den Maculisten gesteuerte Geheimpolizei die Fernsehzentrale zu besetzen: »Ihr Plan ging davon aus, daß sie scheiterten, aber statt dessen leistete niemand Widerstand. So änderten sie den Plan und besetzten das Fernsehen, um der Bevölkerung zu verkünden, daß sie eine bewaffnete Gruppe von *Im*maculisten seien, mit dem Ziel der Befreiung Jormanias vom maculistischen Einfluß.« Die Demonstrationen weiten sich aus, als bekannt wird, daß einige führende Regierungsmitglieder sich ins Ausland abgesetzt haben und ihr Geld bereits auf Schweizer Geheimkonten liegt. Der Energieminister soll Selbstmord begangen haben, wurde jedoch in Wirklichkeit ermordet. Entgegen aller Wahrscheinlichkeit setzt Jormania wirkliche marktwirtschaftliche Reformen durch, was »zum ersten Mal [...] ein mehr oder weniger echtes Lächeln auf den Gesichtern der Händler« bewirkt.

Als Reaktion auf eine angebliche Bedrohung der »Demokratie« wird in einer zweiten Serie von maculistisch unterstützten Polizeiaktionen ein neues Regime eingesetzt, in dem ehemalige Insider das Sagen haben. Die Regierung gewährt ein gewisses Maß an Pressefreiheit, etwa die »Genehmigung, einheimische Pornomagazine herauszugeben, eine Entwicklung, die jedermanns Geister ungeheuer anzuregen schien«. Jormania wird schließlich von korrupten und intrigierenden Gruppen regiert, die sich bei ihrer Machtausübung auf Todesschwadronen stützen.

Die Satire enthielt mehrere deutliche Hinweise auf Ereignisse, die tatsächlich eintreten sollten. Aber wichtiger war, daß sie den beunruhigenden Eindruck hinterließ, der Autor spiele auf ein tieferes Wissen an, das er später zu enthüllen beabsichtigte. Nach einer kurzen Lesereise für die bei demselben Verleger erschienene italienische Übersetzung seines Buches über die Gnosis, wollte Culianu zunächst nach Chicago zurückkehren, um dann im Juni noch einmal nach Italien zu fliegen.

Zurück in Chicago, besprach er mit Wendy Doniger die Herausgabe eines Bandes mit Artikeln von Eliade aus den dreißiger Jahren, die von einer Darstellung der historischen Zusammenhänge und von nötigen Erläuterungen begleitet werden sollten. Er hoffte, die Veröffentlichung dieser Texte im Westen würde die letzten Zweifel hinsichtlich seines Mentors zerstreuen. Er besprach das Projekt mit Dorin Tudoran, der das Buch gern verlegt hätte. Da Christinel Eliade jedoch heftig dagegen protestierte, ließ Culianu das Projekt schließlich fallen.

Das Frühjahrstrimester begann Ende März. Die Studenten wollten schon vorher von Culianu wissen, was er in seinem Seminar »Religion und Wissenschaft: Mode« behandeln würde. Er verriet ihnen lediglich, daß es vor allem um hohe Absätze gehen würde. Der Kurs untersuchte Kleidungsstile als Symbole von Strukturen der Macht und zog neue Studenten in seinen Bannkreis. Im Vorlesungsverzeichnis erläuterte er seine Methoden und führte aus, daß er »historisches Wissen, ›Tatsachen‹ und Theorien« behandeln würde, »die nicht zum regulären Lehrplan gehören. Wir werden uns [...] der Religion aus einer ungewohnten Richtung nähern.« Der Kurs behandelte alles vom Binden der Füße im alten China bis hin zu den tief ausgeschnittenen Miedern der Renaissance-Mode. Er erzählte den Studierenden von der Theorie seines Freundes Hans Peter Duerr über den Besenstiel der Hexen – daß bei alten europäischen matriarchalischen Stämmen halluzinogene Kräuter in die Vagina gerieben worden seien, um Ekstase herbeizuführen. Erst später habe die kirchliche Propaganda die

Darstellung dieser Praktiken entstellt und das Bild der alten, häßlichen und wahnsinnigen Hexe geschaffen. Wenn es einen roten Faden in seinen Seminaren gab, so war es der Wunsch, ein möglichst weites Netz auszuwerfen, um die der Religion zugrunde liegenden Strukturen einzufangen. Er behauptete, daß jedes Ereignis eine verborgene Logik hätte. »Dieser Kurs«, sagte Liz Wilson, die daran teilgenommen hatte und später eine Spezialistin für Religion und Geschlechterstudien an der Miami University of Ohio wurde, »war prägend für meine Karriere.«

Ioan reiste im Sommer erneut mit Hillary nach Italien, wo er wiederum eine hektische Vortragsreise absolvierte. In zehn Tagen hielt er sieben Vorträge. Beim Mittagessen erörterten Zolla und Culianu Verschwörungstheorien, von den Freimaurern bis hin zu den Theorien über die Entführung und Ermordung von Aldo Moro. Culianu war besonders an dem Fall des bulgarischen Diplomaten Georgi Markov interessiert, der 1986 an einer Londoner Bushaltestelle mit einer vergifteten Regenschirmspitze ermordet worden war. Markov hatte wegen seiner politischen Schriften Morddrohungen erhalten, aber der Fall wurde nie aufgeklärt. 1984 war sein Buch *The Truth That Killed* in Amerika erschienen.
An Hillarys Geburtstag lud Culianu sie und Elémire Zolla und Grazia Marchianò zu einem Essen ein. Sie saßen in einem Restaurant, auf der Terrasse, mit Ausblick auf die toskanische Hügellandschaft. Ioan führte bei dem zwölfgängigen Menü die Regie. Zwischen Antipasti und Salat leerten sie mehrere Flaschen Wein. Sie überredeten Hillary dazu, Wildschwein zu essen. Ioan machte ihr einen Heiratsantrag und erklärte ihr seine unsterbliche Liebe. Am nächsten Tag fuhren sie beide nach Rom, um von dort in die Vereinigten Staaten zurückzufliegen.

Als er kurz vor Beginn des Herbsttrimesters nach Chicago zurückkehrte, traf Culianu zufällig auf Michael Allocca und Greg Spinner. Allocca holte tief Luft. »Greg und ich haben uns gefragt«, sagte er, »was du davon halten würdest, uns einen Sonderkurs im Wahrsagen zu geben.« Sie wußten, daß Professoren normalerweise keine Übungen gaben; es bedeutete zusätzliche Arbeit und wurde nicht bezahlt. Aber sie würden jede Bedingung annehmen, die Culianu stellte.

Er würde die Übung halten, sagte er, aber nur unter einer Bedingung: Am Ende des Kurses mußten sie selbst die Zukunft vorhersagen. Er würde weniger die Richtigkeit ihrer Vorhersage benoten – die sei für ihn ja ohnehin nicht zu überprüfen –, sondern vielmehr die Qualität ihrer Deutung. Sie könnten sich die Wahrsagekunst aussuchen: Geomantik, Kabbalistik, Tarot, Astrologie oder jede andere Divinationstechnik, die sie behandeln würden. Aber sie mußten sowohl die Antwort als auch die Frage, die er stellen würde, selbst herausfinden.

»Er war felsenfest davon überzeugt, daß man diese Künste nicht nur studieren könne, sondern sie auch ausüben müsse«, erzählte Allocca. »Außerdem war er der einzige Mensch, dem ich je begegnet bin, der von einem verlangte, nicht nur die Antwort geben zu können, sondern auch die Frage selbst zu finden.«

Allocca und Spinner trafen sich wöchentlich mit Culianu in den Leseräumen der Regenstein-Bibliothek und verbrachten ihre Freizeit damit, obskure Bücher, Handschriften und vergessene Texte zu suchen, die die verlorenen oder verborgenen Künste behandelten. Zunächst sollten sie lernen, sagte Culianu, daß diese Systeme nichts mit dem Okkulten oder Bösen zu tun hatten. Vielmehr suchten alle diese Künste in konkreten Schritten, die man mit denen eines analogen Rechners vergleichen könnte, eine transparente Logik zu schaffen, die vollkommen beherrscht und bis zu den letzten Konsequenzen verfolgt wird und weniger Vorhersagen als Permutationen erzielt. Jede einzelne Wahrsagetechnik sei ein in sich geschlossenes System, das durch die Quantifizierung der möglichen Ergebnisse jeder Situation gerecht wird und die passenden Antworten darauf auswählt.

Im Oktober hatte Culianu an einer Trimesteranfangsparty teilgenommen, wo er mehreren Studenten, darunter auch Allocca und Spinner, die Geomantie vorgeführt hatte. Allocca war bereits mit dem Tarot vertraut und kam mit den Themen der Übung besser zurecht als Spinner, der nicht bereit war, seine Zweifel abzulegen. Woche um Woche gruben sie sich immer tiefer in geheimnisvolle Praktiken, fanden immer mehr obskure Schriften und pilgerten etliche Male zum Occult Bookstore von Chicago, unweit der Kreuzung Clark Street und Belmont Avenue. Culianu machte zwischen hoher und niederer Magie keinen Unterschied, solange das System innerhalb seiner eigenen Logik stimmig war. Dennoch war viel von den einschlägigen Materialien nur in mittelalterlichen lateinischen Handschriften zugänglich, die sie sich in der Newberry Library oder im klimatisierten Handschriftenlesesaal des Special Collections Room der Regenstein-Bibliothek ansahen.

Eines Abends luden Allocca und Spinner Culianu ein, mit auf eine Halloween-Party zu kommen. Er wollte nicht. Ein paar Tage später drückte Allocca ihm nach dem Unterricht einen schwarzen Umhang und Eckzähne aus Kunststoff in die Hand. »Du verkleidest dich als Dracula«, sagte er.

Culianu ging schließlich doch und nahm – nicht ganz freiwillig – an einem Ereignis teil, das auf Dutzenden von Fotos festgehalten wurde. Beim Tanzen sah er aus wie eine Figur von den Peanuts. »Wir waren beide als Vampire verkleidet«, erzählte eine Studentin, die ebenfalls mit Culianu bekannt war, Karen de Leon-Jones, die Tochter eines panamesischen Generals. »Er zog umher und sagte allen mit seinem rumänischen Akzent, daß er ihnen das Blut aussaugen würde.« Er legte einigen Partyteilnehmern die Tarotkarten. Er sagte voraus, daß Karen Jones bald einem hochgewachsenen blonden Mann begegnen würde, »den du fast heiraten wirst«. Die eindrucksvolle dunkelhaarige Karen, um die viele Männer sich bereits ohne besonderen Erfolg bemüht hatten, war skeptisch.

»Tja, wissen Sie«, erinnerte sie sich später in ihrem Oxford-Englisch, »genauso war's.«

Fern vom Lesesaal der Bibliothek und von den Partys in Hyde Park kam es im Herbst 1989 in Culianus alter Welt plötzlich zu einer Revolution. Im November dieses Jahres wurde Nicolae Ceauşescu beim vierzehnten Parteitag der Kommunistischen Partei zum viertenmal als Generalsekretär wiedergewählt. Er war einundsiebzig und hatte die Kommunistische Partei Rumäniens fast fünfundzwanzig Jahre lang geführt. Im Vorfeld dieses Parteitags hatte Culianus Schwager Dan Petrescu Hunderte von Unterschriften in einem offenen Brief gesammelt, der gegen diese Wahl protestierte, und einen Hungerstreik gegen Ceauşescu begonnen.

Bereits einige Monate zuvor hatte die Securitate Anna Alassio, eine italienische Dozentin der Universität Iaşi, ausgewiesen. Der Grund dafür war die Tatsache, daß sie der Dissidentengruppe in Iaşi wiederholt Hilfe geleistet hatte, indem sie ihre Kontakte ins westliche Ausland für sie nutzte. Bei ihrer letzten Reise in den Westen vor ihrer Ausweisung hatte sie fünf Disketten in einer Dose versteckt aus dem Land geschmuggelt, die die Aufzeichnung eines Buches enthielt, das Dan Petrescu zusammen mit einem anderen »zornigen jungen Mann«, Liviu Cangeopol, geschrieben hatte.

Die Kette der Solidarität riß dennoch nicht ab: Ein Bekannter von Petrescu stellte sein Telefon zur Verfügung, damit die Gruppe aus dem Ausland erreicht werden konnte. Er wußte, daß er nicht rund um die Uhr abgehört wurde. Anna Alassio rief wöchentlich aus Italien in Iaşi an, um von ihren Freunden zu erfahren, was dort vorging. Über Anna kam auch Culianu an die Telefonnummer dieses Freundes; sie teilte ihm mit, daß Petrescu dort in den Nächten des 9., 10. und 11. Oktober nach Mitternacht erreicht werden könnte. Petrescu hatte Anna Allassio gebeten, Culianu zu sagen, er solle alle ihre Bekannten verständigen, damit sie in Iaşi anriefen. Culianu benachrichtigte neben einer Reihe von Freunden das Radio Free Europe, die Voice of America und die *Libération*.

In der Nacht des 9. Oktober waren Dan, Tess und ein paar Freunde – die der Reihe nach und vorsichtig gekommen waren – in der Wohnung, deren Telefonnummer Culianu hatte. Um Mitternacht rief Nené an – der 10. Oktober war der Geburtstag von Tess. Sie hatten sich seit dem Sommer nicht mehr gesprochen, weil das Telefon in ihrem Elternhaus praktisch abgestellt war. (Sie erhielten hin und wieder telegraphische Benachrichtigungen: »Aus technischen Gründen mußte die Telefonnummer geändert werden.« Im Dezember 1989 wußte die Familie selbst nicht mehr, welche Telefonnummer sie hatte.) Einige seiner Worte, über die sich alle ziemlich wunderten, blieben Tess deutlich im Gedächtnis haften. »Habt keine Angst«, sagte er, »alles wird in einem oder in zwei Monaten gut enden. Habt Vertrauen.« Und er fügte noch hinzu: »Dan wird bald zur Regierung gehören.« In ihrer damaligen angespannten Situation klang das seltsam. Es schien keine Ermutigung zu sein, sondern eine präzise Mitteilung. Aber Botschaften wie etwa: »Die Gerechtigkeit wird siegen. Die Schurken werden bestraft«, hatte sie bereits Anfang 1988 von ihm erhalten, durch die einzige Form von Postsendungen, die sie gelegentlich erreichte – einfache Postkarten, die aus Amerika, Italien, Spanien oder Ägypten abgesandt worden waren.

Auf Nenés Anruf folgten andere: Dorin Tudoran, Gilles Schiller von *Libération,* Neculai-Constantin Munteanu von Radio Free Europe, Freunde aus Paris und München. In der nächsten Nacht gab Dan Radio Free Europe und Voice of America telefonische Interviews, die direkt aufgezeichnet und gesendet wurden. Dan war nach elf Tagen Hungerstreik geschwächt. In der Nacht des 11. Oktober fiel Dan und Tess auf, daß sie verfolgt wurden. In der Dunkelheit der Stadt erreichten sie ihr Zuhause. Am nächsten Tag wurde über Dan Hausarrest verhängt. Jede Kommunikation mit der Außenwelt wurde unterbunden. Sie wurden von jeweils vier bis acht Beamten in Polizeiautos bewacht, die sich alle acht Stunden ablösten. Der Verkehr wurde umgeleitet, die Fußgänger, die sich in die Strada Sf. Atanasie verirrten, mußten ihre Ausweise vorzeigen. In den Nachbarhäusern wurden Wanzen eingebaut (sie selbst hatten sich längst daran gewöhnt, sich in der Wohnung mit Zetteln zu verständigen). Sie waren von einem lächerlichen Polizeiaufgebot umgeben, das Macht demonstrieren und sie einschüchtern sollte – und all dies wurde nur veranstaltet, um zu verhindern, daß die Stimme eines Menschen gehört wurde, der einfache und offensichtliche Wahrheiten aussprach.

Tess wurde nicht daran gehindert, das Haus zu verlassen: Sie durfte zum Philologischen Institut gehen, wo sie arbeitete, und auf dem Heimweg Besorgungen machen; aber sie wurde pausenlos begleitet und dabei beleidigt und sogar mit dem Tode bedroht. Ein Securitate-Offizier im Kampfanzug verbrachte Stunden damit, auf einen von Ioan in seiner Kindheit so geliebten Baum mit einem Schlagstock einzuhämmern. Tess' Begleiter waren manchmal bewaffnete Polizisten, manchmal Beamte in Zivil. Niemand durfte mit ihr reden; wer es doch tat, riskierte selbst die übelsten Schikanen.

Von Hyde Park aus verschickte Ioan Culianu, der sehr unter dieser faktischen Nachrichtensperre litt, Briefe in mehrere Länder, in denen er darum bat, ein von ihm entworfenes Gesuch an die rumänische Regierung zu unterzeichnen, das die Befreiung seiner Familie forderte. Zusätzlich bat er die Familien Wiesner und Hertzfeld, Postkarten an seine Familie in Iași zu schicken. Schließlich wurden Hunderte und Aberhunderte von Postkarten aus Amerika, Frankreich und Holland abgesandt. Keine einzige erreichte ihr Ziel. »Was die wohl damit gemacht haben?« fragte Culianu sich später. Er rief Dorin Tudoran an, der später Gelegenheit hatte, vor dem Kongreß über die Situation in Rumänien, über den Protest und über die Reaktionen der Regierung zu sprechen.

Eines Abends, nach dem wöchentlichen Treffen des Wahrsagekurses fragte Michael, dem aufgefallen war, wie besorgt Ioan aussah, ob etwas nicht in Ordnung sei. Ioan erzählte seinen beiden Studenten, was seine Familie durchmachte. »Ich bin mir nicht einmal sicher, ob Dan und Tess noch am Leben sind«, sagte er. Er bat Michael und Greg, einen offenen Brief an die *New York Times* und die *New York Review of Books* zu unterschreiben.

Am 5. November 1989 reiste er nach New York, um Umberto Eco und Moshe Idel zu hören, die an der American Academy of Science Vorträge über *Das Foucaultsche Pendel* hielten. Als er erfuhr, daß Ioan Culianu anwesend war, lud Eco ihn auf das Podium ein, um ebenfalls über den Roman zu sprechen. Culianu erläuterte Ecos Gedanken, daß eine Fehldeutung wirklicher wird als die Wahrheit, wenn nur genug Menschen daran glauben. »Nichts offenbart dieses Prinzip deutlicher als der Holocaust«, sagte er. »Wenn wahnsinnige Geister synchron zueinander sind, schaffen sie sich eine zweite Wirklichkeit; sie töten aus erfundenen Gründen; sie finden Gründe für ihr Handeln, indem sie sich selbst zu einem Fixpunkt im Weltall machen.«[41]

Von New York flog er mit Hillary zur jährlichen Konferenz der American Academy of Religion in Los Angeles, wo sie auch Disneyland und das Getty-Museum in Malibu besuchten. Als er nach acht Tagen nach Hause zurückkehrte, war die Tür zu seiner Chicagoer Wohnung aus den Angeln gehoben. Die Zimmer boten ein Bild der Verwüstung. Er war erst vor wenigen Wochen in diese Wohnung in der 60. Straße Ecke Woodlawn Avenue umgezogen. Sein Fernsehgerät, der Computer, der Drucker, die Disketten, ein silbernes Kreuz und drei Flaschen Wein waren gestohlen worden. Es sei ein unsicheres Gebäude, meinte die Polizei. Es schien ein typisches Großstadtdelikt zu sein. Culianu war sichtlich verärgert; gegenüber Allocca und Spinner machte er seinem Unmut darüber Luft, daß die Universität ihn nicht davor gewarnt hatte, daß es in diesem Gebäude bereits mehrere Einbrüche gegeben hatte.

Der Raub war während Dan Petrescus Hausarrest erfolgt, als Culianu gerade versuchte, sein Gesuch an die rumänische Regierung öffentlich zu machen. Er erwähnte seinen Verdacht den meisten Freunden gegenüber nicht, erhielt jedoch einen seltsamen Brief, der in Rumänien aufgegeben worden war: »Lassen Sie sich nicht in politische Angelegenheiten hineinziehen, die Ihre kostbare Zeit rauben. Handeln Sie nicht auf eine Weise, die einen Schatten auf Ihre Persönlichkeit wirft.«[42] Der Brief beschuldigte seinen Schwager, unsaubere Geschäfte zu tätigen, sich von den Lebensmittelpaketen zu ernähren, die Ioan ihm schickte, und nicht zu arbeiten, um selbst für Ioans Schwester zu sorgen. Dieser Brief regte Culianu zu seinem

ersten Artikel für *Lumea Liberă* an, einer New Yorker Exil-
zeitung. Darin sagte er den unmittelbar bevorstehenden Sturz
des Kommunismus in Rumänien voraus – was Anfang Dezember 1989 keine verblüffende Voraussage mehr war. Aber er
sagte voraus, daß dies »spätestens in wenigen Wochen« erfol-
gen würde, und er sagte weiterhin, daß sein Schwager und sein
alter Studienfreund Andrei Pleşu bald Minister würden. Das
waren zu dieser Zeit noch unvorstellbare Entwicklungen.
Er erwähnte den Einbruch in seine Wohnung gegenüber John
Collins, Professor für Religionsgeschichte an der Universität
Notre Dame. »Das waren keine gewöhnlichen Diebe«, erinnerte sich Collins. »Er glaubte, jemand wollte ihm einen
Schrecken einjagen.« Culianu sagte Greg und Michael, er habe
das Gefühl, die unbekannten Eindringlinge hätten es vor allem
auf seine Texte im Computer abgesehen. Die beiden fanden
diesen Gedanken albern.
Gegenüber Dorin Tudoran in Washington führte er das genau-
er aus. »Sie waren an meinen Disketten interessiert«, sagte er.
»Sie haben alles untersucht und nur die Forschungsarbeiten
dagelassen.«
»Warum meldest du deinen Verdacht nicht der Polizei?«
»Die Polizei wird mir nicht glauben.«
»Aber vielleicht kommt was dabei raus, wenn das ins Proto-
koll aufgenommen wird.«
»Ich habe dem Polizisten nicht getraut, der den Bericht verfaßt
hat.«

Hillary gegenüber wiegelte er ab; der Einbruch sei nicht mehr
als ein ganz normales Verbrechen gewesen. Ihm waren immer
schon seltsame Dinge widerfahren. Einmal hatte er einen
Scheck über zwanzigtausend Dollar von seiner holländischen
Versicherung für einen unbedeutenden Fahrradunfall erhalten.
Ein anderes Mal hatte eine Kassiererin in einem holländischen
Kaufhaus ihre Kasse geleert und ihm das ganze Bargeld gegeben. (Er gab das Geld beide Male zurück.) Was seine Voraussagen betraf, so schien er vor allem darin geschickt zu sein,
seine Gesprächspartner von ihrer Richtigkeit zu überzeugen.

»Ioan hatte einfach das, was ich den Magneten des Bizarren nenne«, sagte Greg Spinner.

Anfang Dezember kam die Zeit für die Abschlußprüfung des Wahrsagekurses. Spinner lag ziemlich daneben und bekam schließlich nur eine Zwei. Allocca war nach ihm dran. Michael hatte sich die Geomantie ausgesucht. Sorgfältig zeichnete er die Linien und Kreise auf ein Blatt Papier, wie Culianu es ihm beigebracht hatte. Er verband die Punkte, zog dann seine Kreise, dann Dreiecke. Er prüfte die Ergebnisse und begann von neuem.

»Du gehst auf eine Reise und möchtest etwas darüber wissen«, sagte er.

»Gut«, sagte Culianu und beugte sich vor.

»Du möchtest wissen, ob es ein Erfolg wird.«

»Sehr gut.«

Allocca begann noch einmal von vorn. Auf einmal brach er seine Zeichnungen jäh ab. »Ja, es wird im wesentlichen ein Erfolg. Du magst etwas Ärger haben, aber es wird eine gute Reise.«

»Das glaube ich dir nicht. Du hast mit allem recht außer mit dem Ausgang.« Allocca bekam eine Eins.

Am Abend dieser Abschlußprüfung gingen Culianu und seine beiden Studenten im Thai Twin in der 53. Straße essen. Culianu erzählte ihnen, daß er sich wegen der Lage seiner Schwester und seines Schwagers immer größere Sorgen mache.

»Ioan, warum bringst du das Gesuch nicht zu Stephanies Weihnachtsparty mit?« schlugen sie vor. »Du könntest eine Menge Unterschriften bekommen.«

Er unterbrach das Packen und die Vorbereitungen für seine Reise nach Italien, wo er wieder vortragen sollte, nur ungern. Am 18. Dezember 1989 ging Culianu zu der Weihnachtsparty bei Stephanie Stamm in Hyde Park. Er brachte das Gesuch mit und bekam seine Unterschriften, und wieder legte er mehreren Gästen die Tarotkarten. Auf der Party bat Ioan Michael und Greg, weiterhin auf die Ereignisse in Rumänien zu achten. (Er hatte wahrscheinlich zwei Tage zuvor in den Nachrichten gesehen, daß Demonstrationen in der westrumänischen Stadt

Timişoara sich zu einem Aufstand ausgeweitet hatten.) »Da braut sich etwas zusammen«, sagte er.

Wenige Tage später saß Michael im Wohnzimmer seiner Eltern in Brooklyn mit einem Joghurt vor dem Fernseher und sah sich die Nachrichten an. Hinter dem Kopf der Nachrichtensprecherin erschien die Karte Rumäniens. Er stürzte sich auf die Fernbedienung, um den Ton lauter zu stellen. »Kampfhandlungen, deren Gründe nicht bekannt sind, in Bukarest«, sagte sie. »Der Flughafen ist geschlossen, Ceauşescu verschwunden...« Michael holte tief Luft.
Ioan muß doch eine Menge mehr wissen, als ich dachte, befand er.

> Nur wenn sich scheinbar chaotische Strukturen vervielfältigen, wird die verborgene binäre »Logik«, die sie organisiert, verständlich.
>
> I. P. Culianu und H. S. Wiesner, Einführung zu *The Eliade Guide to World Religions*

18   »Revolution«, Weihnachten 1989

Mitte Dezember zündete der Funke in der westrumänischen Stadt Timişoara, wo László Tökés, der beliebte Pfarrer einer ungarischen reformierten Gemeinde, sich gegen seine Versetzung in eine kleinere Pfarrgemeinde nach Nordsiebenbürgen wehrte. Nachdem er Studenten erlaubt hatte, provokative Gedichte beim Gottesdienst vorzutragen, und selbst offen zum Widerstand gegen das Ceauşescu-Regime aufgerufen hatte, wurde er monatelang schikaniert und durfte die Stadt nicht verlassen. Als er am 15. Dezember gewaltsam deportiert werden sollte, versammelte sich eine große Menschenmenge vor seinem Haus, um den Pfarrer zu schützen. Als Tökés, der offenbar unter Druck stand, auf der Veranda erschien und die

Menschen bat, sich zu zerstreuen, hörte man im Land zum erstenmal die Rufe: »Nieder mit Ceaușescu!«

Aus Verzweiflung und Wut weitete sich die Sympathiekundgebung für Tökés schnell zu einem Aufruhr aus. Einige Einheiten der Armee schossen auf die Demonstranten, aber viele Soldaten verweigerten den Gehorsam, so daß Ceaușescu den ihm stärker ergebenen Securitatekräften befahl, die Aufrührer niederzumetzeln – nicht alle, aber genug, um ein Zeichen zu setzen. Dennoch hielten die Rebellen binnen weniger Tage fast die ganze Stadt besetzt. Danach verließ Ceaușescu für ein paar Tage das Land, um eine seit längerem geplante Reise nach Teheran anzutreten.

Bei seiner überstürzten Rückkehr sah er sich einer Volkserhebung gegenüber, die sich durch den Mut der Bevölkerung und die gespaltene Haltung der Armee rasch ausbreitete. Teile der Armee weigerten sich, Blut zu vergießen, um einen ungeliebten Diktator zu verteidigen. Da es offensichtlich zu spät war, die üblichen subversiven Taktiken einzusetzen, ordnete Ceaușescu für den 21. Dezember 1989 auf dem Bukarester Platz des Palastes, also vor seinem Regierungssitz, eine »spontane« Jubelkundgebung an, die seine Politik festigen sollte. Das war der größte Fehler seines Lebens. Es gibt unterschiedliche Versionen darüber, wodurch der Aufruhr ausgelöst wurde. Einige behaupten, daß ein umstürzender Laternenpfahl eine Frau schrill aufschreien ließ, was sofort dazu geführt habe, daß vereinzelt geschrien wurde, die Securitate schieße auf die Menge. Andere wiederum behaupten, die Protestschreie seien von einer Gruppe aus der Securitate, die Ceaușescu beseitigen wollte, inszeniert worden. Wie dem auch sei: Statt der üblichen Beifallsbekundung pfiffen die Menschen und riefen »Timișoara!« und »Nieder mit dem Tyrannen!« Wenn die ersten Schreie heldenhaft und echt waren, schrieb Culianu später in seiner Kurzgeschichte »Jormania liberă«, so schienen das prompte Auftauchen von Anti-Ceaușescu-Transparenten und das Anschließen von Lautsprechern, die normalerweise zur Verstärkung der Hurrarufe der Menge eingesetzt wurden und nun die Hohnrufe lauter machen sollten, ebenso geplant worden zu sein wie

Ceauşescus Rede. Alle waren sich jedoch darüber einig, daß der unvergeßlichste Augenblick der Revolution das bestürzte, steife Lächeln Ceauşescus war, während er dieser Menge, die ihm wütend den Kampf angesagt hatte, mechanisch zuwinkte. Schließlich zog ihn seine Frau Elena vom Balkon. Am folgenden Tag stürmten einige tausend Menschen das Gebäude des Zentralkomitees der Kommunistischen Partei, in dem Ceauşescu und seine Frau sich aufhielten. Sie flüchteten auf die Dachterrasse des Zentralkomitees und entkamen mit einem Hubschrauber nur knapp der in den Palast stürmenden Menge. Das Fernsehen strahlte drei Minuten lang keine Bilder aus. Ein Fernsehredakteur legte schnell patriotische Musik auf, aber der Schaden war nicht zu beheben. Der Diktator hatte sich als verwundbar erwiesen. Ein wütendes Volk, das das Vorbild anderer osteuropäischer Umbrüche vor Augen hatte, und einige Oppositionelle aus den Reihen der Macht hatten eine im Fernsehen live übertragene Revolution ausgelöst.

Im Haus der Culianus in Iaşi wußte am 22. Dezember niemand Einzelheiten über die Ereignisse in Bukarest. Einen Tag zuvor hatten sie die unglaublichen Schreie »Nieder mit Ceauşescu!« im Rundfunk gehört. Dan Petrescu stieß hervor: »Wenn Bukarest diese Nacht durchhält, ist der ›Kommunismus‹ in Rumänien erledigt.« In der Nacht beobachteten sie vorsichtig, was draußen vor sich ging. Gegen neun Uhr morgens entstand vor ihrem Haus ein großes Durcheinander von fahrenden Autos und aufgeregt hin- und herlaufenden Agenten. Lediglich zwei Securitate-Männer blieben vor ihrem Tor stehen. Der eine war ihnen bekannt, sie nannten ihn den »Killer vom Antiterrorkommando«. Er war ziemlich rabiat und neigte zum Sadismus. Er hatte Liviu Antonesei und Luca Piţu zusammengeschlagen und war auch Tess gegenüber tätlich geworden. Beide Agenten waren unruhig und trugen schwere Taschen auf ihren Schultern. Wahrscheinlich warteten sie auf den Schießbefehl. Es wurde nicht geschossen. Ein Demonstrationszug schob sich auf das Haus zu. Zwei Stunden lang skandierte die Menge: »Ceauşescu ist weg! Befreit Dan Petrescu!« Einige riefen auch, daß die Ceauşescus geflohen seien.

Diejenigen, die eben noch bereit gewesen waren, sie zu ermorden, waren im Nu verschwunden. Dan Petrescu erschien in Sandalen und ausgebeulten Hosen vor der Haustür und wurde von der Menge zum Rathaus geführt. Eine Woche später wurde er in Bukarest zum neuen stellvertretenden Minister für Kultur ernannt.

Der Ablauf der Ereignisse nach Ceauşescus Flucht zeigt durchaus Parallelen zu Culianus Erzählung von 1986. Ceauşescus Verteidigungsminister beging »Selbstmord«, nachdem er angeklagt worden war, die »Provokationen« im Land eingefädelt zu haben. Die Proteste weiteten sich aus. Der Diktator und seine Frau, die noch am Nachmittag des 22. Dezember gefaßt worden waren, wurden – wie in einem Ionesco-Stück – in aller Eile in einem Verfahren abgeurteilt, bei dem General Victor Stănculescu und der bärtige »Okkultist« Gelu Voican-Voiculescu, ein hochrangiger Angehöriger der Securitate und Vize-Ministerpräsident der neuen Regierung, anwesend waren. »Stănculescu, Voiculescu und ihre Berater waren die einzigen unabhängigen Zeugen bei diesem sogenannten Prozeß«, bemerkte Edward Behr in seinem Buch *Kiss the Hand You Cannot Bite*. Die Gerichtsverhandlung wurde vom Stellvertreter Voican-Voiculescus, von Oberst Ion Baiu, gefilmt. Die Videoaufzeichnungen von Prozeß und Hinrichtung gingen um die ganze Welt. In einer Reihe von Artikeln in der Zeitung *Dimineaţa* (›Der Morgen‹) behaupteten Voican-Voiculescu und Stănculescu später, das überstürzte Gerichtsverfahren (es dauerte weniger als eine Stunde) sei wegen der Angst vor Ceauşescu-treuen Milizen berechtigt gewesen. Dennoch wurden die Brutalität und die Ähnlichkeit zu den stalinistischen Schauprozessen von Politikern und Medien anderer Länder verurteilt.
Überall im Land marschierten, demonstrierten oder kämpften die Menschen oder waren einfach Zeugen der zunehmend surrealen Ereignisse. Einige waren echte Revolutionäre, andere waren Aufwiegler, die den Auftrag hatten, die »Stadtguerilla-Kämpfe«, von denen so oft die Rede war, zu provozieren. Um

die Gebäude des staatlichen Fernsehsenders und das Zentral-
komitee, aus dem der Diktator geflohen war und wo sich
Ceaușescu-treue »Terroristen« verschanzt hatten, wie die Medien verkündeten, sowie an anderen Orten wurden viele un-
schuldige Menschen zu Opfern der Kämpfe zwischen rivali-
sierenden Splittergruppen der Securitate und der Armee.
Allerdings wurden weder der Sender noch das ZK-Gebäude
beschädigt, wie in Culianus Erzählung zu lesen ist.
Bereits am 22. Dezember hatte in der Zentrale der Kommunistischen Partei eine Sitzung stattgefunden, die ein Student auf
Video festgehalten hat, der wütend darüber war, daß einige
hohe Funktionäre sich heimlich auf die Bildung einer neuen
Regierung verständigten. Unter den Anwesenden befanden
sich, ganz wie Culianu in seiner Erzählung geschrieben hatte,
auch ehemalige kommunistische Würdenträger, unter ihnen
Ion Iliescu und der neue Verteidigungsminister Nicolae Militaru. Niemand hatte sie gewählt, niemand hatte sie dazu
legitimiert, ein Kabinett zu bilden. Das Video beginnt erst,
nachdem ihre Führungspositionen bereits feststanden. (Es
hieß, eine Gruppe innerhalb der Securitate hätte sich geweigert, die Revolte zu unterstützen, wenn an der neuen Regierung nicht auch Angehörige des alten Regimes beteiligt
würden.) Die Gruppe suchte nach einem Namen: »Mensch,
Jungs, die Front zur Nationalen Rettung ist doch schon seit
sechs Monaten aktiv!« platzte Militaru mit den berühmt ge-
wordenen Worten heraus, die die Vermutung der Opposition
bestätigten, daß parallel zu der spontanen Revolution ein
Staatsstreich stattgefunden hatte.
In keinem anderen osteuropäischen Land ging der Umsturz so
rasch vonstatten, forderte so viele Opfer und wurde dermaßen
von Gerüchten verschleiert wie in Rumänien. Die neuen Führer machten arabische Terroristen für die Morde verantwortlich, aber Beweise gab es für ihre Behauptungen nicht. Kein
einziger dieser »Terroristen« wurde je gesichtet. Es hieß,
Scharfschützen seien gefangengenommen worden, aber »wie
durch ein Wunder« seien sie wieder verschwunden. Funktionäre der Securitate kamen sogar auf den makabren Einfall,

Leichen aus dem Leichenschauhaus auf den Hauptplatz von Timişoara zu bringen, um den Eindruck zu erwecken, daß noch mehr Kämpfe stattgefunden hätten. Die offizielle Zahl der Opfer – die zunächst als Beweis für die heftigen Kämpfe zwischen den »Terroristen« und den Revolutionären gedient hatte – sank auf geheimnisvolle Weise von 60 000 auf 996. Was als echte Volkserhebung begonnen hatte, wurde schnell von einer Gruppe der Securitate vereinnahmt, die entschieden hatte, daß Ceauşescu der alleinige Verlierer dieser Machtkämpfe sein sollte.

Weihnachten brannte das Licht im Hause Hertzfeld in Amherst die ganze Nacht. Culianu saß wie angewurzelt vor dem Fernseher und verfolgte die Berichterstattung auf CNN, telefonierte mit Freunden in Paris und organisierte hastig zwei BBC-Übertragungen, in denen er sich über Telefon an seine Landsleute wenden wollte. Er versuchte, seine Mutter in Iaşi zu erreichen, aber die Leitungen waren tot. Er raste von einem Zimmer ins andere, teilte Dorothy und Kurt Hertzfeld aufgeregt die letzten Neuigkeiten mit und rief Hillary und Nikki, sich die Fernsehbilder anzusehen. Er machte das Victory-Zeichen, eine Angewohnheit, die er bis zu seinem Tode beibehielt. »Endlich«, rief er, »kann ich einmal stolz darauf sein, Rumäne zu sein!«
Trotz seiner Freude mißtraute er den Fernsehbildern. »Er war aufgeregt«, erinnerte sich Nikki Wiesner, »aber er sagte, daß jemand hinter all diesen Ereignissen steckte und daß das, was nun folgen würde, unter Umständen keine Verbesserung bringen würde.«

Die neue Regierung hielt die Ceauşescus zwei Tage lang gefangen, bevor sie ihre Festnahme bekanntgab. Als ihre Hinrichtung verkündet wurde, waren sie bereits vierundzwanzig Stunden tot. Niemand wußte genau, was sich in dem »Gerichtssaal« abgespielt hatte, obwohl das rumänische Fernsehen Teile des Videos von der Gerichtsverhandlung am ersten Weihnachtstag 1989 ausstrahlte. Man konnte nur die Stimmen

der Richter hören; ihre Gesichter waren nicht zu sehen. Das ungekürzte Video des sogenannten »Prozesses« wurde erst einige Monate später, im April 1990, im französischen Fernsehen gezeigt. Erst dann konnten die Zuschauer sehen, wer die Richter waren. An einer Stelle fragt jemand, der nicht im Bild erscheint: »Wissen Sie, wer Sie hier festhält?«
»Ja«, antwortet Ceauşescu, »die Securitate.«
Die Tötung des Ehepaars Ceauşescu erfolgte nicht, wie verkündet wurde, durch ein Exekutionskommando, sondern durch Genickschüsse. Auf der Grundlage von Interviews mit anderen Mitgliedern des Militärgerichts hat Andrei Codrescu die Vermutung geäußert, daß Virgil Măgureanu, Philosophieprofessor an der Securitate-Akademie, und Gelu Voican-Voiculescu, Geologe und Amateurastrologe, zu den Tätern gehörten.[43] Voican-Voiculescu gab schließlich gegenüber der Tageszeitung *Dimineaţa* zu: »Es war meine Idee, die Ceauşescus zu töten. Iliescu nannte es eine scheußliche Tat.«[44] Gleichgültig, wessen Idee oder Tat die Ermordung der Ceauşescus war, es steht fest, daß es keine wirkliche Verhandlung gegeben hatte.
Die Zentrale Universitätsbibliothek von Bukarest geriet unter geheimnisvollen Umständen in Brand: Wahrscheinlich handelte es sich dabei um ein Manöver, mit dem von offenen Kämpfen in der Parteizentrale abgelenkt werden sollte. Nachdem Iliescu sich selbst zum Präsidenten ernannt hatte, war seine erste Amtshandlung, die sowjetische Botschaft anzurufen. Er versprach freie Wahlen, wandelte jedoch kurze Zeit darauf, nachdem er sich die ganze Macht gesichert hatte, die provisorische Gruppierung der Front zur Nationalen Rettung über Nacht in eine Partei um, die er als Einheitspartei zu etablieren gedachte. Er versprach Gesetzesreformen, die ehemaligen Parteiaktivisten verbieten sollten, weiterhin aktiv Politik zu betreiben, oder die Rückgabe des unter dem kommunistischen Regime beschlagnahmten Eigentums sowie die Einsicht in die geheimen Securitate-Akten sicherstellen sollten. Letztlich war er es jedoch, der die Umsetzung solcher Reformen verhinderte. Die allgemeine Unsicherheit führte in den nächsten achtzehn Monaten zu Straßendemonstrationen und Un-

ruhen, wie Culianu sie in seiner Erzählung beschrieben hatte. Im nachhinein, so der ehemalige Leiter von Radio Free Europe, Nestor Rateş, erweckten die Ereignisse den Eindruck »des erstaunlichen Paradoxes einer grundsätzlich antikommunistischen Revolution, die einem von ehemaligen Kommunisten dominierten Regime zur Macht verhalf«.

Im Januar 1990 zog Ioan Culianu in ein gut bewachtes Hochhaus, 1700 East Fifty-sixth Street, in Chicago um. Seine Wohnung war ein helles Zwei-Zimmer-Apartment im neunten Stock, in das der Sonnenschein fiel, der vom Michigan-See reflektiert wurde. An die Wände hängte er Reproduktionen seiner geliebten *Primavera*, mehrere Drucke von optischen Illusionen von M. C. Escher, einen echten Victor Vasarely, Fotos von Hillary und ein anderthalb Meter hohes, bemaltes Holzkreuz aus Assisi. Er unterteilte die kleinen Zimmer mit hohen schwarz-goldenen chinesischen Wandschirmen und stellte sein weißes Ledersofa vor ein Panoramafenster. Am wichtigsten war ihm, daß das Gebäude rund um die Uhr von einem Pförtner bewacht wurde und einen Sicherheitsalarm und stählerne Eingangstüren hatte. »Er war wirklich begeistert, weil es ein Hochsicherheitsgebäude war«, sagte Greg Spinner.
Culianu war gut mit Frances Gamwell, der Frau des Dekans der Divinity School Chris Gamwell, befreundet, und etwa alle sechs Wochen erzählte er ihr beim Mittagessen von seinen neuen Projekten und von seinen Sorgen um seine Heimat. Sie wiederum erzählte ihm von ihrer Tätigkeit am Native American Educational Services College und von ihrer Arbeit als Beraterin für Selbsthilfegruppen in Chicago. Sie wußte es nicht, weil er nicht darüber sprach, aber er hatte einigen dieser Gruppen größere Geldbeträge zukommen lassen. Mrs. Gamwell war eine Schwarze, und sie war sehr auf ihre Unabhängigkeit von der steifen akademischen Welt von Hyde Park bedacht. In Culianu hatte sie einen Wahlverwandten gefunden. Anfang 1990 sagte er ihr, daß er es für einen Fehler hielt, daß sein Schwager sich an der neuen rumänischen Regierung beteiligte, in der sich die übelsten Kräfte des alten Regimes befanden.

Culianu gründete eine neue wissenschaftliche Zeitschrift, *Incognita. International Journal for Cognitive Studies in the Humanities*. Er bat Nathaniel Deutsch, Mitherausgeber der Zeitschrift zu sein, und ernannte seine Sekretärin Gwen Barnes zur Redaktionsassistentin. Beim Gründungsempfang sagte er seinen Freunden und Studenten: »Diese Zeitschrift stellt den Inbegriff dessen dar, was ich nicht weiß. Deshalb wird es sehr viele Ausgaben geben.« In der ersten Nummer wurde die Philosophie der Zeitschrift erläutert: »Geschichte besteht aus einer Reihe von Wechselwirkungen zwischen Systemen, die drei Merkmale aufweisen: Sie leiten sich von einem grundlegenden Set logischer Regeln ab. Sie existieren in ihrer eigenen Dimension, die nicht die Dimension der Geschichte ist, und sie werden vom menschlichen Geist in einer nicht voraussagbaren Sequenz aktiviert.« Zum wissenschaftlichen Beirat gehörten Umberto Eco und Lawrence Sullivan.

Indem sie versuchte, die »kognitive Revolution in den Naturwissenschaften« mit dem Studium der Geisteswissenschaften zu verbinden, befand sich die Zeitschrift »am Rande des Akademischen«, sagte ein Kollege; aber sie war auch »intellektuell wirklich sehr aufregend«. Für einen Wissenschaftler, der Verträge für drei Bücher hatte, war es auch eine zusätzliche Belastung, die einmal mehr den Ehrgeiz Culianus unter Beweis stellte, über die übliche Forschung hinauszugehen und Einfluß auf die Welt zu nehmen – durch Bücher, durch Anhänger unter den Studenten und nun mit einer internationalen Zeitschrift, die sich neuen Theorien zuwandte.

Im Januar 1990 reagierte Culianu auf das Chaos in seiner Heimat mit zwei Artikeln in der New Yorker Exilzeitschrift *Lumea Liberă*. Der erste hieß »Viitorul României în 11 puncte« (›Die Zukunft Rumäniens in 11 Punkten‹) und stellte den Versuch dar, ein echtes politisches Programm zu entwerfen. Als Voraussetzungen für einen wahrhaft demokratischen Staat forderte er die Auflösung der Securitate, die Einsetzung unabhängiger Gerichte, die Privatisierung des Fernsehens und die Anerkennung aller ethnischen Minderheiten. Während seine

Landsleute darüber debattierten, welchem Vorbild sie beim Wiederaufbau der staatlichen Institutionen folgen sollten (wie es bereits sein Urgroßvater und die Junimea-Gesellschaft vor über einem Jahrhundert getan hatten), betonte er die Vorteile einer Demokratie nach amerikanischem Muster: ein aggressives unabhängiges Fernsehen, eine schonungslose Presse und ein freies Rechtswesen.

Culianu veröffentlichte des weiteren einen offenen Brief, den er einen Monat vor der Revolution im Auftrag der BBC abgefaßt hatte. In einem Postskript forderte er seinen Freund Andrei Pleşu und seinen Schwager dazu auf, von ihren Ämtern zurückzutreten, falls die Regierung nicht umgehend wirkliche Freiheit gewährleiste (zwei Monate später legte Petrescu sein Amt nieder; Pleşu, der im Dezember 1997 Außenminister wurde, wurde damals nach achtzehn Monaten aus dem Amt gedrängt). Culianus Behauptung, die Menschen seien »nicht so frei, wie die Regierung behauptet«, war als Aufforderung an seine Landsleute zu verstehen, ihr Schicksal selbst in die Hand zu nehmen. Er stellte Fragen zum rumänischen Volkscharakter und kritisierte die jüngste Vergangenheit in einer religiösen Sprache: »Warum haben wir soviel Leiden hingenommen, ohne ein einziges Wort des Protestes? Warum haben wir zugelassen, daß wir mehr als jedes andere Volk von einem ebenso mittelmäßigen wie wahnsinnigen Diktator ausgeraubt wurden? Warum haben wir es verdient, die Schande der Welt zu sein [. . .]? Dieser Schandfleck ist viel schwerer zu beseitigen als die Erbsünde.« Mit diesem Text, der am 27. Januar 1990 veröffentlicht wurde, war Culianu einer der ersten Schriftsteller, die die neue Regierung beschuldigten, einen Staatsstreich organisiert zu haben. Auch andere hatten diesen Vorwurf erhoben, drückten ihre Gedanken jedoch nur verschwommen aus.

Einen Tag später, am 28. Januar 1990, kamen Tausende von Bergleuten aus dem Jiu-Tal in Bukarest an, um die Sympathisanten der Oppositionsparteien anzugreifen, die gegen das zu langsame Tempo der Reformen und die völlige Aufhebung einiger Reformgesetze protestierten. Der erste von mehreren

von der Securitate organisierten Übergriffe gegen das eigene
Volk brachte die Gespräche über Reformen und Demokratie
zum Stillstand.

> Es war der große Irrtum unserer Generation, daß
> [. . .] wir uns aus dem politischen Leben heraus-
> gehalten haben.
>
> Mircea Eliade

19 Die freie Welt, 1990

Anfang Januar flog Hillary mit ihrer Schwester Nikki in die
Karibik. Sie besuchten Pine Cay auf den Turks- und Caicos-
Inseln, während Hillarys Verlobter zu Hause nur an die Politik
dachte. Er redete am Telefon auf seine Schwester ein und sagte
ihr, es sei naiv zu glauben, daß in Rumänien derzeit eine wahre
Demokratie entstehe oder daß die Bergarbeiter die Krawalle
von sich aus begonnen hätten. »Die Regierung hätte freie Wahlen gewährleisten sollen, statt dessen hat sie die Macht ergriffen und kandidiert für – nein, sie drängt sich in die Macht! Seht
ihr das denn nicht?« Tess gab ihm zwar recht, doch sie war viel
zu aufgeregt, um seinen Ausführungen folgen zu können. Sie
genoß mit ihrem Mann und ihren Freunden die neugewonnene
Freiheit. Eine ungeheure Spannung war von ihnen abgefallen.
Sie blieben die ganze Nacht auf, rauchten, diskutierten über
die Zukunft und sorgten sich zugleich über die Art und Weise,
wie viele ihrer Landsleute ihre Freiheit nutzen wollten. Sie
wollte, daß ihr Bruder nach Hause kam. Er lehnte ab. Er erzählte ihr ziemlich vage von dem Einbruch in seine Wohnung
in Chicago und machte dabei Witze. »Er beklagte sich nicht, er
wollte diese Dinge nicht so wichtig nehmen. Er wollte sich
selbst nicht so wichtig nehmen, dazu war er viel zu diskret und
viel zu hochherzig«, erinnerte sich Tess.
Am 18. Februar, während Rumänien sich auf seine ersten frei-

en Parlaments- und Präsidentschaftswahlen vorbereitete, hatten Bergarbeiter erneut Demonstranten angegriffen, Zeitungsredaktionen und Büros von Oppositionsparteien verwüstet. Die Regierung verbreitete das Gerücht, daß ein Staatsstreich vorbereitet werde, benannte die Verschwörer jedoch nicht und rief auch die gesetzlichen Ordnungskräfte nicht zu Hilfe.

Ioan Culianu und Hillary Wiesner flogen wieder nach Italien. Grazia Marchianò hatte ihm für die Zeit von Anfang März bis Anfang Juni einen Vertrag als Gastprofessor an der Fakultät für Erziehungswissenschaften der Universität Siena vermittelt. Außerdem hielt er an den Universitäten Siena-Arezzo, Salerno und Rom Vorträge über den mittelalterlichen Dualismus und die Analyse des Mythos. In Italien war er kein Unbekannter mehr; die Zeitung *La Repubblica* nannte ihn (neben Persönlichkeiten wie Edgar Morin, Hans-Georg Gadamer oder Jean-Pierre Vernant) einen der »maestri del pensiero contemporaneo«, einen der Meisterdenker der Gegenwart.[45]

Damals sprach Culianu in der italienischen Presse viel und freimütig über Rumänien und die Revolution. Bereits am 18. Februar hatte er einen Artikel für das italienische Nachrichtenmagazin *Panorama* geschrieben, der den Titel trug »È morto il re – occhio all'erede«: Der König ist tot – Vorsicht mit dem Erben. Er äußerte darin, daß »alle Ereignisse, die in unserem armen Land stattfinden, Wiederholungen einiger Archetypen sind, die in unserer religiösen Geschichte verankert sind«, und er analysierte das berühmte Videoband, auf dem die neuen selbsternannten Führer einen Namen für ihre Partei suchten: »Umberto Eco sagt, daß alles davon abhängt, wie man Symbole einsetzt. Der Fall Rumäniens beweist, daß er recht hat. Kaum war es dem Volk gelungen, den grausamen Diktator aus seinem Palast zu verjagen, schon bildete sich eine neue Regierung, die den Namen Front zur Nationalen Rettung annahm. Eine unglücklichere Bezeichnung hätten sie kaum wählen können: Der Name erinnert an die faschistoide Front der Nationalen Wiedergeburt, der Einheitspartei, die Carol II. 1938 gründete, nachdem er das Parlament aufgelöst und sich zum Diktator erklärt hatte.« Verzweifelt über die rumänische Neigung zu Diktatoren, untersuchte Culianu in seinem Artikel die Gefahren der »Konfusion der Symbole«, vor allem durch das Wiederaufleben der Symbolik der Eisernen Garde (mehrere radikalnationalistische Parteien hatten sich die Rhetorik der Garde zu eigen gemacht). Culianu hatte vor, zusammen mit Vladimir Tismăneanu, einem Politologen der Universität Maryland, eine Arbeit über den Mißbrauch mystischer Symbole zu schreiben.

Obwohl sein eigener Schwager stellvertretender Minister für Kultur war, stellte er eine düstere Prognose: »Von einigen bemerkenswerten Ausnahmen abgesehen«, schrieb er, »hat Rumänien noch keine intellektuelle Elite, die den Übergang zu einer pluralistischen, normalen Zukunft sichern könnte. Ohne den festen Willen, aus der Isolation auszubrechen, wird Rumänien den Absturz in einen noch tieferen Abgrund nicht vermeiden können.«

Culianu schien recht zu behalten. Am 2. März 1990 wurde das unbearbeitete Videoband, das den Prozeß gegen die Ceauşescus in voller Länge zeigte, an das französische und rumänische Fernsehen verkauft. Am selben Tag beging Georgică Popa, der Hauptrichter bei der Gerichtsverhandlung, in Bukarest Selbstmord. Diese Tat kam zu der immer länger werdenden Reihe von »Selbstmorden« von Schlüsselfiguren der Revolution hinzu, deren Opfer von einem der führenden Generale Ceauşescus bis zu seinem Bruder Marin reichten, der erhängt in seiner Wiener Wohnung gefunden wurde; sein Privatsafe war zuvor offensichtlich geleert worden.

Auf dem Universitätsplatz in Bukarest fanden jetzt regelmäßig Demonstrationen statt, die einen unabhängigen Fernsehsender, freie Wahlen und den Rücktritt des Präsidenten forderten. Einige rechtsradikale Gruppierungen traten auf den Plan, von denen die wichtigsten die »Partei der Nationalen Einheit der Rumänen« (PUNR) und »Vatra Românească« (›Die Rumänische Heimstatt‹) waren. Als wichtigstes Medium für diese Mischung aus Nationalkommunismus und Rechtsextremismus diente das Nachfolgeorgan der hetzerischen kommunistischen Zeitschrift *Săptămîna* (›Die Woche‹), die nun unter dem

Namen *România Mare* (›Groß-Rumänien‹) erschien. Einer der einflußreichsten Propagandisten Ceauşescus, Corneliu Vadim Tudor, der schon früher in dieser Zeitschrift seine Lobeshymnen auf den Diktator gesungen hatte, wurde Chefredakteur dieses Blattes und Vorsitzender der gleichnamigen »Groß-Rumänien-Partei« und benutzte häufig Securitate-Akten, um seine Gegner zu diskreditieren.

Im Gegensatz dazu erklärte sich »Vatra Românească« zu einer »kulturellen Bewegung«. Ion Coja, der ehemalige Professor von Culianu, wurde (so der Politologe Vladimir Tismăneanu) zu ihrem »Chefideologen«. Coja selbst meinte, die Popularität der »Vatra« habe sich »wie ein Lauffeuer« ausgebreitet, nachdem die Organisation vehement gegen Forderungen der ungarischen Minderheit nach einem Ausbau des Ungarischen im Bildungswesen protestiert hatte. Mitte März war auch Cojas »kulturelle Bewegung« in ethnische Auseinandersetzungen in Tîrgu Mureş zwischen Ungarn und Roma auf der einen und Rumänen auf der anderen Seite verwickelt; bewaffnete rumänische Provokateure hatten ein paar Tage nach den Feierlichkeiten zum 15. März, an dem die Ungarn ihrer Revolution von 1848 gedenken, Mitglieder der ungarischen Minderheit überfallen. Die Regierung unterstützte die Bürgerwehr, die in Lastwagen in die Stadt gefahren wurde, um die ungarischen »Demonstranten« mit denselben Knüppeln, Heugabeln und Brecheisen anzugreifen, die »auch gegen die Bukarester Demonstranten eingesetzt worden waren«, schrieb Andrei Codrescu. Viele der Angreifer waren betrunken. Der Vorfall veranlaßte Dan Petrescu, der sich mit anderen rumänischen Intellektuellen gerade in Budapest befand, um über die historische Versöhnung der beiden Völker zu reden, Artikel gegen die eigene Regierung zu veröffentlichen. Norman Manea zitiert einen ehemaligen Securitate-Offizier, der über die »Vatra Românească« sagte, sie sei »nach Mitteln und Zielen ein Arm der Securitate«.

Bereits im Februar 1990 gründete Vizepremier Gelu Voican-Voiculescu eine dem Innenministerium unterstellte (und noch existierende) Geheimdiensteinheit. Voican, der sich ein bedeutendes persönliches Archiv mit vielen ehemaligen Securitate-Akten angelegt haben soll, gab vor, die Institution in getrennte, von der Securitate unabhängige Abteilungen organisiert zu haben. Die Tumulte von Tîrgu Mureş lieferten wenige Wochen später einen Vorwand zur Gründung eines weiteren Sicherheitsdienstes, der dem Verteidigungsministerium unterstellt wurde und mit Telefonabhöranlagen und Schutzeinrichtungen gegen telefonische Belästigung ausgerüstet war. Die Securitate wurde unter dem etwas harmloseren Namen »Rumänischer Informationsdienst« (Serviciul Român de Informaţii, SRI) unter der Leitung von Virgil Măgureanu reorganisiert. Nach Informationen von *Jane's Intelligence Review* (Januar 1995) wurde die Umstrukturierung auf Grund eines Präsidentenerlasses heimlich vorgenommen, der nie im Amtlichen Anzeiger veröffentlicht wurde. Den eigenen Berichten zufolge übernahm der Informationsdienst etwa 6 000 ehemalige Mitarbeiter der Securitate. Der Auslandsdienst DIE bliebt fast völlig intakt, wie Ion Mihai Pacepa feststellte. Er wurde nun von einem der führenden Spione Ceauşescus geleitet, von Mihai Caraman, der besonders enge Beziehungen zum ehemaligen KGB unterhielt. Paul Hockenos, der Berichterstatter der *Nation*, kommentierte die organisierten Krawalle und die Reaktion der Regierung so: »Die Securitate war wieder da, ihr Komplott war ein voller Erfolg.«

Nachdem Dan Petrescu im April 1990 seine Angriffe gegen die neuen Machthaber gestartet hatte, gruben Zeitungen wie *Românul* (›Der Rumäne‹) und *România Mare* eine üble Geschichte aus. 1970 war Petrescu wegen Vergewaltigung angeklagt worden. Obwohl er unschuldig war, war er schließlich vor dem Hintergrund einer heftigen Pressekampagne verurteilt worden.[46] Jetzt kamen abermals telefonische und schriftliche Morddrohungen. Die Kampagne gegen ihn glich der Taktik der Hohenpriester in Abbotts *Flatland*. Sie war erfolgreich. Petrescu reichte seinen Rücktritt ein.

Etwas später, am 24. April, bewegte sich eine große Menge friedlicher antikommunistischer Demonstranten in Richtung Fernsehgebäude. Als sie von Polizeikräften mit Eisenknüppeln angegriffen wurden, zogen sie sich auf den Universitätsplatz zurück, den sie zur »neokommunismusfreien Zone« erklärten. Die Demonstrationen dauerten im folgenden Monat an, in dem die ersten »freien« Wahlen stattfanden. Diese Wahlen gewann die regierende Front zur Nationalen Rettung am 20. Mai mit einer Mehrheit von 66 Prozent (ihr Präsidentschaftskandidat Iliescu erhielt sogar 85 Prozent), ihr wurden jedoch allgemeine Schikanen, Gewalttaten und massiver Wahlbetrug vorgeworfen. Diese sichtlich manipulierten Wahlen veranlaßten die Vereinigten Staaten, ihren Botschafter zurückzuberufen.

Ioan verbrachte Ostern zusammen mit Hillary in London und Canterbury, wo er sieben Rundfunksendungen für die BBC aufzeichnete, die nach Rumänien ausgestrahlt wurden. Am Trinity College in Dublin, an der School of Hebrew and Biblical and Theological Studies, hielt er Vorträge über »Religion zwischen Spiritualismus und Quantenphysik« und »Religion als System«. Er war mittlerweile international anerkannt.
Anschließend fuhren Hillary und Ioan zurück nach Italien, wo sie bis Juni blieben. Sie genossen die Sonne, die Wärme und die angenehme Gesellschaft von Grazia Marchianò und Elémire Zolla, streiften durchs Land, kosteten den Wein und die Gerichte Umbriens und verbrachten die Sommervormittage mit langen Gesprächen auf der Veranda des Feriendomizils ihrer Gastgeber. Wieder ging Culianu auf eine Vortragsreise: Am 3. Mai sprach er in Salerno über »Dualistische Strömungen des Mittelalters« und am 4. Mai in Neapel über das Imaginäre sowie über das Werk Elémire Zollas.
In der italienischen Wochenzeitung *Panorama* schrieb Culianu im Juni 1990 einen Artikel über die Machenschaften, die gegen seinen Schwager organisiert wurden, und prangerte dabei die Regierung in Rumänien an, die zunehmend von Altkommunisten beherrscht wurde. Er erhielt telefonische Drohungen, erzählte seinen Gastgebern jedoch nichts davon. Nur Hillary gegenüber erwähnte er die Anrufe. Er wurde auch zur Ziel-

scheibe eines schriftlichen Angriffs, so daß seine alten Ängste vor politischen Vergeltungsmaßnahmen erneut ausbrachen. Ioan und Hillary wandten sich wieder der Schriftstellerei zu. Zusammen schrieben sie die Erzählung »The Late Repentance of Horemheb« (›Die späte Reue des Haremhab‹), die sie sich vor zwei Jahren in der Bibliothek der Universität von Kairo ausgedacht hatten. Die Erzählung, die 1990 in *Erato. Harvard Book Review* veröffentlicht wurde, beruhte auf dem wirklichen Fall einer archäologischen Fälschung und verwob die Fäden ihrer beider Leben, ihrer Forschungen und der gegenwärtigen Ereignisse.

In der Erzählung behauptet ein Ägyptologe namens Professor Doktor Gr., er habe einen Fund gemacht, der endlich eine von ihm aufgestellte, umstrittene Theorie zur Kultur des alten Ägypten bestätigt. Seine Gegner halten den Fund für eine Fälschung. Dazu der Erzähler: »Unsere landläufige Vorstellung von Fälschung gab es nicht vor der Renaissance, die selbst eine Zeit aufsehenerregender Fälschungen war. [...] Die Renaissance legte zum ersten Mal die strenge Abfolge von ›früher‹ und ›später‹ fest. Nach dieser Folge leben wir noch immer.« Wie in »Tlön, Uqbar, Orbis Tertius« tauchen überraschenderweise überall auf der Welt Artefakte auf, die die »Echtheit« des Relikts bestätigen. Einige Gelehrte schreiben allerdings auch diese neuen Artefakte Gr. zu, der den Verdächtigungen und den Nachforschungen der »Kleingeister« nur entrinnen kann, indem er »seinen eigenen Selbstmord vortäuscht und scheinbar bei einem Autounfall stirbt«.

Der Erzähler, der den Forschungen und dem geheimnisvollen Schicksal von Gr. in obskuren akademischen Zeitschriften nachspürt, fragt sich, ob die Vergangenheit sich noch immer ereignet. Er erwähnt Fälschungen wie die hochentwickelte Traumdeutung des malaiischen Stammes der Senoi. (Michael Allocca hatte Culianu auf Forschungsergebnisse aufmerksam gemacht, die zeigten, daß es sich hierbei um einen Streich eines Anthropologen aus den dreißiger Jahren handelte.) Der Erzähler wird immer neugieriger und überlegt sich, daß Gr. selbst unwissentlich von »einem Komplott manipuliert sein könnte, den die Vergangenheit entwickelt hatte, um sich selbst zu verändern«. Am Schluß spekuliert er darüber, daß es parallele Welten oder Dimensionen gebe, in denen die Opfer der Geschichte die Sieger sind und die Sieger die Opfer. Angsterfüllt vermutet er auch in der eigenen Neugier »eine hinterhältige Verschwörung der Vergangenheit, die mich für ihre zwielichtigen Zwecke benutzt, Zwecke, die sich sogar nach meinem illusorischen Verschwinden ewig wandeln werden«.

Im Juni kehrte Culianu mit Hillary nach Massachusetts zurück, um dem *Eliade Guide to World Religions* und dem *Tree of Gnosis* den letzten Schliff zu geben. Gleichzeitig arbeitete er an den *Außerweltlichen Reisen von Gilgamesch bis Albert Einstein*. Die beiden pendelten zwischen Hillarys Wohnung in Cambridge und dem großen viktorianischen Haus in Amherst hin und her, das Hillarys Mutter und Stiefvater gehörte und in dem früher Robert Frost gewohnt hatte. In den verwinkelten, holzgetäfelten Gängen und Schlafzimmern spukte es angeblich.

Von Washington aus forderte Dorin Tudoran Culianu auf, regelmäßig für *Lumea Liberă* zu schreiben. Ihre Stunde sei gekommen, sagte er, Rumänien brauche Culianus Perspektive, wenn es voranschreiten und nicht in die Spirale der alten Konflikte und Gefahren zurückfallen wolle. Culianu zögerte. »Es ist nicht der richtige Ort für dich und mich«, sagte er und meinte die äußerst begrenzte Verbreitung der Zeitung.

Immerhin schrieb Culianu für *Lumea Liberă* den Artikel »O lecţie de politică« (›Eine politische Lektion‹), in dem er die Herausforderung benannte, die die gegenwärtigen Ereignisse für Exilanten wie ihn darstellten. Der Artikel war eine Rezension von Andrei Codrescus Buch *The Disappearance of the Outside*, in dem Codrescu schrieb: »Der Mythos des Exils ist archetypisch in unsere Kultur eingebettet.« Codrescu war der Ansicht, daß die Rumänen gezwungen worden waren, sich ein »Innen«, das heißt ein verfeinertes und verborgenes Ich, wie etwa den »mioritischen Raum« von Blaga, zu schaffen. Er analysierte die Lust an dieser Taktik sowie die Folgen ihres

Verlustes, sobald ein Rumäne in den Westen ging, wo es diesen Gegensatz so nicht gab. Ärgerlich war nur, daß diese Taktik der Subversion jetzt, wo es darum ging, das Schicksal des Landes in die eigenen Hände zu nehmen, sich eher als Hindernis denn als Hilfe erwies. Auf Culianu machte Codrescus Buch einen tiefen Eindruck. »Das habe ich am eigenen Leib erfahren«, schrieb er in *Lumea Liberă*.

Während Culianu die verborgenen Strukturen der Geschichte untersuchte, schien seine Heimat sich in die Vergangenheit zurückzubewegen. Im Jahre 1990 »war das entscheidende Hindernis [für die Demokratie] eine Krise in den Beziehungen von Staat und Gesellschaft«, so die Forscherinnen Katherine Verdery und Gail Kligman. »Die Regierungsorgane waren durch Gerangel und Machtkämpfe zerrüttet, während sich die Bevölkerung als relativ unregierbar erwies.«[47]
Katherine Verdery, Gail Kligman und andere wiesen die Auffassung zurück, daß es einen einzigen Verantwortlichen für die Schikanen, die Korruption und die Gewalt gebe. Die Machtkämpfe setzten sich fort; keine einzige Gruppierung schien Herr der Lage zu sein. Aber in den Augen Culianus und anderer Beobachter war es die ehemalige Securitate, die weiterhin den Lauf der Ereignisse durch den einzigen offiziellen Fernsehsender und durch regierungsfreundliche Zeitungen manipulierte (oppositionelle Zeitungen wurden vom staatlichen Papiermonopolisten benachteiligt). Sie hatte die Straßenschlachten in Tîrgu Mureş provoziert und betrieb gezielt Desinformation. Mario Possamai schreibt in seinem Buch *Money on the Run: Canada and How the World's Dirty Profits are Laundered* über das Land: »Weiterhin werden Telefone überwacht, Informanten angeworben, Regimegegner bedroht und (in einigen Fällen) geschlagen.« Eine Reihe von Berichten in Publikationen von *România Liberă* bis *Harper's Magazine* beschrieb ausführlich die erneuten Einschüchterungsversuche der Securitate im In- und Ausland. Die französische Emigrantenzeitung *Lupta* (›Der Kampf‹) zitierte einen ehemaligen Securitate-General, der geprahlt hatte, daß niemand »je her-

ausfinden wird, was wir machen«. Eine witzige Geschichte über die Aktivitäten der Sicherheitspolizei erzählte der Politologe Vladimir Tismăneanu. Bei einem Kongreß 1992 in Cluj wurden er und sein Zimmergenosse um drei Uhr morgens in ihrem Hotel durch Stimmen geweckt; was sie hörten, war ihr eigenes Gespräch vom vergangenen Abend, das im Zimmer unter ihnen laut abgespielt wurde.

Culianu sah das Muster, dem die Ereignisse folgten – es lag jedoch auf einer Ebene, die von den Beteiligten nicht wahrgenommen wurde. Er erzählte Gwen Barnes, die neuen Machthaber machten genau das, was Ceaușescu sich gewünscht hätte. Hillary erklärte er, Rumänien gleite in eine archetypische Situation hinein, ähnlich den korrupten und skrupellosen Oligarchien Zentralamerikas. Er sagte seinen Studenten, daß es in seinem Heimatland gar keine Revolution gegeben habe, sondern lediglich eine geschickte Anpassung an die veränderte Weltlage. Er sah noch mehr Hintergründe, konnte aber diese Entwicklungen nur enthüllen, indem er darüber schrieb.

Eines kühlen und nebligen Morgens, am 14. Juni 1990, wurden die jungen Demonstranten, die seit Wochen auf dem Universitätsplatz kampierten, von Tausenden von Bergarbeitern, Geheimdienstoffizieren und Polizisten überfallen. Die Angreifer drangen in das Universitätsgebäude ein, verwüsteten Bücher, Laboratorien, Vorlesungssäle; ebenso machten sie es mit den Büros der beiden größten Oppositionsparteien. Der Protagonist der studentischen Proteste, Marian Munteanu, ein bärtiger, asketischer junger Mann, wurde zusammengeschlagen und anschließend im Krankenhaus verhaftet. Sechs Menschen starben, Hunderte wurden schwer verletzt. Als der Präsident den Bergarbeitern »von Herzen« für ihre »hohe bürgerliche und patriotische Disziplin« dankte, die Studenten dagegen im Stil des alten Regimes als Faschisten und Rowdys beschimpfte, erhob sich ein weltweiter Sturm der Entrüstung.

Der Überfall der Bergarbeiter schien ein für allemal die weit verbreitete Ansicht zu bekräftigen, daß es in Rumänien einen Staatsstreich gegeben hatte. Was kümmerte es ausgerechnet die Bergarbeiter, fragten die Berichterstatter, wenn die Studenten friedlich vor einer Universität demonstrierten, die Hunderte von Kilometern entfernt war? Wenn die Regierung gegen die Studenten vorgehen wollte, warum setzte sie dann nicht Polizei oder Armee ein? Und wenn die Anklagen der Protestierenden unbegründet waren, warum überhaupt zum Angriff schreiten? Auf keine Frage gab es eine Antwort, nur neue Fragen: Warum waren so viele junge Menschen umgebracht worden? Wer hatte sie getötet? Wer hatte Ion Iliescu überhaupt gewählt? Die internationalen Proteste waren verheerend für eine Regierung, die dringend auf auswärtiges Kapital und auf internationale Anerkennung angewiesen war.

Der Angriff der Bergarbeiter und die internationalen Proteste lösten bei Ioan Culianu eine »latente Explosion« aus, ein Begriff, mit dem der Schriftsteller Norman Manea das verspätete Engagement der rumänischen Exilintellektuellen bezeichnet. Culianu begriff, daß das Land nur diese eine Chance hatte, um sich anderen zivilisierten Nationen anzuschließen. Bisher war die Opposition finanziell und taktisch unterlegen gewesen. Er mußte mit anderen sprechen, die die Welt außerhalb Rumäniens kannten. Sie hatten das nötige Wissen und die nötige Erfahrung, sie mußten sich zusammenschließen, denn sie waren die einzigen, die die Opposition wirksam unterstützen konnten.

Zunächst schrieb er die Kurzgeschichte »Jormania liberă«, die im Juli 1990 in Dorin Tudorans Magazin *Agora* erschien und damit eine breite Leserschaft erreichte. Die Geschichte, in der dieselben Figuren wie in »Intervenția zorabilor în Jormania« auftauchen, kombiniert wiederum Fiktion und Wirklichkeit, Text und Textkritik. Ein ehemaliger Securitate-Offizier namens Boba, gezwungenermaßen im Ausland und im Ruhestand, hat ein Buch über die Revolution veröffentlicht und erhält nun die erste Rezension.[48]

Bobas Buch beschreibt die Revolution als Staatsstreich, bei dem weder die Toten aus den Leichenhallen, mit denen das Ausmaß der Kämpfe aufgebauscht werden sollte, noch die für die Rede Ceaușescus vorbereiteten Transparente fehlen. Die maculistische Geheimpolizei und eine unsichtbare Hand hinter der Rebellion in Maculburg (der Sowjetunion) lenken die Ereignisse. Boba verrät in seinem Buch »den Namen des Obersten, der den Plan entworfen hatte, sowie eine Liste aller jormanischen Teilnehmer«. Über die neuen Führer, deren Identität erst bei der Ausstrahlung des Videos mit dem Affentheater der Gerichtsverhandlung gegen den Diktator enthüllt worden war, »legte Boba nahe, alle elf Mitglieder der ursprünglichen Regierung wüßten zwar, daß sie von Maculburg unterstützt wurden, kannten aber keine Einzelheiten des Plans. Diejenigen, die nicht bei den tragischen Zusammenstößen mit den Massen tragisch umgekommen sind – drei sind noch übriggeblieben –, wissen heute allerdings genau, von wem und durch wen sie Befehle erhalten hatten«. Der Rezensent kritisiert das Wiederaufleben der rechtsradikalen »Hölzernen Garde« als Tarnung der alten Machthaber und berichtet von dem Ruhestand eines gewissen Merlan, in den dieser mit einer gebundenen *Penthouse*- und *Hardcore*-Sammlung entlassen wird. Wie im Falle von Borges' Erzählungen fühlt der Leser sich zwischen »Geschichte« und Gedächtnis gefangen – man wird den Eindruck nicht los, der Autor wüßte mehr, als er sagt. »Wenn Bobas Hypothese stimmt«, schließt der Rezensent, »wurde das Volk hinters Licht geführt.« Aber, wie der nächste Diktator in der Erzählung sagt, »ist das nicht die wesentliche Bestimmung des Volkes?«

Einige Monate später wurden mehrere wichtige Verschwörer aus der Front zur Nationalen Rettung gezwungen, zurückzutreten oder in den Ruhestand zu gehen. Nicolae Militaru und Dumitru Mazilu behaupteten, daß die Verschwörer die spontane Volkserhebung genutzt hatten, um einen lange im voraus geplanten Staatsstreich zu organisieren. Ehemalige Hauptakteure vom Dezember 1989, wie Silviu Brucan und Dumitru Mazilu, begannen nun wie Culianus Boba an eigenen Büchern zu arbeiten. Culianus Erzählung schien auf mehrere real existierende Funktionäre der Regierung anzuspielen. In der Erzählung verschwanden die Drahtzieher der Revolution der Reihe nach, und das schien die folgenden Ereignisse prophetisch vorwegzunehmen.

Mindestens eine Schlüsselgestalt der neuen Regierung, der Vizepremierminister Gelu Voican-Voiculescu, interessierte sich für Culianus Schriften. »Ich habe Nené Culianu 1972 kennengelernt, als er dabei war, sein Studium in Bukarest abzuschließen«, erinnerte sich Voican, der damals Redakteur bei der Literaturzeitschrift *Viaţa Românească* (›Das Rumänische Leben‹) gewesen war. Voican sagte, er habe die Aufsätze des jungen Culianu geschätzt und Jahre später seine Veröffentlichungen über Eliade verfolgt. »Er war mehr als ein Freund oder Schriftstellerkollege«, behauptete Voican in bezug auf ihr gemeinsames Interesse an Geheimgesellschaften. »Er war ein Wahlverwandter.« Voican sagte, er bedaure, daß seine öffentliche Rolle, zunächst als hochrangiger Mitarbeiter der Securitate, dann als stellvertretender Vizepremier, in den turbulenten Monaten des Jahres 1990 ihn von intellektuellen Tätigkeiten abgehalten habe und daß er Dinge habe tun müssen, »die ich nicht tun wollte«.[49]

Während Rumänien weiteren Gewalttaten entgegentaumelte, fragte Culianu bei den Herausgebern von *Lumea Liberă* an, ob er eine regelmäßige Kolumne in ihrem Blatt bekommen könnte. Sie waren begeistert.

> Ein alter griechischer Begriff, den Freud für Voyeurismus benutzt, der aber wörtlich »Sehlust« bedeutet.
>
> I. P. Culianu in *Lumea Liberă*

20   »Scoptophilia«

Die rumänische Wochenschrift *Lumea Liberă* (›Die Freie Welt‹) wurde in einem Kellergeschoß an der Alderton Avenue in Queens gedruckt und war 1990 mit einer Auflage von zehntausend Exemplaren eine der führenden rumänischen Exilpublikationen. Die Revolution stieß die Zeitung ins Rampenlicht der Weltöffentlichkeit und zog berühmte Mitarbeiter an. Als eine der besten unabhängigen Nachrichtenquellen über Rumänien von 1990 bis 1991 übte *Lumea Liberă* einen weitaus größeren Einfluß aus, als ihre Auflage vermuten ließ.

Die siebenundzwanzig wöchentlichen Kolumnen Culianus für die Zeitung hießen »Scoptophilia« und erschienen acht Monate lang, bis zum einjährigen Jubiläum der Revolution. Darin griff er auf sein systematisches Denken, auf die Bildsprache der orthodoxen Kirche, auf das Unbewußte und auf die Magie der Renaissance, sogar auf seine Distanz zu Rumänien zurück, um die Kräfte hinter den Ereignissen zu beleuchten. Jede Kolumne war ein Aufruf zur Tat, der heftigen Polemik in der heutigen Underground-Presse oder den Flugblättern eines Thomas Paine oder eines Giordano Bruno vergleichbar. Culianus Stil war »komplex, nicht-linear, subtil«, sagte sein Freund Mircea Sabău von der Universität Chicago. »Man muß die einzelnen Teile selbst zusammensetzen. Das Bild, das dann entsteht, ist verheerend.« Mac Linscott Ricketts sah eine Ähnlichkeit zu den Publikationen von Eliade aus den dreißiger Jahren und fand den Stil »wirklich bemerkenswert« – »eine Mischung aus bitterem Haß und schwarzem Humor«. Man konnte die tiefere Bedeutung der Texte nicht nach der Lektüre eines einzigen Artikels erfassen, nicht einmal, wenn man eine ganze Reihe von ihnen las. Diese Kolumnen hätten als allgemeinen Leitspruch einen Satz aus den kurzen Texten mit dem Titel »Euforisme« haben können: »Jemand müßte die Rumänen so sehr lieben, um ein vernichtendes Bildnis von ihnen zu zeichnen . . .«

Die Reihe begann mit einem witzigen Artikel über »Filme de groază« (›Horrorfilme‹), der die Sicherheitspolizei mit mittelalterlichen Wasserspeiern und modernen Kinomonstern verglich. In Hollywood gehen die Geschichten meist gut aus, schrieb Culianu: »Aber in Rumänien gibt es so wenige echte Menschen, und diese sind so verletzbar, daß sie leicht ausgerottet werden könnten. Es bleibt ihnen nichts anderes übrig, als einander zu suchen und sich zu organisieren. Aber noch wichtiger ist, daß sie keine Angst mehr haben.«

In den ersten dreizehn Wochen ritt er die schärfsten Attacken gegen die Securitate, zum Beispiel in dem Zweiteiler »Dialogul morţilor« (›Der Dialog der Toten‹), der als lukianischer Dialog zwischen zwei entgegengesetzten Standpunkten aufgebaut war, eine Form, der sich auch Bruno bedient hatte, um zu höheren Erkenntnissen zu gelangen. Was die Schärfe der Ironie und der Sprache anging, so war Culianus Text durchaus mit Bruno vergleichbar. Im ersten Teil verleiht Iliescu dem Gespenst Ceauşescus ein »Revolutionsdiplom«,[50] weil sein Erbe den Erfolg der neuen Regierung ermöglichte. Mit dem Hinweis, daß die Leiche Ceauşescus an einer Stelle »eine Schußwunde hat, wo es kein Loch geben dürfte«, unterstreicht der Artikel, daß der Diktator eher ermordet als standrechtlich erschossen wurde. Als Iliescu berichtet, daß er die Wahlen gewonnen habe, entgegnet Ceauşescu: »Ich hoffe, du hast die Wahlurnen vollgestopft!«

»Das war gar nicht nötig!« antwortete Iliescu. »Höchstens 30 Prozent, vielleicht 35 % ... aber das Ergebnis war auch so überwältigend: Alle haben für uns gestimmt!«

Iliescu erklärt, daß die Unterwerfung in den Köpfen der Menschen stattfindet. Die Überfälle der Bergarbeiter hätten gezeigt, daß Ceauşescu recht hatte: Das *Volk* wollte die Freiheit nicht. »Ich bestreite es nicht – auch die Securitate war dabei«, sagt Iliescu, »aber zu weniger als 20 Prozent, vielleicht 30, höchstens 40 Prozent. [...] Aber mindestens 60 Prozent waren Bergarbeiter«, die Angst vor Unordnung hätten und die die von der Regierung zugesicherten Lohnerhöhungen begrüßten.

Der wahre »Genius« des Ceauşescu-Regimes lag nicht im Abhören der Telefone oder im Einsperren der Gegner, sondern in seinen psychologischen »Fesseln«, in den »vinculi«, die Giordano Bruno fünfhundert Jahre zuvor untersucht hatte.

In den folgenden Nummern erörterte Culianu Themen, die er zeitlebens erforscht hatte. Mircea Sabău, ein Kollege an der Universität Chicago, strich Culianus Leitfragen heraus: »Wie kann man die Wahrheit finden? Wie kann man das Gute vom Bösen unterscheiden« in einer Welt, in der beide so eng miteinander verwoben sind? In seinem Artikel »4 iulie ...« (›4. Juli‹) berichtete er von einem erschütternden Traum, den er gehabt hatte, und merkte an, daß »Träume immer schon tiefere Bedeutungen übermittelt haben als der Wachzustand«.

In diesem Traum kehrt er zurück nach Hause, wo er die meisten Menschen im Zustand äußerster Armut vorfindet, viele sind gekleidet wie Bergarbeiter oder Polizisten. Ein Freund führt ihn zum Hauptquartier der orthodoxen Kirche in einem dunklen Keller. Dort begegnen sie drei »Priester-Bergarbeitern« in schwarzen Gewändern. Der ranghöchste Priester-Bergarbeiter trägt einen Helm mit drei Lampen, die senkrecht angeordnet sind; die rangniedrigeren Priester haben nur zwei oder eine einzige Lampe. Der Hohepriester empfängt ihn mit den Worten, Culianu sei ja ein Jünger Eliades, von dem »wir eine hohe Meinung haben«. Er möchte Culianu die Leitung eines Instituts anvertrauen, aber er rechnet mit »Einwänden«. Könnte er eine nominelle Unterstützung für sie in Erwägung ziehen? Am Abend sehen sie im Fernsehen nichts als Bergarbeiter, die Sprüche gegen die »Ausländer, die gekommen sind, um unser Land auszurauben« skandieren und sich auf »Gott und die Erde unserer Ahnen« berufen. Sein Freund rät ihm, eine öffentliche Erklärung abzugeben und dabei eine Bergarbeiter-Lampe als »Lichtsymbol« in der Hand zu halten.

Der witzige, unterirdisch religiöse Hintergrund der Geschichte läßt an das Labyrinth des Unbewußten denken. Sie bietet eine Erklärung für Culianus beharrliches Zögern, sooft ihn seine Schwester darum bat heimzukehren: Er betrachtete die Rückkehr als symbolische Unterstützung der neuen Regierung. Während der Vorbereitung des *Dictionnaire des Religions* hatte Hillary einmal nach einem arbeitsreichen Tag von Mircea Eliade geträumt. Er kam auf sie zu, hatte sie Ioan am nächsten Morgen erzählt, und erhob in einer versöhnlichen Geste die Hand. »Er hat dich geprüft«, hatte Culianu gesagt, »und du warst feinfühlig genug, es zu spüren. Er sagte dir, daß es ihm gutgeht und daß er kein böser Mensch ist. Er war kein Mitglied der Eisernen Garde.«

Culianu schrieb noch einen scharfen, zweiteiligen Artikel »Cea mai proastă inteligenţă« (›Der dümmste Geheimdienst‹). Nachdem er sich darin über die kulturelle Bewegung des ›Protochronismus‹ lustig gemacht hatte, die in den achtziger Jahren nachzuweisen versucht hatte, daß praktisch alle wichtigen intellektuellen Neuerungen aus Rumänien stammten, gab er zu, daß es immerhin einen Bereich gebe, in dem das kleine Land weltweit führend sei:»Ohne zu zögern, läßt sich sagen, daß Rumänien der erste Platz gebührt, was die Dummheit seines Geheimdienstes angeht.« Er behauptete, daß die Securitate auch nach der Revolution die Ereignisse weiter manipulierte:»Es ist klar, daß die Securitate sich unter Iliescu berechtigt fühlt, das Land weiterhin zu regieren, denn sie weiß, daß niemand außer ihr eine Hauptrolle bei der Beseitigung Ceauşescus gespielt hat.«

Der Artikel gebrauchte Ausdrücke wie »hirngewaschene Idioten«, »diabolische Kretins« oder »höchst dümmlicher Geheimdienst« und behauptete, das Ergebnis des Dezembers 1989 seien die Entwendung von »Milliarden von Dollar [an Hilfszahlungen], unbeschreibliches Elend, Hunger, Kälte und AIDS [...] und eine grenzenlose Schande vor der ganzen Welt«. Er plädierte für eine »Zerstörung des ganzen Ceauşescu-Erbes« sowie für »den ehrlichen Neuanfang bei Null«: »Was jetzt getan wird, ist zweifellos genau das Gegenteil davon.« Dieselben Bürokraten, die an der Spitze der Schreckensherrschaft Ceauşescus gestanden hatten, führten Rumänien jetzt in einen »unmittelbar bevorstehenden, verheerenden Bankrott«. Am meisten beklagte er, daß, obwohl die Securitate das Wahlergebnis »retuschiert« hatte, die Menschen die alten Gesichter offenbar sehen wollten.

Im »Dialog der Toten, Teil II«, schrieb er etwas hoffnungsvoller über die Zukunft. Der Artikel schildert die Nah-Todeserfahrung eines Mädchens, das von Bergarbeitern zusammengeschlagen, aber von einem Arzt gerettet wird, der zeigt, daß viele im Lande »immer noch normal und gut« sind. Das Mädchen hat eine Vision, in der Gott ihr sagt, daß die rumänische orthodoxe Kirche sich mit ihrem Feind, der Lüge, verbündet habe: »Das Böse, die Dummheit und die Lüge – diese protochronistische Dreifaltigkeit, die die aktive Dreieinigkeit von Securitate, Bergarbeitern und Regierung verteidigt – sind nicht ewig! Sie sind verwundbar. Ihr [. . .] alle, die ihr für die Wahrheit kämpft und der Tyrannen und der sinnlosen Opfern, des blutigen Terrors der Securitate mit ihren windigen und finsteren Manövern und ihrer dunklen und verlogenen Macht überdrüssig seid . . . vereinigt euch! Vereinigt euch zu Minimalforderungen, zu denen die Läuterung der Regierung und die Erschießung der Lügner gehört.«

Irgendwann im Sommer kam in Hillary Wiesners Wohnung in der Harvard Street ein rumänischer Brief für Culianu an, der an die Anschrift der Redaktion von *Lumea Liberă* adressiert und ihm von dort nachgesandt worden war. Hillary hatte ihn aus dem Briefkasten geholt und gab ihn Ioan. Er machte ihn auf, las ihn und warf ihn weg. Er erzählte ihr nicht, was darin stand. Ein zweiter Brief dieser Art kam in der nächsten Woche. Diesen warf er einfach weg. »Willst du ihn denn nicht öffnen?« fragte sie. Er schüttelte den Kopf. Es war einfach eines von mehreren Ereignissen in einer hektischen Zeit, und er wollte sie nicht mit den Reaktionen auf seine Artikel beunruhigen. Sie ging dem nicht weiter nach.

Wenige Abende später gingen sie ins Kino, um sich *Cyrano de Bergerac* mit Gérard Dépardieu anzusehen. Am Ende bemerkte sie, daß Ioan Tränen in den Augen hatte. »Was ist los?« Er lachte verlegen. Aber sie spürte, »daß er in seinem Geist selbst ein Cyrano war, auf einer geheimen ideellen Mission, um seinen Vater und seine Vergangenheit durch sein Schreiben zu rächen«. In einer seiner Kolumnen antwortete er auf die schriftlichen Drohungen. Präsident Ion Iliescu hatte einen sehr verbreiteten Gedanken geäußert: Die Exilanten, die das Land in schweren Zeiten verlassen hatten, hätten jetzt kein Recht, es zu kritisieren. Diese Taktik wandelte die Stärke der Exilanten, ihre Kenntnis des Lebens im Westen, in eine Schuld um: Sie hätten sich an fremde Mächte »verkauft«. Culianu meinte dazu, daß er im Exil gelernt hatte, »daß es möglich ist, normal und gut zu leben [. . .] ohne Schwachsinnige, die eine tote Wirtschaft planen« und schrieb zurück: »Ihr habt mir nichts anderes als Leiden, Elend, Stumpfsinn und Schmerz gegeben. Ihr habt mir

zwanzig Jahre meines Lebens geraubt. [. . .] Zu lange habe ich
so getan, als hörte ich Euch nicht. Es ist an der Zeit, daß Ihr mir
zuhört. Und ob es Euch paßt oder nicht, ich habe vor, immer
mehr und immer lauter zu reden.«

Ioan und Hillary machten am Strand in der Nähe von Ogun-
quit, Maine, eine Woche Urlaub. Culianu bevorzugte große,
moderne, unpersönliche Hotels. Er hatte in Europa genug Zeit
in schmutzigen Pensionen verbracht. Sie gingen an der felsigen
Küste entlang und genossen den Nebel, der alle Eindrücke
außer der salzigen Meeresluft und dem Rauschen des Windes
in den Pinien überlagerte. Er liebte die Eiswürfel-Automaten
im Hotel. Abends gingen sie zu den Holzhütten, wo es frischen
Hummer gab, der mit Meerwasser gesalzen und in Butter ge-
tränkt auf Papptellern serviert wurde.
Als sie nach Cambridge zurückkamen, fanden sie mehrere
Briefe, die *Lumea Liberă* Culianu nachgesandt hatte. Er rief
seinen Freund Dorin Tudoran an. »Die Briefe sahen aus wie
die, die ich mal von einer Gruppe erhalten habe, die sich ›Die
Söhne Avram Iancus‹ nannte«, sagte Tudoran. Beile, große
Messer und tropfendes Blut verzierten die Seite, auf der versprochen wurde: »Unsere Waffen werden diejenigen treffen,
die ihre Nation gegen Bezahlung entehren. Wir werden sie in
einen ewigen und schmachvollen Schlaf versetzen.« Die Securitate dachte sich oft faschistische Gruppen aus, um Exilanten
zu bedrohen; der rumäniendeutsche Schriftsteller Richard
Wagner hat die direkte Verbindung zwischen den »Söhnen Avram Iancus« und dem rumänischen Geheimdienst zweifelsfrei
festgestellt. Iancu war übrigens ein siebenbürgischer 1848er.
Andere hatten in Paris und München ähnliche Briefe erhalten,
sagte Tudoran. »Teile es der Polizei und dem FBI mit«, sagte
Tudoran zu Culianu. »Je mehr von uns sie anzeigen, desto
ernster werden sie jeden von uns nehmen.«
Culianu wollte nicht. »Er hatte die Logik des Magiers«, meinte
Hillary Wiesner. »Er dachte, ›Wenn ich diese Briefe rituell
zerreiße und zerstöre, werden ihre Urheber entwaffnet‹.«

Am 17. August feierten sie in Cambridge Hillarys Geburtstag. Er hatte sich in diesem Sommer mit John Crowley angefreundet, der ihn dann für das kommende Frühjahr zu einer Tagung über Magie in Chicago einlud. Crowley wohnte in Amherst. Er war ein erfolgreicher Fantasy-Schriftsteller, dessen Bücher – darunter Titel wie *Little Big*, *Novelty* und *Engine Summer* – von der Kritik gelobt wurden. Er hatte Culianus Buch *Eros and Magic in the Renaissance* gelesen, und es hatte ihm sehr gefallen. Auf eine ganz andere Art ging es auch in seinen Büchern um Magie, mehrdimensionale Welten und Zeitreisen.

Nach Hillarys Geburtstag schrieb Culianu eine Kolumne für *Lumea Liberă*, die er »Fantapolitica« überschrieb. Stolz verwies er auf seine Vorhersagen über die Revolution und die Regierungsbeteiligung seines Freundes Andrei Pleşu und seines Schwagers Dan Petrescu. Er »wußte« nicht mehr als alle anderen, sagte er; eigentlich »wurden nach Mircea Eliades Tod 1986 meine Beziehungen zu Rumänen recht sporadisch«. Um seine Einblicke zu erklären, griff er auf die Komplexitätstheorie zurück. »Ich hatte ein Schachproblem gelöst, das der KGB auch gelöst hatte. Und das Problem ließ nur eine einzige Lösung zu: den Sturz Ceauşescus. Die Universen vervielfachten sich derart, daß die wenigen Dissidenten vom Computer benutzt wurden, um Marionetten wie Iliescu hochzuheben. [. . .] Weil ich sie ziemlich gut kannte, hat mein Geist vermutlich vorausgesehen, daß Pleşu und Petrescu die neue Lage akzeptieren würden.« Er deutete die Ereignisse mit gesundem Menschenverstand und wählte den wahrscheinlichsten Ausgang aus.

Jetzt konnte man bereits die wesentlichen Unterschiede zwischen Culianus Aufsätzen und den Vorwürfen, die von anderen oppositionellen Schriftstellern erhoben wurden, ausmachen. Er gab zu, daß die Regierung Iliescu die Grundfreiheiten durchaus gewährt hatte; er legte nahe, daß er mehr über die Ereignisse wußte, als er zugab; und er schrieb in einem kompromißlosen Stil, der geeignet war, lebenslangen Haß zu provozieren. Sein Zorn war begleitet von scharfer, tiefer Ironie. Niemand schrieb so treffsicher, niemand besaß so viele

Beziehungen zu den internationalen Medien oder ein so hohes Ansehen im Einflußbereich von Eliade wie er.

In Rumänien waren Culianus Schriften dem großen Publikum nicht bekannt, aber seine Erzählungen in *Agora* und seine Artikel in *Lumea Liberă* erreichten eine einflußreiche Leserschaft. *Lumea Liberă* erregte aus zwei Gründen großes Interesse, sagte Mircea Răceanu, der ehemalige Beauftragte des rumänischen Außenministeriums für die USA und Kanada. »Erstens schrieben jetzt viele prominente Persönlichkeiten für das Blatt, und zweitens waren die Anklagen, die sie erhoben, gerechtfertigt.« Die gewissenhaftesten Leser Culianus, die sich die Zeit nahmen, die unerbittlichen Angriffe aus New York zu analysieren, saßen jedoch offenbar im Rumänischen Informationsdienst SRI.

Die letzten dreizehn seiner Beiträge für *Lumea Liberă* gingen von direkten Angriffen zu subtileren, raffinierteren, indirekten Kommentaren über. Er schrieb unter anderem über Elie Wiesel, der aus einer Stadt unweit seiner eigenen Geburtsstadt stammte, und erörterte die Frage, ob ein Exilant angesichts der Ungerechtigkeit »schweigen« oder »schreien« sollte. Der Zorn war nunmehr verhüllter; vielleicht hatten die Drohungen ihn erschreckt. Dennoch wurde das neue Regime durchweg kritisiert. Der Artikel über Wiesel etwa nannte Rumänien ein »Gefangenenlager mit offenen Toren, das die befreiten Gefangenen nicht verlassen wollen – und in dem diejenigen, die vor kurzem noch Scharfrichter gewesen sind, zu rechtmäßigen Herrschern über ihre Opfer geweiht wurden.«

Als Culianu einmal mit Greg Spinner beim Mittagessen saß und sie sich über seine Arbeit, über Gregs Sommerferien und über andere Projekte unterhielten, sagte Ioan schließlich: »Ich begebe mich mit meiner Schreiberei auf ein gefährliches Gebiet.« Greg wollte mehr erfahren, doch Ioan wollte sich nicht darüber auslassen.

Im Herbst 1990 kehrte Culianu in seinen Wolkenkratzer am Michigan-See zurück. Er hielt einen Sonderkurs über Sektenbildung, über die Geschichte der christlichen und buddhistischen Häresien und den Einführungskurs zur Geschichte des Christentums. In seinen letzten Kolumnen für *Lumea Liberă* wandte er sich allgemeinen und eher wissenschaftlichen Gegenständen zu wie der Inquisition, Claude Lévi-Strauss, der Cajun-Kultur, die er in New Orleans kennengelernt hatte, und Umberto Eco. Er untersuchte Themen wie die Verwechslung von Fiktion und Geschichte und Mord aus imaginären Motiven. Zu Thanksgiving war er mit Hillary Wiesner und Moshe Idel zur Konferenz der American Academy of Religion nach New Orleans gefahren, wo sie Andrei Codrescu getroffen hatten. Idel, Culianu und Codrescu haben beschlossen, englisch miteinander zu sprechen, weil das Rumänische zu traurige Erinnerungen weckte. In einem Cajun-Restaurant hatten Culianu und Codrescu bis tief in die Nacht über die Freundlichkeit Eliades gesprochen, der beiden als jungen Männern geholfen hatte, und immer wieder über den Umbruch in ihrer Heimat.

Die Stadt hinterließ einen tiefen Eindruck auf sie. Mehrfach rief er seine Schwester in Frankreich an. »Das ist unser Ort auf der Welt«, sagte er; er identifizierte sich mit der Cajun-Gesellschaft, mit den Akadiern, den Nachkommen der aus der kanadischen Provinz Acadia, dem heutigen Nova Scotia, stammenden Einwanderern in Louisiana, die er dafür bewunderte, daß sie trotz Verfolgung ihre Kultur und Sprache bewahrt hatten. Als er heimkehrte, schrieb er seine geheimnisvollsten Kolumnen: »Cel mai mare român în viață« (›Der größte lebende Rumäne‹) und »O șansă unică« (›Eine einmalige Chance‹), in denen er von seinen Erfahrungen mit den Angriffen der Eisernen Garde Ende der siebziger Jahre berichtete. Zu den Drohbriefen waren bereits anonyme Anrufe gekommen. Die Drohanrufe seien »unglaublich vulgär«, erzählte er Tudoran. Sie machten ihm langsam angst.

Diese Form der Belästigung war nichts Ungewöhnliches. Die Drohungen, die ihn erreichten, folgten einem bestimmten Muster. In den Vereinigten Staaten veröffentlichten Journalisten in Tausenden von fremdsprachigen Zeitungen ausgezeichnete Recherchen, auf die Landsleute von ihnen nicht selten mit

Drohungen reagierten. Zu den verwegensten Reportern zählten Triet Le, der im *Cultural Vanguard* aus Virginia über den vietnamesischen Rechtsextremismus schrieb, und Manuel de Dios Unanue, der für den New Yorker *El Diario/La Prensa* über Drogenschmuggel berichtete. Le und Unanue wurden 1990 bzw. 1992 ermordet aufgefunden. Die Polizei versuchte diese Verbrechen zu ignorieren. In den letzten Jahren sind insgesamt etwa dreizehn Journalisten von ethnischen und Emigrantenzeitschriften in Amerika ermordet worden. Viele dieser Morde folgten dem gleichen Muster wie die Ermordung Ioan Culianus.[51]

Die Reihenfolge der Belästigungen gegen Culianu folgte etwa dem Szenario, das ein ehemaliger Securitate-Oberst dem Journalisten Petre Băcanu schilderte: zunächst Briefe, dann Telefonanrufe, dann ein Einbruch oder ein persönlicher Besuch. Schließlich, wenn der Schriftsteller nicht nachgab, wurde er getötet. Ein Grund, warum Culianu die Erzählung »La sequenza segreta« (›Die geheime Ordnung‹) schrieb, war, daß er seine Erfahrungen verarbeiten wollte. Die Erzählung, die zuerst in der Mailänder Zeitschrift *Leggere* und später in der *New York Review of Science Fiction* veröffentlicht wurde, schilderte die Laufbahn eines obskuren häretischen Propheten, Johannes von Kappadokien, der die Welt als gewaltigen geistigen Prozeß betrachtete, in dem alle menschlichen Geister Teile eines einzigen Weltgeistes waren, der die Aufgabe hatte, alle denkbaren Gedanken zu denken. Wenn alle gedanklichen Permutationen erschöpft waren, würde das Universum aufhören zu existieren. Wie die meisten der Erzählungen von ihm und Hillary endete auch diese mit dem Gefühl des Erzählers, sich in Gefahr zu befinden: »Plötzlich nehme ich die ganze Bedrohung der mit Gemurmel erfüllten Nacht wahr, die mich von der anderen Seite des Fensters anstarrt, und ich beschließe diese Zeilen, die ebenso überflüssig sind wie alle anderen Dinge, aber Teil eines Ganzen, in dem es jedoch nichts gibt, nicht einmal das Ende meines eigenen Daseins, was mir die geheime Ordnung offenbaren könnte.«

Ende Dezember rief er Tess in Poitiers an, wo Dan an seiner

Doktorarbeit über Eliade arbeitete. »Ich höre mit den Artikeln auf«, sagte er. Er habe sie mit aller Überzeugung geschrieben, und das habe er »tun müssen«, fügte er hinzu. Jetzt kritisierten aber andere Schriftsteller das Regime, und er wollte sich endlich wieder Buchprojekten widmen. Tess begrüßte seinen Entschluß. Er meinte allerdings auch, ihm wäre es lieber gewesen, wenn die Artikel in Rumänien erschienen wären, wo sie mehr Gehör gefunden hätten.

21 Ein Scheideweg

Im Norden Chicagos, an der Kreuzung von Foster Avenue und Ashland, riecht es vor Carol's Café nach ›ciorbă‹ (saurer Suppe) und ›sarmale‹ (in gesäuerte Wein- oder Kohlblätter gewikkelte Hackfleischklößchen). Drinnen, neben jungen Frauen in hautengen schwarzen Kleidern oder Männern, deren Krawatten nicht zur Jacke passen, kann man die neuesten Ausgaben von Zeitungen aus Cluj oder Brașov lesen. Die Männer rauchen, unterhalten sich über die Neuigkeiten des Tages und hören der Geigen- oder Panflötenmusik zu. Geht man etwas nach Süden, dann erreicht man das Restaurant Little Bucharest, das jeden September mit seinem zweitägigen Rumänischen Festival bis zu dreißigtausend Besucher anlockt, die zusehen, wie dem Bürgermeister von Chicago ein vierhundert Pfund schweres gebratenes Schwein überreicht wird.

Die Volkszählung von 1990 verzeichnete 21 275 Rumänen, die in Chicago und Umgebung leben, obwohl ihre tatsächliche Zahl viel größer sein dürfte. Sie kamen in drei Wellen: nach dem Bauernaufstand von 1907, nach dem Aufstieg des Kommunismus 1945 (als sich Eiserne Gardisten dort niederließen) und weiter bis zu der Revolution von 1989. Die meisten arbeiten hart; vielen geht es nicht schlecht. Einer der Einwanderer, die in den achtziger Jahren kamen, als die Entbehrungen in ihrer Heimat unerträglich geworden waren, war ein junger Mensch, der sich wie eine Borgessche Figur in Culianus Geschichte schlich. Adrian Szabó, so wollen wir diesen jungen

Mann nennen, wuchs auf einem Bauernhof in Siebenbürgen auf, der fünf Generationen lang seiner Familie gehört hatte. Der Familie ging es gut, bis 1956 ein Großteil ihres Landes und ihres Viehs im Zuge der rücksichtslosen Kollektivierung beschlagnahmt wurde. Seine zweiundzwanzigmonatige Armeezeit Anfang der achtziger Jahre mußte Adrian praktisch unter Haftbedingungen in einem Arbeitslager verbringen.

Bei seinem dritten Versuch gelang es ihm im Winter 1985 mit zwei Freunden die jugoslawische Grenze zu passieren. Sie waren in weiße Laken gehüllt und fielen im Schnee nicht auf. Sie bewegten sich nur nachts vorwärts, schliefen in Scheunen oder in verlassenen Autos und stahlen ihr Essen aus den Räucherkammern der Bauern. Adrian erreichte Österreich und überstand österreichische und italienische Übergangslager, bevor er schließlich in die Vereinigten Staaten kam. Er war gebaut wie ein Footballspieler und recht gutaussehend, rotblond mit einem kleinen Schnurrbart. Er arbeitete als Lastwagenfahrer, zuerst in Chicago, dann in Houston und Los Angeles, und im Herbst 1989 kehrte er schließlich nach Chicago zurück.

1985 war Szabó einem Landsmann begegnet, der einen gangsterartigen Spitznamen führte. Ihn nennen wir der Einfachheit halber »Johnny«. Johnny war gedrungen, hatte seine Muskeln mit Steroiden aufgepumpt, schielte leicht, hatte einen Bürstenschnitt und trug meist schwarze italienische Lederjacken. Er sah aus wie ein Rausschmeißer. Adrian und Johnny gingen oft abends gemeinsam weg: Sie spielten Billard oder mit Modellrennwagen oder hingen in osteuropäischen Nachtclubs wie Nelly's Saloon an der Elston Avenue herum. Johnny gab ständig mit seinen Großtaten an – Versicherungsbetrug, Überfälle, Einbrüche –, und Adrian mochte seine direkte Art. Manchmal heckten sie spät in der Nacht, nach vielen Bieren, einige neue Pläne aus, um den großen Coup zu landen.

Im Sommer 1990 arbeitete Adrian bei einem Freund, der seine eigene Spedition in Illinois hatte. Er fuhr regelmäßig vom O'Hare- zum John F. Kennedy-Flughafen in New York. Eines Tages saß er in seinem griechischen Lieblings-Café in der Nähe des O'Hare-Flughafens. Ein gutgekleideter Mann zwischen

Ende Vierzig und Anfang Fünfzig, mit einer beginnenden Glatze und einer Brille mit Silberfassung, hörte ihn und seine Freunde zufällig miteinander sprechen. Er kam an ihren Tisch. »Sie sprechen rumänisch?« fragte er.

Später am selben Tag traf Adrian den Mann wieder, als er zur Frachtladerampe von Austrian Airlines zurückkehrte. Er hatte jetzt kein Jackett mehr an und kontrollierte mit hochgekrempelten Ärmeln Paketsendungen. »Adrian!« rief der Mann. Er stellte sich als Nicolae Constantin vor. »Ich habe einen Vorschlag für Sie. Lieferungen nach New York. Genau das, was Sie jetzt machen, aber ich bezahle viel besser.«

Constantin gab ihm seine Karte. Er arbeitete offenbar bei einer Firma, die sich auf »Transporte und Versand« spezialisiert hatte. In jeder Ecke der Karte stand eine Adresse von einer Niederlassung, in Chicago, New York, Paris und Wien. In der Mitte war ein Logo: eine Pyramide mit dem Auge Gottes als Spitze, aus dem Strahlen hervorschossen. Es sah aus wie das Freimaurersymbol auf dem Ein-Dollar-Schein, das auch von Giordano Bruno beschrieben wird. »Rufen Sie mich an«, sagte Constantin. »Wir sollten uns unterhalten.«

Fern von der Welt der Immigranten in Chicago waren hochrangige rumänische Diplomaten im ersten Jahr nach der Revolution sehr viel unterwegs. In Paris fiel dem französischen Nachrichtendienst auf, daß die Botschaft »aktiver im Bereich der politischen und militärischen Spionage war als in der Ceauşescu-Ära«, wie der Journalist Tad Szulc schrieb. »Der französische Nachrichtendienst fand das unverständlich.« Bei derartigen Aktivitäten profitierte die neue rumänische Regierung von den internationalen Beziehungen der ehemaligen Securitate. Petre Băcanu, Chefredakteur von *România Liberă*, war überzeugt, daß die Überwachung der Rumänen im Ausland seitens der rumänischen Nachrichtendienste weiterging: »Ich habe außerhalb Rumäniens mehr Angst als zu Hause.«

Viele Personen reisten 1990 mehrfach mit rumänischen Diplomatenpässen oder mit Visa, die in manchen Fällen über die rumänische Fluggesellschaft Tarom erteilt wurden, in die Vereinigten Staaten ein. *Lumea Liberă* erhielt Berichte, denen zufolge ehemalige Securitate-Agenten in Schmuggelguttransporte im Mittleren Westen der USA verwickelt waren. Einer von ihnen, so schien es, benutzte den Decknamen Nicolae Constantin.

> Ein Dichter muß die Zensur des Transzendenten lüften.
>
> Lucian Blaga

22 Erinnerungen an die Zukunft

Am Ende des Herbsttrimesters 1990 sah Ioan Culianu sich in einer Situation, die er seit fünfzehn Jahren nicht mehr erlebt hatte. Er hatte keine Verträge für neue Bücher, keine dringenden Termine, auch keine Vortragsreise stand unmittelbar bevor. Er mußte niemandem etwas beweisen. Er war voller neuer Theorien zur Religion und zur Geschichte, denen er nachgehen wollte und war auf der Suche nach einem neuen Durchbruch in seiner Karriere.

Er hatte viel zu tun, gewiß – er war verlobt, schrieb, lehrte und plante eine internationale Konferenz über Reisen nach dem Tode, die im nächsten Mai an der Universität Chicago stattfinden sollte. Er freute sich darauf, ebenfalls im Mai einen Vortrag auf der Chimera II-Konferenz über Magie zu halten. Er brachte jährlich zwei Nummern seiner Zeitschrift *Incognita* heraus, die das bescheidene Ziel verfolgte, die Methodologie der Geisteswissenschaften radikal zu verändern. Er plante seine erste Reise in seine Heimat nach achtzehn Jahren und sprach oft mit seiner Schwester in Poitiers. Dennoch: Während die Herbstnächte kühler wurden und die Ulmenblätter im Hof sich wie kleine Fäuste zusammenrollten, sah er sich einer einzigartigen Situation gegenüber. Er war, wie er es sich lange gewünscht hatte, frei.

Er begann Ideen für neue Bücher zu entwickeln. Während der

nächsten Wochen schlug er größeren Verlagen wie HarperCollins und Macmillan fünf Buchprojekte vor. Für vier seiner Vorschläge setzte er die Abgabefrist auf den 31. Dezember 1991 – ein aberwitziger Arbeitsplan. Wie seine literarische Lieblingsfigur, Borges' Kriminalkommissar Erik Lönnrot in »Der Tod und der Kompaß«, meinte auch er ein welthistorisches Ordnungsprinzip entdeckt zu haben, und er arbeitete unermüdlich daran, es bis zu seinen letzten Konsequenzen zu verfolgen.[52] Andererseits verhielt er sich, als hätte er plötzlich nicht mehr viel Zeit.

Das bei weitem umfangreichste Buchprojekt war eine mehrbändige *Encyclopædia of Magic* für die Oxford University Press. Er konnte auf die Erfahrungen zurückgreifen, die er als Eliades Mitarbeiter bei der *Encyclopaedia of Religion* gemacht hatte, und beteiligte einen internationalen Stab von Fachleuten – darunter Lawrence Sullivan von Harvard, Moshe Idel von der Hebräischen Universität und seinen Chicagoer Kollegen Michael Fishbane –, die das Projekt betreuen sollten. Er wollte das erste wissenschaftliche Standardwerk über Magie seit vierzig Jahren in einem Zeitraum von drei Jahren, in dem auch eine Reihe begleitender internationaler Konferenzen stattfinden sollte, abschließen. Die Erstellung dieser neuen Enzyklopädie wäre »eine der anspruchvollsten Aufgaben der neunziger Jahre, sowohl für die Wissenschaft als auch für die Verlagswelt«, hatte er in seinem Exposé geschrieben.

Tatsächlich war sein Vorhaben ungeheuer ehrgeizig; an vergleichbaren Kompendien gab es bisher lediglich Lynn Thorndikes achtbändige *History of Magic and Experimental Science*. Thorndikes Werk, das zwischen 1923 und 1958 erschienen war, krankte an einem seichten Verständnis und an einer »Verachtung« der Magie, klagte Culianu. ›Magie‹ war kein oberflächlicher Begriff, der alles von den Jahrmarktgauklern bis hin zu den Schamanen der Naturvölker umspannte. Vielmehr bezog er sich auf die Welt der Imagination, welche »die abendländische Wissenschaft jahrtausendelang beherrscht hatte«, als die Kultur noch auf dem Glauben beruhte. Culianu wollte die weltweit verbreiteten metaphysischen Künste und Praktiken aufzeichnen, die das Unbewußte mit dem Bewußten zu vereinigen versuchten, und widmete sich diesem Thema mit der Präzision und der Leidenschaft, die ein Physiker dem Verhalten der subatomaren Quarks und Neutrinos entgegenbringt.

Das mehrbändige Projekt sollte in vier Phasen verwirklicht werden. Die erste Phase sollte die in diesem Bereich tätigen Wissenschaftler bewerten und zur Bildung eines internationalen wissenschaftlichen Komitees führen. Als Herausgeber von *Incognita* schrieb Culianu: »Ich habe die erste Phase 1989 damit begonnen, daß ich die besten Wissenschaftler aus verschiedenen Gebieten bat, mir Aufsätze über Magie für das Januar-Heft 1991 einzusenden. [...] Bereits vor dem Redaktionsschluß [am 1. Oktober 1990] hatten wir mehr Material bekommen, als wir verwerten konnten.« Diese Reaktion helfe ihm nicht nur dabei, Wissenschaftler zu gewinnen, sagte er, sondern gebe ihm auch zu verstehen, daß »die Zeit vollkommen reif« für eine wissenschaftliche Enzyklopädie der Geheimkünste sei.

In einer zweiten Phase sollte die Kerngruppe einen einbändigen Abriß, eine etwa dreihundertfünfzigseitige »allgemeine Geschichte der Magie«, zusammenstellen, ähnlich dem *Handbuch der Religionen*. Die dritte Phase sollte etwa fünfzehn der besten Forscher aus jedem Spezialgebiet in einer Konferenz persönlich zusammenführen, bei der jeder seine Aufsätze vorstellen sollte. Während der vierten Phase sollte ein internationaler Kongreß stattfinden, »der die Teilnahme von mindestens 150 Wissenschaftlern erfordert und im April oder Mai 1992 entweder in Harvard oder an der Universität Chicago stattfinden sollte«, wo die Arbeitsgruppen zusammengestellt und über die endgültigen Artikel entschieden würde. Der vorgesehene Redaktionsschluß für die gesamte Enzyklopädie war der 1. Juli 1994. Alles in allem »war es ein unglaubliches Unterfangen mit wichtigen Folgen für das Studium von Religion, Mythos, Geschichte und sogar für die Kognitionswissenschaften«, sagte Moshe Idel. »Nichts Vergleichbares ist je versucht worden.«

Die Weihnachtsferien 1990 wollten Culianu und Hillary gemeinsam verbringen. Sie hatten sich seltener gesehen als während des vergangenen, für ihn turbulenten Jahres, als Hillary noch Kurse in Harvard besucht und an ihrer Dissertation gearbeitet hatte. Im Dezember bekamen sie in Cambridge Besuch von Hillarys Freundin Cathy O'Leary und deren Freund. Sie brachten fluoreszierende Zauberstäbe mit, die man für das Fantasyspiel Talisman, das Ioan und Hillary liebten, brauchte. Nach einem selbstgekochten Abendessen hatten Cathy und Hillary Appetit auf Eis. Ioan erbot sich, Eis kaufen zu gehen. Eine halbe Stunde später kehrte er mit zwei Einkaufstüten zurück, die mit sieben verschiedenen Eissorten vollgestopft waren. Sie waren so vertieft in ihr Dessert und in ihr kleines Zauberstab-Fest, daß sie das Spiel gar nicht mehr spielten. »Das war typisch für ihn«, sagte Cathy. »Sogar ein Gang zum Drugstore war für ihn ein Abenteuer.« Seine Kauflust erstreckte sich auf fast alle Bereiche. »Er kaufte in den Schallplatten- und CD-Clubs«, sagte Hillary, »er kaufte für gewöhnlich alles, was in den Werbeprospekten, die seiner Kreditkartenrechnung beigelegt waren, angepriesen wurde.« Auf diese Weise kam er wohl auch in jenem Winter dazu, ohne ihr Wissen eine zusätzliche Lebensversicherungspolice abzuschließen, in die er Hillary als Begünstigte einsetzte.

In Hyde Park interviewte ihn wenige Tage nach dem Abend mit Cathy und ihrem Freund Gabriela Adameşteanu, eine Schriftstellerin und Journalistin von 22, einer wichtigen und anspruchsvollen rumänischen Wochenzeitung. Nach der Revolution war das Interview in Rumänien zu einer der beliebtesten Formen des Journalismus geworden. Nach Jahren der Isolation entdeckten die Schriftsteller einfach einander und legten die Ironie und die Vieldeutigkeit ab, die den öffentlichen Diskurs der kommunistischen Ära zwangsläufig geprägt hatte. Gabriela Adameşteanu befand sich auf einer Reise durch Nordamerika und stellte »eine Reihe von bemerkenswerten Interviews« mit bedeutenden Exilrumänen zusammen. Die Zeitschrift 22 war nach dem ersten Tag der Revolution benannt worden und stand der Regierung Iliescu äußerst kritisch gegenüber. Sie war die einflußreichste unabhängige politische Publikation des Landes. Für den Tag, an dem Gabriela Adameşteanu und Culianu ihre Verabredung hatten, war von irgendeinem Guru ein Erdbeben im Mittleren Westen vorausgesagt worden.

Sie trafen sich in Mircea Eliades Lieblingsrestaurant. Die dunkelhaarige und attraktive Gabriela Adameşteanu trank Kaffee und rauchte, während sie das Gespräch auf Tonband aufzeichnete. Sie war beeindruckt von Culianus Jugendlichkeit. »Nachdem ich seine Publikationsliste gesehen hatte, dachte ich, daß er sehr alt sein müßte«, erinnerte sie sich. Sie stellte einen Unterschied zwischen ihm und anderen Exilrumänen fest: Er schien amerikanischer zu sein, mit seinen Wildlederschuhen, den Khakihosen und dem Flanellhemd. »Vielleicht weil er schon zum Westen gehörte, gleichzeitig aber Rumänien kannte«, sagte sie, »schien er Dinge zu verstehen, die dort vor sich gingen, die ich nicht sehen konnte.«

In diesem Interview ging es um alle möglichen Themen wie die amerikanische Kultur, New Age und die Kontroverse um Eliade. Sie gingen ausführlich auf die aktuelle Politik ein. Culianu meinte zwar, daß er nicht viel von Politik verstünde, aber er sah es als erwiesen an, daß die Revolution in Rumänien ein Schwindel war, ein »tragischer Verlust von Zeit, Menschen und Energien«. Gabriela Adameşteanu sprach in diesem Zusammenhang die rabiate rechtsextremistische Zeitung *România Mare* an, die von ehemaligen Kommunisten geleitet wurde. »Wenn es eine Revolution gegeben hätte«, entgegnete er, »würde es *România Mare* nicht geben.«

Er griff die Securitate scharf an, nannte sie eine Kraft »von epochaler Dummheit und doch von ungeahnter Tiefe« und betonte die Rolle des KGB bei der Revolution. Während die russische Geheimpolizei in der eigenen Heimat erfolglos gewesen sei, sagte er, sei sie in Rumänien durch ihren Günstling, die Securitate, nur allzu aktiv. Sie widersprach und zitierte einen oppositionellen Schriftsteller, der gesagt hatte, daß die Securitate nur einen Teil, nicht die ganze Gesellschaft kontrolliere. »Er hat recht«, erwiderte Culianu, und schilderte die

Beziehung zwischen extremer Rechten und extremer Linken, in der er die Hauptursache für die verbrecherische Sackgasse erblickte, in die das Land geraten sei: »Nur daß die Securitate Ablenkungsmanöver inszeniert und sowohl die lokale Politik als auch die Vatra Românească und die Medien beherrscht. Sie hat einen ganz außerordentlichen Einfluß. Sie kann jederzeit sagen: Wir haben sie [die Revolution] gemacht, ihr habt kein Anrecht mehr darauf.«

Culianus Schärfe überraschte sogar Gabriela Adameşteanu, die einiges gewöhnt war. »Ich hatte mit sehr vielen anderen Exilrumänen gesprochen«, sagte sie. »Er war anders. Erstens, weil er die Rolle des KGB betonte, zweitens, weil er die Revolution nicht als gestohlene Revolution betrachtete, sondern als eine Methode, Macht durch Flexibilität zu erhalten.« Als das Interview zu Ende war, sah er, wie sie sich an ihrem Tonbandgerät zu schaffen machte. »Sie haben das aufgenommen?« fragte er und wurde blaß. Er hatte ganz vergessen, daß sie das Gespräch aufzeichnete.

In dieser Nacht brach ein Schneesturm über Chicago herein und verzögerte ihre Abreise um Stunden. Nachdem er sie zum O'Hare-Flughafen gebracht hatte, fuhr er langsam durch den dichten Schnee nach Hause. Vor dort rief er sogleich seine Schwester an, immer noch in Panik. Er erzählte ihr, was er gesagt hatte.

»Ich würde mir keine Sorgen machen«, erwiderte sie. »Das ist nichts Schlimmes. Du hast doch gesehen, Gabriela ist völlig in Ordnung.«

Am 22. Dezember 1990, dem einjährigen Jubiläum der Revolution, hörte Culianu offiziell auf, in *Lumea Liberă* zu schreiben, »im gegenseitigen Einvernehmen«, wie der Redakteur Cornel Dumitrescu sagte. Er hatte »seine patriotische Pflicht« getan. Die Lage in Rumänien begann hoffnungslos zu werden, und er wollte wieder an seinen Forschungen arbeiten. Die Verantwortlichen bei der Zeitschrift, die mehrere schriftliche Beschwerden über »den Philosemiten Culianu, der die Rolle ihres Landes beim Holocaust anprangerte«, erhalten hatten, wollten »Scoptophilia« zur gleichen Zeit einstellen.

Im Hause von Dorothy und Kurt Hertzfeld in Amherst war Weihnachten 1990 ein ganz anderes Fest für Culianu als 1989. Im vergangenen Jahr hatte er am Telefon gehangen, Faxe an Freunde verschickt und war mit seinem hastig entworfenen Text für die BBC-Sendung und mit seinen Flugblättern von Zimmer zu Zimmer gerast. Dieses Jahr spielte er Schach mit dem Computer und half bei der Vorbereitung des Essens. Auf einem Video kann man ihn herumalbern sehen; er machte wieder einmal das Victory-Zeichen, schwang einen Anhänger, um Hillary zu hypnotisieren, und behauptete, er sei ein Agent der CIA. Beim Geschenkeöffnen saß er neben Hillary auf dem Sofa und legte seinen Arm um sie, während die Nichten und Neffen der Familie den Fußboden mit Geschenkpapier überzogen.

Im Januar 1991 rief Culianu seine Schwester an und schlug vor, daß er und Hillary sie und Dan im Frühjahr in Frankreich treffen und sie anschließend zusammen mit Grazia Marchianò und Elémire Zolla nach Bukarest fahren könnten, um dort Ostern zu feiern. Kurz darauf schlug er eine andere Variante vor: Er werde im Sommer nach Rumänien kommen und dabei auch an der Konferenz der American Romanian Academy teilnehmen, die zum erstenmal in Rumänien tagte. »Für die Opposition war es eine überaus wichtige Begegnung«, sagte Mircea Sabău.

Im Wintertrimester bot Culianu in Chicago Lehrveranstaltungen über Gnosis, Manichäismus und die abendländische Tradition der Magie an. Wie die meisten seiner Kurse in diesen Jahren sollte letzterer ihm bei der Arbeit an einem Buch helfen, in diesem Fall bei *Memories of the Future: The Combinatory Art of Raymundus Lullus and Its Mystical Use* (›Erinnerungen an die Zukunft: Die *ars combinatoria* des Raymundus Lullus und ihre mystische Anwendung‹). Culianu beschrieb das Buch in einem ausführlichen Exposé für HarperCollins. Er plante, Brunos Gedächtniskunst, die Entdeckungen im Bereich der künstlichen Intelligenz, die Komplexitätstheorie und Erkenntnisse der Psychologie in einer Theorie zu kombinieren, um die verschiedenen Wege zu vergleichen, auf denen Erkenntnis das

Universum erschafft. Für ihn war die Kunst der Erinnerung die wichtigste Tradition der abendländischen Mystik. »Alles begann im Jahre 1274, oder vielleicht sehr viel früher, mit den Scheiben des *Sefer Jezira*«,[53] schrieb Culianu in seinem Projektentwurf und verwies auf seine Kurzgeschichte »The Language of Creation«. »Diese Scheiben, auf denen die Buchstaben des hebräischen Alphabets angeordnet waren, erzeugen die unendlichen Buchstabenkombinationen, die die erhabene Sprache der Schöpfung zu wiederholen vermögen, die Sprache, die alle Welten ankündigt, die sichtbaren und die unsichtbaren.«

Das Exposé bezog sich vor allem auf die Annahme der jüdischen Mystiker, daß die Prozesse des Universums in einer physischen Konstruktion von Kugeln oder Rädern, die mit dem hebräischen Alphabet versehen sind, nachgeahmt werden könnten. »So entsprach die Bewegung der Scheiben [...] der Bewegung der Himmelskörper, und die Sprache entsprach dem ganzen Universum«, schrieb Culianu. Diese mystische Praxis verband die Themen seines Lebens: »Nirgendwo sonst in der Geschichte wird die Idee deutlicher ausgedrückt, daß diese beiden Systeme – das System der Sprache und das der Welt – nicht nur analog, sondern wesensgleich sind; indem man die Sprache manipuliert, kann man tatsächlich und konkret die Umwelt manipulieren.«

Die mystische Gedächtniskunst ging über eine Kunst der Erinnerung hinaus, als 1274 in den wilden Bergen von Mallorca ein vierzigjähriger Katalane namens Ramón Llull (oder Raymundus Lullus) eine Offenbarung erlebte. Lullus erfand eine Maschine, die aus Scheiben bestand, auf die er das hebräische Alphabet gezeichnet hatte. Die Maschine sah aus wie das geistige System von konzentrischen Kreisen, das Bruno später erfand (und mit astrologischen Symbolen versah). Beide Gelehrte waren auf das Prinzip des Computers gestoßen: Logik funktioniert, indem sie dieselben einfachen binären Rechenschritte unendlich oft wiederholt und variiert.

Wenn wir verstünden, daß sowohl unser Geist als auch die Welt außerhalb unseres Geistes nach denselben Prinzipien arbeiten wie ein binärer Computer, bemerkte Culianu, könnten wir Ereignisse in der Welt voraussagen, die auf Mustern der Vergangenheit beruhten. Als Abgabefrist für *Memories of the Future* schlug er den 31. Dezember 1991 vor.

In den Wintermonaten 1990/1991 entwarf Culianu drei weitere Buchprojekte. Sie waren Teil ein und desselben Projektes – eine dreibändige *History of Mind* für Macmillan, mit Einzelbänden über Wissenschaft, Religion und Philosophie. Das allgemeine Ziel aller Bände bestand darin, die logischen Strukturen freizulegen, die Culianu in *The Tree of Gnosis* in der Geschichte der drei großen Kulturschöpfungen der Menschheit zu erforschen begonnen hatte. Schon für sich genommen war das ein kühnes Projekt, aber zusammen mit *The Encyclopædia of Magic* schien das Ausmaß seines Versuches, einen universalen »Schlüssel zur Welt« zu finden, geradezu überwältigend.

All die Motive seines Lebens und Werkes kamen in dem letzten Buchprojekt zusammen: *The Birth of Infinity: The Nominalist Revolution 1250-1450* (›Die Geburt des Unendlichen: Die nominalistische Revolution‹). Über die Auseinandersetzung mit spätmittelalterlichen nominalistischen Philosophen wie Wilhelm von Ockham, Nicolaus von Autrecourt und Nikolaus von Kues wollte Culianu nachweisen, daß die wissenschaftliche Revolution ohne eine philosophische Revolution, die die Beziehung des Menschen zur Welt grundlegend veränderte, nicht hätte stattfinden können. »Die Moderne und ihre Auffassung von der Unendlichkeit des Universums«, schrieb er, seien zunächst das Ergebnis von theologischer Spekulation und erst später von wissenschaftlichen Experimenten. Es bedurfte eines Nikolaus von Kues, der die These aufgestellt hatte, daß die Erde nur ein Planet in einem unendlichen Universum sei, damit Galilei sein Fernrohr auf den Mond richten konnte: Man kann erst dann etwas entdecken, wenn man in der Lage ist, sich vorzustellen, daß es existiert.

Er griff auf Arbeiten von Wissenschaftlern wie Allen G. Debus zurück, der gesagt hatte, daß Gelehrte – wie etwa William

Harvey, der 1628 die Theorie der Blutzirkulation mit dem Herzen als Zentrum aufgestellt hatte – sich, ohne es zu wissen, auf die Metaphysik der Renaissance stützten. Harvey, Kopernikus und die wissenschaftliche Revolution waren die Folge, nicht die Ursache einer philosophischen Revolution der allgemein verbreiteten Weltauffassungen, die sich tatsächlich viele Jahrhunderte zuvor ereignet hatte. Noch heute sind wir uns nicht bewußt, daß auch wir zu dieser nominalistischen Welt gehören, schrieb Culianu. In dieser Argumentation hatte er durchaus Vorgänger, wie etwa Stephen Toulmin, der behauptet hatte, daß wir uns der Annahmen hinter unseren Methoden, mit denen wir die Welt erkennen, überhaupt nicht bewußt seien. Was wir die »wirkliche« Welt nennen, sei daher lediglich ein künstliches Konstrukt.

Am Ende eines Besuches in Chicago erinnerte Hillary Ioan wieder daran, die Green card zu beantragen, und er zeigte ihr die eidesstattliche Erklärung, die er unterzeichnet hatte. Sie machte sich Sorgen wegen ihrer Pläne für den Sommer. Sie wollte, daß Ioan möglichst bald amerikanischer Staatsbürger wird. »Wann kriegst du deine Green card endlich?«

»Bald. Bevor wir verreisen.«

23 »Dr. Faust: Großer Sodomit und Nekromant«

Im Frühjahr 1991 hatten die von vielen Journalisten aufgeworfenen Fragen zur Rechtmäßigkeit der Iliescu-Regierung deren Versuche, ausländische Investitionen ins Land zu locken, zunichte gemacht. Die Vereinigten Staaten, die in den achtziger Jahren dem Rumänien Ceaușescus als einzigem Ostblockland die Meistbegünstigtenklausel gewährt hatten, verweigerten ihm jetzt als einzigem postkommunistischen Land diesen Status. Erst im August 1996 erhielt das Land die zeitlich unbegrenzte Meistbegünstigtenklausel. Die Ausschreitungen der Bergarbeiter im Juni 1990 hatten jeden außenpolitischen Kredit, den Rumänien durch seinen Aufstand gegen einen der abstoßendsten Diktatoren der Welt gewonnen hatte, bereits ein halbes Jahr nach der Revolution verspielt. Am 7. Januar 1991 berichtete Paul Hockenos in der *Nation*: »In Bukarest kämpfen hinter den Kulissen Gruppen des Militärs und der ehemalige Sicherheitsapparat um die Macht.« Ausländische Geschäftsleute zögerten, in einem Land zu investieren, in dem »eine Minderheitsregierung sich vor allem durch ihr Bündnis mit der extremen Rechten an der Macht hält«, wie Reuters News Service feststellte.

Aus diesem Chaos ergaben sich drei Hauptprobleme: der Aufstieg einer neuen extremen Rechten, die eng mit der alten Sicherheitspolizei verbunden war, die Rückkehr der Altkommunisten in öffentliche und private Machtstellungen und schließlich die weiterhin offenen Fragen über die Revolution und über das angeblich verschwundene Vermögen Ceauşescus. Sogar Präsident Iliescu erkannte an, daß eine neue »Mafia«, die größtenteils aus ehemaligen Securitateoffizieren bestand, weite Bereiche des rumänischen Alltags beherrschte.[54]

Diese Probleme hingen miteinander zusammen. »Der Nationalismus«, schrieb der polnische Essayist und Aktivist Adam Michnik, »ist die letzte Zuflucht des Kommunismus.« Der alte mystische Faschismus kam bei einer desorientierten, frustrierten und ungebildeten Bevölkerung gut an und war gleichzeitig manipuliert. »Die rechtsextremistische Ideologie verdeckte in erster Linie die Tatsache, daß ehemalige Securitateoffiziere und alte Amtsinhaber zahlreiche Geschäfte an sich rissen«, meinte der Chefredakteur von *România Liberă* Petre Băcanu. Als Beispiel nannte er Iosif Constantin Drăgan, einen rumänischen Rechtsextremisten, der in Mailand lebte und enge Beziehungen zu Ceauşescu unterhalten hatte. Unter dem neuen Regime war Drăgan die erste und viele Jahre lang die einzige Privatperson, der eine Lizenz für einen unabhängigen Fernsehsender gewährt wurde. Man vermutete, daß Drăgan *România Mare* und andere rechtsextremistische Medien unterstützte.

Zwar lebten faschistische Ideologien im Jahre 1991 in vielen osteuropäischen Ländern wieder auf, doch in Rumänien erfuhren sie zusätzlich offizielle Billigung, weil Iliescus Partei die Extremisten und Nationalisten als Mehrheitsbeschaffer brauchte. Trotz der rhetorischen Angriffe des Präsidenten gegen rechte Ideologien – für ihn waren die ersten Übergriffe der Bergarbeiter in Bukarest Reaktionen auf »Provokationen der Legion« –, setzte die Regierungspartei im Parlament ihr Bündnis mit den nationalistischen Parteien fort. Offensichtlich standen hinter der Neubelebung der Ideologie der Eisernen Garde durch die Schriften von führenden Kommunisten in *România Mare* Angehörige der ehemaligen Securitate.[55]

Kurzum, seit 1990 verloren Begriffe wie »rechts« und »links« jede Bedeutung, wie Culianu in *Eros and Magic* behauptet hatte. »Man konnte nicht einmal *innerhalb* des Antisemitismus eine Logik erkennen«, sagte das alte Oberhaupt der jüdischen Gemeinde, der inzwischen verstorbene Oberrabbiner Moses Rosen. »Er schien vor allem die Strategie von Leuten zu sein, die an die Macht kommen oder an der Macht bleiben wollten.« Rosen hatte ein Verzeichnis aller antisemitischen Schimpfworte in den von der Securitate unterstützten Zeitungen angelegt, die einen grotesken Hintergrund zum öffentlichen Diskurs bildeten – um so mehr, als nur noch wenige tausend Juden in Rumänien geblieben waren (die meisten waren nach Israel ausgewandert, da Ceaușescu für jedes Ausreisevisum Geld erhielt). Hier ein typisches Beispiel, ein Zitat von Constantin Burlacu, der von seinem Keller in Queens in New York Lobeshymnen auf die Eiserne Garde verbreitete: »Solange die Juden nicht aufhören, die Menschheit zu knechten, zu terrorisieren und zu morden, werden sie nicht nur aus allen Ländern verjagt, sondern vom Erdboden ausgelöscht.« Eine solche Diktion war in der neuen rechten Presse überaus beliebt. In derselben Nummer von *România Mare* konnte man lesen, daß Juden das staatliche Fernsehen für ihre ruchlosen Zwecke betrieben und daß der Rabbiner Rosen »ein gerissener Gauner war [...] und eine ganze Nation schließlich nach seiner Pfeife tanzte«. Nach eigenen Angaben hatte das Blatt eine Auflage von einer halben Million.

Derartige Aktivitäten wollten finanziert sein. Im Frühjahr 1991 stand bereits fest, daß die Gelder auf den Geheimkonten Ceaușescus, über die soviel gemunkelt wurde, nie zurückgewonnen werden könnten. Der Betrag wurde auf viele Millionen, sogar auf eine Milliarde Dollar geschätzt – Geld, das von den Regierungen Israels und Deutschlands für Ausreisegenehmigungen für Juden und Rumäniendeutsche gezahlt worden war oder aus dem Waffenhandel mit dem Irak und anderen Ländern und dem Verkauf sowjetischer Militärtechnologie an die Regierung der Vereinigten Staaten stammte.[56] In den ersten Tagen nach der Revolution war viel von Ceauşescus Geld die Rede. Das Justizministerium beauftragte die kanadische Finanzprüfungsfirma Peat, Marwick, Thorne, seine österreichischen und Schweizer Konten zu überprüfen. Eine Fährte führte zu Ceauşescus Bruder Marin, den man erhängt in seiner Wiener Luxuswohnung aufgefunden hatte und aus dessen Tresor alle Papiere verschwunden waren. Ein Jahr später war der Regierungsbericht noch immer nicht veröffentlicht, und die Untersuchungsbeamten blieben verdächtig schweigsam. »Die Antwort auf diese Fragen kann tödlich sein«, erklärte einer der Ermittler gegenüber der *Washington Post*. »Es ist gefährlich, zuviel zu wissen.« Das Geld wurde nie gefunden.

In allen Ländern Osteuropas verschwanden nach den jeweiligen Revolutionen Millionen Dollar aus den Fonds der Staatssicherheitsapparate und der Regierungen. Jedoch in keinem Land geschah dies auffälliger und gleichzeitig stiller als in Rumänien. Der Auslandskorrespondent Tad Szulc schrieb in *Penthouse*, daß diese Gelder in Rumänien und in anderen Ländern benutzt wurden, um ehemaligen Geheimdienstoffizieren den Einstieg in neue Arbeitsgebiete zu erleichtern: internationale Spionage, Technologiediebstahl, Waffenhandel und Attentate – mitunter sogar legale Geschäfte.

Ein wenig sah es so aus, als ginge die Revolution 1991 weiter, und in dem Wirrwarr dieser Zeit war eine populistische und faschistische Rhetorik gang und gäbe. Statt die extreme Rechte zu verurteilen, berief ein »Reformer« wie Premierminister Petre Roman, dessen Vater selbst Jude war, einige der übelsten Faschisten in Schlüsselpositionen. Die hauptsächlichen Nutznießer dieses Chaos waren die, die sich an die Macht klammerten.

Da der März ungewöhnlich windig und kalt war, verließ Ioan Culianu die Stadt, um Ostern in Amherst mit Hillary und den Hertzfelds zu verbringen. Im bevorstehenden Frühjahrstrimester sollte er den Einführungskurs über die Grundlagen der vergleichenden Religionswissenschaft und einen Kurs über das Thema seiner Tagung zu den außerweltlichen Reisen und außerkörperlichen Erfahrungen geben. Sein Essay über Faust, der auf seinem Chicagoer Vortrag von 1987 beruhte, war Ende 1990 in der *Revue de l'Histoire des Religions* veröffentlicht worden. Der Aufsatz hieß »Dr. Faust, Great Sodomite and Necromancer« und bot eine amüsant zu lesende Zusammenfassung seiner Forschungen zum Faust-Mythos. Er war mächtig stolz auf seine Einblicke und zeigte den Sonderdruck, der ihm zugeschickt worden war, seinen befreundeten Kollegen an der Divinity School.

Der Essay untersuchte die Geschichte der Faust-Mythen vom Altertum bis in die Gegenwart. Culianu baute auf das Werk des französischen Gelehrten André Dabezies auf und legte dar, daß Faust im 20. Jahrhundert in Deutschland zum Helden der nationalistischen Propaganda wurde; für Oswald Spengler zur »Verkörperung des abendländischen Menschen« überhaupt. Culianus Chicagoer Freund Anthony Yu fand die Gedanken des Essays so spannend, daß er ein gemeinsames Seminar vorschlug. »Ich sah in seiner Interpretation Parallelen zum Mythos des Ikaros – der abstürzte, weil er den Göttern zu nahe gekommen war – und zum biblischen Lucifer-Mythos und schlug ihm vor, gemeinsam die Spielarten dieses Mythos von der Antike bis zur Gegenwart zu erforschen.«

Der Aufsatz endete mit einer Erörterung der Rolle dieses Mythos in der Moderne, in der die Menschheit ihren ursprünglichen Sinn für die Verbundenheit mit dem Kosmos verloren habe. Culianu stimmte mit Eliade darin überein, daß der Schlüssel zu den Mythen nicht ihr Inhalt, sondern der wiederholte Prozeß des Erzählens dieser Mythen sei. Mythen entstünden aus einem universalen Willen, Geschichten immer wieder zu erzählen, ein Vorgang, der bei dem Erzähler und seiner Zuhörerschaft einen mystischen, kosmischen Frieden herbeiführe. Der Inhalt der Geschichte spiele dabei nur eine untergeordnete Rolle; eigentlich sei ein Mythos wie »eine Knospe, deren Bedeutung nie ganz erblüht«. Der Grund, warum die Religionsgeschichte in einer Zeit von Desorientierung und neuem Fundamentalismus so wichtig war, bestand darin, daß »die Veränderungen der abendländischen Ideen sehr viel schneller vor sich gehen als anderswo«. Culianu schloß: »Der Mythos als privilegierter Träger von gesellschaftlicher Bedeutung ist auch das bestgeeignete Werkzeug, die mehr oder weniger verborgenen Ziele der Gesellschaft zu entschlüsseln. [...] *Der Mythos wurzelt geradezu im Vergessen.* Aber er ist gleichwohl kein Heilmittel gegen das Vergessen, sondern ein *Mechanismus des Als-ob, der eine vollkommen willkürliche und mithin illusorische Kontinuität in einer komplexen und sich stets wandelnden Welt herstellen soll.«[57] 1991 konnte niemand eine deutlichere Erklärung für das Chaos geben, das in Rumänien herrschte. In Faust fand Culianu nicht nur einen Schlüssel zum Schicksal seines Lieblingsmagiers Giordano Bruno, sondern auch einen Nachhall seines eigenen Lebensweges. Wie Culianus Erzählungen, so verwob auch dieser Essay die getrennten und verborgenen Fäden seines Lebens – seine Vergangenheit, seine Forschung, sein gegenwärtiges Leben und die brutalen Geschehnisse in der Welt.

Tess bestand darauf, daß Ioan nach Rumänien zurückkehrte, aber er schob die Entscheidung immer wieder auf. Er spürte ein zunehmendes Unbehagen. An einem Freitagabend rief er seinen Freund Dorin Tudoran an. »Was hältst du von dem Artikel, den ich dir geschickt habe?«
Tudoran hielt inne. Culianu hatte ihm vor kurzem einen Aufsatz zugesandt, der die Psychologie der Eisernen Garde als fundamentalistischer Bewegung untersuchte, die verwandt war mit dem Ku-Klux-Klan oder den neuen bewaffneten Untergrundmilizen in den Vereinigten Staaten. Der Artikel war in Culianus gewohnt polemischem Tonfall geschrieben, begann jedoch mit einer wissenschaftlichen Analyse des neuen Buches von Martin Riesebrodt über Fundamentalismus. Tudoran war

bei dem Gedanken an eine Publikation gar nicht wohl. »Hör zu, Nené, ich glaube, wir sollten noch etwas warten, bis wir diesen Artikel über Eminescu veröffentlichen. Wegen deiner Beziehung zu Eliade dachten die Rechtsextremisten, daß du auf ihrer Seite stehst. Daß du sie jetzt offen angreifst und anprangerst, gefällt ihnen überhaupt nicht.«

»Ich weiß.«

»Die Securitate-Leute sind sehr geschickt darin, sie zu manipulieren. Sie werden sagen, ›Guckt mal, was dieser kleine Nestbeschmutzer über unser geliebtes Vaterland schreibt‹.«

»Ich weiß.«

»Wenn du noch einmal bedroht wirst, verständige bitte die Polizei.«

Im März schloß Culianu die neue Einführung zu seinem und Hillary Wiesners *The Eliade Guide to World Religions*, der englischen Fassung des *Dictionnaire des Religions*, ab. Die ersten Seiten legten Culianus Auffassung, daß die Religionen sich als logische Systeme entwickelt hätten, so deutlich dar wie noch nie zuvor. Universale Glaubensvorstellungen wie die der Schöpfung seien »nicht in Indien ›entstanden‹ und anschließend über den Iran in den Westen eingedrungen, sondern es gibt sie im Geist aller Menschen, die darüber nachdenken«. Aber während Eliade über Strukturen spekuliert hatte, die dem Unbewußten entspringen, suchte Culianu nach einem ausgereiften Instrumentarium, um ihre kognitive Grundlage zu erfassen.

Es erscheint etwas seltsam, daß er seine kühnen und umstrittenen Ideen so deutlich in der Einführung zu einem Nachschlagewerk zusammenfaßte, das unter dem Namen seines Mentors erschien. Einen Grund dafür nannte er in seiner Einführung selbst, indem er kontinuierliche Forschungen forderte, um die kognitiven Regeln, die der Entwicklung der Religionen zugrunde liegen, freizulegen: »Um diese Regeln zu erfassen, brauchen die Wissenschaftler mehr als nur Informationen: Sie brauchen *komplexe* Informationen.« Da Religionen der Software von Computern glichen, fuhr Culianu in einem recht utopischen Ton fort, könnten wir die finstere Geschichte der Menschheit umkehren, indem wir die Religionen in Achtung vor dem Anderen »umprogrammieren«. Von fachlichen Gründen abgesehen, genoß er es, seine zentralen Vorstellungen dort unterzubringen, wo man am wenigsten mit ihnen rechnete, um seine Leser zu irritieren wie ein Eulenspiegel, der seinem Idol fremde Lehren unterschiebt. Einmal sagte er zu Hillary: »Mr. Eliade hatte einige ganz schön verwegene Ideen, seitdem er gestorben ist.«

Nach vielen Monaten des Wartens erfuhr er im April, daß seinem Antrag auf Erteilung einer Green card stattgegeben worden war. Endlich verfügte er in seiner neuen Wahlheimat über offizielle Papiere. Der ehemalige Dekan Chris Gamwell gab in seiner Wohnung in Hyde Park eine »grüne Party« zu Ehren Culianus; das Catering übernahmen Greg Spinner und Michael Allocca. Culianu aß mit Frances Gamwell am 2. April 1991 zu Mittag, unter anderem, um diese Party zu besprechen. Er hatte ihr gegenüber bereits früher erwähnt, daß ihm wegen seiner politischen Veröffentlichungen gedroht worden war, aber an jenem Tag sagte er zu ihr: »Ich werde verfolgt.« »Meinst du, in diesem Augenblick?« fragte Frances Gamwell und sah sich um, als sie aus dem Restaurant hinausgingen, das sich in den Flamingo-on-the-Lake Apartments befand, in die er so gern ging.
»Wahrscheinlich«, sagte er.
Auf der Party bei den Gamwells mußten alle grün gekleidet sein; die Speisen und Getränke waren ebenfalls grün: Allocca und Spinner servierten Spinatfettucine, Lasagne al pesto, Guacamole (ein mexikanisches Gericht aus pürierten Avocados mit Zwiebeln, Tomaten, Chili und Gewürzen), grünes Bier, Pistazieneis und Kuchen mit grünem Zuckerguß. Auf der Party erzählte Ioan von seinen und Hillarys Plänen für die Europareise im Sommer und deutete an, daß er sich seine Rückkehr nach Rumänien als Triumph vorstellte. »Das wird ein Riesenfest!« sagte er und legte seine Hand um Hillarys Hals. »Nicht wahr, mein Schatz?«

Hillary lächelte betreten. Sie wollte nicht nach Rumänien und riet ihm davon ab. Die nächtlichen Anrufe seiner Schwester, die ihn drängte, diese Reise anzutreten, ärgerten sie, und sie fragte sich, warum sie nicht Tess und Dan zusammen mit Ioans Mutter in Frankreich treffen könnten. Paris, dachte sie, wäre wirklich ein Fest gewesen.

Er gab mit der US-Flagge an, die Hillary ihm geschenkt und die über dem Capitol geweht hatte. Jetzt, sagte er, heiße Amerika seinen größten Patrioten willkommen. Auf der Party klatschten alle, als er eine kleine Rede hielt, um sich bei den Gamwells und bei allen Gästen dafür zu bedanken, daß sie mit ihm feierten.

Später, beim Saubermachen, wandte sich Michael Allocca an Greg Spinner. »Ich freue mich, daß er die Green card bekommen hat. Jetzt ist er zumindest in Sicherheit.«

Ioan wollte partout nicht gehen; er half bis zum Schluß beim Aufräumen. Er bedankte sich immer wieder bei allen. Er strahlte. Er nahm den Staubsauger und fuhr damit über Vorhänge und Wände. Erst als alle mit der Arbeit fertig waren, sagte er gute Nacht und ging mit Hillary in Richtung des eisigen und schwarzen Michigan-Sees nach Hause. Unter anderem war die Green card auch der letzte Schritt zu einem festen Lehrstuhl; jetzt konnte er damit anfangen, in der Zukunft eine führende Rolle an der Divinity School zu spielen. Und dann, sagte er, sollten sie einen Hochzeitstermin festlegen.

Der Verlag Shambhala schickte ihm die Druckfahnen seines Buches *Out of This World: Other-worldly Journeys from Gilgamesh to Albert Einstein (Jenseits dieser Welt: Außerweltliche Reisen von Gilgamesch bis Albert Einstein)*, dessen Vertrieb von Random House übernommen werden sollte. Mit diesem Buch hoffte er, über die wissenschaftliche Welt hinaus in der amerikanischen Literatur populär zu werden und damit seinem Ziel, ein bekannter Fantasy-Autor zu werden, näher zu kommen.

Out of This World war ein ehrgeiziges, schnell geschriebenes Buch, unverwechselbar von ihm. Darin untersuchte er »nebeneinander die normalerweise getrennten Genres der Fiktion und faktischen Wissenschaft, und er setzte sich mit so unterschiedlichen Gestalten wie Bohr und Borges, Einstein und Gilgamesch auseinander«, schrieb Lawrence E. Sullivan von der Harvard Universität in seinem Vorwort.[58] Das Ziel des Buches war eine historische und kulturenübergreifende Übersicht über Reisen in andere Welten, die auch »veränderte Bewußtseinszustände sowie außerkörperliche Erfahrungen und Nah-Todeserfahrungen« umfaßten. In seiner Einführung stellte Culianu fest, daß der »geistige Raum [...] verblüffende Eigenschaften hat, von denen die bemerkenswerteste darin besteht, daß er nicht wie die physikalische Welt auf vier Dimensionen beschränkt ist«. Das sei nicht nur der Bereich der Imagination, sagte er: Der Glaube an außerweltliche Reisen sei zeitlich und räumlich universal und scheine sogar der Sprache vorauszugehen. Die Frage, wo diese Reisen denn stattfanden, ließ er offen. Die Druckfahnen enthielten auch eine frühe Stellungnahme, die Carol Zaleski für den Klappentext geschrieben hatte: »Ein unschätzbarer Führer zu den zahlreichen Häusern des Jenseits, so wie sie durch die Tore des Traumes und des Mythos, der mystischen und schamanischen Erfahrung, der Philosophie und der Fiktion gesehen werden.«

Wie sein Faust-Essay bildete *Out of This World* in gewisser Weise einen Höhepunkt der langen Reise seines eigenen Lebens. Seine Forschungen über »Reisen« hatten mit *Psychanodia* begonnen, der Monographie, die er 1983 bei E. J. Brill in Holland veröffentlicht hatte. Ein Jahr später hatte Payot Culianus raffiniertere *Expériences de l'extase* verlegt, ein Buch, das seine Karriere in Frankreich eröffnet hatte und in zahlreichen Fachzeitschriften besprochen worden war. In seinem Vorwort zu diesem Buch hatte Eliade Culianus Beherrschung des Stoffes gepriesen und darauf hingewiesen, daß der Autor »auch mit anderen Formen der Himmelsreise vertraut ist, die in den verschiedenen schamanischen Pratiken in China, Indien, Australien usw. bezeugt sind«. Das Buch, das bald ins Griechische und ins Italienische übersetzt worden war, hatte seine Lehrveranstaltungen in Chicago über Religion und Wissenschaft und außerweltliche Reisen und nun auch diese Tagung über andere Welten, die in wenigen Wochen stattfinden sollte, vorbereitet.

Culianus neues Buch bot vielfältige Zugänge zu den Welten jenseits der konventionellen Wahrnehmungen und berücksichtigte Träume, schamanische Rituale, Theorien über die vierte Dimension, ekstatische Trancen und phantastische Literatur. Er wollte die gemeinsamen Elemente dieser anderen Welten darstellen, aber der Umfang seiner Studie bot ihm kaum Gelegenheit, ausführlich auf die einzelnen Aspekte seines Gegenstandes einzugehen, der etwa den jüdischen Messianismus, die griechischen Anschauungen vom Leben nach dem Tode und Dantes große Vision einschloß. Seine Beschäftigung mit Themen wie außerkörperlichen und Nah-Todeserlebnissen, die durch die New Age-Bewegung populär gemacht worden waren, deutete auf seinen Wunsch hin, ein größeres Publikum zu erreichen. Diesem Wunsch opferte er viel von der Wissenschaftlichkeit, die das Buch in seinem Fachgebiet nützlicher gemacht hätte.

Andrei Oişteanu analysierte *Out of This World* in seiner Einführung zu der rumänischen Ausgabe, die er 1994 für den Verlag Nemira übersetzte.[59] Culianus wichtigster Beitrag, meinte er, sei die Aufmerksamkeit, die er dem Schamanismus gewidmet hatte. Die Schamanen benutzten halluzinogene Drogen und heilige, ekstasefördernde Rituale. Sie machten sich zu Anführern ihrer Stämme, indem sie behaupteten, daß sie in andere Welten reisten und damit die Beziehung zwischen der jeweiligen Gemeinschaft und ihren Göttern herstellten. Vor Culianu hielt man den Schamanismus gemeinhin für ein Phänomen von peripheren Zivilisationen, das nur wenig Einfluß auf das Abendland hatte. Culianu sah schamanische Strukturen jedoch auch in der griechischen Mythologie, in den außerweltlichen Reisen des Abendlandes und sogar in Dantes *Göttlicher Komödie*. Er ging noch weiter und versuchte das traditionelle Verständnis von Magie und Hexerei zu verändern, indem er behauptete, daß alle diese Praktiken ihren kognitiven Ursprung in der schamanischen Mentalität hätten. Seine Vorstellung von einer Person, die Dinge sieht, die anderen verborgen bleiben, und deren Rolle darin besteht, die Menschen über diese Dinge zu belehren, hatte Culianus Denken und Handeln geleitet, seitdem er in seiner Jugend Eliades Erzählungen und Romane gelesen und sich deren Helden zum Vorbild genommen hatte.

In Culianus Auseinandersetzung mit diesem Thema in *Out of This World*, so meinte Oişteanu, lag auch ein unausgesprochener Angriff auf Eliade, dessen Monographie von 1951 *Le chamanisme et les techniques archaïques de l'extase* (dt.: *Schamanismus und archaische Ekstasetechnik*, Frankfurt 1975) die Theorie vertrat, daß der Schamanismus sich in Nord- und Mittelasien durch Einflüsse aus Indien und anderen südasiatischen Ländern verbreitet habe. »Er erwähnt Eliades Standardwerk an keiner Stelle. Mit Sicherheit handelt es sich nicht um eine [...] bibliographische Lücke, sondern um eine polemische Haltung«, die wohl beabsichtigt war, zumal Culianu Eliades Buch in *Expériences de l'extase* noch besprochen hatte. Zusammen mit seiner Einführung zum *Eliade Guide to World Religions* stellte *Out of This World* den endgültigen Bruch mit seinem Mentor dar. Wichtiger aber als dieser Bruch war sein neuer theoretischer Zugriff auf die Geschichte, der auf der Informationstheorie beruhte. Culianus Theorie war, daß die Mythen auf der ganzen Welt einander deshalb glichen, weil der menschliche Geist immer ähnlichen, wenn nicht sogar universellen mentalen oder binären Prozessen folgte.

Am 5. April 1991 veröffentlichte die Zeitschrift 22 das Interview, das Culianu im Dezember gegeben hatte. Die Redakteure setzten es auf mehrere Seiten und überschrieben es mit einem Zitat aus dem Gespräch: »Die osteuropäische Welt: Ein tragischer Verlust von Zeit, Menschen und Energien«.[60] Im Mittelpunkt des Interviews standen Culianus scharfe Angriffe auf die Rolle des KGB bei der Revolution und die neue Verbindung von extremer Rechten und extremer Linken. (Später bestätigte der Kolumnist Jack Anderson in den Vereinigten Staaten die Schlußfolgerung der CIA, daß der KGB einen wesentlichen Einfluß auf den Ablauf der rumänischen Revolution hatte.)

Als seine Mutter in Bukarest das Interview sah, hatte sie eine dunkle Vorahnung. Was ihr Angst machte, waren nicht die scharfen Worte, sondern der Gesamteindruck, die emotionale Wirkung des Layouts – mit einem Foto ihres Sohnes, auf dem sie ihn kaum erkannte, das flankiert war von zwei Ikonen mit weinenden Frauen und einer Christusfigur. Diese Bilder berührten sie tief. Ähnlich ausdrucksstark waren Culianus Worte. Der Politologe Vladimir Tismăneanu von der Universität Maryland: »Er vereinte die Gefühlsbetontheit eines Dichters mit dem Scharfblick eines Politikwissenschaftlers. Es war die vernichtendste Anklage der Allianz der extremen Rechten mit der extremen Linken, die bis dahin erschienen war.« Culianus beißendste Angriffe lagen in seinen kurzen, präzisen Antworten – wie zum Beispiel sein Urteil über die Tageszeitung *România Mare* –, die vielen Lesern das Gefühl gaben, daß er weniger sagte, als er wußte.

Culianu hatte keine Zeit, sich länger mit dem Interview zu befassen, denn in Chicago wurde er jetzt gebeten, dem ehemaligen König von Rumänien, Michael, die Sehenswürdigkeiten der Universität, die mit dem Andenken an Eliade verbunden waren, zu zeigen. Michael hatte vor, in seine Heimat zurückzukehren, um dort das zu sein, was König Juan Carlos für Spanien gewesen war. Er hatte 1940 den Thron bestiegen, nachdem sein Vater von Antonescu zur Abdankung gezwungen worden war. 1947 war er selbst zur Abdankung genötigt worden und hatte das Land verlassen. Er wurde von den Postkommunisten als ernsthafte Bedrohung ihres Regimes angesehen und war im Dezember 1990 bereits wenige Stunden nach seiner Einreise nach Rumänien abgeschoben worden. Nun machte er während einer Tour durch Nordamerika, bei der er Geldmittel aufzubringen versuchte, in Chicago Zwischenstation.

Culianu war zwar kein Monarchist, willigte aber sofort aus Neugier und Höflichkeit ein, dem König Gastgeber und Fremdenführer zu sein. Er traf Michael, Königin Ana und ihre Tochter Margarita im Hyde Park-Viertel und führte sie zur Divinity School, um sie dort den Fakultätsmitgliedern vorzustellen, die Eliade noch gekannt hatten. Culianu und Michael mochten einander. Die überschwengliche und attraktive Margarita bat ihn, ihnen seine und Eliades Bücher zuzusenden. Abends telefonierte er mit seiner Schwester in Frankreich. »Er ist wirklich ein König«, sagte er, belustigt über seine eigene Reaktion. »Aber wenigstens ist er ein wahrer König. Vielleicht ist er unsere beste Hoffnung.« Er willigte ein, ihn zu unterstützen.

John Crowley, der gerade in Chicago war, ging kurz darauf mit seinem Freund zum Mittagessen. Schmunzelnd erzählte Culianu ihm über die politische Strategie des rumänischen Ex-Monarchen. »Er will eine nationale Kampagne mit nur zehntausend Dollar starten«, sagte er leicht skeptisch. Doch er gab zu, daß er Michael versprochen hatte, ihm zu helfen, daß er dabei war, zu einem Anhänger des Königs zu werden und daß er persönlich bereits eine interessante Finanzierungsquelle ausfindig gemacht hatte.

Am 13. April 1991, einem Samstagabend, nahm er an einer Fund raising-Veranstaltung für den Monarchen im Drake's Hotel in Chicago teil. Es war ein seltsames Ereignis, erzählte er Hillary später, in allen Ecken hätten verdächtige Gestalten gelauert. Am nächsten Morgen sah Greg Spinner, wie er im Salonica-Restaurant neben dem Campus ein spätes Frühstück zu sich nahm. »Er sah schrecklich aus, als ob er einen Kater hätte oder verängstigt wäre«, sagte Spinner. »Er trug eine dunkle Sonnenbrille und war gereizt und mürrisch. Er sagte zu mir: ›Ich habe in den vergangenen Tagen zuviel Zeit verloren‹.«

Wenige Tage später kam sein Freund Moshe Idel nach Chicago, um dort einen Vortrag zu halten. Sie sahen sich gemeinsam *La femme Nikita* an, einen Film um eine junge Frau, die von der Regierung gezwungen wird, eine professionelle Mörderin zu werden. Nach dem Abendessen im Trader's Vic zeigte er Idel das Interview in 22.

Sie sprachen zum ersten Mal rumänisch seit dem Abend, an dem sie sich kennengelernt hatten. »Das ist sehr beunruhigend«, meinte Idel über das Interview.

»Da ist noch etwas.« Culianu sagte ihm, daß ein Mann ihn im

Foyer des Drake's-Hotels angesprochen und gegen die Wand gedrückt hatte. Eine Wölbung im Mantel des Mannes ließ auf eine Waffe in seiner Brusttasche schließen. Er trug einen Schlips und ein schmutziges weißes Hemd. »Er sagte mir, wenn ich mit dem König zusammenarbeite, bringen sie mich um.«

»Hör mal, du solltest besser nicht zurückgehen«, sagte sein Freund.

Im April 1991 wurde Dumitru Mazilu, ein ehemaliger Würdenträger der regierenden Front zur Nationalen Rettung, in Genf von zwei Männern zusammengeschlagen und mit Rasiermessern verletzt, nachdem er sein Manuskript über die Revolution abgeschlossen hatte. Die Männer hatten rumänisch gesprochen. Sie waren mit seinem Manuskript verschwunden, behauptete Mazilu. Am nächsten Tag hatte er vor dem Ausschuß der Vereinten Nationen für Menschenrechte über die Zustände in Rumänien berichten sollen.

Am 27. April gab der ehemalige stellvertretende Justizminister der USA Edward Levi in seiner Wohnung in Hyde Park eine Geburtstagsparty für Christinel Eliade. Unter den Gästen waren David Tracy sowie einige der besten rumänischen Freundinnen Christinels aus Amerika. Dabei war auch Maria Economou-Zarifopol, eine Tante von Culianu, die zu dieser Zeit in Bloomington, Indiana, lebte. In Bukarest hatte sie auch in dem Haus in der Strada Palade gewohnt, in dem er als Student eine Zeitlang gehaust hatte. Ioan mochte seine Tante sehr. Nach der Party fuhr er sie zum Greyhound-Busbahnhof und half ihr mit dem Gepäck.

»Er war so glücklich und aufgeregt, zurück nach Rumänien zu fahren und seine Mutter wiederzusehen«, erinnerte sie sich.

Vom 3. bis zum 5. Mai nahm er an der Chimera II-Tagung über die Struktur der Magie in Schaumburg, Illinois, teil. Mit Veranstaltungen über »Utopien, Kosmologie und Täuschung« und »Warum die Chaostheorie etablierte Wissenschaftler irritiert« war die Tagung eine wichtige Erfahrung. Spinner traf sich nach dem Frühstück im Schaumburger Hyatt-Hotel mit Culianu. Die Menschen gingen auf ihn zu und baten ihn, Exemplare von *Eros and Magic* zu signieren.

»Wir hingen gleichsam an seinen Lippen«, sagte die Mitveranstalterin Jennifer Stevenson. »Er entmystifizierte den Eros und erzählte uns, wie die Kirche ihn in die Küche verbannt und ihm eine Schürze angelegt hatte.« Im Sammelband der Tagung veröffentlichten Culianu und Hillary Wiesner ihre Kurzgeschichte »The Secret Sequence«. Culianu ging mit Crowley essen und dachte darüber nach, den Schriftsteller als Gastdozent nach Chicago einzuladen.

An jenem Abend las Culianu der Gruppe aus seiner Erzählung »The Language of Creation« (›Die Sprache der Schöpfung‹) vor. Diese Erzählung verknüpfte viele Fäden seines Lebens; sie beginnt mit einer Zusammenfassung der etwa zweihundertjährigen Vergangenheit einer seltsamen Spieldose, die der Erzähler auf einer Auktion in Holland ersteigert, die von rechtsextremistischen Rumänen veranstaltet wird. Die Erzählung war angeregt von Freundschaften, von Lektüren, vom Zufall und von der Geschichte und beruhte auf ganzen Abschnitten seines Exposés für *Memories of the Future*. Sie endet mit dem festen Entschluß des Erzählers, sich von der eigenen Vergangenheit zu befreien.

Am nächsten Tag machte Hillary in seiner Wohnung Fotos von ihm für das Buch *The Tree of Gnosis*, das für den kommenden Dezember angekündigt war. Ein Sonnenreflex vom See erhellte die Wohnung und ließ Ioans gold-schwarze chinesische Wandschirme, einer mit Lilien, der andere mit Kranichen, glänzen. Ioan und Hillary lagen auf der rosa-blauen Bettdecke und planten ihren Sommer: Sie würden nach Frankreich fliegen, um an einer internationalen Konferenz der Academy of Religion teilzunehmen. Sie würden Tess und Dan treffen, einen Wagen mieten und zusammen nach Rumänien fahren. Er freute sich schon sehr darauf.

Er versuchte sie zu überreden, bis zum Ende seiner Konferenz über andere Welten in Chicago zu bleiben. Er war aufgeregt wegen der letzten Vorbereitungen. Am 13. Mai lehnte Hillary schließlich ab. Sie hatte selbst genug Arbeit zu erledigen. Nachdem sie abgereist war, telefonierte er mit ihrer Mutter Dorothy in Amherst.

»Hillary hat mir erzählt, daß ihr euch jetzt entschieden habt, was ihr im Sommer macht?« sagte sie.

»Es ist noch nicht sicher. Vielleicht . . . vielleicht fliege ich im Spätsommer allein nach Rumänien, um meine Mutter zu besuchen, aber ich nehme Hillary nicht mit. Es ist einfach zu gefährlich.«

In Cambridge gab Hillary die Fotos von Ioan zum Entwickeln. Sicher war etwas mit der Kamera nicht in Ordnung gewesen. Auf allen Fotos war er doppelt zu sehen.

> Ich hatte das Gefühl: die Welt ist ein Labyrinth, aus dem man nicht fliehen kann [. . .]
>
> Jorge Luis Borges, *Der Tod und der Kompaß*[61]

24 Rosen vor der Tür

Im Mai 1991 wurden die lange erwarteten allgemeinen Wahlen in Rumänien für den laufenden Monat angekündigt. Dann wurden sie wieder aufgeschoben, zum vierten Mal in jenem Jahr. Die Journalisten klagten darüber, daß die Regierung einfach den Augenblick abwartete, an dem sie sicher war, die Wahlen zu gewinnen.

Eine Woche vor der Tagung über andere Welten sprach Dorin Tudoran aus Washington zum letzten Mal mit Ioan Culianu.

»Ich muß es meiner Mutter sagen, aber ich kann nicht«, sagte Culianu.

»Ihr was sagen?«

»Ich kann nicht kommen. Kannst du nicht für mich Tess und Dan anrufen und es ihnen sagen?«

»Ich könnte schon, aber ich glaube nicht, daß es richtig wäre. Was ist denn los?« fragte Tudoran.

»Weißt du, ich fürchte, diesmal gibt es doch Gründe, Angst zu haben.«

»Denk einfach nicht dran.« Tudoran war bereits nach Rumänien zurückgekehrt und hatte sogar Präsident Iliescu getroffen. Er hielt einen Augenblick inne. »Oder gibt es was Neues?«

»Es ist nur so eine Ahnung. Ich weiß nicht, ob es wirklich anders ist oder nicht, aber ich habe das Gefühl, es ist ernst.«

»Sprich mit der Polizei, Nené.«

»Ich denk drüber nach.«

»Hör auf mich, geh zur Polizei.«

Am Dienstag, dem 14. Mai, hielt Culianu von zehn bis halb elf seinen Einführungskurs über die Grundlagen der vergleichenden Religionswissenschaft und lud die Studenten ein, am Donnerstag statt an ihren Seminaren an der Konferenz teilzunehmen. Er beauftragte Spinner und Allocca, ihm dabei zu helfen, die Konferenzteilnehmer vom Flughafen abzuholen und sie im McGiffert House unterzubringen.

Am übernächsten Vormittag, unter den Holzengeln im Vorlesungssaal der Swift Hall, hielt Lawrence Sullivan den Eröffnungsvortrag: »Neue Perspektiven beim Studium des Todes und des Lebens nach dem Tode«. Während Sullivan sprach, hielt Culianu im Auditorium nach Studenten und Kollegen Ausschau. Die Zeitschrift der Universität hatte in ihrer letzten Ausgabe sowohl für sein Buch als auch für die Konferenz Reklame gemacht. Er hatte nicht vergessen, darauf hinzuweisen, daß er dem Übersinnlichen »skeptisch« gegenüberstand. Die Besucherzahl war nicht so gering, wie er befürchtet hatte; die Konferenz hatte sogar ein paar Leute aus der örtlichen Gemeinde der Zauberei- und der feministischen New Age-Hexenbewegung angelockt.

Es gab vier Veranstaltungen an zwei Tagen, in denen die Themen »Tod und Jenseits«, »Tod und Ekstase«, »Jenseits der außerweltlichen Reisen« und »Neue wissenschaftliche Perspektiven« behandelt wurden. Forscher wie zum Beispiel Elliot Wolfson von der Universität New York, David Halperin von der Universität North Carolina und Adela Yarbro Collins von der Universität Notre Dame stellten ihre Arbeiten über visionäre Reisen in der hinduistischen, buddhistischen, jüdischen, christlichen, islamischen und griechisch-römischen Kultur vor. Insgesamt blieben die Veranstaltungen stärker innerhalb der seriösen Grenzen der akademischen Welt, als ihre provokanten Titel vermuten ließen. Dennoch war es schon deshalb eine ungewöhnliche Versammlung, weil »es kein Konkurrenzverhalten gab«, wie Carol Zaleski beobachtete. »Da waren all diese Wissenschaftler von Weltrang, die einander einfach ihre Forschungsergebnisse mitteilten.«

Einer der bemerkenswertesten Beiträge hieß »Tod und Nah-Tod heute« und stammte von Carol Zaleski selbst. Sie gab eine Übersicht über die Gemeinsamkeiten der Berichte über Nah-Todeserlebnisse, die sie als Versuche deutete, »im Angesicht des Todes eine persönliche Identität und Kontinuität« herzustellen. Sie begann ihren Vortrag mit einer Erörterung der »Verleugnung des Todes« in der abendländischen Kultur und der Auffassung Freuds, der zufolge die »fortdauernde Erinnerung an den Verstorbenen [...] die Grundlage der Annahme anderer Existenzformen« wurde und dem Menschen »die Idee eines Fortlebens nach dem anscheinenden Tode« gab.[62] Anschließend skizzierte und hinterfragte sie die Vorstellung, daß man im Westen in einer Kultur der »verlängerten Jugend« lebe, in der man den Tod zunächst verdränge und dann davon besessen sei. Sie zog den Schluß, die gegenwärtige Faszination für Zeugnisse von Nah-Todeserfahrungen verweise auf »eine intensive und weitverbreitete Beschäftigung in unserer Gesellschaft mit Problemen der persönlichen Identität«.

Am Ende der Konferenz kamen mehrere Teilnehmer auf Culianu zu, um ihm zu gratulieren. Es sei äußerst faszinierend gewesen, sagte einer. Culianu habe die Tradition der Divinity School mit neuem Leben erfüllt, sagte ein anderer. »Unentbehrlich für jeden, der sich mit Mystik oder mit religiösen Erfahrungen befaßt«, schrieb John Collins später über Culianus Buch zu diesem Thema.

Am letzten Abend führte Culianu Carol Zaleski, Alan Segal, Greg Spinner und Nathaniel Deutsch zum Essen aus. Es war neblig, und am Wacker Drive verfuhren sie sich mehrmals, weil Culianu sich vergebens bemühte, Carol Zaleski für die Architektur von Chicago zu begeistern. Beim Dinner, erinnerte sich Segal, sprachen sie auch über Culianus politische Schriften. »Er sagte, er sei in Gefahr, es sei eine gruselige Angelegenheit. Er sagte, er habe sich arge Feinde gemacht, und daß einige der sogenannten Freiheitskämpfer in Wirklichkeit für den KGB arbeiteten.« Keiner seiner Gäste schenkte dem besondere Beachtung. »Ich kannte die Situation in Rumänien«, erinnerte sich Segal, »und ich dachte, wen interessiert schon, was ein Hochschullehrer dazu zu sagen hat.«

Am Freitag abend war Culianu völlig erschöpft. Er sagte zu Greg Spinner: »Wir treffen uns wieder, wenn das alles vorbei ist«, und ging in seine Wohnung. Er wollte übers Wochenende die Fahnen von *The Tree of Gnosis* durchsehen, ausspannen und ein bißchen Computerschach spielen. Als Spinner ihn über seine Sommerpläne ausfragte, sagte er: »Jetzt gehe ich nicht nach Rumänien; vielleicht im September.« Das hätte bedeutet, daß er die erste Konferenz der American Romanian Academy in Rumänien versäumen würde, ein Treffen, von dem sich die Opposition viel erhoffte. Er schien die Politik mehr oder weniger aufgegeben zu haben.

Er wußte nicht, wie ernst er die Drohungen zu nehmen hatte, aber er besorgte sich Tränengas und einen Bewegungsmelder, der über der Wohnungstür angebracht werden konnte.

Am selben Abend rief er seine Schwester in Poitiers an. Er teilte ihr mit, er und Hillary würden nur nach Frankreich kommen, und fragte sie, ob ihre Mutter sich gut genug fühlte, um eine Reise nach Paris zu unternehmen. »Aber warum kommt ihr nicht nach Rumänien?« fragte Tess. »Es gibt so viele Menschen, die es kaum erwarten können, dich zu sehen. Du könntest dort so viel Gutes tun, und für dich ist es eine günstige Zeit, ein entscheidender Augenblick.«

»Ich habe einige äußerst unangenehme Anrufe bekommen.«

»Ja? Von wem?«

Er lachte. »Von Vaca Românească.«

Sie lachte ebenfalls über sein Wortspiel. ›Vatra Românească‹ bedeutet ›die rumänische Heimstatt‹ und ist der Name einer ultranationalistischen Bewegung. ›Vaca‹ heißt ›die Kuh‹. Sie zögerte einen Augenblick. »Alle bekommen Drohungen«, sagte sie. Sie fand es nach so vielen Monaten immer noch seltsam, mit ihm zu telefonieren, ohne das Surren eines Tonbandgerätes in der Leitung zu hören. Sie war daran gewöhnt, jedesmal ein Klicken zu hören, wenn ein Anruf aus Übersee kam.

»Du *mußt* kommen.«

»Na gut, vielleicht. Ich komme im September.«

»Du mußt Menschen kennenlernen, die dieselben Ansichten haben wie du. Wenn du kommst, bist du sicherer, als wenn du nicht kommst.«

So hatte er die Angelegenheit noch nie betrachtet, obwohl er in einem Artikel in *Lumea Liberă* geschrieben hatte, daß seine Rückkehr einer Unterstützung des Regimes gleichkommen würde. Culianu erzählte seiner Schwester nichts von einer letzten telefonischen Botschaft, die rätselhafter gewesen war als alle Drohungen. Ihm war gesagt worden, daß er am 21. Mai, dem Namenstag seiner Mutter, um Punkt 13 Uhr eine bestimmte Nummer wählen sollte. Wessen Nummer war das? Nachdem er sich liebevoll von seiner Schwester verabschiedet hatte, rief er einen Freund in Frankreich an, der ein Auto für die Fahrt nach Rumänien besorgt hatte. »Laß die Reservierung für den Mietwagen weiterlaufen«, sagte er. »Kann sein, daß ich meine Flugtickets behalte.«

Er fühlte sich den ganzen Tag über ausgelaugt. Also ruhte er sich aus und schrieb Briefe. In der Seminary Co-op-Buchhandlung besorgte er die Bücher von Eliade, verpackte sie, legte einen Brief bei, um das Ganze später an Prinzessin Margarita nach Genf zu schicken. Er machte auch ein Päckchen mit einem Exemplar von *Out of This World* für Gabriela Adameşteanu, die Redakteurin von 22 in Bukarest, fertig. Auch bei der Konferenz hatte er sein letztes Buch an Freunde und Kollegen verteilt. Seltsamerweise handelte es sich dabei um Vorabdrucke, unkorrigierte Leseexemplare ohne festen Einband.

Er hatte 50 Stück davon in großer Eile beim Verlag angefordert. Warum verteilte er diese Exemplare, wenn das Buch doch in zwei Wochen erscheinen sollte?

Er schrieb einen langen Brief an seine Mutter und legte eine Glückwunschkarte für ihren Namenstag, den Tag des heiligen Constantin und der heiligen Elena, bei. Er erzählte ihr von den Ereignissen der vergangenen Woche und schickte ihr Fotos vom Besuch des Königs und der Königin und von der Geburtstagsfeier für Christinel Eliade. In der gesamten Zeit seines Exils, selbst in der Zeit schärfster Überwachung, waren seine Namenstagsgrüße an seine Mutter stets ohne Verzögerung angekommen.

Mit nur wenigen Unterbrechungen, in denen er auf seinem Fitneßfahrrad trainierte, sah er die Druckfahnen von seinem Buch *The Tree of Gnosis* durch. Es bot eine Übersicht über den Gnostizismus von den Manichäern bis hin zu den zeitgenössischen Nihilisten und hob die dualistischen Kontraste – zwischen Gut und Böse, Geistigem und Stofflichem – hervor, die diesen unterschiedlichen Lehren gemeinsam waren. Die Einführung des Buches gab seiner Theorie der logischen Systeme einen Namen: »Morphodynamik«. Diese Theorie berief sich auf die Morphologie der Ideen, die der schottische Zoologe D'Arcy Wentworth Thompson entwickelt hatte. Im Anschluß an Thompson behauptete Culianu, daß die Ideen im Laufe der Zeit einem Muster folgten, normalerweise dem eines sich verzweigenden Baumes. Das Muster sei wohl universal, aber jede Krümmung und jeder Knoten könne durch Machtwechsel, Kriege oder die Launen der Herrscher verändert werden. Mit Bezug auf seinen Vergleich mit dem Gangster, der eine Münze wirft, um seinen nächsten Schritt zu entscheiden, schrieb Culianu über die gnostischen Häretiker, das Leben sei »ein Multiple-choice-Mechanismus. Der Mythos auch. Und im Mythos wie im Leben kann die falsche Wahl tödlich sein. In der Tat war sie verhängnisvoll für unzählige Markioniten, Manichäer, Paulizianer und Katharer, die mit verschiedenen Autoritäten in Konflikt gerieten und verfolgt, zu Tode gehetzt und ausgerottet wurden. [...] In gewisser Weise ist es schon erstaunlich, daß so viel Blut für so wenig vergossen wurde.« Über die Religionen hinausgehend, spürte er auch im Darwinismus, im Marxismus und sogar in der zeitgenössischen Science-fiction-Literatur von Philip K. Dick Spielarten des Gnostizismus auf. Im Epilog deutete er die Richtung seiner künftigen wissenschaftlichen Forschungen an und erklärte: »Es gibt so gut wie keinen Bereich der Welt oder des menschlichen Daseins, der nicht als Spiel des Geistes aufgefaßt werden könnte.«

Die letzten Zeilen seines Buches griffen die politischen Implikationen seines Denkens auf, die so schwer auf ihm lasteten. Er verwies auf die Ereignisse in Rumänien und anderswo und auf ein Leben auf der Flucht vor dem modernen Totalitarismus und bemerkte, daß die Spiele, die zur Machterlangung und -erhaltung eingesetzt werden, »ernstlich zwei der edelsten Errungenschaften des abendländischen Geistes und der westlichen Gesellschaft gefährden könnten: nämlich daß die Freiheit, etwas bis zu den letzten Konsequenzen zu durchdenken, von keiner Autorität je beeinträchtigt werden darf und daß die Gefahren, die die Freiheit mit sich bringt, durch ihre Unterdrückung nicht geringer werden«.

Harold Bloom von der Universität Yale nannte das Buch »eine profunde Untersuchung des abendländischen religiösen Dualismus; eine überaus gelehrte Chronik der Gnosis; vor allem jedoch eine äußerst geistreiche Theorie der kognitiven Dynamik, aus der die Variationen des Religiösen erwachsen.« Auf dem Schutzumschlag sagte Bloom dem Buch voraus: »Es wird sich lange halten.«

Am Dienstag, dem 21. Mai, nahm Culianu die Pakete mit zum Campus, um sie nach dem Unterricht aufzugeben. Von zehn bis halb elf hielt er seinen Einführungskurs über die Grundlagen der Religionsgeschichte. Das Thema jenes Tages war der Gnostizismus, und er las aus den mittleren Kapiteln seiner Druckfahnen von *The Tree of Gnosis* vor. Später bat er Gwen Barnes, ein Empfehlungsschreiben für einen Studenten zu tippen, und ging dann zum jährlichen Bücherverkauf. Die Veranstaltung war überfüllt, und es herrschte eine ausgelassene Stimmung: Musik dröhnte aus den Lautsprechern, und viele seiner Studenten stellten ihm Fragen zu seiner Konferenz über das Leben nach dem Tode. Er war von einigen Leuten umringt, mit denen er ein paar Späße machte. Dann sah er Alexander Arguelles auf sich zukommen. Alex sah aufgeregt aus.

»Hier«, sagte Alex, »für dich.« Er drückte ihm das Buch *The Dictionary of Imaginary Places* von Alberto Manguel und Gianni Guadalupi in die Hand. Arguelles machte sich Sorgen wegen der Verteidigung seiner Dissertation vor der Fakultät, die ihm am Nachmittag bevorstand: Es handelte sich um eine Neuinterpretation des spartanischen Rechts, dem Quantensprung in der Ethik des antiken Griechenland, dem Vorbild für Platons Idealstaat. Arguelles' Ansatz beruhte auf Culianus spekulativer Methodologie und bezog sich sogar auf Culianus oft wiederholte Idee, daß nicht der menschliche Geist sich in den vielen Jahrtausenden verändert habe, sondern lediglich seine Operationen. Alex war aus verständlichen Gründen beunruhigt darüber, wie die anderen Professoren seine Arbeit aufnehmen würden.

»Das ist doch nur ein Übergangsritus«, sagte Ioan. Er klopfte ihm auf die Schulter. »Davor brauchst du keine Angst zu haben, du wirst das sehr gut hinbekommen. – Wir sehen uns in ein paar Stunden.«

Anschließend hielt er sich kurz in der Mensa der Swift Hall auf, ging dann in Gwens Büro, um die Diskette mit dem Empfehlungsschreiben abzuholen. Er nahm seine Post und ging in sein Arbeitszimmer. Nachdem er die Tür hinter sich geschlossen hatte (was er nur höchst ungern tat, denn da das Schloß mitunter klemmte, bestand die Gefahr, daß er sich selbst einsperrte; er war ein wenig klaustrophob), nahm er den Hörer und wählte: 011 57 746 273.

Eine Frau meldete sich. Er erzählte ihr, daß man ihm gesagt habe, er solle diese Nummer anrufen. »Nein, nein«, sagte die Frau mit einem spanischen Akzent. »Wer sind Sie? Wer?« Im Hintergrund schmetterten Trompeten. Er hörte das Murmeln von Gesprächen.

»Gracias«, sagte er und legte auf. Er erhob sich und ging zur Toilette.

Die Sekretärin Judy Lawrence, deren Schreibtisch nur wenige Meter von Gwen Barnes entfernt war, träumte gerade von dem Softeis, das es hinter der Buchhandlung gab. Judy Lawrence war eine kleine, hilfsbereite und zuverlässige Sekretärin, die sich das Büro mit Gwen und Peggy Edwards, der dritten Sekretärin, teilte. Etwa um Viertel vor eins beschloß Judy, eine Pause einzulegen.

Sie ging zum Fahrstuhl und drückte auf den Knopf. Der Fahrstuhl kam an, die Tür ging auf. Ein Mann stand darin. Er war groß, über einsachtzig. Er hatte dunkelbraunes Haar, helle Haut und hellbraune Augen. Einen Augenblick lang starrten diese Augen sie an. Sie zuckte zusammen.

Der Blick hatte ihr einen Schreck eingejagt. Sie erinnerte sich später so lebhaft daran, weil sie noch nie so angestarrt worden war. »Er hatte ein spitz zulaufendes, fliehendes Kinn«, sagte sie der Polizei später. Er trug ein weißes Baumwollhemd mit kurzen Ärmeln, eine Brille mit starken Gläsern und hatte eine hellblaue oder graue Segeltuchtasche mit dunkelblauen Griffen in der Hand. Er hatte einen Bauchansatz.

Er mußte auf beide Knöpfe, den für den dritten und den für den vierten Stock, gedrückt haben. Da sie beim Warten im dritten Stock auf den »Abwärts«-Knopf gedrückt hatte, der Aufzug aber auf dem Weg nach oben war und trotzdem hielt, mußte der Mann auf die »3« gedrückt haben. Dennoch mußte er auch auf die »4« gedrückt haben, denn als sie in den Fahrstuhl stieg, sah sie, daß auch der Knopf für den vierten Stock leuchtete. Der Fahrstuhl der Swift Hall war für seine Langsamkeit bekannt. Binnen Sekunden war ihr so unheimlich zumute, daß sie im allerletzten Augenblick, bevor die Türen schlossen, hinaussprang. Das hatte sie noch nie getan. Aber es hatte etwas so Unheimliches in der Art gelegen, wie er sie anblickte, daß sie in Panik geriet. »Er sah fast wie ein religiöser Fanatiker aus«, sagte sie später.

Sie lief die Treppen hinunter, kaufte ihr Eis und kehrte in den dritten Stock zurück. Sie schreckte erneut auf, als sie den Mann im Flur der dritten Etage sah. Er musterte ein Namensschild und hielt noch immer die Segeltuchtasche in der Hand. Hinter ihr stieg noch ein anderer Mann aus dem Aufzug, erinnerte sie sich später. Sie ging in ihr Büro am Ende des Flurs. Gwen Barnes hatte sich Kopfhörer aufgesetzt, und Peggy Edwards tippte. Judy aß ihr Softeis auf. Es war wenige Minuten nach eins, als sie den Schuß hörten.

V Spiele des Geistes, 1991-1996

> Es ist in der Regel möglich, [...] einige der in-
> telligenteren Anführer eines Aufstandes zu
> gleichseitigen Dreiecken zu machen und sie so-
> fort in die Klasse der Privilegierten aufzuneh-
> men.
>
> Edwin A. Abbott, *Flatland*[63]

25 Reisen nach dem Tode

Von Anfang an machte der Fall selbst erfahrenen Chicagoer Kriminalbeamten wie Ellen Weiss und Al McGuire zu schaffen. Bei einem Wiederbelebungsversuch hatten die Sanitäter den Körper bewegt, bevor der Tatort fotografiert werden konnte. Als McGuire und Weiss fünfunddreißig Minuten nach dem ersten Anruf von Gwen Barnes im dritten Stock der Swift Hall eintrafen, war der ganze Fußboden der Toilette mit Blut beschmiert. Menschen waren ungehindert ein- und ausgegangen, und Vertreter der Universität hatten die wichtigsten Zeugen in gemeinsamen Warteräumen versammelt, so daß die Ermittler keine Gelegenheit mehr hatten, spontane Aussagen zu erhalten.

Die Kriminalbeamten versuchten, den Spuren nachzugehen, solange sie noch da waren. Beide arbeiteten in der ersten Nacht bis nach zwei Uhr morgens, und in den folgenden Tagen hörten sie kaum früher auf. Die Mordrate im Wentworth District gehörte zu den höchsten der Stadt, aber bei den üblichen Morden im Viertel wurden größere Schußwaffen benutzt – eher eine Magnum-Pistole oder eine Uzi-Maschinenpistole als eine 25er. Die 25er Beretta konnte man zwar leicht in einer Handtasche verbergen. Die Munition war aber teuer und die Waffe nicht immer zuverlässig.

Neben den eigentlichen Problemen der Ermittlung mußten die

Beamten mit Fernsehteams und Rundfunksendern fertigwerden, die nach Neuigkeiten verlangten. Genau genommen gab es nichts zu berichten: Es gab keine Waffe, kein Motiv, keine Zeugen, nichts. »In meiner vierunddreißigjährigen Dienstzeit habe ich nichts dergleichen gesehen«, sagte Captain Fred Miller, der seinen Urlaub aufschob, um die Ermittlungen zu leiten. Sie tappten dennoch nicht völlig im dunkeln. Sie hatten Fingerabdrücke am Tatort gefunden, und die verglichen sie mit den Abdrücken von den Personen, die sich dort aufgehalten hatten, bevor die Ermittler eintrafen. Einige Abdrücke ließen sich nicht zuordnen. Die meisten waren wahrscheinlich unwichtig, aber ein Satz befand sich am oberen Rand der Toilettenkabine. Vielleicht hatte sich der Mörder an dieser Stelle beim Schießen abgestützt.

Um die Swift Hall bildeten sich am Dienstag nachmittag Gruppen von Studenten. Sie sprachen in beklommenem Tonfall miteinander, trennten sich wieder, um sich erneut um ein Fakultätsmitglied oder irgend jemand anderen zu scharen, der vielleicht etwas Neues wußte. Es gab kaum Informationen, aber viele Gerüchte. Um endlich Genaues zu erfahren, rief Joel Sweek, einer von Culianus Studenten, im Sekretariat an und verlangte nach ihm. Am Apparat war Ellen Weiss. »Professor Culianu ist in einer Sitzung«, sagte sie. »Geben Sie mir Ihren Namen und Ihre Rufnummer.« Wegen dieser Aktion wurde Sweek von McGuire, Weiss und einem anderen Ermittler vernommen. »Hatte er Feinde?« fragten sie. »War er zufrieden im Fachbereich?«
Die Kriminalbeamten überlegten, ob sie den Lehrkörper und die Studenten Lügendetektortests unterziehen sollten. Sie überprüften die Liste mit den Telefonaten, die von Culianus Apparat aus geführt worden waren, und fanden den Anruf nach Kolumbien. Sie überprüften Culianus Kreditkartenkonten und seine Reisepläne und stellten fest, daß seine Buchungen für die Europareise noch gültig waren. Spinner, Allocca und Gwen Barnes sagten allerdings aus, daß Culianu Angst gehabt hatte und daß er nicht nach Rumänien hatte fahren wollen.

Die Polizei fand heraus, daß Culianu fast zwanghaft bestimmte Abläufe einhielt: Jeden Dienstag und Donnerstag, also an den Tagen, an denen er Lehrveranstaltungen hatte, trank er jeweils zur selben Zeit Kaffee und ging zur Toilette. McGuire und Weiss überprüften auch seine Seminarlisten und stellten fest, daß seine Zensurengebung nicht besonders streng war. Sie befragten seine Studenten und Kollegen mehrfach. »Sie fragten nach heimlichen Liebesaffären, Feindschaften mit Kollegen oder Studenten«, sagte Spinner, »fragten aber nie nach den Drohungen, die er erhalten hatte, nach seinen Ängsten oder seinen Schriften.« Eine der Professorinnen verspottete die Ermittler. »Wendy Doniger sagte uns immer wieder: ›Den Fall lösen Sie nie‹«, erzählte McGuire. »Jedesmal, wenn wir zu den Professoren gingen, wollte irgendwie kaum jemand mit uns reden.«

In den nächsten Monaten verweigerte die Universität zwei Fernsehteams das Recht, auf dem Campus zu drehen. Es wurde keine Belohnung für Informationen ausgesetzt und kein Druck auf das FBI ausgeübt, den Fall aufzuklären. »Die Reaktion der Universität war ein beredtes Schweigen«, kritisierte die Studentin Elise La Rose. Viele teilten ihre Empörung über die öffentliche Reaktion der Universität, die man euphemistisch »verhalten« nennen könnte. Einige Studenten verließen die Divinity School. »Nachdem er weg war, hatten wir dort nichts mehr zu suchen«, sagten sie. »Die Uni will kein Aufsehen erregen, weil sie Angst hat, wegen der mangelnden Sicherheit auf dem Campus belangt zu werden. Es ist unglaublich«, meinten sie.

Obwohl Judy Lawrence der Polizei von dem merkwürdigen Mann im Flur berichtet hatte, gingen die Ermittler dieser Information zunächst nicht nach. »Sie wirkte unschlüssig«, erklärte McGuire, »und durch die Anwesenheit all der Polizisten irgendwie hypnotisiert.« Judy Lawrence meinte, am Tag des Mordes hätte sie unter Schock gestanden, so daß sie keinen unmittelbaren Zusammenhang zwischen ihrem Erlebnis im Fahrstuhl und dem Verbrechen hatte herstellen können. Mehr als drei Jahre verstrichen, ehe die Ermittler einen Streifenwagen schickten, um sie zur FBI-Zentrale in Chicago zu fahren, wo ein Computer-Phantombild des Mannes erstellt wurde. Trotz der Verzögerung hatte sie sein Gesicht nicht vergessen. Sie erinnerte sich an ihn, als hätte sie ihn erst am Tag zuvor gesehen.

Am 31. Mai flog Hillary mit ihrer Mutter, ihrer Schwester und Kurt Hertzfeld zum Begräbnis nach Chicago. Sie nahmen dasselbe Flugzeug wie Culianus neuer Freund John Crowley und Hillarys alte Bekannte Carol Zaleski. Hillary, die immer noch unter Schock stand, schilderte Carol Zaleski, wie ein Polizist sie angerufen hatte, um sie zu fragen, wer Ioan getötet haben könnte. Als sie ihm von Ioans politischen Artikeln erzählte, fragte er: »Rumänien? Wo liegt das?«

Sie erzählte Carol Zaleski von Ioans Lieblingsfilm von Rainer Werner Fassbinder, *Welt am Draht*.[64] Darin findet eine Figur aus einem Computerspiel einen Weg, aus dem zweidimensionalen Bildschirm auszubrechen und in die dreidimensionale Welt des Jungen zu springen, der mit dem Computerspiel gespielt hat. Ihm flüstert sie zu: »Ich habe einen Weg gefunden, zu entkommen.« Für Hillary bündelte der Film die Bedeutung von Ioans Leben und Tod.

In der Wohnung von Christinel Eliade in der Woodlawn Avenue fand eine traditionelle rumänische Totenwache statt. Ein großes Schwarzweißfoto von Culianu hing über einer Menge brennender Kerzen. In der verdunkelten Wohnung, die nur von den Kerzen erleuchtet wurde, tauschten Gäste Erinnerungen an Ioan aus, sprachen über ihn, tranken Kaffee und aßen Kuchen. »Seine Gegenwart erfüllte den Raum«, sagte Hillary Wiesner, die an jenem Abend zum ersten Mal Tess Petrescu begegnete. Christinel schickte die anderen diskret aus dem Zimmer und ließ die beiden Frauen allein.

Am nächsten Tag begleitete John Crowley Hillary, ihre Schwester Nikki und ihre Mutter in Ioans Wohnung. »So etwas hatte ich noch nicht gesehen«, sagte Crowley. »Er hatte eine umfassende Fotosammlung mit Aufnahmen von seinen persönlichen Tarot-Sitzungen, die Jahre zurückreichten.« An der Wand hing sein großes Holzkreuz aus Assisi, und in einer Nische stand eine kleine smaragdene Art Déco-Göttin. »Ich dachte, mein Gott, so einen Menschen habe ich noch nicht erlebt. Er nahm diese Dinge wirklich ernst.«

Crowley hatte wie so viele Menschen seine Beziehung zu Culianu als äußerst innig und oft magisch empfunden. Sie waren fast wie leibliche Brüder. Doch ihre Freundschaft war kurz gewesen; sie waren nicht dazu gekommen, die Einzelheiten ihrer Lebensgeschichten oder ihres Privatlebens auszutauschen, die Freunde meist miteinander teilen. Culianu löste in den Menschen »ein Gefühl der Selbstentdeckung und der phantastischen Erfüllung ihrer Wünsche aus, das leicht halluzinatorisch war«, sagte Greg Spinner. Viele merkten erst nachträglich, daß sie ihn eigentlich gar nicht gekannt hatten.

Hillary und Nikki wurden zusammen mit Tess Petrescu zu weiteren Vernehmungen zum Polizeipräsidium des Wentworth District gebracht. Die Kommissare Ellen Weiss und Al McGuire stellten Fragen zu dem Telefonanruf nach Kolumbien, zu Culianus finanzieller Lage und zu möglichen Feinden. »Er kannte niemanden in Kolumbien«, sagte Hillary. »Vielleicht wurde ihm gesagt, diesen Anruf zu tätigen, um die Ermittler in die Irre zu führen.« Sie erläuterte seine Ängste und die Drohungen wegen seiner Äußerungen zur rumänischen Politik. Die Polizeibeamten hörten geduldig zu. Je mehr sie sprach, desto mehr schien die Geschichte sich aufzulösen zwischen den dünnen Wänden des Präsidiums, durch die man permanent Radios plärren und Schließfächer zuknallen hörte. »Als wir da wieder weggingen, dachte ich, na ja, sie geben sich Mühe, aber herauskommen wird nicht viel dabei«, sagte Nikki. Tess sprach nicht gut genug Englisch, um in das Gespräch eingreifen zu können. Sie hatte an anderen Tagen stundenlang mit einer FBI-Agentin gesprochen. Merkwürdigerweise wurde diese Agentin später von den Ermittlungen abgezogen, nachdem sie Tess mitgeteilt hatte, daß sie vermutete, es hätte politische Einmischungen von seiten Rumäniens gegeben.

Ellen Weiss setzte das kolumbianische Büro des FBI auf die Telefonnummer an. Die dortigen Agenten konnten jedoch nur berichten, daß der Teilnehmer dieses Anschlusses keinerlei Beziehungen zu Culianu hatte. Die Aufzeichnungen ergaben, daß das Gespräch um 13.02 begonnen und eine Minute gedauert hatte. Die Ermittler zogen den Schluß, daß Culianu sich verwählt haben müsse – eine Interpretation, die allerdings nur bei einem Ortsgespräch plausibel wäre, nicht bei einer langen, komplizierten internationalen Nummer.

Die Ermittler kehrten immer wieder an den Tatort zurück und lasen den Bericht des Pathologen vom Cook County Hospital, Robert Stein, immer wieder. Der Bericht lieferte zwei Indizien. »Die Untersuchung der Kopfhaut wies keine Schmauchspuren oder Pulverrückstände auf«, hatte Stein geschrieben. Solche Spuren wären dann zu erwarten gewesen, wenn der Schuß aus einer Entfernung von mindestens einem halben Meter abgefeuert worden wäre. Der Täter hatte offenbar aus einer größeren Entfernung geschossen, folgerte Stein, und hatte eine bemerkenswert sichere linke Hand. Das zweite Indiz war der Einschuß, der sich in der »Hinterhauptgegend zwölf cm unterhalb der höchsten Stelle des Kopfes und vier cm rechts von der Protuberantia occipitalis externa« befand. Der Einschuß legte den Schluß nahe, daß Culianu den Kopf leicht gedreht hatte, als er erschossen wurde. Der Mord war fachmännisch ausgeführt, aber nicht zwangsläufig von einem professionellen Mörder begangen worden. Ein Schuß aus einer kleinen Handfeuerwaffe an einem öffentlichen Ort verwies nicht unbedingt auf einen Profikiller. »Dennoch, jemanden mit einem einzigen Schuß aus einer 25er zu töten«, grübelte Stein, »das ist nicht leicht. Es sah aus wie ein Attentat im Stil der Unterwelt.«
Warum hatte der Mörder keine Angst davor, daß ein Augenzeuge jederzeit die Toilette hätte betreten können? Vielleicht überwachte ein Komplize den Eingang. Warum nicht zwei Schüsse, um sicherzugehen, daß er tot war? »Wenn es zwei Schüsse gegeben hätte«, meinte Stein, »wäre sofort jemand hingerannt.« Der ehemalige Leiter der rumänischen Securitate, Ion Mihai Pacepa, ging noch weiter: »Es ist eine Exekution im typischen Stil des KGB, ein einziger Schuß in den Hinterkopf.«

Ein Tatort ist letztlich nichts anderes als ein Text, und so interpretierte Culianus Kollege Anthony Yu den Ort, an dem sein Freund ermordet worden war: »Rituell gesehen, war die Wahl des Ortes bedeutsam. Er vermittelt eine symbolische und leibliche Demütigung; Schmutzflecken, Unreinheit, der profanste Ort, um ein Leben zu beenden.« Yu saß in seinem Arbeitszimmer voller Bücher und wandte sich vom Fenster ab: »Ich habe mich oft gefragt, ob es nicht ein Ritualmord war.« Keinem der Ermittler war bekannt, daß das Datum des Tages, an dem Culianu ermordet worden war, eine religiöse Bedeutung hatte.

An der Fakultät beriet sich der Dekan für studentische Angelegenheiten, Jim Lewis, mit den Kommilitonen. Sie beschlossen, daß das regelmäßige Mittagessen der Divinity School am Mittwoch nicht ausfallen sollte, und sie erweiterten den bereits geplanten Gottesdienst, der am Vormittag stattfinden sollte. Der Gastpfarrer dieses Tages rief ein paar von Culianus Freunden an und bat sie, etwas bei der Trauerfeier zu sagen. Deutsch, Allocca, die Professoren Franklin Reynolds und Michael Fishbane und andere waren gerne dazu bereit. Anschließend wurde ein Psychologe der Universität bestellt, der den Studenten wenn nötig zur Seite stehen sollte.
Unter den Menschen an der Universität, denen Culianu nahegestanden hatten, litt Gwen Barnes vielleicht am stärksten unter seinem Tod. In der Nacht nach dem Mord träumte sie davon, daß sie in einem stockfinsteren Raum eingesperrt wäre. In der Ferne sah sie einen kleinen Lichtstrahl. Sie versuchte, das Licht zu erreichen, aber ihr Körper war träge, und sie geriet immer stärker in Panik, bis sie plötzlich erwachte. Sie hatte diesen Traum mehrere Jahre lang, noch nachdem sie längst nicht mehr an der Fakultät arbeitete. Erst einige Tage nach dem Verbrechen erinnerte sie sich daran, daß sie vor Jahren einmal eine Erzählung geschrieben hatte, eine Kriminalgeschichte, in der es um einen Professor ging, der an der Divinity School ermordet wurde. In ihrer Fassung war das Motiv beruflicher Neid.

Vor der Tür von Culianus Arbeitszimmer legten die Studenten täglich Rosen, Lilien und Trauerkarten nieder. Einige beteten dort. Andere berichteten, Culianu auf dem Campus gesehen zu haben. Nach einer Unterredung mit Spinner, Allocca und Arguelles versprach Clark Gilpin den trauernden Studenten, daß Culianus Bücher in eine Sondersammlung der Bibliothek eingehen und daß entweder ein besonderes Stipendium eingerichtet oder eine Tafel aufgestellt würde, um seiner zu gedenken. Das gleiche versprach man Tess. Sie stiftete der Universität das Kreuz aus Ioans Wohnung sowie den größten Teil seiner Bücher. Eingelöst wurden die Versprechen nicht.

Eine Reihe von sonderbaren Ereignissen folgte dem Verbrechen. Elena Bogdan empfing den Brief ihres Sohnes zwei Tage nach seiner Ermordung – wenn er ihn am Tage seines Todes aufgegeben hätte, so wäre der Brief deutlich schneller angekommen als gewöhnlich. Der Briefumschlag sah genauso aus wie die anderen, die sie seit Jahren von ihm erhielt: Er trug die Anschrift der Divinity School der Universität von Chicago und amerikanische Briefmarken. Allerdings hatte er im Gegensatz zu all den anderen Briefen keinen amerikanischen, sondern einen rumänischen Poststempel. Die rasche Beförderung des Briefes und der fehlende amerikanische Poststempel konnten ein Zufall sein – oder ein Hinweis darauf, daß jemand ihn an jenem Tag von Culianus Schreibtisch genommen hatte, nach Rumänien geflogen war und ihn dort eingesteckt hatte.

Das Datum des Verbrechens hatte eine rituelle Bedeutung: Der 21. Mai ist in der orthodoxen Kirche der Tag der Heiligen Constantin und Elena, der Namenstag der Mutter Culianus. Im Glauben der Ostkirche erinnert die Feier des Namenstages an die Aufnahme eines Menschen durch die Taufe ins heilige Reich. Während der Exiljahre Ioans waren all seine Briefe regelmäßig extrem lange unterwegs gewesen, mit Ausnahme der Namenstagsgrüße, die stets unverzüglich und ungeöffnet angekommen waren.

In Genf bekam König Michael Culianus Paket ebenfalls am 23. Mai, aber die Bücher waren nicht mehr darin. Gabriela Ada-

meșteanu erhielt ihr Exemplar von *Out of This World* in einem
Bukarester Krankenhaus, wo sie wegen eines schweren und
ziemlich dubiosen Verkehrsunfalls behandelt wurde. Dem
Buch waren ein paar Zeilen beigelegt, die Culianu am
Dienstag, dem 21. Mai, geschrieben hatte.
Obgleich das Bild noch nicht vollständig war, konnte bereits
ein Profil des Mörders entworfen werden. Die Fingerabdrücke
an der Trennwand der Toilettenkabine, die sich nicht zuordnen ließen, zeigten – wenn sie denn von ihm stammten –, daß
der Mörder keine Handschuhe getragen hatte. Auch hatte er
keinen Schalldämpfer benutzt. Beides deutete auf jemanden
hin, der schnell handeln wollte, ohne auf sich aufmerksam zu
machen. Da er keinen Schalldämpfer hatte, war er offenbar
sicher, mit einem einzigen Schuß aus seiner Waffe selbst aus
einer schwierigen Stellung töten zu können. Die Gleichgültigkeit gegenüber der Tatsache, daß er Fingerabdrücke hinterlassen könnte, könnte den Schluß nahelegen, daß der Täter
wußte, daß seine Fingerabdrücke in Amerika nicht registriert
waren, hieß es beim FBI. Der jährliche Bücherverkauf, der an
jenem Tag stattfand, garantierte ihm, daß in der Swift Hall
unzählige unbekannte Gesichter ein- und ausgehen würden.
Die religiöse Bedeutung des Tages und die symbolische Demütigung durch die Wahl des Tatorts ließen zusätzlich vermuten,
daß Ort und Zeit mit Bedacht gewählt worden waren und daß
mit der Tat ein Zeichen gesetzt werden sollte.

Am 3. Juni 1991 wurde Professor Ioan Culianu in der Rockefeller-Kapelle die letzte Ehre erwiesen. Anwesend waren die
Universitätspräsidentin Hanna Gray, Angestellte der Divinity
School und der Universität, der Lehrkörper der Fakultät, Studenten, Freunde und einige ältere Exilrumänen, die wie auf
einen stillen Ruf hin erschienen waren. Während des Gottes-
dienstes sprach Bernard McGinn über den Eros als verbinden-
de Kraft des Kosmos, und Gwen Barnes und Greg Spinner
lasen aus der Bibel. Dekan Gilpin zitierte aus Culianus Text
»Păcatul împotriva spiritului« (›Die Sünde wider den Geist‹,
1987): »Das Christentum behauptet, daß alle Sünden vergeben

werden [...]. Denn es gibt keinen Tod als den geistigen Tod, und es gibt keine Auferstehung als die Auferstehung im Strom der Ideen.« Wendy Doniger hielt die Totenrede. Sie zitierte aus *Hamlet*: »Die Zeit ist aus den Fugen: Weh mir, zu denken,/Daß ich geboren ward, sie einzurenken!«[65]

Privat war Wendy Doniger jedoch anderer Ansicht. »Er spielte bei so vielen Dingen mit dem Feuer«, sagte sie. »Ihm fehlte ein elementarer Selbstschutzinstinkt. Culianu hat nicht begriffen, wie ernst das alles war.«

In seinen Schriften hatte Culianu stets die tieferen Botschaften der kleinen, schnell vergessenen Einzelheiten und Zufälle unseres Lebens hervorgehoben. Seine Ermordung wies eine lange Reihe solcher Einzelheiten auf. In Washington arbeiteten Beamte des State Department an »Orientierungs«-Antworten für eine Pressekonferenz. »Die Rolle des Sicherheitsdienstes in Rumänien ist Anlaß zu fortdauernder Sorge«, war darin zu lesen. »Wir haben die rumänische Regierung dringend gebeten, die Organe der Geheimpolizei abzubauen und die Aktivitäten der Nachrichtendienste einer demokratischen Kontrolle zu unterstellen.« Der letzte Punkt, der mit dem Vermerk »Nur auf Anfrage« versehen war, lautete: »Selbstverständlich wird von jedem Diplomaten, der in den Vereinigten Staaten akkreditiert ist, erwartet, daß er gemäß seinem diplomatischen Auftrag handelt.«

Am Tag des Mordes rief ein Dissident aus Los Angeles andere Exilanten an und sagte ihnen, daß Andrei Codrescu versucht hätte, sich das Leben zu nehmen. Als das Gerücht Codrescus Frau in New Orleans erreichte, geriet sie in Panik und rief ihren Mann an. Der war wegen eines Auftrags in Brasilien und war am Leben. Radio Free Europe hatte bereits zwei Nachrufe vorbereitet. Besagter Dissident wurde später der Botschafter Rumäniens bei den Vereinten Nationen. Unmittelbar danach behauptete ein weiteres Gerücht, daß ein Mitglied der Familie eines Redakteurs von *Lumea Liberă* ermordet worden sei. Auch die ehemaligen Kommilitonen von Culianu in Rumänien erhielten merkwürdige (des)informierende Telefonanrufe von

Personen aus dem Ausland, denen sie in der Regel durchaus vertrauten. Kurze Zeit nach diesen Ereignissen wurde Dumitru Mazilu, dem in Genf bei einem Überfall sein Manuskript gestohlen worden war, zum Botschafter in den Philippinen ernannt, wo er keinem mehr zur Last fallen konnte.

Andrei Codrescu kommentierte diese Gerüchte in einer Sendung des National Public Radio, die dem Tod Culianus gewidmet war, und bemerkte dabei, daß eine solche Desinformationskampagne, zu der auch der Vorwurf gehörte, Culianu sei homosexuell gewesen (als sei Homosexualität ein Mordmotiv), typisch für die Ceauşescu-Ära war. »Vielleicht wurde Professor Culianu nicht aus politischen Gründen ermordet. Vielleicht sind die Gerüchte über seinen Tod stark übertrieben. Vielleicht hat ein unglücklicher Student Ioan getötet ... Vielleicht. Alles das würde die Ehre Rumäniens retten. Aber meinen Freund wird es nicht zurückbringen.«

Es gab in den nächsten Wochen noch mehr Desinformationen. In einer Pressekonferenz vom 7. Juni nahm Präsident Iliescu zu dem Verbrechen Stellung und erklärte, daß ein Vertreter der amerikanischen Regierung ihm gesagt habe, daß es kein politischer Mord gewesen sei. Ein Osteuropa-Experte des State Department bestritt jedoch, daß eine derartige Aussage vorliege. Für den Fernsehbericht über die Pressekonferenz wurden die Frage des Reporters und die Antwort des rumänischen Präsidenten schlampig zusammengeschnitten, so daß nur ein kurzer Ausschnitt übrigblieb, in dem man einen wütenden Iliescu sah, der jede Verstrickung seines Landes in den »Fall Culianu« dementierte.

Die regierungstreue Zeitung *Libertatea* veröffentlichte am 10. Juni einen Text, der einen Bericht der Chicagoer Polizei darstellen sollte, in dem stand, daß kein ausländischer Geheimdienst an dem Mord beteiligt gewesen sei. Die Polizei hatte einen derartigen Bericht allerdings nie herausgegeben.

Genau einen Monat nach dem Mord faßte der amerikanische Korrespondent von Radio Bukarest, Mircea Podina, die Ereignisse in einer Rundfunksendung folgendermaßen zusammen:

Wir haben kürzlich erfahren, daß Culianu sich im letzten Abschnitt seines Lebens mit der Tätigkeit einer legionären Geheimorganisation in den Vereinigten Staaten beschäftigte. Dazu gehörten unter anderem auch die ›Söhne Avram Iancus‹. [. . .] [Hillary Wiesner] hat drei Säcke unbekannten Inhalts aus der Wohnung von Herrn Culianu entfernt. Zugleich ist sie die Nutznießerin der Lebensversicherung des Professors in Höhe von 150 000 Dollar. Sie hatten außerdem ein gemeinsames Konto, auf dem 90 000 Dollar deponiert waren. [. . .]
Das wichtigste Ergebnis dieser Ermittlung, das wurde von der Chicagoer Polizei zweifelsfrei bestätigt, ist, daß von einer Verwicklung des rumänischen Geheimdienstes in diesen unglücklichen Fall nicht die Rede sein kann.

Gerade indem die Securitate von jeder Schuld freigesprochen wurde und Vorwürfe gegen die »Legionäre« und absurderweise sogar gegen Hillary Wiesner erhoben wurden, verwies der Beitrag jedoch nur allzu deutlich auf eine Beteiligung der Geheimpolizei. Die Desinformationen, die im rumänischen Fernsehen, im Rundfunk und in bestimmten Zeitungen verbreitet wurden, ließen erkennen, daß jemand hinter dem Verbrechen steckte, der Zugang zu den rumänischen Medien hatte.
Im September 1991 kamen wieder etwa zehntausend Bergarbeiter nach Bukarest und überfielen diesmal nicht nur die Büros der Oppositionsparteien, sondern stürmten auch das Regierungsgebäude in Bukarest. Ihr Protest richtete sich gegen die Politiker des Reformflügels um Premierminister Petre Roman, dem sie die negativen Folgen des raschen Übergangs zur Marktwirtschaft, die niedrigen Löhne, die schlechten Arbeitsbedingungen und die krassen Preiserhöhungen, anlasteten. In diesem Bergarbeiteraufstand, dem vierten in zwei Jahren, schien niemand mehr Herr der Lage zu sein. Einige der Studenten, die vor einem Jahr von den Bergarbeitern überfallen worden waren, schlossen sich ihnen jetzt an. Als die Menge vor dem Treppenaufgang des Cotroceni-Palastes ankam, beschwichtigte der Präsident sie, bis auch Rufe nach seinem Rücktritt laut wurden.

Im nachhinein beschwerten sich viele Bergarbeiter darüber, daß sie von den Machthabern hinters Licht geführt worden waren. »Sie haben uns ausgenutzt«, sagte einer von ihnen in der Illustrierten *Flacăra*. »Sie ließen uns Bergarbeiter glauben, daß wir an etwas Großartigem teilnahmen [. . .], und deshalb haben wir die Intellektuellen verprügelt.«

Im Ausland waren die verbliebenen Securitate-Agenten augenscheinlich so aktiv wie eh und je. Im November 1991 sagte ein FBI-Beamter aus, daß, während andere osteuropäische Länder die Operationen ihrer Geheimdienste in den Vereinigten Staaten eingeschränkt hatten, »wir das gleiche nicht von Rumänien sagen können. [. . .] Dessen Absichten bereiten uns weiterhin Sorge.«

Die Morddrohungen gegen Schriftsteller häuften sich. Die rechtsextremistische Zeitung *România Mare* griff Culianus Freund Vladimir Tismăneanu, Professor an der Universität Maryland, an: »Paß auf, du Ratte, der Kammerjäger ist hinter dir her.« In Washington erhielt Dorin Tudoran Drohungen, die sich auf Culianus Ermordung bezogen. »Ich bekam Anrufe, in denen gesagt wurde: ›Wir schicken dich deinem Freund Culianu hinterher‹.« Dem FBI gelang es schließlich, die Rumänen in San Diego zu fassen, die die Anrufe getätigt hatten, ein Duo, das aus Vater und Sohn bestand. Warum oder in wessen Auftrag sie das gemacht hatten, war nicht aus ihnen herauszubekommen. In Athen wurde Culianus Studienfreund Victor Ivanovici in der Woche, in der sein Artikel über Culianus Ermordung erschien, zweimal bedroht. Die meisten dieser Botschaften bedienten sich der archaischen Sprache des mystischen Nationalismus der Eisernen Garde. Die Briefe, die Victor erhielt, waren sogar in der alten Rechtschreibung der Vorkriegszeit verfaßt. Gut informierte Beobachter meinten, dies sei eine alte Taktik der Securitate. In seinem Buch *Red Horizons* schildert Ion Pacepa ausführlich internationale Verleumdungskampagnen, bei denen die Securitate sich einer nationalistischen Rhetorik bediente, um Dissidenten einzuschüchtern, und für die sie mitunter sogar rechtsextremistische Gruppierungen erfand.

Am 28. Februar 1992 feierte ein Artikel in *România Mare* öffentlich und schadenfroh den Mord an Culianu. Culianu, »der vom Eros und von der Magie der Renaissance und von ›außerweltlichen Reisen‹ gefesselt war«, schrieb ein gewisser Leonard Gavriliu, »hat nun endlich die Möglichkeit, seine Forschungen zu betreiben«. Der Stil kombinierte die aggressive Rhetorik der extremen Rechten mit einem neuen, obszönen Stil der neunziger Jahre:

> Wenn man Rumäne ist, ist es unmöglich, das abscheuliche Verbrechen des Pygmäen aus Chicago [...] GEGEN DIE RUMÄNISCHE KULTUR [...] zu übersehen. Der Leichnam aus dem Klosett hat alles niedergemacht: unsere Prosa, unsere Dichtung, die Schauspielliteratur, die Künste, die Philosophie usw., und unsere ganze Hoffnung auf ein Morgen getötet, *obschon, merken Sie wohl*, sein Artikel erst nach dem unumkehrbaren Sturz des kommunistischen Regimes veröffentlicht wurde.

Die Übertreibung, der verdrehte Gedankengang und der zwanghafte Nationalismus waren ein Kennzeichen der neuen postkommunistischen Rhetorik. Der Artikel fuhr fort:

> Doch das grauenhafteste Verbrechen des Flüchtlings von der Gangster-Megalopolis namens Chicago ist [...] in einer ekelerregenden Apologie entlarvt worden, die jenem Exkrement gewidmet wurde, das noch nicht vollständig in jener tödlichen *Toilette* hinuntergespült wurde, die das Schicksal eigens für ihn bereitgehalten hat. [...] Jener Gestank aus Chicago klagt uns an, daß Eminescu uns gelehrt hat, unser Vaterland wie die kostbarste Gabe unseres Lebens zu lieben. In der Vorstellung, die in Culianus fäkalem Hirn gärte, ist Eminescu und nur Eminescu schuld daran, daß die Rumänen unter dem Patriotismus leiden – der sogar eine Gemütskrankheit sein soll. [Er gehört zu den] privilegierten Knechten derer, die sich wünschen, daß Rumänien sich in eine gespaltene Kolonie verwandelt, die von den Magnaten der ›Supermetropole‹, an die sie sich verkauft haben, mühelos beherrscht werden kann.

Die Zeitung *România Mare* wurde und wird an alle Osteuropa-Institute Nordamerikas versandt, obgleich keines dieser Institute dieses Blatt bestellt oder abonniert hat. Der Artikel fachte das Interesse des FBI erneut an – ausgerechnet zu dem Zeitpunkt, als die Chicagoer Polizei ihren ersten stichhaltigen Anhaltspunkt zu finden schien.

26   Im Sternzeichnen des Steinbocks: Verdächtige

In Prospect Heights, einem Vorort von Chicago, etwa 45 Kilometer Luftlinie von Culianus Wohnung entfernt, begann ein junges Ehepaar, das noch nie von Ioan Culianu gehört hatte und sich in keiner Weise für Rumänien interessierte, eine Reihe von eigenartigen Erfahrungen zu machen. Dem siebenundzwanzigjährigen David Jedlicka gehörte ein Tonstudio, und seine Frau, die dreiundzwanzig Jahre alte Sandy Jedlicka, arbeitete als Buchhalterin bei einer großen Fluggesellschaft. Daves junge Produktionsfirma hatte sich auf Werbejingles spezialisiert; er selbst war ein großer umgänglicher Typ und hatte am selben Tag Geburtstag wie Ioan Culianu, am 5. Januar. Etwa drei Tage nach dem Mord zuckte Dave am frühen Morgen im Schlaf zusammen. Durch seinen Körper ging ein Ruck. Er murmelte etwas.
»Dave?« sagte Sandy. »Du sprichst im Schlaf.«
Er sprach etwa zwanzig Minuten lang. Drei Tage später sprach er wieder im Schlaf, und später nochmals. Das kam jetzt mehrmals im Monat vor, frühmorgens oder spät am Abend, unmittelbar nachdem er einschlief oder kurz bevor er aufwachte. Jedesmal zuckte er heftig zusammen und fing dann an, über das Leben von irgendwelchen Personen zu sprechen, über kleine alltägliche Begebenheiten, die ihnen zugestoßen waren. Zunächst fand Sandy diese Vorfälle einfach lustig, als sie jedoch gar nicht mehr aufhörten, machte sie sich Sorgen. Sie begann, seine Worte aufzuschreiben. – David Jedlicka glaubte nicht an das Okkulte und interessierte sich nicht für die Fragen seiner Frau, wenngleich seine Mutter Amateur-»Medium«

war. Aber je häufiger die Stimme, die sich »Jessie« nannte, auftauchte, desto mehr fragten beide sich ernsthaft, was mit ihnen vorging.

Am Abend von Daves und Ioan Culianus Geburtstag, am 5. Januar 1992, kamen Dave und Sandy, nachdem sie zum Abendessen in einem Restaurant gewesen waren, nach Hause und sahen ein wenig fern, bevor sie zu Bett gingen. Um etwa sieben Uhr morgens schnellte Daves Oberkörper hoch. »Ich muß den Jungen finden, der am selben Tag Geburtstag hat wie Dave«, sagte Dave mit einer hohen Kinderstimme.

»Meinst du . . .«, Sandy nannte den Namen eines Freundes.

»Nein.«

»Wen denn?«

Er buchstabierte den Namen: I-o-a-n C-u-l-i-a-n-u. Sandy schrieb die Buchstaben in ihr rotes Ringbuch. Für sie klang das nicht wie ein richtiger Name.

»Starb, kurz bevor Jessie zu sprechen begann. Er wußte Dinge. Versuchte zu lehren. War seine Arbeit. Lebte an einem großen Ort, wo man lernt. Nicht weit weg«, sagte ihr Ehemann.

»Welcher große Ort, wo man lernt?«

»Seine Familie weit weg. An bösem Ort. Nicht okay, von da wegzugehen. Nicht okay zu denken. Also abgehauen.« Sandy schrieb mit, was ihr Mann gerade sagte. »Lernen, was er wußte.« Seine Stimme setzte aus.

Insgesamt dauerten diese Vorfälle meist etwa eine Viertelstunde, manchmal weniger. Dies war das erste Mal, daß Dave einen Namen genannt hatte, der ihm und Sandy vollkommen fremd war, aber sie maßen dem keine besondere Bedeutung bei – bis er zwei Nächte später wieder sprach, diesmal mit einer reiferen, gebildeten Stimme.

»Er hatte Theologie studiert. Finde heraus, was er geschrieben hat . . . Es ist deine Aufgabe, seine Bücher zu finden und daraus zu lernen. Er kam aus einem kommunistischen Land. Der Name seiner Freundin begann mit einem H.«

Sandy dachte, daß solch ein ausländisch klingender Name wahrscheinlich am ehesten in Chicago zu finden sei, und schaute ins Telefonbuch der Stadt. Sie fand einen Ioan Culianu mit der Anschrift 1700 East Fifty-sixth Street. Leicht zitternd wählte sie seine Nummer. Was sollte sie ihm sagen? fragte sie sich. Sie hörte eine Ansage, die ihr mitteilte, daß der Anschluß abgeschaltet worden war. Jetzt war ihre Neugier geweckt, und sie entschied, daß der »große Ort, wo man lernt«, vermutlich die Universität von Chicago war, da sie ganz in der Nähe der Anschrift aus dem Telefonbuch lag. Sie begann, bei den verschiedenen Fakultäten anzurufen, um den Unbekannten ausfindig zu machen.

In derselben Stadt, in der die Jedlickas lebten, wurden Adrian Szabó und sein Freund Johnny verhaftet und wegen »bewaffneten Raubüberfalls, schwerer Körperverletzung und Einbruchs« angeklagt. Der Manager einer Baufirma, der Johnny kannte, weil dieser kurzfristig bei ihm beschäftigt gewesen war, hatte ihn und seinen Kumpan angezeigt. Johnny war wütend gewesen, weil er Anspruch auf eine Nachzahlung hatte, die ihm noch nicht ausgezahlt worden war. Am 24. September 1991 hatte er seinen Freund gebeten, ihm zu helfen, das Geld zu kassieren. Die beiden drangen gewaltsam in das Haus des Baumanagers ein. Im darauf folgenden Handgemenge zog Adrian eine Pistole Kaliber 32 und schlug dem Mann mehrfach auf den Kopf.

Es dauerte drei Monate, doch schließlich fand die Polizei von Prospect Heights Johnnys Spur in Anaheim, Kalifornien, wo er am 21. Dezember von der dortigen Polizei verhaftet wurde, um an den Staat Illinois ausgeliefert zu werden. Angesichts einer sechsstelligen Kautionssumme und der Aussicht auf eine harte Gefängnisstrafe gab Johnny den Namen seines Partners bald preis. Er sagte der Polizei außerdem, daß Adrian, ein arbeitsloser Fernfahrer und der Vater von zwei kleinen Mädchen, in einer kriminellen osteuropäischen Organisation arbeitete, die in Drogengeschäfte und Morde verwickelt war. Die Kriminalbeamten ermittelten Adrians Aufenthaltsort anhand der Unterlagen, durch die er wieder in den Besitz seines Toyota gekommen war. Anfang Februar 1992 um etwa neun Uhr morgens, er verabschiedete sich gerade von seinen Töchtern, klopfte es an seiner Tür. Zwei Kriminalbeamte und ein Streifenpolizist stürmten herein und nahmen ihn fest.

Ellen Weiss und Al McGuire hatten sich in einem Rundschreiben an alle Polizeidienststellen nach Verbrechen erkundigt, bei denen eine 25er, eine relativ ungewöhnliche Waffe, benutzt worden war. Einer der Kriminalbeamten des Vororts erinnerte sich an diese Anfrage, als er feststellte, daß Johnny im Besitz einer Pistole des Kalibers 25 war. Er meldete den Fall seinen Kollegen vom Wentworth District. Al McGuire fuhr hin, um den Verdächtigen zu verhören, der ein langes Strafregister – Einbrüche, Raubüberfälle, öffentliche Trunkenheit – hatte und in Michigan wegen Vergewaltigung gesucht wurde.

Zunächst hatte Johnny geradeheraus geredet und damit angegeben, daß Adrian »für die Securitate gearbeitet hat«. Als er nach dem Culianu-Mord befragt wurde, hörte er auf zu reden, berief sich auf seine Rechte und verlangte nach einem Anwalt. McGuire fiel auf, daß er Linkshänder war.

In der Hoffnung auf eine sichere Spur gingen McGuire und Weiss zu Adrian, der zunächst nicht bereit war auszusagen. Als er erfuhr, daß seine Kaution ebenfalls auf eine sechsstellige Zahl heraufgesetzt wurde, suchte Adrian sich einen Rechtsanwalt, der schon des öfteren mit Fällen von rumänischen Einwanderern zu tun gehabt hatte. In der Hoffnung auf ein milderes Urteil fand sich Adrian, der sich von Johnny verraten fühlte, im Frühjahr 1992 schließlich bereit, »über den Mord an Ioan Culianu« zu reden.

In den ersten neun Monaten des Jahres 1992 war der Aufstieg der extremen Rechten das Hauptthema in Rumänien. Die Rechte sorgte mit ihrer Unterstützung der Iliescu-Regierung dafür, daß diese Abgeordnetenhaus und Senat beherrschen konnte. Die wichtigste Gruppe der extremen Rechten war Vatra Românească, die eine führende Rolle bei der Gestaltung der Innenpolitik zu spielen versuchte; aus ihr war bereits 1990 die »Partei der Nationalen Einheit der Rumänen« (PUNR) hervorgegangen. Wortführer der Vatra war Ion Coja, Culianus ehemaliger Lehrer. Die Vatra hielt ihre jährliche Versammlung des

Jahres 1991 in der Woche ab, in der Culianu ermordet wurde. Ihre Anführer hatten gute Verbindungen zur alten Securitate. Anfang 1992 tauchte eine neue rechtsextremistische Partei auf, von der die nationale Bedeutung von Eliades Erbe nach der Revolution betont wurde. Ihr Anführer war kein anderer als der Protagonist der demokratischen Studentenbewegung, Marian Munteanu. Munteanu nannte seine Partei »Mişcarea pentru România«, ›Bewegung für Rumänien‹, und wollte – ganz in der Rhetorik der Eisernen Garde – einen »neuen Menschen für ein neues Zeitalter« schaffen. Dabei legte er besonderen Wert auf die Werke von Mircea Eliade; seine Anhänger mußten zunächst dessen Schriften lesen, bevor sie der Partei beitreten konnten.

Sandy brauchte mehrere Monate, bis sie im Frühjahr 1992 mit der Divinity School der Universität Chicago telefonierte. Zufällig rief sie einen Tag nach der ersten Wiederkehr von Culianus Todestag an. Erst dann erfuhr sie von der Sekretärin Judy Lawrence, daß Ioan Culianu ermordet worden war. Sandys Herz klopfte. Die Jedlickas überlegten sich, zur Polizei oder zum FBI zu gehen, aber sie fürchteten, daß David selbst verdächtigt werden könnte. Es ging ihnen weder um Geld noch um Publicity – David fand die ganze Angelegenheit eher unerfreulich.

Sandy wollte soviel wie möglich über den Mord erfahren. Als er am 25. Mai 1992 wieder sprach, fragte sie »Jessie« geradeheraus: »Wer hat Professor Culianu getötet?«

»Vier haben den Plan ausgeführt. Mehr als vier haben den Plan ausgeheckt.«

»Waren das Leute aus seiner alten Heimat?«

»Nein.«

»Warum haben sie ihn getötet?«

»Weil er schlecht über seine alte Heimat sprach.«

Zwei Nächte später sprach »Jessie« wieder. Sandy fragte wieder nach dem Verbrechen und den Tätern. »Die vier Jungs kannten sich nicht, wußten nicht, warum sie es tun sollten.«

Drei Nächte später richtete sich David Jedlicka plötzlich im

Schlaf auf. Er war erregter als sonst. Als er anfing zu sprechen, zog Sandy ihr Notizbuch hervor. »Wie alt waren die Jungs, die Ioan Culianu getötet haben?« fragte sie.

»Einer alt. Die anderen drei etwas älter als du.«

»Wer waren sie?« fragte Sandy.

»Einen kennst du.«

»Was?«

Keine Antwort.

»Waren sie von hier?«

»Einige. Einer aus alter Heimat.«

Während des Frühjahrs und des Sommers bekam Adrian im Cook County-Gefängnis Besuche von Al McGuire und Ellen Weiss und von dem FBI-Agenten John Bertulis, der gerade erst mit diesem Fall betraut worden war. Adrian erzählte ihnen von »Nicolae Constantin«. Im Dezember 1990, so erzählte Adrian den Ermittlern, hätte er von Johnny erfahren, daß Constantin einen Mord plante. Ein Professor sollte umgebracht werden. Adrian sollte nur den Wagen fahren. Er würde fünftausend Dollar im voraus bekommen und fünftausend danach. Damals pendelte Adrian wöchentlich mit einem Truck zwischen dem O'Hare-Flughafen und dem Los Angeles International Airport. Er trank viel und hatte ständig Geldsorgen. Im März oder April 1991, behauptete er, habe er trotz seiner Bedenken ein Treffen mit Johnny vereinbart. Sie verabredeten sich in einem Restaurant an der Kreuzung Thornton und York Roads in der Nähe einer Reihe von Speditionen. Es regnete. Johnny sprach eine Dreiviertelstunde über andere Dinge. Dann habe er einen gelben Umschlag gezückt, der etwas größer war als das übliche Briefformat. Darin will Adrian zwei große Stapel von Fünfzig-Dollar-Scheinen und ein Foto gesehen haben. Auf dem Schwarzweißfoto sei ein blasser junger Mann mit langen Koteletten zu sehen gewesen, der einen schlechtsitzenden rumänischen Anzug und eine breite Krawatte im Stil der siebziger Jahre getragen habe. Das Foto habe gezackte Ränder gehabt, wie es in den Fotogeschäften in Bukarest üblich war.

»Constantin bezahlt uns«, habe Johnny zu Adrian gesagt. »Du holst mich nur ab.«

Adrian erzählte den Ermittlern weiter, daß er schließlich vor dem Plan zurückgeschreckt sei. Er behauptete, nichts mehr von Johnny gehört zu haben – bis zum Juli 1991, als er spätabends einen Anruf von seinem Freund erhalten habe. Der habe gesagt, er sei in Florida. »Sucht mich jemand?« soll Johnny gefragt haben.

»Nein, wieso?«

Angeblich hat Johnny Adrian den Mord gestanden: »Un cartuş dupǎ ureche«, habe er gesagt, so Adrian. »Eine Patrone hinters Ohr.«

Die Geschichte klang gut, aber den Ermittlern schien es eigenartig, daß jemand, der nicht am Mord beteiligt war, so viel darüber wissen wollte. Sie brauchten etwas Handfestes – eine Kugel, einen Fingerabdruck oder einen zweiten Zeugen, vor dem Johnny vielleicht ebenfalls geprahlt hatte. Sie erfuhren, daß die 25er mit Vorliebe in der sich ausweitenden rumänischen Unterwelt von Chicago benutzt wurde. Mit der Unterstützung des FBI machte sich die Polizei an die Arbeit.

Zu Ostern 1992 wurde dem König zum erstenmal nach fast fünfundvierzig Jahren völlig überraschend erlaubt, nach Rumänien einzureisen. Ein gewaltiger Menschenandrang – teilweise waren es Hunderttausende – begleitete ihn überall, wo er auftrat, von Bukarest zu den Andachtsstätten in Curtea de Argeş. Auf dem Bukarester Universitätsplatz, so berichteten wenigstens einige Presseagenturen, hob die Menge sogar seine Limousine hoch. Als sein Visum ablief, wurde Michael gebeten, das Land zu verlassen. Von der Iliescu-Regierung wurde ihm die Rückkehr nicht wieder gestattet.[66] Die postkommunistischen Machthaber stellten fest, daß sie den König und seine Anhänger zu Recht gefürchtet hatten.

Im Rumänien von 1992 schienen sich die zwanziger Jahre zu wiederholen, wie Jean Ancel, Historiker an der Hebräischen Universität, beobachtete, der im Sommer jenes Jahres im Auftrag der kanadischen Regierung nach Rumänien zurückkehrte. In Bukarest verspürte er ein unheimliches Déjà-vu-Gefühl. »Ich sah eine noch junge und fragile Demokratie, die sehr zu Korruption und Manipulation neigte und die sich inmitten eines anwachsenden Rechtsradikalismus in wirkungslose Parteien aufsplitterte. Es herrschte ein Gefühl der Freiheit nach der Krise; die Menschen glaubten, alles nach Belieben tun zu können, ohne die Folgen zu bedenken.«

In Kanada lebten in Toronto, Windsor und Hamilton noch immer viele Exilanten, die zur Eisernen Garde gehörten. Diese Eisernen Gardisten im Exil beherrschten einige Einwanderergemeinden und waren 1986 für den Mord an einem Journalisten in Toronto verantwortlich gemacht worden. Als führender Fachmann des rumänischen Holocaust ging Ancel nach Rumänien, um Kriegsverbrechen, die von Rumänen begangen worden waren, die jetzt in Kanada lebten, zu untersuchen. In seinen Bemühungen, sich in Regierungsarchiven Zugang zu den relevanten Urkunden zu verschaffen, sah er sich enttäuscht. »Ich wurde zu den merkwürdigsten Stunden angerufen. Ich wurde beobachtet, ich wurde verfolgt. Sie wollten immer wissen, was ich gerade machte.«

Er sah mit Bestürzung, wie mit dem Erbe Eliades umgegangen wurde. »Als junger Mann war Eliade ein brillanter Intellektueller, der ab einem gewissen Zeitpunkt ganz offensichtlich zur Eisernen Garde gehörte. Viele Dokumente weisen ihn als einen der Ideologen der Eisernen Garde aus«, sagte Ancel. »Er war gefährlich, weil er auf eine negative Weise brillant war. Er wertete Codreanu und die Bewegung auf, ohne sie faschistisch zu nennen. Er war bei der Jugend beliebt.« Im Grunde, urteilte Ancel, unterschieden sich die kommunistische und die postkommunistische Rhetorik nicht so sehr vom Faschismus der Vorkriegszeit: »Eigentlich legitimierten sich alle rumänischen Regierungen, indem sie jeden Angriff auf sich als Angriff auf die Nation betrachteten.«

In Chicago erwies sich Adrian Szabós Fährte zunächst als vielversprechend. Aufgrund der Hinweise von Adrian fanden die Ermittler Kugeln einer 25er im Fußboden einer Wohnung im

Westen der Stadt, wo Johnny sie eines Nachts auf einer Party abgefeuert hatte. (Die FBI-Agenten mußten die junge pakistanische Familie, die inzwischen in der Wohnung lebte, darum bitten, den Teppichboden wegzureißen. Leider stimmten die Kugeln nicht mit der überein, die Culianu getötet hatte. Sie hatten nicht einmal dieselbe Seriennummer. McGuire und Bertulis sahen sich nach einer zweiten 25er-Pistole um, von der Adrian behauptete, daß Johnny sie auf dem Eisenbahngelände hinter Adrians Lastwagenreparaturwerkstatt versteckt hatte. Zwei eiskalte Tage lang suchten sie die Gegend vergebens ab. Nach Adrians Angaben hatte Johnny im Pine Tree Grill-Restaurant im Norden der Stadt seine zweite Waffe gekauft und in die Wand geschossen, um sie zu testen. Sie setzten elektronisches Suchgerät ein, um die Wände des Restaurants, das einem Rumänen gehörte, zu untersuchen, doch es wurden keine Kugeln gefunden.

Die Polizei suchte nach einem Zusammenhang zwischen dem Mord an Culianu und dem ungelösten Fall des rumänischen Journalisten, der 1986 in Toronto ermordet worden war. Es gab durchaus Parallelen zwischen den beiden Verbrechen: Auch dem anderen Opfer war zuvor gedroht worden, auch dort war die Waffe kleinkalibrig, und beide Fälle blieben ungeklärt. Die Ehefrau des Journalisten hatte den Mörder rumänisch reden hören, bevor er feuerte, doch seine Waffe war eine gewöhnliche Pistole Kaliber 22 gewesen. Schließlich war das Opfer dieses Verbrechens – abgesehen von der Tatsache, daß beide publizistisch tätig waren – recht verschieden von Ioan Culianu. Constantin Dima Drăgan hatte die Ceauşescu-freundliche Zeitung *Tricolorul* (die gemeinte Trikolore war die der rumänischen Flagge) geleitet. Er sammelte kompromittierendes Material und wurde allgemein für einen Agenten der rumänischen Regierung gehalten, für einen »Spitzel«, wie ein Informant sich ausdrückte.

Der Mord in Toronto sah nach einer Tat der Eisernen Garde aus, denn das Opfer wurde erstochen, nachdem es erschossen worden war – angeblich das Kennzeichen der Eisernen Garde. Die Polizei in Toronto fand heraus, daß mit derselben Waffe einen Monat zuvor, am Jahrestag des Aufstands der Eisernen Garde[67] im Januar 1941, Schüsse auf das rumänische Konsulat abgegeben worden waren.

Culianu, so vermuteten einige Exilrumänen, wurde von der Eisernen Garde gefürchtet, weil Eliade ihn zum Nachlaßverwalter seiner unveröffentlichten wissenschaftlichen Schriften ernannt hatte. Vielleicht hatten die Gardisten Angst davor, daß er seine Stellung dazu gebrauchen würde, den Ruf seines Mentors durch die Veröffentlichung belastender Dokumente zu schädigen. Aber 1991 waren die Texte von Eliade längst öffentlich zugänglich, nicht zuletzt dank der Regenstein Library. Die unvollendeten Bände Eliades waren entweder herausgegeben und veröffentlicht oder archiviert worden. Es gab keine geheimen Unterlagen über die Eiserne Garde.

Was diese Gerüchte anging, so traf die in Paris lebende Dissidentin Monica Lovinescu den Kern der Sache wohl am besten: »Wann immer behauptet wird, daß es die Eiserne Garde war«, bemerkte sie, »kann man sicher sein, daß es die Securitate war.«

In fast allen fiktionalen Texten von Ioan Culianu wird der Erzähler früher oder später in seine Geschichte hineingezogen. Im Mai 1992 erhielt ich einen Anruf von Sandy Jedlicka. Die Sekretärin Judy Lawrence hatte ihr meine Nummer gegeben. Wir sprachen über die merkwürdigen Erfahrungen, die sie und Dave gemacht hatten. Ich fragte sie, ob ich mal vorbeikommen könnte. Wir trafen uns in Daves Aufnahmestudio in St. Charles, Illinois, und fuhren zum Mittagessen in ein mexikanisches Restaurant. Sandy war in dem Provinznest Chilton im Bundesstaat Wisconsin geboren und aufgewachsen, hatte rötliches lockiges Haar und einen etwas verrückten Sinn für Humor. Sie war nach Chicago gekommen, um dort als Kindermädchen zu arbeiten. Dave war in dem wohlhabenden Chicagoer Vorort Deerfield aufgewachsen. Er war groß, etwas unbeholfen und hatte ein verschmitztes Lächeln. Er hatte an der Chicago Academy of Music studiert. Sie hatten sich in einer Bar kennengelernt, wo er als Bassist in einer Band aufgetreten war. Sandy zog das rote Notizbuch hervor, in dem sie notiert hatte, was Dave nachts erzählt hatte. Als sie erklärte, »Jessie« erlaube nicht, daß ihre Stimme aufgenommen wird, wurde ich etwas mißtrauisch. Ich hatte immer versucht, nicht an derartige Phänomene zu glauben, da ich überzeugt war, daß viele der berichteten Vorkommnisse entweder gefälscht oder das Ergebnis unseres tiefverankerten Wunsches waren, die Fesseln des Alltags zu sprengen. Wir vereinbarten, daß Sandy mich anrufen sollte, sooft sie »Jessie« sprechen hörte, und daß ich den Jedlickas sowenig wie möglich über Ioan Culianus Leben erzählen würde.

Da wäre noch ein Problem, sagte Sandy. Sie hatte bereits *Eros and Magic in the Renaissance* und *Out of This World* gekauft. Würden diese Bücher zu viele Hinweise auf das Verbrechen bieten?

Culianus Bücher waren schwer zu finden, teuer und sogar für professionelle Rezensenten schwierig; ich hatte sie mehrmals gelesen, um sie zu verstehen. Ich überdachte meinen Verdacht gegenüber den Jedlickas, vor allem, nachdem ihre Erfahrungen sie offenbar zunehmend verängstigten.

An einem Mittwoch, dem 3. Juni 1992, schlief David Jedlicka etwas länger, da er mit Freunden aus gewesen war. Um etwa zehn Uhr morgens fuhr er im Schlaf auf. Sandy, die von zwölf bis acht arbeitete und daher noch zu Hause war, holte ihr Notizbuch. Nachdem »Jessie« einige Minuten geredet hatte, fragte Sandy, ob sie die Namen der Mörder von Culianu kannte.

»Nein.«

»Erzähl mir, was du weißt.«

»Einige leben in großer Stadt. Alle waren Jungs. Im Plan war einer nötig, der überall hingehen konnte und nicht auffällt. Einer von ihnen kennt Ioan. Nicht der ältere. Jessie glaubt, war ein Freund von Ioan.«

»Was noch?«

»Er sollte an dem Ort sein, um Botschaft zu bekommen. War dunkelhaarig. Hatte so Sehdinger. Lebt jetzt in großer Stadt.«

Durch weitere Fragen schloß Sandy Jedlicka, daß die »Sehdinger« eine Brille waren, der nicht unähnlich, die Judy Lawrence später auf dem Phantombild rekonstruieren sollte. Aber das, was ihr Mann zuletzt sagte, alarmierte sie. »Jessie glaubt, Junge immer noch da, wo man lernt. Glaubt, war ein Freund von Ioan.«

Im September 1992 gewann Ion Iliescu auf äußerst zweifelhafte Art und Weise die rumänischen Präsidentschaftswahlen. Bei den gleichzeitig stattfindenden Parlamentswahlen bekam seine Partei, die Demokratische Front zur Nationalen Rettung, trotz gewisser Betrügereien nur 28 Prozent der Stimmen für den Senat und 27 Prozent der Stimmen für das Abgeordnetenhaus. Amnesty International wies darauf hin, daß die Regierung von »kleineren linken und rechten nationalistischen Parteien an der Macht erhalten wurde«. In ihrem Bericht von 1993 »Romania: Continuing Violations of Human Rights« stand außerdem, daß die meisten Richter des Landes noch immer auf den Stellen saßen, die sie bereits vor 1989 eingenommen hatten. Culianus Voraussage war trotz allem eingetroffen: Das Volk hatte aus freien Stücken eine Regierung gewählt, die von ehemaligen Kommunisten beherrscht wurde.

In der verkehrten Welt der postkommunistischen Politik des Landes gruben Bewegungen wie Vatra Românească das Andenken an Ion Antonescu wieder aus, den Diktator, der für den Tod von einer Viertelmillion oder mehr Juden und Roma verantwortlich war. Praktisch alle großen Medien wetteiferten miteinander, »Antonescu zu einem Nationalhelden zu machen«, schrieb Michael Shafir von Radio Free Europe. Der Plan, eine Statue des Diktators zu errichten, erregte die heftige Kritik von 15 US-Senatoren und Abgeordneten des amerikanischen Repräsentantenhauses. Der Hauptzweck dieser (tatsächlich verwirklichten) Huldigung Antonescus bestand wohl darin, die Rolle, die König Michael in den vierziger Jahren gespielt hatte, als unbedeutend hinzustellen und ihn der Lächerlichkeit preiszugeben.

In seinem Büro in einer Bukarester Seitenstraße, das von einem bewaffneten Polizisten bewacht wurde, beantwortete Corneliu Vadim Tudor im September 1992 meine Fragen über den

Artikel von *România Mare*, in dem der Mord an Culianu ge-
feiert worden war. »Ich bekomme dieses Material von jungen
Leuten«, dröhnte Tudor in seinem weißen Anzug. »Sie sagen
mir nicht, woher sie kommen, und ich frage nicht danach.« Er
gab mir die Telefonnummer von Leonard Gavriliu, der den
Artikel gezeichnet hatte. Meine Versuche, Gavriliu zu erreichen, waren 1992 allerdings vergeblich. Erst zwei Jahre später,
nachdem ich als Fulbright Senior Researcher nach Rumänien
zurückgekehrt war, konnte ich einen Kontakt zu ihm herstellen. Gavriliu leugnete, den Artikel geschrieben zu haben.

Als ich Ion Coja darauf hinwies, daß Culianu, sein ehemaliger
Student, vor seiner Ermordung geäußert hatte, er werde von
der Vatra Românescă bedroht, kam er ins Grübeln. »Vatra war
vom SRI unterwandert«, sagte er. »Ich habe das mal [dem
SRI-Leiter] Virgil Măgureanu ins Gesicht gesagt. Er hat es
nicht abgestritten.«

Mit all dem tagespolitischen Wirrwarr, in dem Reformen eher
verhindert als gefördert wurden, taumelte Rumänien mit den
gleichen Problemen wie in der Vergangenheit ins Jahr 1993.
Nach den *Country Reports on Human Rights Practices for 1992*
des amerikanischen State Department gestand die neue Ver-
fassung dem Rumänischen Nachrichtendienst SRI »im allgemeinen verbotene Tätigkeiten aus Gründen der nationalen
Sicherheit« zu – darunter Einbrüche, Hausdurchsuchungen,
Briefkontrollen und Telefonüberwachungen. Ioan hatte oft zu
Hillary gesagt, er sei sicher, daß die Gespräche, die er mit seiner
Familie führte, abgehört wurden. Er konnte nicht nur das Geräusch der Aufnahmegeräte hören, sagte er, er hörte sogar, wie
die Überwachungsoffiziere sich beim Kartenspielen unterhielten oder im Hintergrund lachten. Sobald das Gespräch heikle
Themen berührte, wurde die Verbindung unterbrochen.[68] Auch
andere Journalisten in Rumänien machten die Erfahrung, daß
ihre Telefonate unterbrochen wurden. Dan Petreanu, der junge
Leiter des Bukarester Büros der Nachrichtenagentur Associated
Press, klagte, daß seine Leitung immer dann unterbrochen werde, wenn er Regierungsbeamten peinliche Fragen stelle. »Ich
kann praktisch voraussagen, wann es passiert.«

> Die besondere Würde der Menschheit beruht
> nicht auf ihrem Gehorsam, sondern auf ihrem
> Widerstand gegen diese Welt.
>
> I. P. Culianu, *Eros and Magic in the Renaissance*

27 Die Ermittlung

In den neunziger Jahren wurde das Schreiben weltweit immer
gefährlicher. Nach Angaben des Committee to Protect Journalists wurden 1992 mindestens 50 Schriftsteller und Journalisten ermordet; 1994 stieg die Zahl auf 72. In den ersten neun
Monaten des Jahres 1995 wurden allein in Algerien 27 Journalisten umgebracht. Und das waren nur die dokumentierten
Fälle. Die Dunkelziffer der verschleppten, zusammengeschla-
genen oder bedrohten Schriftsteller und Journalisten ist viel
höher. Die Gefahr war entschieden größer für Journalisten,
die für kleinere Zeitschriften oder Rundfunkstationen arbeiteten, die mehr riskierten und im Notfall über weniger Mittel
verfügten. In den Vereinigten Staaten wurden zwischen 1976
und 1992 13 Publizisten getötet. Diese Verbrechen kamen überwiegend in Emigrantengemeinden vor. Viele dieser Fälle folgten einem ähnlichen Muster wie die Ermordung Culianus – sie
begannen mit schriftlichen Drohungen, auf die telefonische
und direkte Drohungen folgten. Die Betroffenen sprachen
meist nur im privaten Kreis über ihre Ängste und gingen nicht
zur Polizei. Die Morde schließlich überraschten die Polizei
häufig dermaßen, daß sie sie zuerst als Selbstmorde zu deuten
versuchte. Widersprüchliche Gerüchte, der Mangel an Zeugen
und andere, dringliche Ermittlungen sorgen nicht selten dafür,
daß diese Fälle unaufgeklärt bleiben.

Für die allgemein bekannte Zunahme von Angriffen auf
Schriftsteller und Journalisten in der Zeit nach dem Kalten
Krieg, wie etwa die ›Fatwa‹ gegen Salman Rushdie oder den
beinahe tödlichen Anschlag auf den ägyptischen Literatur-
Nobelpreisträger Nagib Machfus, gibt es eine ganze Reihe von
Gründen. Zu den einzelnen Ursachen gehören Machtpolitik,

religiöser Fundamentalismus, ethnische Konflikte, gelegentlich sogar Geld. Aber ein tieferer Grund für diese Situation wird in den Leitartikeln selten erörtert und ist dennoch in nicht geringem Maße für die Gefährlichkeit der heutigen Welt verantwortlich: die Macht des Unbewußten. Beim Zusammenbruch der alten Weltordnung brodelten die primitivsten Kräfte der Geschichte hoch – Haß auf den anderen, Antisemitismus, zwanghafte Phantasien. Diese Kräfte wurden zu den Waffen der neuen Demagogen und Extremisten. Zu ihrer Zielscheibe wurden oftmals Schriftsteller und Journalisten, denn sie sind in einem seelischen Grenzbereich tätig, in dem sich das Gedächtnis der Völker, der Stämme und des einzelnen überschneidet. Die Gefährlichkeit resultiert weniger aus irgendeiner »Wahrheit« als vielmehr aus der Art und Weise, wie die Geister sich ihre Mythen erschaffen – ein Prozeß, den Culianu im einzelnen erhellt hatte.

Mitte Juni 1992 begann David Jedlicka wieder einmal im Morgengrauen zu sprechen. Sandy erhob sich schläfrig, war jedoch bald hellwach. Sie fragte ihn abermals danach, wie der Mord begangen worden sei.

»Jeder hatte eine Waffe, aber es waren verschiedene Schießeisen. Der Junge, der ihn erschossen hat, ist immer noch an großem Ort. Dunkles Haar, wichtige Kleidung.«

»Was für wichtige Kleidung?« fragte Sandy Jedlicka. »Hat Dave auch so wichtige Kleidung?«

»Nein. Andere Jungs haben gleiche Kleidung. Sie wissen nicht, warum sie es tun sollen. Junge mit Sehdingern sagt ihnen, was sie tun sollen.«

»Was für besondere Kleidung?« fragte sie hartnäckig. »Wie eine Uniform?«

»Nein.«

»Ein Priester?«

»Nein. Kurz, schwarz, Leder. Etwas geschrieben auf dem Rücken.«

Damit verlor sich seine Stimme. Sie deutete das so, daß die »Jungs« Lederjacken trugen.

In vier Bundesstaaten arbeiteten Ermittler erfolglos daran, eine Bestätigung für Adrians Geschichte zu finden. Das FBI konnte keine Spedition finden, auf die Szabós Beschreibung paßte. Auch hatte Johnny ein Alibi; aus den Unterlagen seiner ehemaligen Baufirma ging hervor, daß er am 21. Mai 1991 gearbeitet hatte. Wichtiger war, daß seine Fingerabdrücke nicht mit denen übereinstimmten, die am Tatort gefunden worden waren. Bei einem Lügendetektortest, den das FBI mit ihm durchführte, rangierte die Leugnung seiner Beteiligung am Verbrechen im Bereich »wahr«.

Die Ermittlungen richteten sich daher nun wieder auf den Mann, der Johnny belastet hatte. Im Frühjahr 1993 willigte auch Adrian Szabó ein, sich einem Lügendetektortest zu unterziehen.

»Waren Sie bei der Ermordung von Professor Culianu dabei?«
»Nein.« Seine Antwort zeigte »wahr« an.
»Waren Sie in den Fall verwickelt?«
»Nein.«
Seine Antwort auf dem Detektor zeigte den Bereich »unwahr« an.

Aus einer solchen Antwort war nicht viel herauszulesen. Es ist durchaus möglich, wie Culianu selbst in seinen Erzählungen über Fälschungen und Geschichte bemerkt hatte, daß man unter den strapaziösen Umständen einer Haft die Wahrheit sagt und der Lügendetektor sie trotzdem als Lüge anzeigt. Adrian sagte dem FBI, seine Ergebnisse seien deshalb »unwahr«, weil »ich dachte, wenn ich davon gewußt und es nicht verhindert habe, war ich auch irgendwie beteiligt«.

Doch weitaus wichtiger als die Einzelheiten der zum Stillstand gekommenen Ermittlung war die öffentliche Berichterstattung in den USA über Rumänien und die strukturellen Muster der Ereignisse in Rumänien selbst. Als die Vereinigten Staaten erwogen, dem Land die Meistbegünstigtenklausel wieder zu gewähren, argumentierten Kritiker wie der ehemalige Botschafter David Funderburk überzeugend, daß auf diese Weise ein illegitimes Regime legitimiert würde. Funderburk, der später als republikanischer Abgeordneter für North Carolina gewählt wurde, betonte den fortdauernden Wahlbetrug und noch grundlegendere Probleme wie die Schikanierung von Personen und die Manipulation von Ereignissen. In einem dokumentierten Fall, den er vorlegte, mußten ein junger rumänischer Diplomat und seine Frau in die USA flüchten, nachdem sie sich darüber beschwert hatten, daß ihre Stimmzettel verändert worden waren. Als er zu Hause anrief, »erfuhr er, daß sein Vater im Januar 1993 von der Geheimpolizei verhört und geschlagen worden und zwei Stunden nach dem Verhör zu Hause seinen Verletzungen erlegen war«. Die Täter wurden nie vor Gericht gestellt.

Funderburk faßte seine Argumente in einem Brief an den New Yorker Senator Daniel Patrick Moynihan zusammen, in dem er Hinweise auf die enorme Kontinuität seit der kommunistischen Ära in Rumänien sammelte. Er hob dabei vor allem folgende Mißstände hervor: den Machterhalt der altkommunistischen Nomenklatura, die schwache und unausgewogene Entwicklung hin zu einer demokratischen Regierungsform, die dürftige Ermutigung der Privatisierung und des freien Wettbewerbs, die weiterbestehende Kontrolle des Fernsehens durch die Regierung, das fortgesetzte Wirken der alten Geheimpolizei unter einem anderen Namen und die Verletzungen der Menschen- und Minderheitenrechte. Amnesty International listete Fälle von kontinuierlicher Schikanierung auf und protestierte dagegen, daß das Verschwinden einiger Personen während der gewalttätigen Ereignisse von 1990 und 1991 nicht aufgeklärt wurde. Eltern der vermißten Studenten, wie die Mutter Natalia Horia, berichteten Amnesty, die Polizei habe ihnen gedroht, als sie versuchten, Informationen über das Schicksal ihrer Kinder zu erhalten. »Sie bringen Ihr Land in Verruf. Vielleicht waren Sie ja selbst am Verschwinden Ihres Sohnes beteiligt«, mußte Natalia Horia sich anhören.[69]

In Rumänien, so hätte Funderburk hinzufügen können, starben oder verschwanden auch diejenigen, die an den ersten Ereignissen der Revolution und dem Prozeß gegen Ceaușescu beteiligt gewesen waren, auf geheimnisvolle Weise. Auf den

»Selbstmord« von Ceauşescus Bruder in seiner Wiener Wohnung folgte der Selbstmord von Georgică Popa, dem Richter im Ceauşescu-Prozeß. Später starb der Pilot des Hubschraubers, in dem Ceauşescu im Dezember 1989 geflohen war, Oberst Vasile Maluţan, als sein Helikopter gegen eine Hochspannungsleitung prallte. Er hatte gerade vor einem parlamentarischen Ausschuß ausgesagt, daß Ceauşescu einen Koffer mit Geheimdokumenten bei sich getragen hatte, als er geflüchtet war. Noch andere Personen starben unter dubiosen Umständen. Eines war deutlich: Diejenigen, die an der sogenannten Revolution beteiligt gewesen waren, ohne in der vordersten Reihe zu stehen, fühlten sich in Gefahr. Dan Voinea, der Staatsanwalt, der das Ehepaar Ceauşescu angeklagt hatte, sagte Reportern, er sei sicher, daß er und andere unfreiwillige Prozeßteilnehmer getötet würden, sobald die Organisatoren des »Gerichtsverfahrens« sich abgesetzt hätten.

Trotz allem wurde Rumänien die Meistbegünstigtenklausel gewährt.

Im Februar 1994 beschwerte Tess Petrescu sich in einem Brief an den amerikanischen Botschafter in Rumänien, John Davis, der dem Iliescu-Regime freundlich gegenüberstand, über das schleppende Voranschreiten der Ermittlung im Mordfall ihres Bruders und über die politischen Hindernisse, die die Ermittlungen bremsten. Am 25. Februar erhielt sie von dem Chicagoer Jonathan Rickert, dem Geschäftsträger des State Department, folgende Antwort: »Wir bedauern, daß die Untersuchungsbehörden der Vereinigten Staaten bisher außerstande waren, dieses Verbrechen aufzuklären. Sollten allerdings genügend Beweise auftreten, die vor Gericht als rechtsgültig anerkannt werden, so würden einer energischen Strafverfolgung keine Rücksichten politischer oder anderer Art entgegenstehen.«

Der kluge Geist, der all diese Verbrechen inszeniert hat, [...] wollte, daß wir seine Absicht
durchschauen. Folglich mußte er uns einen weiteren Hinweis geben, einen Hinweis für den
Mars-Mord. Merkst du nicht, daß für unseren
Herausforderer das Spiel nur in dem Maße unterhaltsam ist, als wir ihm folgen können?

I. P. Culianu und H. S. Wiesner, *The Emerald
Game*

28 Spiele des Geistes

Im Sommer 1994 erschien die rumänische Übersetzung von
Culianus *Éros et Magie à la Renaissance – Eros şi magie în
Renaştere* – im Bukarester Verlag Nemira, für den Dan Petrescu
als Lektor tätig war. Die erste Auflage von 20 000 Exemplaren
wurde in einer Woche verkauft. Es folgten weitere Bestseller von
Culianu, unter anderem *Călătorii în lumea de dincolo* (*Jenseits
dieser Welt*), das von Andrei Oişteanu übersetzt und mit einem
Vorwort versehen wurde, und *Mircea Eliade*, dem ein Nachwort
von Sorin Antohi beigegeben war. Es war genauso, wie Culianu
es 1972 seiner Schwester von Rom aus vorausgesagt hatte: Er
war »als Sieger« heimgekehrt. Übersetzungen seiner Bücher
waren in Spanien, Italien, Japan, Frankreich, Deutschland,
Tschechien, Polen, Holland und weiteren Ländern erschienen.
Besondere Veranstaltungen oder ganze Tagungen wurden zu
seinen Ehren in Paris und Rom gehalten. Mehrere Kapitel und
Bücher, die sich mit ihm befaßten oder ihm gewidmet waren,
kamen heraus – darunter *Love and Sleep* von John Crowley,
Ioan Culianu von Elémire Zolla, ein Kapitel in *Sugli orienti del
pensiero. La natura illuminata e la sua estetica* von Grazia
Marchianò und der Tagungsband mit den Aufsätzen von seiner
letzten Konferenz, *Death, Ecstasy, and Other-worldly Journeys*, herausgegeben von John Collins und Michael Fishbane. In
Rumänien beruhte die Dissertation von Ileana Mihăilă, *Stră-
lucirea şi suferinţele magicianului* (›Glanz und Leiden des
Magiers‹), ganz wesentlich auf den innovativen, in *Eros and*

Magic entwickelten Gedankengängen. Andere Arbeiten sollen in Vorbereitung sein. Zumindest in seiner Heimat haben auch seine Erzählungen ein großes Publikum gefunden.

Die politische Gefahr für Ioan Culianu hatte mit seinen Erzählungen begonnen, sagten seine Schriftstellerkollegen Dorin Tudoran und Andrei Codrescu. Politischer Mord »war von jeher ein Mittel, Regierungen zu stabilisieren«, hieß es in einem rumänischen Pamphlet der zwanziger Jahre über die Gefahren, denen sich Künstler und Intellektuelle aussetzten, wenn sie über Politik schrieben. Für Culianu war das Geschichtenerzählen das beste Mittel, die Kräfte hinter den Abläufen des alltäglichen Lebens zu begreifen.

An Culianus Erzählung »Die Intervention der Zoraber in Jormania« von 1986 fällt der Reichtum an Anspielungen auf ein tieferes Wissen auf – lange bevor die meisten Menschen sich die rumänische »Revolution« überhaupt vorstellen konnten. Die Schlüsselfiguren von Jormania tragen, wie Culianu hervorhob, »Namen, die auf -an enden« – wie viele Protagonisten der rumänischen Revolution: etwa Petre Roman, Silviu Brucan und Gelu Voican. Culianu trieb letztlich nur ein Spiel, in dem bestimmte Tatsachen einen Bezug zur Wirklichkeit hatten. Dennoch erscheint es keineswegs abwegig, daß die Mitglieder der Geheimdienste seines Heimatlandes zu seinen aufmerksamsten Lesern gehörten, wie Andrei Codrescu in einer Sendung des National Public Radio vermutete.

Im Gegensatz zur »Intervention der Zoraber in Jormania« bot »Jormania liberă« stärkere Analogien zur Realität und damit eine genauere Beschreibung der Auseinandersetzungen innerhalb der Securitate hinter den Kulissen, des bewußten Schürens eines neuen Rechtsextremismus und des rätselhaften Verschwindens von Schlüsselfiguren der Revolution. Jeder Drahtzieher trägt einen Namen, der auf Begriffe oder reale Persönlichkeiten anspielt, zum Beispiel »Motan« (Kater), »Solcan« und »Marşan«, der »in einem Jagdunfall« erschossen wurde. Die Erzählung schildert Schritt für Schritt, wie die Revolution nach dem Schauprozeß und der raschen Hinrichtung des Diktators entgleiste.

Wenn Culianus Erzählungen ihm Beachtung eintrugen, so brachten ihm seine wöchentlichen politischen Artikel (die übrigens im Herbst 1990 von der rumänischen Botschaft in den USA bei der Redaktion von *Lumea Liberă* angefordert worden waren), das Interview in der Zeitschrift 22 und seine Absicht, den König zu unterstützen, immer massivere Drohungen ein. Ihm war bewußt, daß er sich mit diesen Artikeln in Gefahr begab. Im nachhinein erscheinen seine Beobachtungen vor allem einleuchtend und logisch, aber sein unerbittlich höhnischer Tonfall gegen diejenigen, die er als Werkzeuge des KGB bezeichnete, zielte darauf, seine Leser auf einer tieferen Ebene als der des bewußten Denkens aufzustacheln. Als Fachmann für magische Künste konnte er der Versuchung nicht widerstehen, in seinen Schriften selbst damit zu spielen. Wie Giordano Bruno schien Culianu mehr zu wollen, als lediglich über Ereignisse zu schreiben. Er wollte seine Theorien über die Massenpsychologie einsetzen, um den Gang der Dinge zu beeinflussen. Wie bei Bruno ist es erstaunlich, daß Culianus Texte Anlaß zu seiner Ermordung gegeben haben könnten, aber sein Werk und die Rolle, die er in chaotischen Zeiten spielte, ergaben ein Ganzes, das größer war als die Summe seiner Teile.

Es ist schwierig festzustellen, in welchem Maß Schicksal, der Zufall oder die verzerrte Wahrnehmung die Gefahr für Culianu in seinen letzten Lebensmonaten erhöht haben. Im April 1991 sagte er dem König seine Unterstützung zu, im selben Monat wurde das Interview in 22 veröffentlicht, und Culianu beschloß, seine seit langem geplante Reise nach Rumänien anzutreten. Er stand auf der Kandidatenliste für den Posten des ehrenamtlichen Direktors eines neugegründeten staatlichen Orientalistischen Instituts, eine Stelle, wie sie vor einem halben Jahrhundert auch Mircea Eliade angetragen worden war, unmittelbar bevor er gezwungen wurde, ins Exil zu gehen. Nachdem Culianu ein paar Monate lang geschwiegen hatte, mochten diejenigen, die er selbst als seine Überwacher bezeichnete, geargwöhnt haben, daß er wieder aktiv zu werden drohte. Er sagte Fran Gamwell, daß er verfolgt werde; er erzählte seinen Kollegen bei der Konferenz, daß ihm gedroht werde; er sagte Dorin Tudoran, daß er sich in Gefahr befinde, und er sagte zu seiner Schwester, daß er Angst davor habe, nach Hause zu kommen. Allen diesen Personen gegenüber äußerte er, daß die Täter von einflußreichen Kräften beauftragt waren, die hinter der rumänischen Regierung standen.

Im Oktober 1995 veröffentlichten *Lumea Liberă* und die aggressive rumänische Tageszeitung *Ziua* (›Der Tag‹) das FBI-Phantombild des seltsamen Mannes, den Judy Lawrence wenige Minuten vor dem Mord in Chicago gesehen hatte. Zusammen mit Tess und Dan Petrescu bot *Ziua* eine Belohnung in Höhe von sechs Millionen Lei, damals etwa 20 000 Dollar, für Informationen, die zur Ergreifung des Mörders führen würden. Die Zeitungsredaktion erhielt viele offensichtlich irreführende Anrufe und Briefe. Der stellvertretende Chefredakteur von *Ziua*, Gabriel Stănescu, wurde auch von Gelu Voican angerufen, dem ehemaligen Vizepremierminister und Geheimdienstchef, dem Leiter der berüchtigten Einheit 0215, die als Nachrichtendienst des Innenministeriums gegründet worden war. Voican kritisierte den Versuch, die Ermordung Culianus als politisches Attentat darzustellen, mit der Begründung, daß die rumänische Regierung zu einer Zeit, in der sie um die Anerkennung und Unterstützung des Westens warb, kein Interesse an einem derart kontraproduktiven Vorfall wie der Ermordung eines amerikanischen Professors haben konnte.

Unter den Briefen an die Redaktion von *Ziua* befand sich auch ein anonymes Schreiben mit rumänischem Poststempel. Es enthielt folgenden Bericht: Voican soll die Ermordung Culianus angeordnet haben, ein Befehl, der nacheinander an drei Offiziere des Geheimdienstes erging, von denen einer bei den Auslandsflügen der rumänischen Fluggesellschaft Tarom tätig war. Der Brief nannte die Namen der drei Offiziere und behauptete, daß der Täter dem Phantombild des FBI ähnlich war.

Der Eingang des Briefes wurde vom Chefredakteur Sorin Roşca Stănescu, von Gabriel Stănescu und von dem Journalisten

Sorin Ovidiu Bălan bestätigt. »Wir wissen nicht, wieviel Glauben wir ihm schenken dürfen«, warnte Gabriel Stănescu. »Die Beschuldigungen werden durch keinen konkreten Beweis gestützt.« Der äußerst ausführliche Brief nannte sogar die Anzahl der Kinder des mutmaßlichen Täters und klang in mancher Hinsicht wie eine von Culianu erfundene Geschichte. Als er davon erfuhr, nannte Voican, zu dieser Zeit Botschafter in Tunesien, den Inhalt des Briefes »einen Wahnsinn, eine Beleidigung«. Er stritt nachdrücklich jede Beteiligung an der Ermordung dieses Mannes ab, den er als Mensch geschätzt und als Gelehrten bewundert habe.

Ziua veröffentlichte den Brief nicht, und es gibt keinen Beweis, der Voican mit dem Verbrechen in Zusammenhang bringt. Im übrigen, so Voican, habe er seinen Posten beim Geheimdienst bereits über ein Jahr vor Culianus Ermordung quittiert. Vielleicht ist der anonyme Brief nichts anderes als ein weiteres Beispiel für die Desinformation, mit denen die Ermittler in die Irre geführt werden sollten. Dennoch überprüfte das FBI den Namen des angeblichen Mörders und erfuhr, daß ein Mann dieses Namens, auf den noch weitere Angaben des Briefes paßten, als Steward bei der Fluggesellschaft Tarom gearbeitet hatte. 1981 hatte dieser Mann ein zwölfmonatiges Sondervisum beantragt, um in den Vereinigten Staaten bleiben zu können. Die Unterlagen zeigten, daß es 1983 genehmigt und 1986 erneuert worden war. Das FBI in Chicago zog bei allen wichtigen Polizeidatenbanken auch Erkundigungen über die anderen Männer ein, die in dem anonymen Brief genannt werden. Bis jetzt ist nichts Greifbares dabei herausgekommen.

Bis heute wurde niemand wegen des Mordes an Ioan Culianu angeklagt. Informierte Kreise deuteten an, daß Adrian Szabós Lügendetektor-Ergebnis dahingehend zu interpretieren sein könnte, daß er für einen ersten Plan, der später verworfen wurde, angeheuert worden war. Was die Jedlickas anbelangt, so wies nichts darauf hin, daß sie ihre nächtlichen Erlebnisse erfunden hatten oder gar in irgendeiner Weise von außen veranlaßt worden waren, sie zu erfinden. Ihre Freunde verbürgten sich für ihre Redlichkeit. David Jedlicka wäre es am liebsten gewesen, er hätte diese Erfahrungen nie gemacht. Er und Sandy interessierten sich weder für Rumänien, noch wollten sie mit ihrer Geschichte bekannt werden.[70]

Die entscheidenden Hinweise in diesem Fall kommen nicht von medial Veranlagten, von Informanten oder aus zweifelhaften anonymen Briefen. Sie kommen vom Opfer selbst und von seiner eigenen Methode der Analyse, die sich auf die Struktur der Ereignisse, die mit seinem Tod zusammenhängen, anwenden läßt.

Culianu hat vielen seiner Freunde von seinen Ängsten, die er vor seinem Tod hatte, von Drohungen, die sich einer rechtsextremistischen Rhetorik bedienten, von der Überwachung und der schließlich persönlichen Konfrontation berichtet. Er sagte, seine Verfolger kämen vom ehemaligen Geheimdienst seiner Heimat. Nach seiner Ermordung nahmen die Ablenkungsmanöver – und damit auch die Indizien – zu: eine Pressekonferenz des Präsidenten, die für das Fernsehen zurechtgestutzt war, falsche Rundfunk- und Zeitungsberichte und die beharrliche Weigerung hoher Regierungsbeamter, Fragen über den Mord zu beantworten. Andrei Codrescu hatte eine derartige Desinformation ein »Markenzeichen« der Securitate genannt. Die demütigende Art des Mordes, die Wahl einer politisch eher unbekannten Persönlichkeit, deren Ermordung jedoch die Opposition im Lande wirkungsvoll verunsichern und einschüchtern würde, waren weitere Markenzeichen.

Im Zeitraum von vier Jahren habe ich ungefähr ein dutzendmal – telefonisch, per Fax, brieflich und persönlich – darum gebeten, Virgil Măgureanu, Ion Iliescu und Ion Talpeş, den Nachfolger des DIE-Chefs Mihai Caraman, interviewen zu dürfen. Măgureanu und Talpeş lehnten meine Bitte zwar nicht geradeheraus ab, aber jedesmal, wenn ich anrief, wurde mir gesagt, daß es noch keinen Bescheid auf meine Anfrage gäbe. Als es mir dann endlich gelang, ein Interview mit dem Sprecher des SRI, Nicolae Ulieru, zu vereinbaren, erschien er nicht. Er ließ mir sagen, er wisse ohnehin nichts über Culianu.

Man kann feststellen, daß die Einzelheiten des Mordes und der politische Einfluß des getöteten Exil-Intellektuellen deutlich auf frühere Attentate der Securitate hinweisen und daß der Mord tatsächlich durchaus wirkungsvoll war. 1990 und Anfang 1991 stand die rumänische Regierung immer noch inneren Unruhen und dem Widerstreben des Westens gegenüber, in einem Land zu investieren, das als instabil galt. Prominente Emigranten unterstützten die wachsende innere Opposition. Es war eine Zeit der Verwirrung selbst für den ehemaligen Nachrichtendienst. »Die rechte Hand«, meinte FBI-Agent John Bertulis über die erneute Beschäftigung früherer Geheimdienstmitarbeiter, »wußte nicht, was die linke tat.«

Nach dem Mord dagegen begann die Opposition zu schwanken. Andrei Codrescu schrieb über seine Landsleute im Exil, »die Menschen sind verängstigt, und viele haben ihre Tätigkeiten eingestellt«. Der Mord geschah in der Zeit einer wüsten nationalistischen, antimonarchistischen und umfassenden Hetzkampagne, die in der regierungsnahen und in der extremistischen Presse des Landes tobte. Läßt sich darin nicht der blutige Beginn einer Reihe von geplanten »Aktionen« erkennen, die in den Bergarbeiterunruhen im September kulminierten? Denn nur vier Monate nach dem Mord stürzten die Bergarbeiter den Reformflügel der Regierung. Iliescus Partei gewann die ein Jahr später folgenden Präsidentschafts- und Parlamentswahlen.

Als ehrgeiziger Gelehrter, der sich durchaus darauf verstand, seine Kollegen glauben zu machen, daß er mehr wußte, als er in Wirklichkeit tat, hat Culianu seine Mörder vielleicht so lange verhöhnt, bis diese schließlich überzeugt waren und ihn für gefährlich hielten. Dies gelang ihm durch den Ton und den Weitblick seiner Artikel, durch seinen internationalen Ruf als Erbe Eliades und durch seine relative Isolation. Nachdem er zeitlebens die magischen Künste ergründet hatte, überschritt er die Grenze zwischen Spiel und Wirklichkeit. Für ihn war es ein Spiel – für seine Mörder nicht. Der Tod von Ioan Culianu war das ultimative Spiel des Geistes, als sogar seine Mörder die Unterscheidung zwischen Wahrheit und Fiktion aus den Augen zu verlieren schienen.

Die politischen Interessen der Drahtzieher hinter dem Mord bilden jedoch nur den geringeren Teil der Geschichte von Ioan Culianu. »Ich dachte gerade darüber nach«, sagte Anthony Yu, als ich ihn zu Hause anrief, »was für ein tragischer, unerklärlicher Verlust das war.« Mac Linscott Ricketts nannte seinen Tod »eine Katastrophe für die Wissenschaft«. Culianu hatte die Forschung über Gnostizismus und Dualismus, über hermetische Religion und Astralreligion maßgeblich geprägt und gehörte zu der zunehmenden Gruppe von Theoretikern, die sich für die Beziehung zwischen Kognition und Geschichte interessieren. Die Fragen, die er offengelassen hat, wurden von Dekan Clark Gilpin in seiner Grabrede aufgegriffen: »Gibt es überhaupt eine dauerhafte Verbindung zwischen den menschlichen Ideen, denen die Universitäten verpflichtet sind«, fragte er, »und einer ewigen Weisheit, die am Uranfang da war?«

Seit seiner Kindheit hatte Ioan Culianu nach einem Schlüssel zum Universum gesucht. Wertvoll sei nicht die Antwort, so meinte er in zahlreichen Schriften, sondern die Suche selbst – und freilich auch das Wissen, das man auf diese Weise erwarb. In dem Bestreben, seinem Gewissen zu folgen, als er in Amerika erfolgreich war, bezauberte und verärgerte er viele. Vor allem aber hinterließ er eine Warnung vor den Gefahren, denen das geistige Leben immer wieder ausgesetzt ist. Culianu war immer wieder zu den Leitmotiven zurückgekehrt, die sein Leben geprägt hatten, von denen er besessen war, die ihn fesselten und die schließlich zu seinem Tod beitrugen. Die Wahrnehmung gestaltet die Geschichte, schrieb er, die Zeit offenbart verborgene Wahrheiten, und zuweilen vermögen selbst Fälschungen Ereignisse zu verändern.

In seinen letzten Schriften, Buchprojekten, Briefen und Erzählungen hinterließ er einen verwirrenden, aber kohärenten Erklärungsversuch der kognitiven Operationen der Geschichte. Er suchte die tiefsten Bedeutungen in den winzigen Zufälligkeiten des Traumes oder des Alltags und das Mysterium des menschlichen Daseins im unendlichen Raum des Geistes. »Wenn Ioan Culianu nicht so unerwartet verschwunden wäre«, schrieb Umberto Eco, »hätte er uns weitere wegweisende Werke gegeben«, die sowohl die Strukturen hinter dem Schleier des alltäglichen Lebens als auch das Verhältnis von Zufall und Schicksal, von Wahrheit und Fiktion, von Mord und »illusorischem Verschwinden« erschlossen hätten. In vielfacher Hinsicht, schrieb Culianu, entsprechen diese Gegensätze einander. Die größte Tragödie ist, daß unsere Erkenntnis das nicht erfaßt und selten erahnt.

Schlußbemerkung

Im Gegensatz zu vielen anderen osteuropäischen Ländern hat Rumänien die Akten seiner kommunistischen Geheimpolizei der Öffentlichkeit nicht zugänglich gemacht, über die Tausenden von Agenten der kommunistischen Securitate nicht Rechenschaft abgelegt, den in der kommunistischen Ära beschlagnahmten Besitz nicht zurückgegeben. In einer Zeit, in der Rumänien die volle Mitgliedschaft in der NATO beantragt und sich um die Anerkennung des Westens bemüht, ist es entscheidend, daß die Ermordung eines amerikanischen Professors endgültig aufgeklärt wird.

Diejenigen, die dies klar und deutlich aussprechen müssen, sind die Amerikaner, denen viel an der Gedankenfreiheit und den Rechten liegt, die wir für selbstverständlich halten. Das Verbrechen hat auf amerikanischem Boden stattgefunden, an einer berühmten Universität, an einem Tag, an dem unterrichtet wurde. Die brutale Ermordung eines jungen begabten Gelehrten darf nicht einfach hingenommen werden. Als Zeichen der Verletzbarkeit eines Amerikaners durch die Geschichte stellt diese Tat eine Herausforderung an die kritische und politische Haltung all derer dar, die lehren, denken oder unsere Gesetze schützen.

Gemäß den Aussagen des FBI und nach dem Erscheinen dieses Buches (1996) haben sich die rumänischen Justizbehörden und das rumänische Innenministerium geweigert, auf die Bitten der amerikanischen Ermittler um Informationen einzugehen. Eine derartige Haltung der verantwortlichen Behörden eines Staates, der die Aufnahme in die NATO anstrebt und die Meistbegünstigtenklausel genießt, ist völlig unbegreiflich. Das Attentat auf einen unschuldigen Amerikaner darf nicht geduldet werden, die Wahrheit muß ans Licht kommen.

Das FBI bittet jeden, der Angaben über den am 21. Mai 1991 begangenen Mord an Professor Culianu machen kann, an folgende Anschrift zu schreiben:

Mr. John Fisher
PO Box A-2118
Chicago, IL 60690
USA

Umberto Eco: »Mord in Chicago«

Das Nachwort von Umberto Eco erschien unter dem Titel »Murder in Chicago« als Rezension von *Der Mord an Professor Culianu* am 10. April 1997 im *The New York Review of Books* (nach der amerikanischen Übersetzung aus dem Italienischen von William Weaver).

Am 21. Mai 1991 trat Ioan Culianu, ein junger (einundvierzigjähriger) und brillanter Professor für Religionsgeschichte an der Divinity School der University of Chicago, in eine Kabine der Herrentoilette seines Fachbereichs. In der Nebenkabine stieg jemand auf den Toilettensitz, zielte mit einer Beretta Kaliber 25 auf den Kopf des Professors und tötete ihn. Wie der Pathologe des Cook County Hospitals Robert Stein bemerkte: »Jemanden mit einem einzigen Schuß aus einer 25er aus dieser Entfernung zu töten, ist nicht leicht.« Was sofort auf einen professionellen Killer schließen ließ.
Die Polizei hatte keinerlei Anhaltspunkte. Zunächst zog sie die Erklärungen in Betracht, an die jeder Ermittler denken würde: ein verärgerter Student, eine homosexuelle Beziehung, versuchter Raubüberfall, cherchez la femme. Aber Culianu wurde nicht ausgeraubt: Es war bekannt, daß er mit Hillary Wiesner, einer hervorragenden und bezaubernden Wissenschaftlerin, glücklich verlobt und bei seinen Studenten ungeheuer beliebt war. Es stellte sich jedoch heraus, daß er ein rumänischer Exilant war, der sich offen gegen das ehemalige Ceauşescu-Regime und dessen Nachfolger gestellt hatte. Culianu könnte von einem Mitglied irgendeiner fanatischen Sekte, mit der er in Berührung gekommen war, oder von immer noch aktiven Agenten des berüchtigten rumänischen Geheimdienstes, der Securitate, getötet worden sein. Auf jeden Fall hat die Chicagoer Polizei bisher keinen Schuldigen finden können.

Nachdem ich im vergangenen Jahr in Bukarest einen Vortrag über ein ganz anderes Thema gehalten hatte, lautete eine der ersten Fragen aus dem Publikum: »Stimmt es, daß Sie mit Ioan

Culianu bekannt waren? Wie erklären Sie sich seinen Tod?«
Ich entgegnete, daß ich einige Briefe mit ihm gewechselt hatte,
daß ich seine Arbeiten sehr bewunderte und daß er ein schmei-
chelhaftes Interesse für die meinigen gezeigt hatte; daß sich so
eine herzliche Freundschaft entwickelt hatte, obwohl ich ihn
nur zwei- oder dreimal zu Gesicht bekommen hatte, ausschließlich bei öffentlichen Anlässen. Ich sah ihn zuletzt, als
mein Buch *Das Foucaultsche Pendel* in New York veröffentlicht wurde. Bei einer Podiumsdiskussion über den Roman
befand sich Culianu mit Hillary Wiesner im Saal und wurde
eingeladen, sich an der Diskussion zu beteiligen. Danach habe
ich Culianu nicht wieder gesehen. Als ich von seinem Tod
erfuhr, sah ich mir noch einmal die Widmung in dem Lese-
exemplar von *Out of This World* (Boston: Shambhala, 1991)
an, das ich vor kurzem erhalten hatte. Sie war vom 4. April
1991. Und das war alles, was ich in Bukarest sagen konnte.
Über seinen Tod wußte ich nur, was alle wußten, nämlich daß
nichts bekannt war.
Ich spürte die Enttäuschung des Publikums. Die Zuhörer wol-
ten, daß ich über Culianu sprach und mehr über ihn enthüllte:
und mir wurde bewußt, daß Culianu vor allem für die jüngere
Generation zu einem Mythos geworden war. Oder vielleicht
zu einem politischen Symbol. Mir wurde klar, daß außer seinem wissenschaftlichen Werk sehr wenig über ihn bekannt
war. Nachdem ich nun Ted Antons Buch gelesen habe, weiß
ich mehr. *Der Mord an Professor Culianu* ist die detailreiche
Rekonstruktion eines Verbrechens, das eine große Aufmerksamkeit von seiten der Medien auf sich gezogen hat, aber die
Lösung, die der Verfasser nahelegt, hat zweifellos eine politische Bedeutung. Zugleich ist es ein Buch über einen Mythos,
das selbst zur Verbreitung dieses Mythos beiträgt.
Nach der Anzahl der Personen zu urteilen, die befragt wurden,
hat Anton peinlich genau gearbeitet. Als er erfuhr, daß ich in
Verbindung zu Culianu gestanden hatte, bat er mich um Kopien der Briefe, die wir uns geschrieben hatten, und um jede
andere Information, die ich haben könnte. Wenn er das gleiche
mit allen gemacht hat, die Culianu gekannt haben – und das ist

offenbar der Fall –, dann müssen seine Anstrengungen, den Menschen und seine Geschichte zu rekonstruieren, als gewissenhaft, ja sogar als akribisch gelten. Obwohl sich das Buch nicht an ein Fachpublikum wendet, faßt Anton die Theorien Culianus zusammen, ohne die Gedanken des Autors zu verzerren. Zwar gibt es eine gewisse Verwirrung bei dem Vergleich der Scheiben von Brunos Gedächtniskunst mit denen von Raymundus Lullus, aber das ist bei einem Werk dieser Art eine läßliche Sünde.

Jedoch kommen in diesem Buch viele rekonstruierte Dialoge zwischen Culianu, seinen Freunden und Bekannten vor. In der Literaturtheorie ist eines der Kriterien, mit denen ein fiktionales von einem historischen Werk unterschieden wird, das Vorhandensein von Dialogen. Dennoch gibt es Bücher mit Dialogen, die nicht eindeutig fiktional sind, eine Gattung, die ich fiktionalisierte Biographie nennen würde. Ich denke da etwa an einige Werke von Robert Ranke-Graves. Um uns ein möglichst lebhaftes Bild von einer Person zu vermitteln, rekonstruiert der Autor Dialoge, die vielleicht nicht genau so stattgefunden haben; wir können das akzeptieren, aber wir fordern, daß die Rekonstruktion des Schriftstellers auf historischen Quellen beruhen sollte, die diese Gespräche, wenn sie sie schon nicht bestätigen, zumindest nicht unplausibel erscheinen lassen. Antons Buch gehört sicherlich zu diesem Genre und ist auch für diejenigen eine packende Lektüre, die noch nie von Ioan Culianu gehört haben. Aber Ranke-Graves schrieb fiktionalisierte Biographien über Menschen, die seit mehreren Jahrhunderten tot sind, über die wir glaubten, bereits viel zu wissen (insbesondere über die Umstände ihres Todes), und er machte damit den Versuch, ihre Psychologie auszuleuchten. Der Fall Culianus (und Antons) liegt anders: Die fiktionsartige Form dient dazu, uns eine Persönlichkeit nahezubringen, bei der wir entdecken, daß wir sehr wenig über sie wußten, und dazu, eine Hypothese über die Hintergründe seines Todes zu wagen.

Ich werde nicht versuchen, alles zu schildern, was Anton in seinem Buch berichtet. Was mich hier interessiert, ist weniger, was das Buch sagt, sondern *warum* es geschrieben wurde. Nehmen wir einmal an, daß Culianu ›nur‹ ein Religionshistoriker war, der sich während seines ganzen Arbeitslebens mit den theologischen Disputen der Reformation und der Gegenreformation befaßt hat. In diesem Fall (wenn man von allem anderen absieht) könnte Antons Buch folgendermaßen zusammengefaßt werden:

Ein junger Rumäne, der in einem kommunistischen Regime geboren und erzogen wurde, versucht, der bedrückenden Enge seiner persönlichen Welt zu entrinnen. Er entdeckt das Werk eines großen Religionshistorikers, seines Landsmanns Mircea Eliade, der bereits seit einiger Zeit in Frankreich und in den Vereinigten Staaten lebt. Der Jüngling ist von dem Thema fasziniert und errichtet sich – zusammen mit einigen Freunden – seine eigene private intellektuelle Welt (wie Anton sagt, er entdeckte »die Möglichkeit sinnvoller Auflehnung für sich – nicht nach außen hin, sondern nach innen«). Der junge Mann fühlt sich durch die inquisitorische Atmosphäre des Regimes, welches sein Land beherrscht, unterdrückt (er hat wiederholt mit Mitgliedern der berüchtigten rumänischen Geheimpolizei, der Securitate, zu tun), und schließlich gelingt es ihm, Stipendien zu erhalten, die ihn zunächst nach Italien führen, wo er seine Forschungen fortsetzt.

In dieser Phase seines Lebens erhält er eine Dozentenstelle in den Niederlanden und schließlich einen Lehrstuhl an der Divinity School der Universität von Chicago, wo Eliade als berühmter Lehrer wirkt. Während dieser Reisen geht er durch die üblichen Leidenserfahrungen des Exils: Er versucht mit seinem Vorbild Eliade in engeren Kontakt zu treten, erreicht dies erst nach vielen Schwierigkeiten und einer unerklärlichen Zurückhaltung bei Eliade, aber zu guter Letzt wird er dessen Mitarbeiter und Exeget. In dieser Zeit entdeckt der junge Wissenschaftler, der nur wenig von dem wußte, was vor seiner Geburt in seiner Heimat geschehen war, daß Eliade mit der Eisernen Garde in Verbindung gebracht wird, einer rumänischen Organisation der extremen Rechten, antisemitisch und mit Sympathien für den Nationalsozialismus. Er fragt seinen Meister nach dieser dunklen Seite seiner Vergangenheit, erhält nur halbherzige Eingeständnisse und erfährt bald, daß Eliade tatsächlich den Kreisen der Eisernen Garde nahegestanden hatte. Dennoch hofft Culianu weiterhin, nachweisen zu können, daß Eliade kein eigentliches Mitglied der Organisation und gewiß kein Nazi oder Antisemit war.

Doch was kann dieser junge Mann schon über links und rechts wissen, wurden ihm doch in seinen prägenden Jahren alle Kenntnisse über politische Entwicklungen im Westen vorenthalten? Zunächst zeigt er sich Anton zufolge am kulturellen Umfeld der Rechten interessiert, aber später zeugen seine Werke und seine Schriften von seiner demokratischen Grundhaltung. Schließlich wird er feststellen, daß die Eiserne Garde »die geheimste, schwülstigste, mystischste und stümperhafteste faschistische Organisation im Vorkriegseuropa« war.

Nach dem Tode seines Mentors im Jahre 1986 distanziert sich Culianu, nicht zuletzt in seinen wissenschaftlichen Werken, von ihm und entwickelt seine eigene Theorie der Geschichte, während er das Geschehen in seiner Heimat sehr aufmerksam verfolgt. Während Ceaușescu noch an der Macht ist, schreibt Culianu einige phantastische Erzählungen (oder eher politisch-fiktionale Erzählungen); sie erweisen sich als prophetisch, da sie voraussehen, wie das kommunistische Regime gestürzt wird. Aber selbst nach dessen Zusammenbruch im Dezember 1989 ist er nicht zufrieden. Er glaubt, daß das Bündel von Ereignissen, das zur Entmachtung Ceaușescus geführt hat, keine Revolution, sondern vielmehr ein Staatsstreich war, der es den alten Führern gestattete, an der Macht zu bleiben, und er ist weiterhin davon überzeugt, daß in dem neugeschaffenen Klima in Rumänien die Altkommunisten in den Erben der alten extremen Rechten ihre natürlichen Verbündeten gefunden haben. Er wird nicht müde, diese Ansichten sowohl in einer Reihe von Artikeln und Interviews als auch mehrfach in seinen Erzählungen zum Ausdruck zu bringen, die durchsich-

tige Allegorien sind, Satiren, die stärker provozieren als jedes
politische Bekenntnis.

Vielleicht weiß er noch nicht, daß viele Eiserne Gardisten, die
Rumänien in den vierziger Jahren verlassen hatten, sich im
Mittleren Westen niedergelassen haben, vor allem in der Umgebung von Chicago, Detroit und Toronto; oder vielleicht
kommt ihm diese Vermutung einfach zu spät. Vielleicht ist er
sich nicht dessen bewußt, daß einige seiner literarischen Phantasien, die mit ironischer Schärfe geschrieben sind, von manchen sehr ernst genommen werden, die sie für gefährlicher als
einen direkten politischen Angriff halten, um so mehr, als sie
jetzt in der neuen Exilpublikation *Lumea Liberă* gedruckt werden.

Obwohl er keine monarchistischen Ansichten hegt, lernt Culianu den ehemaligen König Michael von Rumänien kennen
und kommt zu der Überzeugung, daß die Rückkehr zur Mon-
archie die rechtsstaatliche Stabilität des Landes vielleicht wie-
derherstellen kann. Er wird mehrfach gewarnt: durch Telefonanrufe, Briefe, bedrohliche Vorfälle wie den Einbruch in seine
Wohnung. Manche Warnungen tut er ab; andere beunruhigen
ihn. Vielleicht kann er es in einer bestimmten Situation nicht
mehr vermeiden, eine politische Rolle zu spielen. Er wird auf
eine Art ermordet, die typisch ist für die Methoden der osteuropäischen Sicherheitsdienste. Anton schreibt:

> Die Reihenfolge der Belästigungen gegen Culianu folgte
> etwa dem Szenario, das ein ehemaliger Securitate-Oberst
> dem Journalisten Petre Băcanu schilderte: zunächst Brie-
> fe, dann Telefonanrufe, dann ein Einbruch oder ein per-
> sönlicher Besuch. Schließlich, wenn der Schriftsteller
> nicht nachgab, wurde er getötet.

Die rumänischen Behörden streiten ab, daß sie von irgendeinem politischen Motiv für den Mord wissen; aber es ist
verdächtig, daß *România Mare*, eine Zeitung, bei der in einem
schwer zu entwirrenden Bündnis Altkommunisten neben alten
Mitgliedern der pronazistischen extremen Rechten mitwirken,
von »der Vorstellung, die in Culianus fäkalem Hirn gärte«,
schreibt, und daß dort seines Todes mit folgendem Epitaph

gedacht wird: Culianu, »der vom Eros und von der Magie der Renaissance und von ›außerweltlichen Reisen‹ gefesselt war, hat nun endlich die Möglichkeit, seine Forschungen zu treiben«.

Alles das liefert zwar keinen Beweis, deutet aber stark darauf hin, daß viele politische Kräfte in Rumänien Culianu gegenüber feindselig gesinnt waren und seinen Tod gewünscht haben könnten. Anton bedient sich nicht der deduktiven Methode von Sherlock Holmes, und seine Geschichte erinnert eher an Lovecraft als an Conan Doyle. Das Buch beschränkt sich darauf, Tatsachen und Zufälle auszubreiten – ich werde nicht auf einige seltsame Episoden eingehen, die nach Culianus Ermordung stattgefunden haben sollen und auf Behauptungen von Exzentrikern, medial Veranlagten und vielleicht auch von Mythomanen zurückgehen, denen die Ermittler und Anton selbst sehr viel Zeit gewidmet haben, ohne zu abschließenden Ergebnissen gekommen zu sein. Dennoch führt das Buch den vernünftigen Leser zu dem Schluß, daß Culianu aus politischen Gründen getötet wurde und daß der Mörder kein einsamer Fanatiker war, sondern von Kräften gesandt wurde, die im Rumänien nach Ceaușescu immer noch mächtig sind. Wie bei allen Ereignissen, in die Geheimdienste verwickelt sind, ist dies in der Tat eine einfache Geschichte, und es scheint klar, wer für den Mord verantwortlich sein muß, wenn sich auch nichts beweisen läßt.

Wenn dem so wäre, würde Culianus Geschichte sich von denen vieler anderer nicht sonderlich unterscheiden. Im vorletzten Kapitel erinnert Anton daran, daß 1992 weltweit »mindestens 50 Schriftsteller und Journalisten ermordet« wurden; »1994 stieg die Zahl auf 72. In den ersten neun Monaten des Jahres 1995 wurden allein in Algerien 27 Journalisten umgebracht.« Um das Schreiben seines Buches zu rechtfertigen, genügen die letzten Zeilen: »Diejenigen, die dies klar und deutlich aussprechen müssen, sind die Amerikaner, denen viel an der Gedankenfreiheit und den Rechten liegt, die wir für selbstverständlich halten. Das Verbrechen hat auf amerikanischem Boden stattgefunden, an einer berühmten Universität, an einem Tag, an dem unterrichtet wurde. [...] Als Zeichen der Verletzbarkeit eines Amerikaners durch die Geschichte stellt diese Tat eine Herausforderung an die kritische und politische Haltung all derer dar, die lehren, denken oder unsere Gesetze schützen.«

Alles das würde einen vorzüglichen Grund abgegeben, ein Buch über den Fall Culianu zu schreiben, aber nicht dafür, es *Eros, Magic, and the Murder of Professor Culianu* [Titel der amerikanischen Originalausgabe] zu nennen. Ioan Culianu mag wohl aus politischen Gründen ermordet worden sein, aber dieser Titel legt nahe, daß Magie etwas damit zu tun hat. Ist es einfach ein Kunstgriff des Verlags, um die Verkaufszahlen des Buches in die Höhe zu treiben? Ich glaube nicht, denn in diesem Buch werden die politischen Ansichten so wirksam mit anderen Aspekten seiner Persönlichkeit verschränkt, daß der Titel berechtigt erscheint. Was uns zum zweiten Aspekt des Gegenstands führt.

Wenn wir den in Antons Buch berichteten Begebenheiten und Anekdoten folgen, entdecken wir, daß Culianu sein Leben lang fasziniert war vom magischen Denken der Renaissance, von den Phänomenen des Schamanismus, von den häretischen Sekten, die im Laufe der Jahrhunderte im Gefolge des Gnostizismus aufkamen, von den Techniken der Weissagung, von den Erfahrungen der Ekstase. Wollte man nun aus all diesen Vorstellungen einen Cocktail machen, ohne die verschiedenen historischen Epochen, die verschiedenen Kulturen zu unterscheiden, und annehmen, daß alles gleichermaßen wahr ist, würde man bei dem landen, was gemeinhin Okkultismus genannt wird. Und wenn dieser Okkultismus nicht nur etwas ist, worüber geschrieben, sondern etwas, was auch praktiziert wird, könnten wir auf eine jener Gestalten stoßen, die tagsüber in den Regalen der New Age-Buchhandlungen stöbern und beim Einbruch der Dunkelheit an irgendwelchen satanistischen oder mystischen Ritualen teilnehmen.

Sicherlich könnten viele Anekdoten, die Anton zusammengetragen hat, den Leser dazu verleiten, Culianu als Okkultisten zu betrachten. Von dem Liebes- und Treuepakt zwischen ihm und seiner ersten Frau, mit Blut unterzeichnet, bis hin zu den Spielen, die er mit seinen Studenten spielte, wie etwa dem Legen von Tarotkarten, und seinen zahlreichen Aussagen über die subtile Grenze zwischen Traum und Wirklichkeit. Culianu scheint unablässig mit ›anderen Welten‹ zu liebäugeln. Es geht hier nicht einfach um Ironie oder um literarische Übungen: Jeder, der sich mit den Gebieten beschäftigt, die Culianu am Herzen lagen, erliegt unweigerlich der Faszination des Stoffes, den er oder sie studiert, so wie ein Psychiater sich allmählich die Logik seiner Patienten aneignet oder wie ein Mensch, der jahrelang mit einem Hund zusammengelebt hat, diesen für ein menschliches Wesen zu halten beginnt oder sich selbst vornehmlich als Hund erlebt.

Ich erinnere mich an ein Gespräch mit einem Antiquar, der sich auf okkultistische Rara spezialisiert hatte. Als ich ihn fragte, ob er an das glaubte, woran seine Kunden glaubten, erwiderte er, ursprünglich hätte ihn nur kulturelle Neugier dazu getrieben, doch dann fügte er hinzu: »Man kann nicht sein ganzes Leben in dieser Atmosphäre verbringen, ohne irgendwie ein Teil davon zu werden.« Dasselbe würde ich auch von Culianu sagen: Man kann nicht zeitlebens die Magie der Renaissance studieren und dann darauf verzichten, seine Helden, wenn auch nur zum Spaß, nachzuahmen. Und das Spiel kann in zweifacher Hinsicht gefährlich werden: Entweder man nimmt sich selbst ernst und hört auf herumzuspielen, oder man wird von anderen ernstgenommen, die weniger Sinn für Humor und Ironie haben als man selbst.

Wenn ich die Ironie so sehr betone, dann geschieht dies aus einem sehr einfachen Grund: Die Fähigkeit, seinem Forschungsgegenstand ein gewisses Maß an Ironie entgegenzubringen (selbst wenn man ein frommer Katholik ist, der die Theologen des Mittelalters studiert), macht es möglich, einen kritischen Abstand zu wahren, und der zeichnet schließlich den echten Gelehrten aus. Ohne einen komplizierten Diskurs darüber zu wagen, was unter kritischem Abstand zu verstehen sei, möchte ich eine Seite aus Culianus *Éros et Magie à la Renaissance* zitieren, in der er über den Schriftsteller spricht, den er zuerst untersucht hat, den Renaissance-Philosophen Marsilio Ficino. Ficino war zwar ein neuplatonischer Philosoph, aber er verstand sich auch als Magus. Der Magus der Renaissance war weder Nekromant noch Magier (noch Scharlatan). Er glaubte an eine »natürliche« Magie, das heißt, er glaubte, daß geheimnisvolle Bande alle Aspekte des Universums in einem Netzwerk von Sympathien und Ähnlichkeiten miteinander verbinden. So könnten wir etwa, indem wir uns einer Blume gegenüber in einer bestimmten Art und Weise verhalten, einen Stern beherrschen, und unsere Stimmungen und Gedanken könnten von verschiedenen Edelsteinen beeinflußt werden. Es folgt Culianus ironischer, liebevoller Bericht über seinen Helden:

> Das Bild des Theurgen im Sinne Ficinos, des Praktikers der intrasubjektiven Magie, verstieß keineswegs gegen die Sitten der Zeit. Weit davon entfernt, die Geister der Verstorbenen zu beschwören, um Vorstellungen zu geben wie der von Benvenuto Cellini beschriebene Nekromant,[71] weit davon entfernt, durch die Lüfte zu fliegen und Menschen und Tiere zu verzaubern, wie herkömmliche Hexen es taten, selbst weit davon entfernt, wie Heinrich Cornelius Agrippa von Nettesheim der Pyrotechnik oder wie der Abt Trithemius von Würzburg der Kryptographie zu huldigen, ist der Magier Ficinos eine harmlose Gestalt, dessen Gewohnheiten in den Augen eines guten Christen nichts Verwerfliches oder Schockierendes an sich haben.

> Wir können sicher sein, daß, wenn wir ihm einen Besuch abstatten – und er nicht etwa unsere Gesellschaft für wenig empfehlenswert erachtete, was sehr wahrscheinlich wäre –, er uns den Vorschlag machen wird, ihn bei seinem täglichen Spaziergang zu begleiten. Um unerwünschte Begegnungen zu vermeiden, wird er uns heimlich zu einem Zaubergarten führen, einem lauschigen Ort, wo das Son-

nenlicht in der frischen Luft nur den Blütenduft und die vom Gesang der Vögel ausgeströmten pneumatischen Wellen kreuzt. In seinem weißen Wollgewand von vorbildlicher Reinheit wird unser Theurg vielleicht beginnen, die Luft rhythmisch ein- und auszuatmen und, nachdem er eine Wolke erblickt hat, aus Angst, sich zu erkälten, beunruhigt heimkehren. Er wird anfangen, die Leier zu schlagen, um den heilsamen Einfluß Apollos und der himmlischen Grazien anzuziehen, dann wird er sich niederlassen, um eine karge Mahlzeit einzunehmen. Darauf folgt die Beschreibung dieser kargen Mahlzeit des Magiers: etwas gekochtes Gemüse, einige Salatblätter, zwei Hahnenherzen und ein Hammelhirn, um Herz und Gehirn zu kräftigen, einige Löffel weißen Zuckers, ein Glas guten Weins, in dem etwas Amethystpulver aufgelöst wurde, um die Gunst der Venus zu erwirken. Sein Haus wird ebenso sauber wie das Gewand sein, und im Gegensatz zu seinen Zeitgenossen wird er zweimal täglich baden. Der Passus endet mit der Würdigung dieses äußerst kultivierten Magus, der »so reinlich ist wie eine Katze«. (*Éros et Magie à la Renaissance, 1484*, Paris: Flammarion, 1984, S. 186 f.)

Sind das Behauptungen eines »Okkultisten«, der zwischen Realität und Fiktion nicht zu unterscheiden vermag, der an magischen Zusammenkünften teilnimmt? Gewiß nicht. Es ist die amüsante Beschreibung eines Wissenschaftlers, der seine Helden liebt und sich ihnen gegenüber wie ein Vater verhält, der mit wohlwollender Ironie – vielleicht auch mit einem Anflug von Sehnsucht – die wundersamen Phantasien seines Sohnes erwähnt, der sich noch im Besitz einer Unschuld befindet, die der Vater längst verloren zu haben spürt.

Schließlich gibt es noch einen Aspekt von Culianus Denken, den Anton keineswegs vernachlässigt (vielmehr berichtet er sehr präzise darüber, selbst wenn die Vorstellungen sehr komplex sind), obgleich er mit mehr oder weniger magischen Anekdoten verwechselt zu werden droht. Es steht fest, daß Culianu niemals behauptet hat, die Welt werde von magischen

Kräften beherrscht. Er vertrat die Ansicht, daß es eine Welt der Ideen gebe, die sich fast autonom durch eine abstrakte Ars combinatoria entwickeln, und daß diese Kombinationen in oft unvorhersagbarer Art und Weise in die Geschichte, die materiellen Ereignisse eingreifen und verschiedenartige Wirkungen zeitigen.

Wenn wir Culianus *The Tree of Gnosis* lesen, stellen wir fest, daß er glaubte, daß »Ideen Systeme bilden, die sich als ideale Objekte begreifen lassen«, und daß diese idealen Objekte sich durch eine Ars combinatoria mathematischen Typs verbinden und trennen (es ist weniger eine Alchimie als vielmehr eine Chemie oder Physik der Ideen). Seine Vorstellung berief sich weitgehend auf den Strukturalismus von Lévi-Strauss, den Culianu im Lichte einer fast biologisch anmutenden Theorie der »Morphodynamik« umdeutet. Die Natur ist ja nichts anderes als die Kombination einiger elementarer Formen, und nicht nur die Religionen, sondern auch die philosophischen Ideen gehorchen ähnlichen Gesetzen. Seine Auffassung von den Ideensystemen schloß auch die Vorstellung ein, daß es »Archetypen« dieser Systeme gebe (wenn er auch glaubte, daß C. G. Jungs Theorie voll von »Wunderlichkeiten« sei), die »in der menschlichen ›Psyche‹ wie ein geheimnisvoller genetischer Code gespeichert sind«.

In seinem Buch über die Gnosis geht er von dem Satz aus, daß die verschiedenen gnostischen Systeme etwas gemeinsam haben, sich aber dennoch voneinander unterscheiden, und er konstruiert eine Art binären Baum, der es den verschiedenen Strömungen des gnostischen Denkens erlaubt, von einem Weg zum anderen überzuwechseln (dem Fließdiagramm sehr ähnlich, das in den Computerwissenschaften benutzt wird). Diese Chemie der Ideen ist sicherlich stärker als der individuelle Wille, und sie ist das Element, welches dafür sorgt, daß Gruppen und Gesellschaften sich in verschiedene Richtungen entwickeln.

Ich habe den provokantesten Aspekt von Culianus Denken sehr kurz umrissen und die (zuweilen phantastische) Art übergangen, wie er seine Theorie der idealen Objekte mit der Relativitätstheorie und mit anderen Aspekten der zeitgenössischen Naturwissenschaft verbindet. Dabei möchte ich die Tatsache unterstreichen, daß seine Auffassung sicherlich metaphysisch ist, eine Form platonischer Kybernetik, aber es handelt sich dabei weder um klassischen Okkultismus noch um eine magische Weltanschauung. Es ist höchstens ein Instrument, mit dessen Hilfe der Gelehrte die Entstehung des magischen Denkens und die Art und Weise, wie durch die Kombination von Ideen historische Fakten hervorgebracht werden, zu erklären versucht. Culianu war daran interessiert, um ein Wort von J. L. Austin aufzugreifen, »wie man Dinge aus Ideen macht«. Anton zitiert eine Behauptung Culianus anläßlich der Diskussion meines Buches in New York in bezug auf Verschwörungen, die von Okkultisten entworfen werden, und dann Wirklichkeit werden. »Nichts offenbart dieses Prinzip deutlicher als der Holocaust [. . .]. Wenn wahnsinnige Geister synchron zueinander sind, schaffen sie sich eine zweite Wirklichkeit; sie töten aus erfundenen Gründen.«

Hat Culianu sich in seinem Alltag – mit seinen ironischen Spielen, auch mit seinen sicherlich von Borges inspirierten Erzählungen – wie jemand verhalten, der sich bereits auf den gefährlichen Pfad der Magie begeben hat? Ich glaube schon, daß er sich so verhalten hat, aber das ist ein Merkmal seiner persönlichen Psychologie und nicht unbedingt seiner wissenschaftlichen Tätigkeit. Haben diese psychologischen Neigungen die politische Situation, in die er verwickelt war, beeinflußt? Anton spricht das nicht so deutlich aus; er überläßt es dem Leser, darauf zu schließen.

Was entsteht aus dem Leben und dem Tod einer Persönlichkeit wie Culianu, was kann bei einer Untersuchung seines Lebens und seines Todes herauskommen? Ein Mythos. Und tatsächlich wird hier ein Mythos konstruiert. Es ist lehrreich, die Schlagzeilen in den Zeitungen, die 1991 von der Ermordung berichteten, mit denen von 1996 zu vergleichen, die den Fall in Rezensionen von Antons Buch wieder aufgriffen. Die Schlagzeilen von 1991 lauteten: »Polizei: Professor an Universität von Chicago doch ermordet«, »Professor an Universität von Chicago erschossen«, »Tod des Wissenschaftlers bleibt Rätsel« und »Intrigen umgeben Tod des Professors«. 1996 geht es in den Schlagzeilen um »Mächte der Finsternis«, »Ins Labyrinth«, »Strahlendes Leben von dunklen Mächten hinweggerafft«.

Wenige Monate bevor Antons Buch in den Vereinigten Staaten erschienen war, wurde in Italien *Il presagio* (›Die Vorahnung‹) von Claudio Gatti veröffentlicht. Der Untertitel lautet »ein esoterischer Thriller«, und in dem Roman geht es um Ioan Culianu. Es ist ein fiktionales Werk, in dem kurz nach der Ermordung Culianus seine Verlobte Hillary (Wagner statt Wiesner) ebenfalls ermordet wird. Die rumänische Handlung ist mit einem okkultistischen und satanistischen Plot im tiefsten Manhattan gemischt usw. Den Roman können diejenigen mit Vergnügen lesen, die nicht wissen, daß Culianu wirklich gelebt hat, während jeder, der seine Geschichte kennt, durch diese gewaltsame Vermengung von wahren Begebenheiten und Fiktion irritiert sein wird.

Die Irritation rührt daher, daß Culianu nur wenige Jahre zuvor gestorben ist: Wäre er in den Tagen des Mannes mit der Eisernen Maske gestorben, würden wir alles hinnehmen, so wie wir die freie Mischung von Geschichte und Roman akzeptieren, wie Dumas sie sich ausgedacht hat. Und das Entscheidende ist: Eine wirkliche Person kann bedenkenlos benutzt werden, wenn sie nicht mehr zur zeitgenössischen Geschichte gehört, sondern bereits in die verschwommenen Gefilde des Mythos eingegangen ist. Daß ein derart sorgloser Gebrauch des Culianu-Mythos erst fünf Jahre nach seinem Tod möglich ist, sollte uns über die Geschichte nach dem Tode Culianus nachdenken lassen, die das Opfer selbst hätte überzeugend entwerfen (und untersuchen) können, wäre er unter uns geblieben. Aber er hätte sie zweifellos mit einem Augenzwinkern erzählt.

Ted Antons Buch erschien 1997 in einer verbesserten und erweiterten Fassung in rumänischer Sprache. Sie wurde für die deutsche Ausgabe berücksichtigt. Die Vorworte zur rumänischen Ausgabe werden im folgenden wiedergegeben.

Andrei Oişteanu: »Ein anderer Culianu«

Ein zusammengesetztes Bildnis

In jüngster Zeit sind die rumänischen Ausgaben mehrerer Bücher aus der Feder Ioan Petru Culianus erschienen. In nur vier Jahren hat der Verlag Nemira sechs Bände aus seinen wissenschaftlichen und literarischen Schriften veröffentlicht und verfolgt das ehrgeizige Projekt einer *Gesamtausgabe*. Nunmehr beginnen Bücher mit dem Namen Culianus auf der Titelseite zu erscheinen, in denen er aber nicht als Verfasser auftritt, sondern als Gegenstand von Untersuchungen. Nach dem Band des bedeutenden Gelehrten Elémire Zolla, einer bibliophilen Ausgabe, die sogar *Ioan Petru Culianu (1950-1991). Studioso rumeno della gnosi* überschrieben ist (Roma: Alberto Tallone Editore, 1994), kam im Oktober 1996 in den Vereinigten Staaten Ted Antons *Eros, Magic, and the Murder of Professor Culianu* heraus.

Um dieses Buch zu schreiben, hat der Autor Gespräche mit fast zweihundert Personen geführt, die in allen Städten verstreut sind, in denen der rumänische Gelehrte gelebt hat: Iaşi, Bukarest, Rom, Mailand, Groningen, Paris, Chicago. Denn sein kurzes Leben bestand in einer Reihe von Emigrationen nach Westen, von der Stadt seiner Geburt (Iaşi, 1950) bis hin zur Stadt seiner Ermordung (Chicago, 1991). Ted Anton nahm sich vor, mit allen zu sprechen, die Culianu gekannt haben, und versuchte, jede biographische Einzelheit anhand von zwei oder drei unabhängigen Quellen nachzuprüfen. In einigen Fällen war der Verfasser jedoch genötigt, manchen nicht nachprüfbaren Zeugnissen Vertrauen zu schenken. Auch konnte er subjektive oder wenig glaubwürdige Quellen nicht vermeiden. Die Regel, die er sich selbst auferlegte, verzeichnete dennoch eine gewichtige Ausnahme: Ioan Petru Culianu selbst. Ted Anton hat die Bücher und Aufsätze des Gelehrten studiert, seinen Briefwechsel gelesen, sein intimes Tagebuch zu Rate gezogen, ihn auf Audio- und Videoaufnahmen gehört und gesehen, den Protagonisten seines Buches hat er aber nicht kennengelernt, obgleich beide Zeitgenossen waren und in derselben Stadt lebten. Eines der Verdienste des Autors besteht darin, diesen Mangel in einen Vorzug umgewandelt zu haben. So wird das komplexe Bild der Persönlichkeit Culianus nicht nur aus der Perspektive des Autors betrachtet, sondern aus vielen Perspektiven, die einander ergänzen und vervollständigen. Daraus ergab sich – wie Ted Anton zugibt – ein zusammengesetztes, »mit Zweideutigkeiten und Widersprüchen erfülltes Bildnis«.

»Ich kann nur als Sieger zurückkehren!«

Ted Anton ist professioneller Journalist, und das ist in seinem Buch deutlich zu spüren. Er stellt mit peinlicher Sorgfalt – Stück um Stück wie in einem Puzzle – komplizierte Bilder zusammen mit vielen Personen, die aus verschiedenen Kulturräumen stammen. Selbst die Grenzen des Buches sind größtenteils der Professionalität seines Verfassers zu verdanken. Wie jeder Publizist betont auch er mehr oder weniger sensationelle biographische Ereignisse, die ihre Wirkung auf das Publikum nicht verfehlen. Zufällige Lebensdaten werden manchmal mit zu groben Strichen wiedergegeben, aber im allgemeinen sind bedeutsame Begebenheiten richtig geschildert, wobei ihnen im Gesamtzusammenhang des Buches ein angemessenes Gewicht verliehen wird. Einige Beispiele:

– das Verlassen des heimatlichen Iaşi mit 17 Jahren (1967) (die erste »Emigration«, »*grausamer als alle anderen*« – wird Culianu später schreiben) mit der auf den Schultern getragenen bitter-süßen Last, auf der Höhe einiger berühmter gelehrter Vorfahren sowie seines Urgroßvaters zu sein, des Junimea-Mitglieds und Freimaurers Neculai (›Papa‹) Culianu, der Mathematikprofessor an der Universität Iaşi, und achtzehn Jahre lang (1880-1898) Rektor und eine Zeitlang auch Vizepräsident des rumänischen Senats gewesen war;

– die Studienjahre an der Bukarester Universität (1967-1972) (die mit der Periode der verhältnismäßigen Liberalisierung der rumänischen Gesellschaft zusammenfielen); die Kommilitonen erkennen ihn als Generationsführer an – eine Generation, die ihrerseits bemerkenswert war;[72]

– die Belästigungen – mit dem Ziel, ihn anzuwerben – denen er von seiten des Securitate-Hauptmanns Ureche (›Ohr‹, ein geradezu prädestinierter Name für einen Offizier, der auf Überwachung spezialisiert war) ausgesetzt wurde (1969-1970) und der Eintritt in die Rumänische Kommunistische Partei (1970), gerade um nicht als Informant eingesetzt werden zu können;

– das endlose Zögern und die zahllosen Ängste, die seinem Entschluß, im Ausland zu bleiben, vorausgegangen sind (ohne Papiere, ohne Geld, ohne Verwandte), und alles, was er am meisten liebte, zurückzulassen (1972);

– die Verfolgungen, die die Mitglieder seiner Familie in Iaşi erleiden mußten, und deren dringende Bitten, er möge zurückkehren, die sie in den ersten Monaten nach seiner Abreise angesichts ihres Grauens vor dem Unbekannten, das ihn erwartete, aussprachen: »*Ich kann nur als Sieger zurückkehren!*« entgegnete er in einem Anfall von Hochmut (zurückgekehrt ist er nur – wirklich siegreich – durch seine Bücher); seine Verurteilung in Rumänien zu sieben Jahren Haft »wegen Verleumdung des rumänischen Staates« (?!), so daß es kein Zurück mehr gab;

– das Trauma, das die achtmonatige Hölle im widerwärtigen Flüchtlingslager in Italien ausgelöst hat, und der Selbstmordversuch durch das Öffnen der Adern (1973);

– das relative Ungerührtsein, das Mircea Eliade an den Tag gelegt hat, der ihm in den ersten Emigrationsjahren keineswegs entgegenkam;

– die aggressive Intervention des rumänischen Botschafters in Holland, des »Genossen« Traian Pop, der gefordert hatte, Culianu dürfte nicht an die Universität Groningen berufen werden, denn er sei ein »Feind des rumänischen Volkes« (1976); – eine Intervention, die ihm nachträglich unverhofft die Erlangung der niederländischen Staatsangehörigkeit als politischer Flüchting erleichtert hat (1980);

– die Zurückweisung der Versuche des Dichters Horia Stamatu, ihn für die Legionäre Bewegung zu gewinnen (um 1980);

– die Liebesgeschichte mit Hillary Wiesner, die eine Zeitlang an der Universität Chicago studierte (seit 1986);

– der Todeskampf und das Ableben Eliades unter den Augen seines Jüngers (1986);

– der unermüdliche Versuch zu erfahren, *wie sehr*, und zu verstehen, *warum* Mircea Eliade mit der Legionären Bewegung in den dreißiger Jahren sympathisiert hatte (»Herr Eliade ist nie ein Antisemit, nie *Mitglied* der Eisernen Garde oder Nazi-Sympathisant gewesen. Aber ich sehe durchaus, daß er der Eisernen Garde näher gestanden hatte, als ich dachte.« – schrieb Culianu an Mac Linscott Ricketts Ende der achtziger Jahre);

– der Versuch, den Dissidenten aus Iaşi, insbesondere Dan Petrescu zu helfen, indem er Presse und internationale Organisationen alarmierte; seine Chicagoer Wohnung wurde aufgebrochen und durchwühlt, der Computer und alle Disketten wurden gestohlen (November 1989);

– die grenzenlose Begeisterung für die rumänische Revolution *(»Endlich kann ich einmal stolz darauf sein, Rumäne zu sein!«)* (Dezember 1989); später die ungeheuere Enttäuschung und Wut auf diejenigen, die sie gestohlen hatten (Januar 1990-Mai 1991);

– seine Ermordung in einer sanitären Anlage der Universität Chicago (21. Mai 1991), die der Verfasser mit einigen überflüssigen naturalistischen Einzelheiten schildert.

»Die Abwesenheit zerstört die Erinnerung?«

Bei anderer Gelegenheit habe ich behauptet, daß das tragische Verschwinden I. P. Culianus ihn mit der Zeit aus dem Kern der Aktualität herausreißen und die ausgeprägten Umrisse seiner Persönlichkeit verwischen könnte. Andererseits besteht auch die Gefahr, daß der vorzeitige Tod des Gelehrten, die geheimnisvollen Gründe (und Gestalten), die hinter seiner Ermordung standen, die gewissermaßen entgegengesetzte, aber ebenso unangemessene Neigung auslösen, das Werk Culianus zu überschätzen und seine Persönlichkeit zu verklären. Ted Antons Buch versucht, beiden Neigungen entgegenzuwirken. Er hat den Mut, seinen Helden vom Sockel zu reißen und uns einen lebendigen Menschen vorzustellen. Indem er sein Bildnis zusammensetzt, ist der Verfasser nicht davor zurückgeschreckt, Culianu neben den außerordentlichen intellektuellen Vorzügen, die in der Regel bekannt sind (*»Er war der begabteste Mensch, dem ich je begegnet bin«*, erinnert sich Andrei Pleşu), auch allzumenschliche Schwächen zuzusprechen und hin und wieder einen verborgenen Winkel seines Charakters auszuleuchten. *»Einerseits* – schrieb Culianu 1973 in einem Brief aus dem Exil – *sehe ich mich als einen Menschen wie jeder andere: schüchtern, gebrechlich, empfindlich, mißtrauisch und kleinlich. Andererseits ist meine Verzweiflung eine Qual, die von ›etwas‹ herrührt, was noch unerklärt und unentfaltet in mir schlummert: eine gewaltige Erkenntnis und eine ebenso gewaltige Kraft, die nicht meine sind.«* (S. 102) Ted Anton ist dem Lebensweg des Gelehrten parallel zum kulturellen nachgegangen und hat die Durchlässigkeit der Grenzen zwischen dem biographischen und dem bibliographischen Raum erkannt. Er hat auch versucht, den Weissagungen und Vorahnungen eines Menschen mit außergewöhnlicher übersinnlicher Sensibilität Sinn zu geben, den zahllosen seltsamen Zufällen und den auf Schritt und Tritt versteckten Zeichen. Erst *dieser Culianu* scheint mir echter, interessanter, lebendiger und jedenfalls menschlicher zu sein als ein kaltes Marmordenkmal. »Eine derart interessante Figur – schreibt Andrei

Codrescu –, daß ein Romanschriftsteller sie nicht hätte erfinden können.«

Im übrigen warf Culianu selbst halb im Spiel, halb im Ernst die Frage nach seiner eigenen *postumen Gedenkfeier* auf. 1973 sandte er seinem Freund Şerban Anghelescu einen seltsamen Brief aus Rom: *»Ich befehle Dir, ein postumes Gastmahl zu meiner postumen Ehre zu veranstalten. [...] Ich werde sehr sehr froh sein zu wissen, daß ich noch irgendwo existiere, und von Dir zu erfahren, ob die Abwesenheit dort Denkmäler errichtet und Statuen wiederherstellt, wo die Gegenwart als Geschichte und Zeitlichkeit betrachtet wird. Oder zerstört die Abwesenheit etwa die Erinnerung?«* Dieses pseudo-testamentarische Fragment scheint nicht lediglich die wohlfeile Geste eines Spätpubertierenden zu sein, sondern vielmehr die Besorgnis eines jungen Mannes, der einen beschleunigten Reifungsprozeß durchlaufen hat. Damals war Culianu erst dreiundzwanzig und hatte die traumatische Erfahrung des Flüchtlingslagers und des Selbstmordversuchs durchgemacht. Seine Freunde erinnern sich, daß er in dieser Zeit sagte: *»Ich werde jung sterben.«* »*Diese Vorahnung* – kommentiert sein italienischer Kollege Gianpaolo Romanato – *erklärt seine Arbeitswut, seinen Drang, alles so bald wie möglich auszusprechen, seine Eile, zu schreiben und berühmt zu werden, denn er wußte oder befürchtete wenigstens, kein allzu langes Leben zu haben.«*

Es ist die Zeit (Mitte der siebziger Jahre), in der Mircea Eliade zu erkennen gab, daß er den Jünger gefunden hat, den er suchte. Culianu frohlockt nicht (wie ein einfacher »Arriviste«, für den Ted Anton ihn zu Unrecht hält), sondern empfängt dies als »erdrückende Verantwortung«. Am 4. Oktober 1974 denkt Culianu an die erste Begegnung mit Eliade in Paris zurück, die etwa zwei Wochen zuvor stattgefunden hatte, und schreibt in sein Tagebuch: *»Zum zweitenmal im Leben – die erdrückende Last der Einsamkeit und der Verantwortung. Für [...] Eliade, der mir ins* Traité *geschrieben hat: ›Die Huldigung des Älteren, der glücklich darüber ist, daß er nicht allein bleiben wird‹.«* (Diese Stelle ist noch unveröffentlicht und wurde – ebenso wie das oben angeführte Brieffragment – nicht dem Buch entnommen, das ich bespreche.)

Der Nationalismus –
die letzte Zuflucht des Kommunismus

Eine der großen Herausforderungen des Buches ist der Versuch herauszufinden, wer Culianu ermordet hat, und vor allem, weshalb der junge Religionshistoriker ermordet worden ist.

Der Reihe nach verwirft Ted Anton alle belanglosen und unbegründeten Hypothesen, die diesen Fall in den letzten Jahren überwuchert haben: der Konflikt von Professor Culianu mit einem Studenten; die Absicht seiner Verlobten Hillary Wiesner, seine Lebensversicherung über 150 000 Dollar einzukassieren (wie in durchschnittlichen Krimiserien); ein Konflikt innerhalb homosexueller Beziehungen (eine für die rumänische Securitate typische »Desinformation«, kommentierte Andrei Codrescu); Mord im Mafia-Stil in Zusammenhang mit dem Konsum von Drogen aus Kolumbien (angeblich, um an sich selbst zu erfahren, was er seit langem studierte: die Ekstasezustände der Schamanen und Hexenmeister) usw.

Die streng polizeilichen Ermittlungen verblassen zugunsten der politischen. Das Spiel wird äußerst gefährlich. Soviel ich weiß, hat der Autor mit zwei Rechtsanwälten zusammengearbeitet, die sein Buch zensiert und ihn darauf hingewiesen haben, was er sagen darf, ohne der Verleumdung bezichtigt werden zu können. Aber der Verfasser bleibt weiterhin dem Risiko ausgesetzt (das er im übrigen auf sich genommen hat), auf verminten Boden zu treten und selbst einem Angriff zum Opfer zu fallen.

Ted Anton macht die Hypothese eines politischen Attentats glaubwürdig, das entweder von den Mitgliedern der (neo)legionären Bewegung oder der rumänischen Geheimdienste oder schließlich durch das Zusammenwirken beider Organisationen verübt worden ist. Culianu wurde zunächst sowohl von Securitate-Agenten als auch von Legionären umworben und war zuletzt sowohl diesen wie jenen verhaßt.

»Der Nationalismus ist die letzte Zuflucht des Kommunismus«, schrieb Adam Michnik irgendwo, doch im Falle Rumäniens bedarf diese Behauptung einiger Differenzierungen: Der ultra-nationalistische Kommunismus hatte bereits im Ceauşescu-Regime seltsame Blüten getrieben und nach 1989 institutionelle Formen angenommen. 1990 bis Anfang 1991 erhält Culianu häufig rumänisch geschriebene Briefe mit Morddrohungen, die die Rhetorik der extremen Rechten erkennen lassen und von den »Söhnen Avram Iancus« unterzeichnet sind. Die Ermittlungen haben ihr Augenmerk auf die (neo)legionären Organisationen des rumänischen Exils im Gebiet der Großen Seen gerichtet (Chicago, Detroit, Toronto usw.), aber auch auf »kulturelle« Organisationen wie »Vatra Românescă«, deren Ehrenpräsident Iosif Constantin Drăgan und die – nach Culianus Ansicht – eine Schöpfung der Securitate ist (»Vatra *war vom SRI unterwandert*, gab Ion Coja zu. *Ich habe das mal Virgil Măgureanu ins Gesicht gesagt. Er hat es nicht abgestritten.*«). Eine in Panik geratene und verunsicherte Securitate, die sich 1990 in mehrere Fraktionen aufspaltete, unter denen die ultranationalistische sehr mächtig war und über ein gut ausgebautes internationales Netz von Agenten verfügte, einschließlich solcher, die aus den Reihen der Legionäre kamen.

Für die Nationalisten war Culianu ein »Verräter« nicht nur, weil er im August 1991 eine Jüdin zu heiraten beabsichtigte (die Legende sagt, daß er sogar zur mosaischen Religion über-zutreten gedachte), sondern auch weil er – »*obwohl er der Jünger Eliades war*« und somit »*zu unserer Familie gehörte*«, wie sich Eugen Vâlsan, ein alter Legionär aus Chicago aus-drückt – sich erlaubt hat, die Legionäre Bewegung unablässig zu verhöhnen (indem er sie etwa »Die Hölzerne Garde« nann-te) und ihre fundamentalistische Doktrin und terroristischen Praktiken zu verurteilen (indem er sie in seinen Artikeln als »legionären Irrsinn«, »orthodoxen Ku-Klux-Klan«, »typisch fundamentalistische Erscheinung innerhalb der orthodoxen Religion« usw. bezeichnete).

Im Gegensatz zu seinen ersten Artikeln über die Ermordung Culianus scheint Ted Anton diese Fährte in den Hintergrund gedrängt zu haben, so daß die Verwicklung der Geheimdienste deutlicher herausgearbeitet wird. Monica Lovinescu hatte auch diese mögliche Ablenkung geahnt: *»Wann immer behauptet wird, daß es die Eiserne Garde war, kann man sicher sein, daß es die Securitate war.«* Die neue, nach dem Dezember 1989 entstandene Macht hatte viele Gründe, Culianu für eine sehr unbequeme Persönlichkeit zu halten: mit seiner moralischen und professionellen Autorität wurde er nicht müde, das Nach-Dezember-Regime scharf zu kritisieren, vor allem in den Artikeln der New Yorker Zeitschrift *Lumea Liberă* (in der berühmten wöchentlichen Kolumne »Scoptophilia«, die er unter dem Druck der Morddrohungen am 22. Dezember 1990 eingestellt hat), aber auch bei den Rundfunksendern BBC und Free Europe, in seinen erstaunlichen politisch-phantastischen Erzählungen über die Revolution in »Jormania«, im Interview, das Gabriela Adameşteanu mit ihm führte und einen Monat vor seiner Ermordung (April 1991) in 22 veröffentlichte. Wie gesagt, die neuen Machthaber hatten Gründe genug, ihn als sehr unbequem einzuschätzen, aber doch wohl nicht genug, um ihn zu töten. Ein Glied aus dieser komplizierten Gleichung entzieht sich unserem Zugriff.

Mord als Warnung

Es könnte sich um einen Mord als Warnung handeln. Mit anderen Worten, es wurde weniger die Beseitigung des Gelehrten beabsichtigt, als vielmehr die psychologische Wirkung, die das Verbrechen auslöst, insbesondere auf die politische Opposition in Rumänien und auf die Exilrumänen. Eben diese Wirkung wurde auch erzielt: »Alle, die hier leben«, erklärte Liviu Cangeopol in den USA, »glauben, daß die Securitate im Spiel ist, die uns (den Exilrumänen) eine Lektion erteilen will, damit wir den Mund halten [. . .]. Alle haben Angst. Vielleicht wollen die Mörder genau das: daß wir auch im Exil Angst

haben.« In einem anderen Zusammenhang merkte Dana Şişmanian aus Paris an: »Wer Ioan Culianus Mörder auch sein
mag, seine Ermordung betrifft uns (alle).«

Doch um eine derartige Rolle zu spielen und damit die Botschaft den Adressaten erreicht, hätte das Attentat eine »Unterschrift« tragen müssen. Sonst könnte man nicht verstehen,
wer wen wovor warnt. Nun sieht es so aus, daß in diesem Fall
der *modus operandi* selbst als Unterschrift wirkte: »*Es ist eine
Exekution im typischen Stil des KGB,* erklärte Ion Pacepa, *ein
einziger Schuß in den Hinterkopf.*« (S. 294)

Die amerikanische Polizei erklärte sich für überfordert angesichts der mehrfachen über- und unterirdischen Ebenen, der
politischen, historischen und kulturellen Hintergründe des
Verbrechens. Als Hillary Wiesner einen Polizisten, der in diesem Fall ermittelte, darauf hinwies, daß der Professor mögliche Repressalien von seiten der rumänischen Behörden befürchtet hatte, fragte dieser überrascht: »*Rumänien? Wo liegt
das?*« Der Fall wurde von zwei FBI-Agenten übernommen, die
in der letzten Zeit einige wichtige Fäden entdeckt haben, die
zur alten/neuen Securitate führten. Zwei Verdächtige, die aus
Rumänien stammten, wurden festgenommen. Sie scheinen als
gedungene Mörder gewirkt zu haben und von einem anderen
zwielichtigen Rumänen angeheuert worden zu sein, der sie in
der Nähe des Flughafens angesprochen hat. Es gibt wieder
einmal sehr viele Beweise, die sie belasten, aber nicht genug,
um den Fall abzuschließen.

Andererseits veröffentlichte das FBI im Oktober 1995 in den
Publikationen *Lumea Liberă* (New York) und *Ziua* (Bukarest)
das Phantombild des mutmaßlichen Mörders. Mehrere Quellen, die es vorzogen, ungenannt zu bleiben (und sich so die
Belohnung von 60 Millionen Lei entgehen ließen), haben der
Redaktion der Zeitung *Ziua* mitgeteilt, daß »*[Gelu] Voican die
Ermordung Culianus angeordnet haben [soll], ein Befehl, der
nacheinander an drei Offiziere des Geheimdienstes erging, von
denen einer bei den Auslandsflügen der [. . .] Tarom tätig war.*«
Dieser wurde mit dem FBI-Phantombild identifiziert. Gelu Voican-Voiculescu war seit Dezember 1989 Vize-Premierminister

im Kabinett Petre Roman, und die Armee, die Polizei, die Justiz und die Securitate unterstanden ihm. Er hat jede Verwicklung in diesen Fall heftig abgestritten und die Information für »*einen Wahnsinn, eine Beleidigung*« gehalten.

Ich glaube, daß die neuen Behörden Rumäniens (und vor allem der Leiter des SRI) gesetzlich und moralisch verpflichtet sind, offiziell und öffentlich zum »Fall Culianu« Stellung zu nehmen.

1984 sagte mir Ioan Culianu in einem Dialog, den wir an der Universität Groningen geführt haben, daß wir nicht vor den gefährlichen Zonen der Forschung zurückschrecken sollten, in denen wir uns auf »Treibsand« begeben. Die Behauptung war bezeichnend für ihn, denn in allem, was er unternahm, wählte er nie ausgetretene und risikofreie Wege, und er umging auch nicht Gleichungen mit zu vielen Unbekannten. Anders ausgedrückt: Als Mensch und als Wissenschaftler hat er die »Treibsand«-Zonen nie gemieden, sondern vielmehr tollkühn gesucht. Leider, glaube ich, wurde ihm die letzte »Zone«, in die er sich hineingewagt hat, zum Verhängnis. Der »Treibsand« hat ihn verschlungen, und mit ihm sind Motive und Täter verschwunden.

Culianu habe – vermerkt Anton – »*seine Mörder vielleicht so lange verhöhnt, bis diese schließlich überzeugt waren und ihn für gefährlich hielten. [. . .] Nachdem er zeitlebens die magischen Künste ergründet hatte, überschritt er die Grenze zwischen Spiel und Wirklichkeit. Für ihn war es ein Spiel – für seine Mörder nicht. Der Tod von Ioan Culianu war das ultimative Spiel des Geistes, als sogar seine Mörder die Unterscheidung zwischen Wahrheit und Fiktion aus den Augen zu verlieren schienen.*«

Ted Anton, Chicago, 26. März 1997

Seit dem Erscheinen dieses Buches in den Vereinigten Staaten, sind uns neue Informationen zugekommen, die unmittelbar mit den in unserer Arbeit besprochenen Ereignissen zusammenhängen; andererseits hat die Veröffentlichung dieses Buches zahlreiche Kommentare hervorgerufen, die Standpunkte vertraten, die uns mitunter in unserer Meinung bestärkten, manchmal davon abwichen, aber in beiden Fällen anregend wirkten.

Wir glaubten, daß es unserer Unternehmung, die bestrebt war, die starke Persönlichkeit Professor Culianus zu umreißen und die Wahrheit über sein tragisches Ende zu erfahren, zugute kommt, wenn wir einige der Behauptungen, die uns gegenüber gemacht wurden oder in Rezensionen erschienen sind, in die rumänische Fassung einfließen lassen. Diese Änderungen, die den Text hoffentlich berichtigen und ergänzen, erscheinen in der rumänischen Übersetzung zum erstenmal, sie gilt somit als durchgesehene und erweiterte Ausgabe des Buches.

Vieles hat sich unterdessen in Rumänien gewandelt. Ein halbes Jahr nach den Wahlen, die im November 1996 endlich zu einer wahrhaft demokratischen Regierung im Land geführt haben, sind wir davon überzeugt, daß sich ein neuer politischer Wille kundtut, der die Nachforschungen von seiten der Kräfte, die für die Rechtsprechung zuständig sind, ermutigt und fördert, und daß diese Nachforschungen zur Wahrheitsfindung und zur Verurteilung der Schuldigen, wer sie auch sein mögen, führen.

Werke von Ioan Petru Culianu (Auswahl)

Wissenschaftliche Bücher

Mircea Eliade, Assisi: Cittadella Editrice, 1978 (Orizzonte filosofico)

Iter in silvis. Saggi scelti sulla gnosi e altri studi, Vol. 1. Messina: EDAS, 1981 (Gnosis, 2)

»Religione e accrescimento del potere«, in: *Religione e potere*, a cura di Gianpaolo Romanato, Mario G. Lombardi e I. P. Culianu, Torino: Marietti, 1981 (Chiesa sotto chiesta)

Psychanodia I: A Survey of the Evidence Concerning the Ascension of the Soul and Its Relevance, Leiden: E. J. Brill, 1983 (Études Préliminaires aux Religions Orientales dans l'Empire Romain, 99)

Expériences de l'extase. Extase, ascension et récit visionnaire de l'Hellénisme au Moyen Age, Paris: Payot, 1984 (Bibliothèque historique)

Éros et Magie à la Renaissance, 1484, Paris: Flammarion, 1984 (Idées et Recherches)

Gnosticismo e pensiero moderno: Hans Jonas, Roma: »L'Erma« di Bretschneider, 1985 (Storia delle religioni, 1)

Eros and Magic in the Renaissance, University of Chicago Press, 1987.

Dictionnaire des Religions, Paris: Plon, 1990. Mit M. Eliade und H. S. Wiesner.

Les Gnoses dualistes d'Occident. Histoire et mythes, Paris: Plon, 1990.

The Eliade Guide to World Religions, HarperSanFrancisco, 1991. Mit M. Eliade und H. S. Wiesner.

Out of This World: Other-worldly Journeys from Gilgamesh to Albert Einstein, Boston: Shambhala, 1991.

Handbuch der Religionen, Zürich, München: Artemis & Winkler, 1991; Frankfurt: Suhrkamp, 1995.

The Tree of Gnosis: Gnostic Mythology from Early Christianity to Modern Nihilism, San Francisco: HarperCollins, 1992.

*Jenseits dieser Welt. Außerweltliche Reisen von Gilgamesch
bis Albert Einstein*, München: Diederichs, 1995 (Diederichs Gelbe Reihe, 113)

Erzählungen und Romane

Die Jugendprosa Culianus, die zwischen 1967 und 1971 in
den Bukarester Zeitschriften *Cronica* und *Luceafarul* erschienen war, ist zum ersten Mal in der Beilage von *Cotidianul:
Litere, Arte & Idei*, Mai 1996, geschlossen veröffentlicht worden.

»Le coureur tibétain«, in: *L'Aventure Humaine* (1988), S. 106-
    108.
»Tozgrec«, in: *Tempo Presente* 89-90 (1988), S. 91-101.
La collezione di smeraldi, Milano: Jaca Book, 1989 (Jaca let-
    teraria)
»The Late Repentance of Horemheb«, in: *Harvard Review*
    15-16 (1990), S. 6-7 Mit H. S. Wiesner.
»The Secret Sequence«, in: *Leggere* 18 (Februar 1990), S. 26-29,
    New York Review of Science Fiction (1990). Mit H. S.
    Wiesner.
Hesperus. Romanzo, Milano: Jaca Book, 1991.
»The Language of Creation«, in: *The Exquisite Corpse* 9, 1-4
    (1991), S. 12-13. Mit H. S. Wiesner.
Pergamentul diafan. Ultimele povestiri, Bucuresti: Nemira,
    1996. Enthält alle Kurzgeschichten außer den Juvenilia.
The Emerald Game, Roman, 1987. Unveröffentlichtes Manu-
    skript. Mit H. S. Wiesner.

Studien und Aufsätze

»Soarele şi luna în folclorul românesc«, in: *Lucrări ştiinţifice.
    Cercurile studenţeşti de folclor* 1 (1971), Baia Mare 1973,
    S. 87-97.

»Mit şi simbol în proza lui Vasile Voiculescu«, in: *Ethos* 2 (1975), S. 258-268.

»Nota su ›La Vergine delle Rocce‹ di Leonardo«, in: *Aevum* 49 (1975), S. 389-393.

»La religione come strumento del potere e mezzo di liberazione«, in: *Verifiche* 4 (1975), S. 236-255.

»La femme céleste et son ombre. Contribution à l'étude d'un mythologème gnostique«, in: *Numen* 23 (1976), S. 191-209.

»Note sur ›opsis‹ et ›theoria‹ dans la poésie d'Eminescu«, in: *Acta Philologica* 6 (1976), S. 93-98.

»La ›passione‹ di Sophia nello gnosticismo in prospettiva storico-comparativa«, in: *Aevum* 51 (1977), S. 149-162.

»L'anthropologie philosophique«, in: *Cahiers de l'Herne* 33: *Mircea Eliade,* Cahier dirigé par Constantin Tacou, Paris 1978, S. 203-211.

»›Démonisation du cosmos‹ et dualisme gnostique«, in: *Revue de l'Histoire des Religions* 196 (1979), S. 3-40.

»Erzählung und Mythos im ›Lied von der Perle‹«, in: *Kairos* 21 (1979), S. 60-71.

»›Pons subtilis‹. Storia e significato di un simbolo«, in: *Aevum* 53 (1979), S. 301-312.

»Romantisme acosmique chez M. Eminescu«, in: *Neophilologus* 1 (1979), S. 74-83.

»A Dualistic Myth in Roumanian Folklore«, in: *Dialogue* 4-5 (1980), S. 45-50.

»Les fantasmes du nihilisme chez M. Eminescu (1850-1889)«, in: *Romanistische Zeitschrift für Literaturgeschichte* 4 (1980), S. 422-433.

»Iatroi kai manteis. Sulle strutture dell'estatismo greco«, in: *Studi Storico-Religiosi,* N. S. IV (1980) 2, S. 287-303.

»The Angels of the Nations and the Origins of Gnostic Dualism«, in: *Studies in Gnosticism and Hellenistic Religions presented to Gilles Quispel,* ed. by R. van den Broek and M. J. Vermaseren, Leiden 1981, S. 78-91.

»Les fantasmes de l'éros chez M. Eminescu«, in: *Neophilologus* 1 (1981), S. 229-238.

»History of Religions in Italy«, in: *History of Religions* 20 (1981), S. 253-262.

»Magia spirituale e magia demonica nel Rinascimento«, in: *Rivista di Storia e Letteratura Religiosa* 17 (1981), S. 360-408.

»Ordine e disordine delle sfere«, in: *Aevum* 55 (1981), S. 96-110.

»Le vol magique dans l'Antiquité tardive (Quelques considérations)«, in: *Revue de l'Histoire des Religions* 198 (1981), S. 57-66.

»L'›ascension de l'âme‹ dans les mystères et hors des mystères«, in: *La soteriologia dei culti orientali nell'Impero Romano*, a cura di Ugo Bianchi e M. J. Vermaseren, Leiden 1982, S. 78-91.

»La grande année et la métempsycose«, in: *La soteriologia dei culti orientali nell'Impero Romano*, S. 303-307.

»The Sun and the Moon«, in: *International Journal of Rumanian Studies* 3 (1981-1983), S. 83-97.

»Les fantasmes de la liberté chez M. Eminescu«, in: *Libra. Études roumaines offertes à W. Noomen*, par I. P. Culianu, Groningen 1983, S. 114-146.

»Interferences between Iconography and Folklore in Roumania«, in: *Visible Religion* 2 (1983), S. 40-57 (mit C. Culianu).

»Mircea Eliade et la pensée moderne sur l'irrationnel«, in: *Dialogue* 8 (1983), S. 39-52.

»La magie de Giordano Bruno«, in: *Studi e Materiali di Storia delle Religioni* 49 (1983), S. 279-301.

»Le paysage du centre du monde dans le conte ›Cezara‹ de M. Eminescu (1876)«, in: *Romanistische Zeitschrift für Literaturgeschichte* 7 (1983), S. 444-458.

»La visione di Isaia e la tematica della ›Himmelsreise‹«, in: *Isaia, il Diletto e la Chiesa*, a cura di Mauro Pesce, Bologna 1983, S. 95-116.

»Eliade ou le refus du symbole«, in: *3e Millénaire* (Paris) 4/13 (1984), S. 89-93.

»Feminine versus Masculine. The Sophia Myth and the Origins of Feminism«, in: *Struggles of Gods*, ed. by Hans G. Kippenberg, Berlin, New York, Amsterdam 1984, S. 65-98.

»La géomantie dans l'Occident médiéval. Quelques considérations«, in: *Non nova sed nove. Mélanges de civilisation médiévale*, éd. par M. Gosman et J. van Os, Groningen 1984, S. 37-46.

»The Gnostic Revenge: Gnosticism and Romantic Literature«, in: *Gnosis und Politik*, hrsg. von Jacob Taubes, Paberborn, München 1984, S. 290-306.

»Mircea Eliade et l'idéal de l'homme universel«, in: *Le Club Français de la Médaille*, Bulletin 84 (1984), S. 48-55.

»Mircea Eliade und die blinde Schildkröte«, in: *Die Mitte der Welt. Aufsätze zu Mircea Eliade*, hrsg. von Hans Peter Duerr, Frankfurt 1984, S. 216-243.

»Un temps à l'endroit, un temps à l'envers...«, in: *Le temps chrétien de la fin de l'Antiquité au Moyen Age, IIIe-XIIIe siècles*, Paris 1984, S. 57-61.

»Éros, magie et manipulation des masses«, in: *3e Millénaire* 18 (1985), S. 31-35.

»Le mandala dans l'histoire des religions«, in: *Cahiers Internationaux du Symbolisme* 48-49-50 (1984), S. 53-62.

»Mircea Eliade at the Crossroad of Anthropology«, in: *Neue Zeitschrift für systematische Theologie und Religionsphilosophie* 27 (1985), S. 123-131.

»Civilization as a Product of Wilderness: Hans Peter Duerr and His Theories of Culture«, in: *Nederlands Theologisch Tijdschrift* 40 (1986), S. 305-311.

»Ascension«, in: *The Encyclopedia of Religion*, Mircea Eliade (Editor in Chief), New York, London 1987, Bd. 1, S. 435a-441a.

»Astrology«, in: *The Encyclopedia of Religion*, Bd. 1, S. 472a-475b.

»Bendis«, in: *The Encyclopedia of Religion*, Bd. 2, 94b-95a (mit Cicerone Poghirc).

»Dacian Riders«, in: *The Encyclopedia of Religion*, Bd. 4, S. 195a-196a.

»Gnosticism from the Middle Ages to the Present«, in: *The Encyclopedia of Religion*, Bd. 5, S. 574b-578a.

»Magic in Medieval and Renaissance Europe«, in: *The Encyclopedia of Religion*, Bd. 9, S. 97b-101b.

»Sabazios«, in: *The Encyclopedia of Religion*, Bd. 12, S. 499b-500b (mit C. Poghirc).

»Sacrilege«, in: *The Encyclopedia of Religion*, Bd. 12, S. 557b-563b.

»Sexual Rites in Europe«, in: *The Encyclopedia of Religion*, Bd. 13, S. 186b-189b.

»The Heavens as Hierophany«, in: *The Encyclopedia of Religion*, Bd. 13, S. 343b-345b.

»Thracian Religion«, in: *The Encyclopedia of Religion*, Bd. 14, S. 494a-497a (mit C. Poghirc).

»Thracian Rider«, in: *The Encyclopedia of Religion*, Bd. 14, 497a-b (mit C. Poghirc).

»Zalmoxis«, in: *The Encyclopedia of Religion,* Bd. 15, S. 551b-555b (mit C. Poghirc).

»Mircea Eliade et l'idéal de l'homme universel«, in: *Mircea Eliade: Dialogues avec le sacré*, Paris 1987, S. 9-16.

»L'›anéantissement sans nulle compassion‹ dans la nouvelle ›Moara cu noroc‹ de Ioan Slavici (1881). Un exercice de mythanalyse«, in: *Kurier* 13, Bochum, 1987, S. 38-49.

»Les fantasmes de la peur chez Mihai Eminescu, ou Comment devient-on révolutionnaire de profession«, in: *Eminescu im europäischen Kontext*, hrsg. von Ioan Constantinescu, Augsburg 1988, S. 106-127.

»Ascension«, in: *Death, Afterlife, and the Soul*, ed. by Lawrence E. Sullivan, New York 1989, S. 107-117.

»Astrology«, in: *Hidden Truths: Magic, Alchemy, and the Occult*, ed. by Lawrence E. Sullivan, New York, London 1989, S. 151-157.

»Gnosticism: From the Middle Ages to the Present«, in: *Hidden Truths*, S. 63-68.

»Invito alla lettura di Mircea Eliade«, in: *Abstracta* 35 (Februar/März 1989), S. 38-49.

»Magic in Medieval and Renaissance Europe«, in: *Hidden Truths*, S. 110-115.

»Dr. Faust, Great Sodomite and Necromancer«, in: *Revue de l'Histoire des Religions* 207 (1990), S. 261-288.

»System and History«, in: *Incognita* 1 (1990), S. 6-17.

»A Historian's Kit for the Fourth Dimension«, in *Incognita* 1 (1990), S. 113-129.

»A Corpus for the Body«, in: *The Journal for Modern History* 63 (1991), S. 61-80.

Dazu über 150 Rezensionen und etwa 80 kurze Aufsätze und politische Pamphlete. Das Werk von Ioan Petru Culianu wurde in über 10 Sprachen übersetzt.

Anmerkungen

1 Cambridge 1940, S. 75.

2 *Gedächtnis und Erinnern. Mnemonik von Aristoteles bis Shake-speare*, Weinheim: VCH, Acta Humaniora, 1990, S. 7; Originalaus-gabe: *The Art of Memory*, London: Routledge and Kegan Paul, 1966.

3 *Sprüche Salomos (Proverbia)* VIII, 27; Luther-Übersetzung: »Da er die Himmel bereitete, war ich daselbst, da er die Tiefen mit seinem Ziel verfassete«; Übersetzung von Otto Plögner, 1984: »Als er den Erdkreis festlegte über der Tiefe.« (Anm. d. Übers.)

4 Ion Creangă, *Amintiri din copilărie*, IV, *Scrierile lui Ioan Creangă*, vol. II, Iaşi 1892. Die Stelle lautet: »[. . .] urieşii munţi, cu vârfurile ascunse în nouri, de unde purced isvoarele şi se revarsă pârâiele cu răpejune, şopotind tainic, în mersul lor neîncetat, şi ducând, poa-te, cu sine multe-multe patimi şi ahturi omeneşti, să le înece în Dunărea măreaţă.« Dt. *Erinnerungen aus der Kindheit*, übers. v. Harald Krasser, Bukarest 1951, 1968, S. 133 f., bzw. *Kindheits-erinnerungen*, übers. v. R. Molitoris, Bukarest 1956. (Anm. d. Übers.)

5 Die Volksballade *Mioriţa*, übertragen von Alfred Margul Sperber, in: *Rumänische Volksdichtung*, Bukarest 1968, zit. nach Mircea Eliade, *Von Zalmoxis zu Dschingis-Khan. Religion und Volkskul-tur in Südosteuropa*, Frankfurt: Insel, 1990, S. 238 ff. (Anm. d. Übers.)

6 Während der Antonescu-Regierung verhängte das Erziehungsmi-nisterium Begrenzungen im Schul- und Bildungswesen, an den Hochschulen durfte es höchstens 6% jüdische Studierende geben. Vgl. Ekkehard Völkl, *Rumänien. Vom 19. Jahrhundert bis in die Gegenwart*, Regensburg 1995, S. 247 f.: »Antijüdische Gesetze«. (Anm. d. Übers.)

7 Vgl. Aron Hirt-Manheimer, Einführung zu *Jagendorf's Foundry* von Siegfried Jagendorf, New York: HarperCollins, 1991, S. XXII f.

8 Keno Verseck (*Rumänien*, München: Beck, 1998, S. 71) nennt an-dere Zahlen: Etwa 120 000 Juden seien unter dem Antonescu-Regime ermordet, etwa 26 000 Roma deportiert worden. (Anm. d. Übers.)

9 In der Erzählung »The Language of Creation«, 1991 erschienen in der Zeitschrift *The Exquisite Corpse*. (Anm. Nemira)

10 In der rumänischen Kindersprache bedeutet *nene* soviel wie »On-kel«, bezieht sich aber auf alle männlichen Personen, Culianu betonte jedoch die zweite Silbe. (Anm. d. Übers.)

11 Ioan Culianu, »Euforisme«, in: *Lumea Liberă*, 15. September 1990, S. 13.

12 Ioan Culianu, Interview mit Andrei Oişteanu, in: »Ioan Petru Culianu – A Traveller to the World Beyond«, in: *Romanian Review*,
   Bukarest, Nr. 9-10, 1994, S. 137, übersetzt und bearbeitet nach:
   »Ioan Petru Culianu: Reconstituiri în domeniul mitologiei româ-
   neşti«, in: *Revista de Istorie şi Teorie Literară*, Bukarest, 3, 1985,
   jetzt: A. Oişteanu, »I. P. Culianu – Un călător în lumea de dincolo«, Vorwort zu *Călătorii în lumea de dincolo*, Bukarest: Nemira,
   1994, 2. Aufl. 1996, S. 9.
13 Der Titel dieser unveröffentlichten Arbeit lautet *Marsilio Ficino e
   il platonismo nel Rinascimento* (Marsilio Ficino und der Platonismus in der Renaissance). (Anm. Nemira)
14 Aus: *Oratio de dignitate hominis*, in: *Opera omnia*, Basel 1572,
   S. 315; nach dem Original übersetzt: »Tu, nullis angustiis coerci-
   tus, pro tuo arbitrio, in cuius manu te posui, tibi illam [naturam]
   praefinies.« A. Liebert (1905), H. W. Rüssel (1949), N. Baumgar-
   ten (1990), G. von der Gönna (1997) übersetzen diese Stelle recht
   frei. (Anm. d. Übers.)
15 Vlad Georgescu, *The Romanians. A History*, Columbus: Ohio
   State University Press, 1991, S. 237.
16 *Gedächtnis und Erinnern. Mnemonik von Aristoteles bis Shake-
   speare*, 3. Aufl., Berlin: Akademie, 1994, S. 198, nach Giordano
   Bruno, *De umbris idearum*, Paris 1582.
17 Mircea Eliade, »Secretul doctorului Honigberger« [1940] in: *La
   Ţigănci şi alte povestiri*, Bucureşti: Editura pentru literatură, 1969,
   S. 282. Deutsche Ausgaben: *Die Nächte in Serampore*, aus dem
   Rumänischen von Günther Spaltmann, München-Planegg: O.W.
   Barth, 1953; *Das Geheimnis des Doktor Honigberger. Eine No-
   velle*, aus dem Rumänischen von dems., Hamburg: AB Edition,
   1974, S. XLI. Die vorliegende Übersetzung folgt dem rumänischen
   Original. (Anm. d. Übers.)
18 Eines der Grundwerke der Sāṃkhya-Philosophie aus dem 5. Jahr-
   hundert von Īśvarakṛṣṇa in 72 Doppelversen. Den Sanskrittext
   und eine Übersetzung von Paul Deussen enthält: *Allgemeine Geschichte der Philosophie*, I. Bd., 3. Abt.: Die nachvedische Philosophie der Inder, Leipzig: F.A. Brockhaus, 1908, 2. Aufl. 1913,
   S. 413-466; vgl. auch Richard Garbe, *Die Sāṃkhya-Philosophie*, 2.
   Aufl. Leipzig: Haessel, 1917, S. 83 ff. sowie Mircea Eliade, *Yoga.
   Unsterblichkeit und Freiheit*, Zürich: Rascher, 1960, Frankfurt:
   Insel, 1988, S. 157 f., 258 ff. (Anm. d. Übers.)
19 Über diesen Revolver schrieb er auch seiner Familie nach Iaşi. Es
   handelte sich dabei um eine Wasserpistole. Da alle Briefe gelesen
   wurden, griff man den Hinweis auf und klagte ihn auch des »il-
   legalen Waffenbesitzes« an. (Anm. Nemira)
20 Aus dem postumen Gedicht *O, stingă-se a vieţii* . . ., M. Eminescu,

Opere, ed. Perpessicius, Bucureşti: 1952, Bd. IV, S. 388: »Căci n'am avut metalul demonilor în vine/Nici pacĭnica răbdare a omului de bine«. (Anm. d. Übers.)

21 Ioan Culianu und Hillary S. Wiesner, »The Emerald Game«, unveröffentlichtes Manuskript, 1987, S. 2.

22 Die Statistiken über die Anzahl der Opfer sind umstritten. Siehe Vlad Georgescu, *The Romanians. A History*, Columbus: Ohio State University Press, 1991, S. 221 f., und insbesondere die Erörterungen in der letzten rumänischen Ausgabe von: Vlad Georgescu, *Istoria românilor. De la origini până în zilele noastre*, 4. Aufl., Bucureşti: Humanitas, 1995, S. 236, 243 f., die durch die Ausführungen Stelian Neagoes, *Notă asupra ediţiei*, a.a.O., S. 6, ergänzt sind. (Anm. Nemira)

23 Reinbek bei Hamburg: Rowohlt, 1991, S. 199.

24 Sorin Antohi, »Imaginarul Renaşterii şi originile spiritului modern. Modelul Ioan Petru Culianu« (›Das Imaginäre in der Renaissance und die Ursprünge des modernen Geistes. Das Modell Ioan Petru Culianu‹), Nachwort zu: Ioan Petru Culianu, *Eros şi magie în Renaştere. 1484*, Bucureşti: Nemira, 1994, S. 436. (Anm. Nemira)

25 Der Titel der amerikanischen Ausgabe von 1992 lautet *The Eliade Guide to World Religions*. Dieses Projekt war ein alter Wunsch Eliades, das Culianu nach dem Tode seines Meisters zu Ende geführt hat: »Im Mai 1975, nach zwei Trimestern, die ich als Student in Chicago zugebracht hatte, sprach Mircea Eliade zum ersten Mal mit mir über den Plan dieses Handbuches [. . .]«, so beginnt Culianus Vorwort zum *Handbuch* (Eliade/Culianu, *Handbuch der Religionen*, Frankfurt: Suhrkamp, 1995, S. 13). In dem unveröffentlichten Briefwechsel zwischen Eliade und Culianu wird das Projekt mehrfach umrissen und bereits am 25. Juni 1975 erwähnt: »Ich möchte Dich möglichst bald von der Dissertation und den Prüfungen befreit sehen; unter anderem auch, um Dir einen Vorschlag zur Zusammenarbeit zu machen. Und zwar geht es um ein *Dictionnaire d'Histoire des Religions*, an das ich seit langem denke. [. . .] Der Band, der nicht zu umfangreich sein sollte (vielleicht wie der von [Franz] König), wird Eliade-Culianu gezeichnet – und ich hoffe, er wird unentbehrlich und in viele Sprachen übersetzt [. . .]. Er muß recht bald angekündigt werden [. . .], und auch der Vertrag sollte bald unterzeichnet werden, so daß, welche Überraschung mir die Zukunft auch vorbehalten mag, Du ihn zu Ende führen kannst.« (Fragmente aus einem Brief, den Eliade aus Paris an Culianu gerichtet hat, der auch vor kurzem aus Chicago nach Mailand zurückgekehrt war, wo er in der Via Necchi 9, wohnte. (Anm. Nemira)

26 Marsilio Ficino, *Opera omnia*, Bd. I, Basel 1561, ²1576, S. 612; *Lettere I*, ed. S. Gentile, Firenze: Olschki 1990, S. 18: »Non pos-

sum, amici optimi, vim legis non admirari, legis siquidem ordo et concentus aliquis necessarius est in elementis mundi [. . .] in contubernio quoque latronum« [. . .]. Die Übersetzung von Karl Markgraf von Montariola (*Briefe des Mediceerkreises aus Marsilio Ficino's Epistolarium*, Berlin 1926, S. 103) weicht an dieser Stelle ab, setzt offenbar die Lesart *amici, optimi viri [Platonis] Leges [=Nomoi]* voraus, die aber in der kritischen Ausgabe nicht bezeugt ist. (Anm. d. Übers.)

27 Siehe Howard Blum, *Wanted!* New York: Quadrangle, 1977.

28 Zum historischen Hintergrund vgl. Armin Heinen, *Die Legion »Erzengel Michael« in Rumänien. Soziale Bewegung und politische Organisation. Ein Beitrag zum Problem des internationalen Faschismus*, München: R. Oldenbourg, 1986, S. 460-463 und S. 521. Vgl. auch den Bericht eines ehemaligen Gardisten: Stefan Logigan, *Rumäniens Eiserne Garde. Ein Legionär erinnert sich*, München: Universitas, 1996, S. 405-459, bes. S. 432 ff. (Anm. d. Übers.)

29 Persönliches Gespräch mit Alexander Ronnett vom 31. Oktober 1995.

30 Umberto Eco, *Das Foucaultsche Pendel,* München: Hanser, 1989.

31 Vgl. Michel Tardieu, »Ṣabiens coraniques et ›ṣabiens‹ de Ḥarrān«, *Journal Asiatique*, T. CCLXXIV (1986), S. 1-44; Das klassische Standard- und Quellenwerk ist D. Chwolsohn, *Die Ssabier und der Ssabismus*, 2 Bde., St. Petersburg 1856. (Anm. d. Übers.)

32 Vgl. É. Laroche, »Divinités lunaires d'Anatolie«, *Revue de l'Histoire des Religions*, T. CXLVIII (1955), S. 1-24. (Anm. d. Übers.)

33 Im Brief wird an ein Gespräch mit Ricketts von 1986 erinnert, siehe auch oben S. 187 f. (Anm. Nemira)

34 Der fragliche Artikel ist die Antwort Eliades auf eine Umfrage, die die legionäre Zeitung *Buna Vestire* (Nr. 244 vom 17. Dezember 1937) veranstaltet hat, und heißt: »De ce cred în biruinţa mişcării legionare?« (›Warum ich an den Sieg der legionären Bewegung glaube?‹) Eliade hat gegenüber Culianu und Ricketts öfter wiederholt, daß der Text nicht von ihm stammte; er hatte zugesagt, auf die Umfrage zu antworten, da sich das Schreiben des Artikels aber in die Länge zog, hätte ihn Mihail Polihroniade, ein Freund und Journalist bei *Buna Vestire*, an seiner Statt verfaßt, indem er die Ideen, die in Umlauf waren, und die umfangreiche Publizistik Eliades über die Bewegung benutzte (in *Vremea, Buna Vestire* u.a.). Eine ausführlichere Erörterung der Autorschaft des Textes bei Leon Volovici, *Ideologia naţionalistă şi »problema evreiască« în România anilor '30* (Die nationalistische Ideologie und die »Judenfrage« im Rumänien der 30er Jahre), Bucureşti: Humanitas, 1995, S. 144, 232 f., und Z. Ornea, *Extrema dreaptă românească*

(›Die extreme Rechte in Rumänien‹), Bucureşti: Ed. Fundaţiei Culturale Române, 1995, S. 205 f. (Anm. Nemira)

35 Jorge Luis Borges, *Gesammelte Werke*, Bd. 3/I, München: Hanser, 1981, S. 101. (Anm. d. Übers.)

36 Zur Deutung der *Primavera* siehe Horst Bredekamp, *Botticelli, Primavera. Florenz als Garten der Venus*, Frankfurt: Fischer, 1988, und Charles Dempsey, *The Portrayal of Love. Botticelli's Primavera and Humanist Culture at the Time of Lorenzo the Magnificent*, Princeton Unicersity Press, 1992 – Lee Smith, »Mind Games«, in: *Lingua Franca*, September/Oktober 1992, S. 24.

37 Zitiert nach Michio Kaku, *Hyperspace*, dt. Berlin: Byblos, 1995, und *Im Hyperraum. Eine Reise durch Zeittunnel und Parallelwelten*, Reinbek: Rowohlt, 1998, S. 281.

38 Mircea Eliade forderte einige Gelehrte dazu auf, die »protochronistische« Bewegung voranzutreiben. Siehe Norman Manea, »Happy Guilt«, in: *New Republic*, 5. August 1991, S. 35; jetzt dt. in: *Über Clowns*, München: Hanser, 1997, S. 124-147.

39 Edwin A. Abbott, *Flatland. A Romance of Many Dimensions*, London 1881; dt. *Flächenland. Ein mehrdimensionaler Roman*, hg. und übers. v. Peter Buck, Stuttgart: Klett-Cotta, 1982.

40 Elémire Zolla, *Archetypes. The Persistance of Unifying Patterns*, New York: Harcourt Brace Jovanovich, 1982.

41 Ioan Culianu, »Umberto Eco and the Library of Alexandria, I«, *Lumea Liberă*, 20. Oktober 1990, S. 6.

42 Ioan Culianu, »Scrisoare deschisă către Ungureanu Fl[orica]«, *Lumea Liberă*, 9. Dezember 1989, S. 9. (Eigentlich Ungureanu Florentina, Anm. Nemira)

43 Andrei Codrescu, *The Hole in the Flag*, New York: William Morrow, 1991, S. 47.

44 *Dimineaţa*, 4. Mai 1990.

45 Simonetta Fiori, »Nel gran salotto di carta«, *La Repubblica*, 3. März 1990. (Anm. Nemira)

46 Dieses Strafregister wurde auch 1988 benutzt, als Petrescu gegen das Ceauşescu-Regime Stellung genommen hatte. Damals wurde er gewarnt, und die Securitate wies ihn unmißverständlich darauf hin, daß sie sein Strafregister an die Öffentlichkeit bringen würde, falls er sich nicht beruhigte und Vernunft annahm. Er ging auf den »Handel« ein und »beruhigte« sich. (Anm. Nemira)

47 Katherine Verdery und Gail Kligman, »Romania after Ceauşescu: Post-Communist Communism?« in: *Eastern Europe in Revolution*, hg. v. Ivo Banać, Ithaca, NewYork: Cornell University Press, 1992, S. 142.

48 Der engste Mitarbeiter Ceauşescus war ein gewisser Emil Bobu. Während der überstürzten Flucht des Präsidentenehepaares

mit dem Hubschrauber saß Bobu schließlich auf Ceauşescus
Schoß.

49 Telefonisch geführtes Interview mit dem Autor vom 5. April 1996.
50 Diese Diplome gibt es tatsächlich; verliehen wurden sie seit 1990
an »Teilnehmer der Revolution von 1989«. Je nach »Revolutio-
närs-Kategorie« – man unterscheidet »Teilnehmer«, »Verletzte«,
»Angehörige« und »Kämpfer« – bringt ein solches Diplom Vorteile wie Steuervergünstigungen, kostenlose Nutzung der öffentlichen Verkehrsmittel und eine kostenlose medizinische Versor-
gung. Unter den 30 000 bis 40 000 Personen mit »Revolutionsdiplom« befinden sich auch Securitate-, Armee- und Polizeioffiziere.
Vgl. Keno Verseck, *Rumänien*, München: Beck, 1998, S. 177.
(Anm. d. Übers.)
51 Vgl. Committee to Protect Journalists, *Silenced by Death: Journalists Killed in the United States*, New York 1993.
52 Mehr zu dem Vergleich mit Borges' Lönnrot bei Horia R. Patapievici, »Ioan Culianu, Perfecţiune şi moarte«, *Cotidianul*, Bukarest, 18. Juli 1994, S. 34-37.
53 Das *Sefer Jezira*, »Das Buch der Schöpfung«, jüdische kosmogonische Schrift, nach Gershom Scholem (*Kabbalah*, Jerusalem
1974, S. 27) zwischen dem 3. und 6. Jahrhundert entstanden. *Das
Buch der Schöpfung*, hebr.-dt. von Lazarus Goldschmidt, Frankfurt a. M. 1894. Zur Einführung siehe vor allem Moshe Idel, »Das
Buch Jezira in der jüdischen Tradition«, und Wilhelm Schmidt-
Biggemann, »Das Buch Jezira in der christlichen Tradition«, in:
Das Buch Jezira in der Übers. von Johann Friedrich von Meyer
[Leipzig 1830], hrsg. von Eveline Goodman-Thau und Christoph
Schulte, Berlin 1993, S. 39-64. (Anm. d. Übers.)
54 William McPherson, »Who Won in Romania?«, in: *Washington
Post*, 16. Dezember 1991, S. C1.
55 Um die alte Eiserne Garde aufzuspüren, besuchte ich das nationale
»Zentrum für legionäre Kultur« in Bukarest. Die Bibliothek befand sich in einem Zimmer eines kleinen Gebäudes in einer
dunklen Seitenstraße unweit des Nordbahnhofes. Sie wurde halb-
tags von einem jungen Ingenieur geführt, dessen Vater Mitglied
der Legion gewesen war. Soweit ich feststellen konnte, hatte er
keine deutliche ideologische Haltung.
56 William McPherson, »Who ›Won‹ Romania's Mysterious Revolution?«, in: *Washington Post*, 17. November 1991, C1, C3.
57 *Revue de l'Histoire des Religions* 207 (1990), Nr. 3, S. 280 ff.
58 *Jenseits dieser Welt*, München: Diederichs, 1995, S. 9.
59 *Călătorii în lumea de dincolo*. Übers. v. Gabriela und Andrei Oişteanu. Vorwort und Anmerkungen von Andrei Oişteanu, Bukarest: Nemira, 1994, 2. Aufl. 1996. (Anm. Nemira)

60 22, Nr. 13, 5. April 1991, S. 8/9, 15.

61 *Gesammelte Werke*, Bd. 3/I: Erzählungen 1935-1944, München: Hanser, 1981, S. 203. (Anm. d. Übers.)

62 Sigmund Freud, »Zeitgemäßes über Krieg und Tod, II. Unser Verhältnis zum Tode« (1915), in: *Gesammelte Werke*, Bd. X, S. 348. (Anm. d. Übers.)

63 *Flatland*, Harmondsworth: Penguin, 1952, S. 23; *Flächenland*, Stuttgart: Klett-Cotta, 1982, S. 21. Die deutsche Übersetzung der Stelle ist unvollständig und ungenau; deshalb wurde nach dem Original neu übersetzt. (Anm. d. Übers.)

64 Zweiteilige Fernsehproduktion, WDR 1973, nach dem Roman *Simulacron* von Daniel Francis Galouye, dt. München: Goldmann, 1964. (Anm. d. Übers.)

65 1. Aufzug, 5. Auftritt: »The time is out of joint, o cursed spite,/ That ever I was born to set it right!«, übers. v. August Wilhelm von Schlegel. (Anm. d. Übers.)

66 Im Februar 1997 gab die neue demokratische Regierung Michael die rumänische Staatsangehörigkeit zurück. Noch im selben Monat besuchte er das Land zum zweiten Mal: Er plante, »sich wieder im Land niederzulassen«. (K. Verseck, *Rumänien*, S. 97). (Anm. d. Übers.)

67 Zum Aufstand der Eisernen Garde im Januar 1941 vgl. Armin Heinen, *Die Legion »Erzengel Michael« in Rumänien*, München: Oldenbourg, 1986, S. 447-453, 459 ff. (Anm. d. Übers.)

68 Meine eigenen Telefongespräche nach Rumänien wurden zweimal an entscheidenden Stellen unterbrochen: das erste Mal im Januar 1994, als ich mit Tess Petrescu über die Ermittlungen zur Ermordung ihres Bruders sprach. Das zweite Mal war am 5. April 1996, als ich Gelu Voican, den ehemaligen Vizepremier, zu dem Fall interviewte. Von den acht Postsendungen, die Tess Petrescu zwischen 1991 und 1994 an mich geschickt hat, kam nur eine an: eine Weihnachtskarte.
    Am 13. Dezember 1994 hielt ich im amerikanischen Kulturzentrum in Bukarest einen Vortrag über den Fall Culianu. Der Saal war überfüllt. Drei Männer mit großen Fernsehkameras störten während der ersten fünfundzwanzig Minuten meine Ausführungen: Sie stellten sich vor mir auf und filmten das Publikum, liefen die Gänge auf und ab und machten Aufnahmen von den meisten Zuhörern im Saal und bei einigen sogar von ihren Mitschriften. Die Kameras trugen das Logo des rumänischen Fernsehens; soweit ich weiß, wurde jedoch nie ein Bericht gesendet.

69 »Romania«, in: *Amnesty International Report: 1993*, New York: Amnesty International USA, 1993, S. 245.

70 Zum Einsatz medial veranlagter Personen in Mordfällen siehe

Lois Duncan, *Who Killed My Daughter?* New York: Delacorte, 1993.

71 Vgl. *Leben des Benvenuto Cellini*, übers. v. Johann Wolfgang Goethe, II. Buch, 1. Kap., Frankfurt: Insel, 1981, S. 134 ff. (Anm. d. Übers.)

72 So schilderte etwa Dana Popescu-Şişmanian in einem Artikel – der im übrigen vollständig zitierfähig ist – »Cum se măsoară o crimă?« (›Wie ermißt man ein Verbrechen?‹ in: *Lupta*, Paris, Juni 1991), die Stimmung jener Studienjahre und die Beziehungen innerhalb der Gruppe um Ioan Culianu: »Wir erwachten damals in einem Rumänien, das seine Herrscher wechselte, wie aus einem Alptraum [...] Vielleicht war es aus einem gierigen Durst nach geistiger Kompensation angesichts des entstellenden Dirigismus, daß wir uns mit ausschließlicher Leidenschaft in intellektuelle Abenteuer stürzten, die im Nachkriegs-Rumänien bis dahin selten oder gar nicht unternommen wurden: Hermeneutik, Religionsgeschichte, Literaturtheorie, transformationelle Grammatik, Semiotik, strukturale Anthropologie und Ethnologie, Psychoanalyse des Mythos, des Symbols, Gnostizismus, Orientalismus. Fast ein Glasperlenspiel [...]. Eine Handvoll jüngerer Professoren und Assistenten, die darum kämpften, das ererbte Universitätssystem zu revolutionieren, spornten uns an: die Professoren Mihai Pop, Cicerone Poghirc, dann Sorin Alexandrescu, Matei Călinescu, Sanda Golopenţia, Nicolae Manolescu, Petru Creţia, Mihai Nasta... *Wer von den damaligen Studenten könnte aber sagen, daß wir ohne Ioan Culianu dieselben geblieben wären – oder daß alles, was gewesen ist, ohne ihn auch so gewesen wäre, wie es gewesen ist?* Er war unser Kommilitone, aber seine Belesenheit – meilenweit von unseren eifrigsten Bemühungen entfernt – sowie seine Aura von asketischer Geistigkeit, die seine durch nichts auffallende Erscheinung auf den Fluren der Fakultät ausstrahlte, machten ihn absolut einzigartig. Trotz seiner tiefen Gefälligkeit und einer lange geübten Bescheidenheit (ich würde sagen: einer geistigen Übung der Demut im mönchischen Sinne) waren nur wenige mit ihm befreundet; viele kreisten jedoch direkt oder indirekt um seine intellektuelle Gestalt, die still, aber beharrlich einen ›Weg‹ zu weisen schien.«